Der Neuaufbau der Lehrerbildung in Nordrhein-Westfalen
1945 bis 1954

Europäische Hochschulschriften

Publications Universitaires Européennes
European University Studies

Reihe III

Geschichte und ihre Hilfswissenschaften

Série III   Series III

Histoire, sciences auxiliaires de l'histoire
History and Allied Studies

Bd./Vol. 204

PETER LANG

Frankfurt am Main · Bern · New York

Heinz Wyndorps

Der Neuaufbau der Lehrerbildung in Nordrhein-Westfalen 1945 bis 1954

PETER LANG

Frankfurt am Main · Bern · New York

CIP-Kurztitelaufnahme der Deutschen Bibliothek

Wyndorps, Heinz:

Der Neuaufbau der Lehrerbildung in Nordrhein-Westfalen
1945 bis 1954 / Heinz Wyndorps. - Frankfurt am Main ;
Bern ; New York : Lang, 1983.
   (Europäische Hochschulschriften : Reihe 3, Geschichte
   u. ihre Hilfswiss. ; Bd. 204)
   ISBN 3-8204-7840-X
NE: Europäische Hochschulschriften / 03

D 82 (Diss. TH Aachen)

ISSN 0531-7320

ISBN 3-8204-7840-X

© Verlag Peter Lang GmbH, Frankfurt am Main 1983

Druck und Bindung: Weihert-Druck GmbH, Darmstadt

Meiner lieben Frau Margret

VORWORT

Wenn ich mich vor nunmehr drei Jahren als 46jähriger im
Dienst stehender Hauptschullehrer und Fachleiter entschloß,
die vorliegende Arbeit zu schreiben, so lassen sich heute
nur schwer die damaligen Motive wieder aufspüren. Sicher
war dabei eine glückliche Erinnerung an die Pädagogische
Hochschule in Aachen ein bestimmender Faktor: hatte ich
doch mit 33 Jahren einen viele Jahre erfolgreich ausge-
übten Beruf aufgegeben und war, dem Rufe Pichts folgend,
von 1966 bis 1969 an der Pädagogischen Hochschule Aachen
Student jener Jahre, die als Studentenbewegung in die
Geschichte eingingen. In dieser Zeit lernte ich meinen
heutigen Doktorvater schätzen und verehren, wie gleich-
falls die studentische Gemeinschaft, die ich als ASTA-
Mitglied mitgestalten konnte.

Zehn Jahre später hatte ich das große Glück, daß mir
Professor Dr. Johannes Erger die wissenschaftliche Bearbeitung eines Themas, das eben diese Lehrerbildungsstätte
und ihre Geschichte umfaßte, anvertraute. Ihm schulde ich
hierfür größten Dank. Sein Rat und seine Hilfe, besonders
bei der Quellenbeschaffung, unterstützten meine Arbeit,
seine stete Ermunterung, kritische Anregung und sein
Wohlwollen führten dazu, daß die zurückliegenden Jahre
eine Zeit der Freude und beglückenden Anspannung wurden.

Besonderen Dank schulde ich den vielen heutigen und ehemaligen Lehrern und Studenten der vormaligen Pädagogischen Akademie Aachen, der späteren Pädagogischen Hochschule
Rheinland, Abteilung Aachen und heutigen Pädagogischen
Fakultät der Rheinisch-Westfälischen Technischen Hochschule für ihre zahlreichen mündlichen und schriftlichen
Mitteilungen.

Mein Dank gilt der Familie Antz, besonders Frau Marianne
Vogt, geb. Antz, die mir den Nachlaß ihres Vaters zur

Einsichtnahme überließ und aus ihrer persönlichen Erinnerung wichtige Einzelheiten berichtete, wie auch allen
anderen Informanten des über Aachen hinausgehenden Raumes.
Hier müssen namentlich Prof. Dr. Arthur Hearnden und
Prof. Dr. George Murray aus London genannt werden, die
mir persönliche Quellen zur Verfügung stellten. Herrn
Prof. Dr. Harald Scholtz bin ich verpflichtet wegen der
vorzeitigen Anreichung seiner Arbeit über die Lehrerbildungsanstalten.

Bedanken möchte ich mich auch bei den Mitarbeitern der
benutzten Archive, besonders bei den Damen und Herren
des Hauptstaatsarchivs in Düsseldorf, die mir stets großzügig die benötigte Hilfe gewährten, wie auch bei Frau
Käthe Teusch, die mir die Bearbeitung des Nachlasses
ihrer Schwester gestattete.

Wertvolle Unterstützung erhielt ich durch Frau Dr. Helene
Sich, die das Manuskript durchsah und Anregungen zur
sprachlichen Gestaltung beisteuerte.

In besonderer Weise möchte ich der unter persönlichen
Opfern gewährten Unterstützung durch meine Familie ge-
denken, die sie mir während der Jahre meines Studiums
selbstlos schenkte.

Aachen, im Januar 1983

                              Heinz Wyndorps

INHALTSVERZEICHNIS   Seite

3

0. Einleitung

Die Konsequenzen aus dem Zusammenbruch des "Dritten Reiches" im Mai 1945 erschienen zunächst unüberschaubar. Neben der dringlichen Linderung existenzieller Not in weiten Kreisen der Bevölkerung ging es den Besatzungsmächten darum, den "Ungeist" der voraufgegangenen Hitlerdidaktur durchgreifend und umfassend zu tilgen und mit den aus verbliebenen demokratischen Kräften neugebildeten Behörden in dem deutschen Volk eine tragfähige Grundlage für ein neues demokratisches Bewußtsein zu schaffen.[1] Dabei wurde von Anfang an der Lehrerbildung eine entscheidende Bedeutung beigemessen.

> "Kein Gebiet war in der NS-Zeit so sehr von innen
> her der Zerstörung und Zersetzung ausgesetzt ge-
> wesen wie der Bereich der Schule und Erziehung ...
> Für den inneren Neubau von Volk und Staat nach
> 1945 hing alles davon ab, die Welt der Werte wie-
> der zu ordnen, die Welt der Begriffe richtig
> zu stellen und zwar schon in den ersten Stufen
> der Kindheit, in der Volks- und Grundschule. Ziel
> war eine neue Schule, die in der Achtung vor der
> persönlichen Würde des Kindes wurzelt und die
> Jugend im Geiste der Menschlichkeit, der Demo-
> kratie und der Freiheit bildet".[2]

---

1 Zur Wirkung des Nationalsozialismus auf Schule und Er-
ziehung siehe: Manfred Heinemann, Hg., Erziehung und
Schule im Dritten Reich, Bd. 1 u. 2, Stuttgart 1980.
Zum Problem der Umerziehung siehe: Pakschies, Günter,
Umerziehung in der Britischen Zone 1945-1949, Weinheim
1979.

2 Bernhard Bergmann, geb. 10. 3. 1983 in Harsum, Kr. Hildesheim, bis 1925 im Schuldienst, Schulrat in Geilen-
kirchen, 1933 Lehrer in Düsseldorf, 1946 Ministerialrat, 1948 Ministerialdirigent im KM des Landes NRW.
Bergmann ist Verfasser eines Berichtes "Zur Geschichte
des nordrhein-westfälischen Kultusministeriums", der
sich auf seine langjährige Erfahrung stützt und im
Hauptstaatsarchiv Düsseldorf unter RWN 46, Nr.27,
Bd. 1 u. 2 niedergelegt ist (vorliegendes Zitat siehe
Bd. 1, S. 131). Bergmann bezeichnet seine 1964 im Auftrag des Kultusministeriums angefertigte Darstellung
als "Versuch, wichtige Fakten der Frühzeit unseres
Landes vor dem Vergessen zu bewahren ... und einige gut
belegte Daten und Fakten zu einer später zu erstellen-
den Zeit- und Verwaltungsgeschichte beizusteuern"
(ebd., S. 13).

Diese Aufgabe konnte mit den zur Verfügung stehenden Lehrern
nicht geleistet werden. Ein starker Rückgang neu ausgebilde-
ter Lehrer seit 1935, hohe Kriegsverluste und die anstehende strenge Entnazifizierung führten zu einem unerträglichen
Lehrermangel. Die neue Lehrerbildung[1] stand vor der fast
unlösbaren Aufgabe, zügig dem Lehrermangel abzuhelfen und
entsprechend der späteren Direktive Nr. 54 vom 25. Juni 1947
des Allied Control Council: "All teacher education should
take place in a university or in a pedagogical institution
of university rank"[2] eine qualitative Verbesserung herbeizu-
führen.

Der Schwerpunkt dieser Arbeit liegt darin, diesen Wiederanfang
zu beschreiben. Nach einem Rückblick, der die für das Verständnis notwendige Vorgeschichte aufgreift, sollen die
verschiedenen Zielsetzungen und Stufen dieses Neuaufbaus,
soweit ich sie bis jetzt aus dem mir bekannten und zugäng-
lichen umfangreichen Archivmaterial, privaten Nachlässen,
Gesprächen und Veröffentlichungen erschließen konnte, dargestellt werden. Dabei wird die Untersuchung auf das Gebiet Nordrhein-Westfalen begrenzt und im einzelnen auf die
Pädagogische Akademie Aachen bezogen. Die Begrenzung auf
Nordrhein-Westfalen bietet sich an, weil die Anfänge stark
von den einzelnen Militärregierungen der Besatzungszonen
beeinflußt wurden und die Regionen bezüglich Ausgangslage
und Entwicklung unterschiedlich waren. Eine umfassendere,
vergleichende Darstellung würde gegenwärtig den Rahmen
dieser Arbeit sprengen. Aachen wurde als weiterer Konzen-

---

1 Im folgenden wird Lehrerbildung immer verstanden als
   Volksschullehrerbildung, also Lehrerbildung für die
   Schüler der Volksschule, zu dieser Zeit mit den Jahr-
   gängen 1 bis 8.

2 Diese Direktive enthielt 10 "Grundsätze für die Demo-
   kratisierung des Schulwesens in Deutschland", die u.a.
   Unterricht, Lehrbücher, Lehrpläne, Berufsberatung und
   Gesundheitserziehung betrafen (HSTAD, RWN 46, Nr. 30,
   S. 42).

trationspunkt gewählt, weil hier der Verfasser ansässig
ist, hier studierte und somit auf der Basis vielfältiger
persönlicher Beziehungen und Gespräche leichteren Zugang
zu weiteren mündlichen Quellen und Informationen hatte.

Die regionale Einschränkung der vorliegenden Arbeit muß
jedoch auch im Zusammenhang mit der aktuellen Situation
und dem Stand der Lehrerbildungsforschung gesehen werden.
So liegt die Begrenzung auf ein Land in der Bundesrepublik nahe, da angesichts der Kulturautonomie der Länder
bisher unterschiedliche Modelle konzipiert und praktiziert
wurden, die zunächst eine eigene Bearbeitung ihrer jeweiligen geschichtlichen Entwicklung erforderlich machen,
so sehr auch eine umfassende Darstellung zu den Desiderata
der Lehrerbildungsforschung gehört.[1]

Gegenwärtig stehen Konzepte der "schulstufenbezogenen"
Lehrerbildung in Berlin, Hamburg und Nordrhein-Westfalen
der "schulartenbezogenen" Lehrerbildung in Bayern, Niedersachsen und Rheinland-Pfalz gegenüber; Baden-Württemberg
und Schleswig-Holstein halten noch an der Pädagogischen
Hochschule fest; Rheinland-Pfalz und Niedersachsen haben
die Erweiterungsform der Erziehungswissenschaftlichen Hochschule, beziehungsweise zugleich die Integration in die
Universität gewählt.[2] Noch hat also die Lehrerbildung für
den traditionellen Bereich der Volksschule eine anerkannte,

---

1 Ich verweise hier auf ein Referat von Rudolf W. Keck:
   "Historische Konzepte der Lehrerausbildung und Desiderate
   ihrer Erforschung" auf dem 8. Kongreß der Deutschen
   Gesellschaft für Erziehungswissenschaft in Regensburg
   am 22. 3. 1982, das mir bis jetzt nur als Manuskript
   vorliegt.

2 Hans-Karl Beckmann, Modelle der Lehrerbildung in der
   Bundesrepublik Deutschland, in: Zeitschr. f. Päd.,
   Heft 4, 1980, S. 535 ff. Beckmann erläutert hier außerdem
   die einphasige Stufenlehrerausbildung der Universität Oldenburg und die Ausbildung zu einem einheitlichen Lehramt an
   der Universität Bremen.

allgemein gültige Form in der Bundesrepublik nicht gefunden.

Eine andere Begrenzung dieser Arbeit ergibt sich aus den
bereits durchgeführten Untersuchungen. So kann das"Theorie-
Praxis-Problem" hier stark zurücktreten, da es bereits in
der Untersuchung von Hans-Karl Beckmann[1] umfassend bearbeitet wurde. Nur am Rande wurde das Gebiet der Lehrerfortbildung aufgegriffen; hier sind vor allem die Arbeiten von
Clemens Kowollik, Werner Sacher u.a. zu nennen.[2] Eine Darstellung der sogenannten "dritten Phase" der Lehrerbildung
ist für die ersten Jahre nach 1945 wenig ergiebig und auch
noch nicht erfolgt, da in diesem Bereich wegen der Notlage
kaum Aktivitäten zu verzeichnen sind. Andererseits kann der
von Keck festgestellten "Enthaltsamkeit" der pädagogisch-
historischen Forschung in bezug auf die katholische Bildungsgeschichte gegenüber Arbeiten mit protestantischen
Schwerpunkt[3] hier durch den starken Einfluß katholisch
orientierter Entscheidungsträger entgegengewirkt werden.

---

1 Hans Karl Beckmann, Lehrerseminar-Akademie-Hochschule,
   Das Verhältnis von Theorie und Praxis in drei Epochen
   der Volksschullehrerbildung, Weinheim 1968.

2 Clemens Kowollik, Von der Arbeitsgemeinschaft zum Vor-
   bereitungsdienst - eine Untersuchung über die Vorstellungen zur Schulpolitik und zur 2. Phase der Lehrerbildung in NW, dargestellt für die Parteien (CDU, SPD,
   FDP) und die Lehrerverbände (GEW, VKLD/VBE) zwischen
   1946 und 1968, Aachen, Diss. 1977.

   Werner Sacher, Die zweite Phase in der Lehrerbildung,
   ihre Entwicklung seit 1800 aufgezeigt am Beispiel
   Bayerns, Bad Heilbrunn/Obb. 1974. Zur begrifflichen
   Klärung siehe: Ernst Cloer, Sozialgeschichte, Schulpolitik und Lehrerfortbildung der katholischen Lehrerverbände, Ratingen 1975, S. 1-6. Cloer unterscheidet
   hier zwischen Lehrerfortbildung und Lehrerweiterbildung
   und stellt für die sogenannte "dritte Phase" der Lehrerbildung einen überraschenden Mangel an Literatur fest
   (ebd., S. 8). Weiterhin Willi Wölfing, Geschichte der
   Lehrerfortbildung in Baden-Württemberg nach 1945,
   Frankfurt 1979.

3 Vgl. das eben zitierte Manuskript des Referats von
   R. Keck, S. 24.

Die Quellen für diese Untersuchung bilden die reichen Bestände im Hauptstaatsarchiv Düsseldorf; zum einen die Nachlässe, unter denen der Nachlaß des eben zitierten lang-
jährigen Kultusministerialbeamten Bernhard Bergmann und der
des Aachener Landtagsabgeordneten und Vorsitzenden des Kulturausschusses Dr. Josef Hofmann hervorzuheben sind.[1]
Zum anderen sind in diesem Archiv zahlreiche Akten zu den
Verwaltungsvorgängen der zunächst gebildeten Nord-Rheinprovinz in Verbindung mit der bitischen Militärregierung
wie auch des späteren Landes Nordrhein-Westfalen aufzu-
finden. Ergänzend wurden die Protokolle und Drucksachen
aus dem Landtagsarchiv in Düsseldorf herangezogen sowie
der Nachlaß von Kultusminister Teusch aus dem historischen
Archiv der Stadt Köln.

Besondere Erwähnung verdient der nicht archivierte persönliche Nachlaß von Professor Antz, der mir durch seine Tochter überlassen wurde. Die handschriftlichen Erinnerungen,
Vortragsmanuskripte und Korrespondenzen vermittelten wertvolle Hinweise und Hintergrundinformationen.

Trotz des noch nicht zur Verfügung stehenden Materials
aus britischen Archiven zum Verhältnis zwischen Militärregierung und deutschen Behörden erlaubte die insgesamt
günstige Quellenlage eine eingehende Darstellung der Grün-
dungsphase der Pädagogischen Akademien unter dem Einfluß der
britischen Militärregierung, aber auch der frühen fünfziger
Jahre. Der Verfasser war bemüht, in erster Linie das unver-
öffentlichte Material zu strukturieren und zu erschließen.

---

1 Dr. Josef Hofmann, 1897 - 1973, seit 1920 Mitglied
  der Zentrumspartei, seit 1945 im Landesvorstand der
  CDU und bis 1970 ohne Unterbrechung MdL, hat seinen
  gesamten Schriftverkehr sorgfältig geordnet und mit
  vielen persönlichen Randbemerkungen versehen hinter-
  lassen.

Zum leichteren Verständnis der Vorgänge erfolgt teilweise
zu Beginn der jeweiligen Kapitel zunächst ein Rückgriff
auf Entwicklungen, die weiter zurückliegen, so daß die
einzelnen Darstellungen nicht streng aufeinander folgen,
sondern untereinander versetzt zu verstehen sind. Die Arbeit schließt mit dem Ende der Amtszeit von Frau Kultusminister Teusch im Juli 1954, da die vielfachen Anregungen
des Jahres 1955 eine weiterführende Betrachtung erfordern,
für die hier der zeitliche und räumliche Rahmen nicht unbedingt gegeben ist.

1. Zur Geschichte der Lehrerbildung bis 1945

1.1 Anfänge der Lehrerbildung - Präparandien - Seminare

Der Begriff des 'Lehrers' ist mehrdeutig. Er umfaßt
Hochschullehrer, Lehrer der einzelnen Schularten und
einzelner Fächer. Dies hat dazu geführt, daß heute
'Lehrerbildung' im weiten Sinne gebraucht wird.[1] Bis
vor wenigen Jahren war jedoch

> "im bildungspolitischen Sprachgebrauch ... Lehrerbildung
> nahezu ausschließlich auf die Heranbildung von Lehrern
> an Volksschulen beschränkt. Für den Gymnasiallehrer
> ging es immer und vor allem um Gelehrtenbildung, für
> den Hochschullehrer um seinen Ausweis als Forscher und
> Wissenschaftler; ihre pädagogische Qualifikation
> stellte sich als gleichsam notwendige Konsequenz der
> wissenschaftlichen Qualifikation dar. Lediglich für
> den Werdegang des Volksschullehrers bildete die Funk-
> tion des Lehrens selbst eine zentrale Aufgabe ... nur
> hier erschien es bislang sinnvoll, von Lehrerbildung
> zu sprechen".[2]

Dennoch konnte Lehrerbildung schon in der Vergangenheit
bildungsgeschichtlich wie bildungspolitisch nicht in allen
Fällen synonym mit Volksschullehrerbildung gesehen werden,
da 'Volksschule' wiederum ein erst im 19. Jahrhundert ent-
standener Begriff ist. Eduard Spranger schreibt dazu:

> "Von einer Volksschule im eigentlichen Sinne kann erst
> die Rede sein, seitdem es ein Volk ohne streng gegen-
> einander abgeschlossene Stände gibt, d.h. seitdem die
> rechtlichen Schranken zwischen den alten Volksschichten
> Adel, Bürgertum und Bauerntum gefallen sind und an ihre
> Stelle ein vor der Rechtsordnung gleiches Staatsbürger-
> tum getreten ist, also in Preußen seit 1807/15".[3]

---

1 Wolfgang W. Weiß, Lehrerbildung zwischen Anspruch und Wirklichkeit, München/Berlin/Wien 1976. Hier sei besonders auf
  das 2. Kapitel, Lehrerbildung im Spiegel deutscher Schulge-
  schichte, verwiesen.

2 G. Joppich in Pädagogisches Lexikon, Stichw. "Lehrerbildung" Hg. Walter Horney u.a. Band I, Sp. 214, Güters-
  loh 1970.

3 Eduard Spranger, Zur Geschichte der deutschen Volksschule,
  Heidelberg 1949, S. 11. Im weiteren heißt es dort: "Der
  Name Volksschule hat sich auch dann nicht sofort einge-
  bürgert. Ein Provinzialgesetz vom 11. Dezember 1845 führt
  noch den Titel. 'Schulordnung für die Elementarschulen der
  Provinz Preußen'".

Die noch früher vorhandenen Formen der Ausbildung von
Lehrern sind unabhängig von einer durch staatliche Macht
organisierten Schule oder Schulform zu sehen; sie sind
in bezug auf Sozialstatus, Berufsgesinnung und Organisation eher dem Handwerk verbunden. So gab es besondere
Schulmeisterzünfte, festgelegte Zunftordnungen, Gesellen-
prüfungen und schließlich den Schulmeister. Neben Küstern
und Handwerkern waren auch ehemalige Gymnasiasten als
Lehrer tätig.[1] In seiner Untersuchung zur Sozialgeschichte
der Volksschullehrer kommt Wolfram Fischer zu der Auffassung, daß erst "mit der Seminarbildung ... ein Weg be-
schritten (wurde), der sehr schnell zu einer gesellschaftlichen Hebung des Lehrerstandes, ja recht eigentlich erst
zu seiner Konstituierung als Berufsstand führte".[2] Allgemein wird eine Stufung zwischen dem "handwerksmäßig vorgebildeten Schulmeister und dem seminaristisch vorgebildeten
Volksschullehrer" festgestellt und damit der Anfang der
Volksschullehrerbildung an die Entwicklung der Lehrerseminare gebunden.[3]

---

1 Wilhelm Zimmermann, Die Anfänge und der Ausbau des
Lehrerbildungs- und Volksschulwesens am Rhein um die
Wende des 18. Jahrhunderts, Köln 1953, S. 3. Diese umfassende Untersuchung Zimmermanns erfaßt alle relevan-
ten Vorgänge in den rheinischen Territorialstaaten für
die Zeit bis 1826 und wird weitergeführt mit einem Band
über "Aufbau des Lehrer- und Volksschulwesens unter der
preussischen Verwaltung 1814 - 1840", Köln 1963.

2 Wolfram Fischer, Der Volksschullehrer, in: Soziale Welt,
Jg. 12, 1961, Heft 1, S. 37 - 47, zit. S. 43.

3 Hartmut Titze, Die Politisierung der Erziehung, Frank-
furt/Main 1973, S. 42. Vergleiche hierzu auch das Kapitel 2.2.2. "Aufgestiegene Küster und Handwerker als
Volksschullehrer" bei Wolfgang W. Weiß (1976), S. 9 ff.

Andere Untersuchungen zum Status des Volksschullehrers
unterscheiden stärker zwischen Idealbild und Realbild
des Lehrers; so: Eduard Schuh, Der Volksschullehrer,
Hannover 1962, oder stellen neben der Ausbildung die
materielle Lage und die rechtliche Stellung des Volksschullehrers heraus. Vergleiche hierzu: Rainer Bölling,
Volksschullehrer und Politik, Göttingen 1978, S. 15-26.

Zwei geistige Strömungen prägten die frühen Seminare des 18.
Jahrhunderts: Christentum und Aufklärung. Diese Seminare waren
noch keineswegs einheitlich in bezug auf Lehrinhalt und
Organisationsform und hatten noch wenig weitergehende Wirkung.[1]
So war das meist an erster Stelle genannte "Seminarium
praeceptorum", das von August Hermann Francke 1696 gegründet
wurde, "lediglich für Studenten der Theologie als Zusatzaus-
bildung für eine zeitweilige Nebentätigkeit eingerichtet".[2]
Als erstes Seminar in Preußen, das den Anforderungen späterer
Seminare entsprach, wird das 1748 von Johann Hecker in Berlin
gegründete Küster- und Schulmeister-Seminarium angesehen.[3]
Bemerkenswert ist jedoch, daß es auch eines äußeren politischen Anlasses bedurfte, um den besonders durch Pestalozzi
formulierten Zielvorstellungen einer pädagogischen Reformbewe-
gung auf breiter Linie Wirkung zu verleihen: der Niederlage des
preußischen Staates 1806. Eine Ursache dafür wurde in der Un-
mündigkeit des Volkes gesehen. Die neukonzipierte deutsche
Nationalerziehung, vor allem verbunden mit dem Namen Johann

---

1 Helmut Kittel, Die Entwicklung der Pädagogischen Hochschulen, Berlin 1957, S.9.

2 G. Joppich, 1970, Sp. 215. Joppich betont hier, daß das
   'Seminarium praeceptorum' nur als eine 'Vorform' gelten
   könne. Zimmermann nennt Francke einen "Wegbereiter der
   Seminaridee in Deutschland (W. Zimmermann, 1953, S.1).

3 Passim Gunnar Thiele, Die Grundorganisation des Volks-
   schul- und Seminarwesens in Preußen 1809 bis 1819, Leipzig
   1912, S. 106. Hecker ist in erster Linie bekannt wegen
   seiner 1747 gegründeten "Oeconomisch-Mathematischen
   Real-Schule" (vgl. Berthold Michael und Heinz-Hermann
   Schepp, Hg., Politik und Schule von der Französichen Revolution bis zur Gegenwart, Band 1, Frankfurt/Main. 1973,
   S. 83), die als Vorläuferin der Real- und Gewerbeschulen
   gilt. Das hier genannte "Küster- und Schulmeister-Seminarium
   wurde 1748 als Privatanstalt bei seiner Realschule gegründet, 1753 zum Kgl. Institut erhoben und 1763 mit der
   Ausbildung aller künftigen Lehrer für die Schulen kgl.
   Patronats betraut (G. Thiele, 1912, S. 106).
   Einen interessanten Einblick in dieses Seminar von 1748
   gibt: Detlef K. Müller, Sozialstruktur und Schulsystem,
   Göttingen 1881, S. 124 f.

Gottlieb Fichte und einer staatlichen Kulturpolitik, repräsentiert durch Wilhelm von Humboldt,gewinnt einschneidende Bedeutung für die Entwicklung der Volksschullehrerbildung. Helmut Kittel nennt es "ein immer von neuem bewegendes Bild, wie dieser Staat seine schwere Niederlage von 1806 mit einer entschlossenen Wendung zur geistigen und sittlichen Erneuerung beantwortete".[1]

Der Ausbau der Volksschullehrerbildung hatte nicht die ungeteilte Zustimmung gefunden. Kritische Stimmen fürchteten als Ergebnis der Bildung aller Volksschichten eine Neigung zu politischer und sozialer Unzufriedenheit. Schon 1822 gab von Altenstein in einem Zirkularreskript kund, daß das Elementarschulwesen "in seinen Grenzen gehalten werden müsse, damit nicht aus dem gemeinen Mann verbildete Halbwisser, ganz ihrer künftigen Bestimmung entgegen, hervorgingen".[2] Im Jahre 1840 endete mit der Regentschaft Friedrich Wilhelm III. die im ganzen noch von positiver Grundhaltung geprägte Verwaltung Altensteins, und mit Friedrich Wilhelm IV. und seinen Ministern drang nun die Politik der Reaktion und Stagnation bis zum Seminar- und Volksschulwesen vor. Der bekannte Vorwurf des Königs an die Volksschullehrer 1849 mit Blick auf die zurückliegenden Ereignisse zeigt in negativer Umkehrung, welche

---

1 H. Kittel, 1957, S. 10. Drei Grundgedanken liegen dieser Konzeption zugrunde: "Die Idee der freien Selbstverwirklichung des einzelnen in der Form der allgemeinen Menschenbildung, der durchgängige Aufbau der Schule gemäß dieser 'organisierenden Idee' und die Rückbindung der Bildung an die Einheit der Nation" (Michael/Schlepp, 1973, S. 190). Der hier beschriebene Vorgang wird betont, da im Rahmen dieser Arbeit zu vergleichen sein wird, inwieweit ähnliche "entschlossene Wendungen" für das Jahr 1945 zu beobachten sind (Anm. des Verf.). Wolfgang W. Weiß stellt seine Überlegungen für diese Zeit unter den Gegensatz zwischen Elitebildung und Volksbildung und gelangt zu der Auffassung, daß Wilhelm von Humboldt mit der Gründung der Berliner Universität 1810 seine Pläne in die Tat umsetzte, während die Reformkonzeption Johann Wilhelm Süverns "keine Realisierungschancen" mehr hatte (W.W. Weiß, 1976, S. 15).

2 Friedrich Paulsen, Das deutsche Bildungswesen in seiner geschichtlichen Entwicklung, Berlin 1906, (zit. aus Stuttgart 1966, S. 153). Karl Freiherr von Stein zum Altenstein übernahm 1817 das neugegründete Kulturministerium.

Bedeutung bei größeren Krisen und politischen Wendepunkten
dem Volksschullehrerstand plötzlich zugewiesen werden konnte.[1]
Betroffen war auch die Lehrerbildung. Im Revolutionsjahr
1848 hatten die Volksschullehrer auf einer Lehrerversammlung
in Berlin in einer 21 Punkte umfassenden Wunschliste die
Lehrerbildungsanstalt als Zweig der Universität gefordert.[2]
Ein Jahr später aber erklärte Friedrich Wilhelm IV. in der
eben zitierten Ansprache: "Zunächst müssen die Seminarien
sämmtlich aus den großen Städten nach kleinen Orten verlegt
werden,... sodann muß das ganze Treiben in diesen Anstalten
unter die strengste Aufsicht kommen."[3]
Hier zeigte sich eine folgenschwere bildungspolitische
Entwicklung: Der Glaube, daß die Konzeption der Volksbildung,
die zu einer erweiterten Einsicht und Selbstbestimmung aller
Menschen durch Schulung des Verstandes führen sollte, miß-
liebige politische Ergebnisse bewirkt habe, erzeugt keine
Vorschläge, die das Bestehende im Sinne einer Verbesserung
weiterentwickeln, sondern führt zu einem Rückgriff

---

1 "All das Elend, das im verflossenen Jahre über Preußen
hereingebrochen, ist Ihre, einzig Ihre Schuld, die Schuld
der Afterbildung, der irreligiösen Menschenweisheit, die
Sie als echte Weisheit verbreiten, mit der Sie den Glauben
und die Treue in dem Gemüthe Meiner Unterthanen ausge-
rottet und deren Herzen von mir abgewendet haben. Diese
pfauenhaft aufgestutzte Scheinbildung habe Ich schon als
Kronprinz aus innerster Seele gehaßt und als Regent alles
aufgeboten, um sie zu unterdrücken. Ich werde auf dem
betretenen Wege fortgehen, ohne Mich irren zu lassen, und
keine Macht der Erde soll Mich davon abwendig machen"
(H. Kittel, 1957, S. 18).

2 Die Forderung nach einer Universitätsbildung der Volksschullehrer war jedoch nicht, wie Kittel ausdrücklich
betont, im Schulprogramm der Frankfurter Nationalversammlung enthalten (siehe Fußnote 11, ebd. S. 17).

3 Ebd., S. 18.

auf frühere Zustände.[1] Das entwicklungfähige Konzept, "das
Seminar von vor 1848 mit seiner eigentümlichen Mischung von
Pestalozzi und Fichte"[2] verliert an Wirkung.

Die erste Regelung für die ganze Monarchie enthielten die
"Stiehl'schen Regulative" von 1854.[3] Wenn bezweifelt werden kann, daß diese Regulative "hinsichtlich der seminaristischen Ausbildung in der Praxis auch so negativierend
gewirkt haben, wie wir aus dem Vergleich mit den formulierten
Theorie-Ansprüchen folgern"[4], so müssen diese Verordnungen
doch insgesamt als Rückschritt gewertet werden. Das Lehrerseminar verlor viel von seiner Selbstständigkeit. Eine

> "unglückliche Vermischung mit der kirchlichen Schul-
> aufsicht führte dazu, daß die Volksschullehrerschaft
> der Schule, der sie dienen sollte, immer skeptischer
> gegenüberstand und dem Inhalt, den sie vermitteln
> sollte, immer distanzierter. Der große Aufschwung
> der Reformpädagogik in der ersten Hälfte des 19. Jahr-
> hunderts war in der zweiten Hälfte abgebrochen.
> Die Seminare, die nach den Befreiungskriegen Träger
> der pädagogischen Erneuerung waren, wurden Träger des
> pädagogischen Rückschritts."[5]

---

1 Hellmut Becker, Die verspätete Lehrerbildung, in: Neue
   Sammlung (1980), Heft 5, S. 480.

2 Ebd., S. 479.

3 Karl August Bettermann/Manfred Goessl, Schulgliederung,
   Lehrerbildung und Lehrerbesoldung in der bundesstaat-
   lichen Ordnung, in: Studien und Gutachten aus dem Institut für Staatslehre, Staats- und Verwaltungsrecht der
   Freien Universität Berlin, Berlin 1963, Heft 1, S. 49.
   Die drei Preußischen Regulative vom 1., 2. und 3. October
   1854 über Einrichtung des evangelischen Seminar-, Prä-
   paranden- und Elementarschul-Unterrichts hatte der
   frühere Seminardirektor und spätere Geh. Rath Ferdinand
   Stiehl verfaßt. Mit der Einführung der Allgemeinen Bestimmungen vom 15. 10. 1872 wurden die Regulative beseitigt.
   Vgl. auch B. Michael/H.-H. Schepp, 1973, S. 314 ff.

4 So die Ansicht von Rudolf W. Keck. Vgl. das Manuskript
   seines Referats S. 22 f.

5 H. Becker, 1980, S. 480.

Es kann im Rahmen dieses Überblicks nicht darum gehen,
im einzelnen die weitere Entwicklung darzustellen. Seit
1867 entstanden sogenannte "Präparandenanstalten", die
im Anschluß an die Volksschulzeit von den 15- bis 17-
jährigen "Präparanden" zwei Jahre, später dann drei Jahre
besucht wurden.[1] Diese Präparandien" - wie sie allgemein
genannt wurden - "waren öffentliche oder private, inter-
nats- oder externatsmäßig betriebene, an Seminare ange-
gliederte oder selbständige besondere Schulen".[2] In den
Lehrerseminaren erfolgte der Unterricht durch akademisch
vorgebildete Lehrkräfte oder durch nur seminaristisch
gebildete, die aber eine Rektorenprüfung abgelegt haben
mußten.[3] Eine Veränderung im Jahre 1901 faßte die dreijährige Präparandenanstalt und das dreijährige Seminar
über die Lehrpläne zu einem einheitlichen Ganzen zusammen.[4]
Trotz dieser einzelnen Verbesserungen muß nach der Ansicht
Kittels die Zeit vom Erlaß der Regulative bis zum Ende des
Ersten Weltkriegs einheitlich gesehen werden. Er glaubt,
daß in dieser langen Zeitspanne in Preußen der "Ansatz der
Regulative" nie überwunden wurde, so daß der durch sie erfolgte "Bruch ... nur durch einen neuen Bruch mit der durch
diese Regulative begründeten Tradition geheilt werden konnte".[5]

---

1 Karl August Bettermann/Manfred Goessl, Schulgliederung,
  Lehrerbildung und Lehrerbesoldung in der bundesstaatli-
  chen Ordnung, in: Studien und Gutachten aus dem Institut
  für Staatslehre, Staats- und Verwaltungsrecht der Freien
  Universität Berlin, Berlin 1963, Heft 1, S. 50.

2 Ebd.

3 Ebd., Fußnote 168.

4 H. Kittel, 1957, S. 25. Beckmann betont, daß das "Lehrer-
  seminar vom Jahre 1901 mit den Entwürfen zu Beginn des
  19. Jahrhunderts keine Berührungspunkte hatte" (H.-K.
  Beckmann, 1968, S. 57). Weiß erklärt, daß "die meisten
  Lehrer noch immer genötigt (sind), mit allen möglichen
  Nebenberufen hinzuzuverdienen"(W.W. Weiß, 1976, S. 26).

5 H. Kittel, 1957, S. 26.

Auch neuere Einzeluntersuchungen kommen zu ähnlich ab-
wertenden Urteilen:

> "Nach fast 40jährigem Bestehen präsentierte sich zum
> Ende des 19. Jahrhunderts das katholische Schullehrer-
> Seminar in Vechta als eine im Vergleich zur Gründungs-
> zeit kaum veränderte Anstalt. Weder läßt sich hier die
> ansonsten im Deutschen Reich zu beobachtende Dynamik
> im Schul-,   Hochschul- und Universitätsbereich
> wiederfinden ... noch sind Auswirkungen der in dieser
> Zeit recht lebhaften und engagiert geführten pädago-
> gischen Diskussion in Vechta nachweisbar."[1]

Da die Innenpolitik zwischen 1849 und 1914 von der Grundhaltung der Bewahrung , beziehungsweise vorsichtigen An-
passung ausging, konnte eine wesentliche Veränderung in der
Lehrerausbildung und auch des Volksschullehrerstatus in
dieser Zeit nicht erreicht werden.

Die Ideen einer neuen Lehrerbildung, denen im folgenden
Kapitel nachgegangen werden soll, wurzelten also nicht
in den Seminarien der Jahrhundertwende. Ihr Nährboden war
die reformpädagogische Bewegung, die seit Beginn des 20. Jahrhunderts das ganze deutsche Volk durchdrang.[2] Den Anfang
"bildete eine in ihrer Art und in ihrer Intensität einzig-
artige Hinwendung zum Kind",[3] ja man schickte sich an, das
"Jahrhundert des Kindes" zu proklamieren. Teil dieser Bewegung war die Jugendbewegung, der die maßgebenden Entscheidungsträger der Zeit nach 1945 in ihrer Jugend angehör-

---

1   Hermann von Laer, Bildungsexpansion als Reaktion, Die Ent-
    wicklung des Seminars und die Ausbildung zum Volksschul-
    lehrer 1860-1918, in: Alwin Hanschmidt/Joachim Kuropka
    (Hg.), Von der Normalschule zur Universität, Bad Heilbrunn/
    Obb. 1980, S. 125.
    Eine Veränderung "nach Jahren schläfriger Ruhe" bewirkte
    die Ablehnung der Militärberechtigung, ein aus der
    preußischen Armee stammendes Vorrecht. "Schulen, denen
    die Militärberechtigung verliehen worden war, konnten
    ihren Schülern, die die Untersekunda erfolgreich beendet
    hatten, das sogenannte Einjährige-Zeugnis ... aushändigen"
    (ebd., S. 165 Fußnote 60). Vgl. auch H.-K. Beckmann, Wein-
    heim 1968, S. 70 "Eine Reihe von Problemen sind in den
    Seminaren im 19. Jahrhundert zwar erkannt, aber nicht ge-
    löst worden"(ebd.).

2   Wolfgang Scheibe, Die Reformpädagogische Bewegung, Weinheim
    1969, S. 1.

3   Ebd., S. 51. Ebenso W.W. Weiß, 1976, S. 28.

ten.[1] Eine Forderung dieser Strömung zielte auf eine autonome
Stellung der Pädagogik als Wissenschaftsdisziplin."Von den
Volksschullehrerverbänden wurde die Idee der Neuerer, die bisherige seminaristische Ausbildung durch ein wissenschaftliches Studium zu ersetzen, aufgegriffen und als politische Forderung an die Gesellschaft weitergegeben".[2] Durch
Fortbildung, Tagungen und Einrichtung von Bibliotheken übernahmen die Lehrervereine eine Aufgabe, die eigentlich dem
Seminar zukam. Erst der Zusammenbruch des politischen Systems
in der Niederlage von 1918 markiert den Bruch in der Kontinuität von Staat und Gesellschaft, der nun auch das Lehrerseminar mit breiter Zustimmung der Nationalversammlung einem
neuen Konzept preisgab. Im Artikel 143 Absatz 2 der Weimarer
Verfassung vom 11. August 1919 heißt es:

> "Der Lehrerbildung ist nach den Grundsätzen, die für
> die höhere Bildung allgemein gelten, für das Reich
> einheitlich zu regeln".[3]

1.2   Die Idee der akademischen, beziehungsweise universitären
      Lehrerbildung und der Beginn der Pädagogischen Akade-
      mien in Preußen

Wenn auch im Artikel 143,2 der Weimarer Verfassung die Idee
einer akademischen oder sogar universitären Lehrerbildung
angelegt war, so blieb für die Länder des Reiches doch offen,

---

1   Vgl. die Ausführungen in Kap. 2.1 dieser Arbeit.

2   Heinrich Küppers, Der Katholische Lehrerverband in der
    Übergangszeit von der Weimarer Republik zur Hitler-Diktatur,
    Mainz 1975, S. 9. Zur bedeutsamen Rolle der Berufsverbände
    der Lehrerschaft siehe auch: Rainer Bölling, Volksschul-
    lehrer und Politik, Der Deutsche Lehrerverein 1918-1933,
    Göttingen 1978, hier bes. das 2. Kapitel.

3   Die Verfassung des Deutschen Reichs, 1919, in: Michael
    Berthold u. Heinz-Hermann Schepp, Politik und Schule von
    der Französischen Revolution bis zur Gegenwart, Frankfurt/M.
    1974, Band 2, S. 51.

ob die Lehrerbildung auf bereits bestehenden Hochschulen,
also in erster Linie den Universitäten, oder auf neu zu
gründenden Hochschulen für Lehrerbildung erfolgen sollte,
insbesondere, weil die in diesem Artikel geforderte einheitliche Regelung durch Reichsgesetz wegen der befürch-
teten finanziellen Auswirkungen nicht zustande kam.[1] So
waren die Länder

> "nicht gehalten, ihre Regelungen nach den 'Grund-
> sätzen, die für die höhere Bildung allgemein gelten'
> zu treffen; denn Art 143,2 WRV wurde nur als
> Normativvorschrift für die künftige Reichsgesetz-
> gebung, nicht auch für die Landesgesetzgebung
> angesehen".[2]

Einige deutsche Länder wählten den naheliegenden Weg, indem
sie die Lehrerbildung an Universitäten oder Technische
Hochschulen verlegten.[3]

Das größte Land - Preußen - hätte vielleicht auch diesen
Weg gewählt, wäre nicht wenige Monate nach Verabschiedung
der Weimarer Verfassung Eduard Spranger mit seiner Idee
der "Bildnerhochschule" als Ausbildungsstätte eigener Art
hervorgetreten.[4] Spranger unterscheidet zwischen Wissenschaft

---

1 K.A. Bettermann/M. Goessl, 1963, S. 53. Die Enttäuschung
  über die Wirkung dieses Verfassungsartikels wird vielfach beschrieben: Werner Weber, Die Konfessionalität der
  Lehrerbildung in rechtlicher Betrachtung, Tübingen 1965,
  schreibt: "Mit dieser Formel verband sich für viele nicht
  nur die Hoffnung, die Volksschullehrerbildung werde
  künftig gleich der der Gymnasiallehrer den Universitäten
  übertragen werden, sondern auch die weitere Erwartung,
  damit werde die Lehrerbildung zugleich und zwangsläufig
  ihren traditionellen, konfessionell bestimmten Charakter
  verlieren" (S. 7f.).

2 K.A. Bettermann/M. Goessl, 1963, S. 53.

3 Es waren dies: Hamburg, Hessen, Sachsen und Thüringen
  (ebd., S. 54; dort auch mehr über die Entwicklung in den
  einzelnen Ländern).

4 Seine Konzeption wurde mündlich in den Beratungen des Zentralinstituts für Erziehung und Unterricht im Herbst 1919
  und Januar 1920 vorgetragen; veröffentlicht unter dem
  Titel: "Gedanken über Lehrerbildung", Leipzig 1920, (H. Kittel, 1957, S. 43).

und Bildung, wobei er Wissenschaft als vom Werterleben des
Menschen bewußt gelöst auffaßt, während er Bildung als
"persönlich durchdrungene, mit dem eigenen warmen Lebens-
hauch erfüllte und beseelte Geisteshaltung"[1] beschreibt;
Bildung ist nie abgeschlossen, sondern Form, die "lebend
sich entwickelt". So hat auch Wissen zwar einen Wert, ein
Bildungswert umfaßt aber die Sinnbeziehung zur Individu-
allage des zu Bildenden;[2] dies gilt besonders für ästhetische,
gesellschaftliche oder religiöse Bildungswerte. Diese Indi-
viduallage der Bildsamkeit aufzuspüren und mit deren Möglichkeiten und Grenzen ins Reine zu kommen ist Aufgabe der
Pädagogik. Daraus ergibt sich für Spranger, "daß neben die
Lebensgebiete der Wissenschaft und Technik das der Menschenbildung als eine ganz eigentümliche Aufgabe tritt".[3]
Er räumt ein, daß man auch im wissenschaftlichen Fachlehrer
pädagogischen Geist zu wecken vermag, aber ein höheres Ideal
ist ein Ort

> "an dem der Bildungsgedanke als solcher zu seiner
> höchsten Darstellung kommt, wie er es nach dem
> Geist und der Bestimmung der Philosophischen Fakul-
> tät niemals kann.
> Es gibt die Idee eines Dritten
> neben der Universität und der
> Technischen Hochschule: die
> BILDNERHOCHSCHULE. "[4]

Er wollte diese Bildnerhochschule mit allen charakteristischen
Merkmalen einer anerkannten Hochschule ausgestattet sehen
und stellte sie nicht unter, sondern gleichwertig neben die
Universität.[5]

Dieser originelle Entwurf Sprangers konnte sich zunächst

---

1 E. Spranger, 1920, S. 2.
2 Ebd., S. 9.
3 Ebd., S. 27.
4 Ebd., S. 40.
5 Ebd., S. 62.

nicht durchsetzen.[1] Erst Carl Heinrich Becker,[2] im Jahre
1921 preußischer Kultusminister, war der Mann, der - mit
Spranger einig - weder die alten Seminare fortsetzen wollte,
noch die bestehenden preußischen Universitäten für die Volksschullehrerbildung akzeptierte.[3] Hellmut Becker, der Sohn
von C.H. Becker, versucht mit folgendem Satz seines Vaters,
der von Spranger handschriftlich angestrichen wurde

> "Es gibt überhaupt unter allen Bildungsstätten keine
> ungeeigneteren für die künftigen Volksschullehrer als
> die philosophischen Fakultäten".[4]

zu belegen, daß C.H. Becker die Universität abgelehnt habe,
weil sie

> "nicht·nur wegen ihrer überwiegend monarchistischen
> Gesinnung politisch ungeeignet war für die Ausbil-
> dung der Volksschullehrer, sondern daß auch für deren
> pädagogische und fachwissenschaftliche Ausbildung
> eine mehr und mehr dem Wissenschaftspositivismus sich
> verschreibende Hochschule der falsche Ort sein mußte."[5]

---

1 Siehe hierzu die Verhandlungen auf der Reichsschulkonferenz
   vom 11. - 19.6. 1920, die im einzelnen bei Kittel S. 50 - 60
   beschrieben werden. Als Ergebnis wurde im Schlußwort gesagt, "man habe in mühevoller Arbeit Samenkörner zu-
   sammengetragen, die man brauche, wenn man Früchte erwarte"
   (H. Kittel, 1957, S. 60).

2 Dr. phil. Carl Heinrich Becker, geb. 1876, 1908 bis 1912
   o. Prof. am Kolonialinstitut in Hamburg, 1913 bis 1916
   Leiter des oriental. Seminars in Bonn, 1918 Staatssekre-
   tär. 1921 und 1925 bis 1930 Preuß. Min. f. Wissensch.,
   Kunst u. Volksbildung. Zur Person vgl. Erich Wende,
   C.H. Becker: Mensch und Politiker, Ein biographischer
   Beitrag zur Kulturgeschichte der Weimarer Republik,
   Stuttgart 1959.

3 Über die Motive der Ablehnung wurde ein Disput zwischen
   Hellmut Becker, dem Sohn C.H. Beckers und Helmuth Kittel
   veröffentlicht (Hellmut Becker, Die verspätete Lehrer-
   bildung, in: Neue Sammlung, Heft 5/1980; Helmuth Kittel,
   Herkunft und Zukunft der Pädagogischen Hochschulen, Ein
   Disput mit Hellmut Becker, in: Neue Sammlung, Heft 2/1982).

4 Hellmut Becker, 1980, S. 481 (Der Satz ist entnommen der
   Schrift C.H. Beckers, Die Pädagogischen Akademien im
   Aufbau unseres nationalen Bildungswesens, Leipzig 1926).

5 H. Becker, 1980, S. 482.

Diese Auffassung unterschätzt nach Ansicht Kittels die Entscheidung C.H. Beckers. Kittel sieht den "grundsätzlich
produktiven, nicht defensiven Charakter der Motivation"
und weist nach, daß es um mehr ging, als um eine Aktion
gegen monarchistische Universitätsprofessoren,

> "diese Gründung hatte eben nicht nur re-aktiven
> Charakter als Abwehr politischer Rückständigkeiten
> der Universität, sondern war ein schöpferischer
> Vorgang, der als solcher produktive Geister nicht
> geringen Grades anzog".[1]

Aus seiner hohen Meinung über die Aufgabe der Volksschule
heraus entschied sich C.H. Becker für die Idee einer selbständigen Bildnerhochschule. Die schließlich erfolgte Gründung
der Pädagogischen Akademie[2] in Preußen war kein Kompromiß
zwischen Seminar und Universität, sie erfolgte, weil man
die Universität für ungeeignet hielt, der Eigengesetzlich-
keit des Pädagogischen zu genügen. Mit Bedacht waren ja auch
die neuen technischen Disziplinen mit neuen Technischen
Hochschulen und nicht mit den Universitäten verbunden worden.

Als "kulturpolitischer Betreuer" der neuen Lehrerbildung
gehen wichtige Einzelentscheidungen auf Becker zurück.[3]
Die gedankliche Konzipierung dauerte mehrere Jahre. Im Frühjahr 1925 wurde Ministerialrat Dr. Johannes von den Driesch[4]
nach Berlin berufen mit dem Auftrag, die Neuordnung

---

1 H. Kittel 1982, S. 168.

2 Der Name Pädagogische Akademie stand nicht von vornherein
   fest. In ersten Entwürfen wurde von "Pädagogischen Insti-
   tuten" gesprochen. Erst in der letzten Fassung der unten
   zitierten Denkschrift von den Drieschs heißt es "Pädagogische Akademien" (H. Kittel, 1957, S. 62, Fußn. 68).

3 Hier sei nur seine Entscheidung für das Abitur als Voraussetzung des Volksschullehrerstudiums genannt. Andere
   Entscheidungen - wie die zur konfessionellen Ausgestaltung
   der Pädagogischen Akademien und seine Auffassung über den
   Einbezug der Dozenten in das Gemeinschaftsleben der Akademien - werden im Rahmen dieser Arbeit noch herausgestellt.

4 Dr. phil. Johannes von den Driesch, geb. 1880, 1904 bis
   1910 im höheren Schuldienst, 1919 bis 1925 Oberstudiendir.
   in Trier, 1925 bis 1931 Ministerialrat im Preuß. Kultusmin.
   als Personalreferent für die Pädagogischen Akademien.
   (Vgl. hierzu seine Darstellung in: Theodor Rutt, Hg., Wahrheit und Wert in Bildung und Erziehung, Ratingen 1955,
   S.14 ff.). 1931 bis 1937 war von den Driesch Professor an

der preußischen Lehrerbildung in die Wege zu leiten und
zwar auf der Basis der Grundentscheidungen für Abitur und
zweijähriges Studium an einer selbständigen Pädagogischen
Akademie. In einer Denkschrift legte von den Driesch den
äußeren und inneren Aufbau der neuen akademischen Lehrerbildung Minister Becker vor. Nach wenigen Änderungen ge-
nehmigte das Preußische Staatsministerium die Denkschrift
am 30. Juni 1925 unter dem Titel: "Die Neuordnung der
Volksschullehrerbildung in Preußen".[1]

Zum besseren Verständnis der Entwicklung nach 1945 muß auch
der Zusammenhang zwischen Konfessionalität und Lehrerbildung
kurz angesprochen werden. Der Artikel der Weimarer Verfassung machte hierzu zwar keine Aussage, und auch Spranger
hatte diese Frage in seiner Abhandlung ausgeklammert,[2]
doch sehen die frühen Planungen in Preußen für die Bildnerhochschule und das daraus entwickelte Konzept der Pädagogischen Akademien in der Regel eine bekenntnisgebundene
Ausgestaltung vor. Ostern 1926 erfolgte die Eröffnung der
drei ersten Akademien - Bonn (kath.),[3] Elbing und Kiel (evang.)
- unter Berücksichtigung der konfessionellen Verhältnisse
problemlos. Erst die Einrichtung einer simultanen Akademie

Pädagogische Akademie in Bonn, wurde dann in den Ruhestand versetzt. 1945 wurde er der erste Direktor der
Aachener Akademie.

1   Berlin 1925, herausgegeben durch das Preußische Ministerium für Wissenschaft, Kunst und Volksbildung.

2   Die Verfassung des Deutschen Reiches, 1919, Art. 143
in: B. Michael/H.H. Schepp 1974, S. 51.
E. Spranger, 1920, S. 50.
Joachim Kuropka zeigt auf, daß auch angrenzende Länder,
wie das von ihm untersuchte Oldenburg, in dieser Frage
hinhaltend agierten und auf die Entscheidung Preußens
warteten "nicht zuletzt mit Rücksicht auf die Anstel-
lungschancen oldenburgscher Lehrer und die Rekrutierungs-
möglichkeiten, wenn man selbst auf auswärtige Bewerber
angewiesen war" (Joachim Kuropka, Die akademische Lehrerausbildung und ihre Umgestaltung in der NS-Zeit, in
A. Hanschmidt/J. Kuropka, Hrsg., 1980, S. 188).

3   Als Standort für die rheinische Akademie war zuerst Köln
vorgesehen. Da der damalige Oberbürgermeister Konrad
Adenauer aber noch zögerte, konnte Bonn, durch das großzügige Angebot des Grundstücks am Rhein, auf dem heute
das Bundeshaus steht, den Standort und Neubau der re-
präsentativen Akademie an sich ziehen (Aussagen von Hans
Leo von den Driesch nach Erzählungen seines Vaters).

in Frankfurt/M. führte zu kirchlichen Einsprüchen, wodurch
aber die Eröffnung am 10. Mai 1927 nicht verhindert werden
konnte.[1]

Gemäß der Tradition in den Lehrerseminaren bestand eine
breite Basis für den Gedanken einer notwendig konfessionell
gebundenen Lehrerbildung, und "kein Einwand der Gegner einer
Konfessionalität der Akademien vermochte auch nur eine ernst-
hafte Beunruhigung, geschweige denn (eine) Störung dieser
Entwicklung zu bewirken".[2] In einem Zwiespalt befand sich
der "Katholische Lehrerverband" für den, wie für alle anderen Lehrervereine, die Vorbildung der Lehrer an Universitäten ein erklärtes Zukunftsziel darstellte.[3]

> "Die Erkenntnis, daß der Anspruch auf eine kon-
> fessionell orientierte Lehrerbildung an der Uni-
> versitätswirklichkeit scheitern könne, zwang den
> KLVdDR mit der Zeit ... zu einer Entscheidung
> zwischen zwei Wertfronten. In der Alternative
> von Organisations- und Konfessionsprinzip offen-
> barte der Verein wiederum seinen weltanschauli-
> chen Wesenskern, indem er sich letztlich für ein
> Fachstudium auf bekenntnismäßiger Grundlage ent-
> schied".[4]

Das bedeutete für die katholische Lehrerschaft den Verzicht
auf die universitäre Lehrerbildung. Aber auch weltanschau-
lich ungebundene Lehrervereinigungen wie der "Deutsche
Lehrerverein" sahen sich am Ende der 20er Jahre in vielen
ihrer Forderungen enttäuscht.[5] Die Bemühungen um die Akade-

---

1 H. Kittel, 1957, S. 182.

2 Ebd., S. 193.

3 H. Küppers, 1978, S. 10. Küppers bezieht sich hier auf
   eine Denkschrift des KLVdDR zur Neuordnung der Lehrer-
   vorbildung aus dem Jahr 1926. Die umfassende Darstellung
   von Küppers zeigt beispielhaft die vielfältige Problematik des Verbandes bei der Vertretung der Interessen seiner Mitgliederschaft.

4 Ebd., S. 10.

5 R. Bölling, 1978, S. 185. Bölling stellt auf S. 175-185
   das Scheitern der Bemühungen um ein reichseinheitliches
   Lehrerbildungsgesetz dar, wobei aus besoldungspolitischen

misierung der Lehrerbildung und den zügigen Aufbau der
Pädagogischen Akademie in Preußen wurden leider von einer
zunehmenden Lehrerarbeitslosigkeit überschattet, die mit
dem Einbruch der Finanz- und Wirtschaftskrise im Deutschen
Reich zu einer "erneuten Infragestellung der akademischen
Ausbildung des Volksschullehrers"[1] führte. Im Rahmen der
vielen Sparmaßnahmen wurden am 23. Dezember 1931 die
Schließung von acht der fünfzehn Pädagogischen Akademien
in Preußen beschlossen.[2] Damit wurde der Neubeginn, der
durch die geistige Fundierung Sprangers, die staatsmänni-
sche Potenz Beckers und durch die Leistung der Akademie
selber eine fruchtbare Weiterentwicklung versprach, gleich
zu Beginn erheblich zurückgeworfen. Das Ausmaß der Staatskrise bewirkte es, daß die Mehrzahl der Lehrer durch die
Überforderung ihrer Opferbereitschaft aufgrund der finanziellen und personellen Einsparungsmaßnahmen schließlich
bereit war, "die nationalsozialistische Kritik als kon-
struktiven Ausweg aus der Staats- und Wirtschaftskrise anzusehen."[3] Die Idee einer akademischen Lehrerbildung hatte
aber so viele überzeugte Anhänger gefunden, daß die kommenden Ereignisse sie nicht auslöschen konnten.

Überlegungen selbst die Notwendigkeit der Hochschulreife
für das Volksschullehrerstudium nicht durchzusetzen war.
"In der Tat war es dahin gekommen, daß (im Mai 1928 ,
Anm. d. Verfassers) die Ausbildung der Volksschullehrer
in den Ländern größere Unterschiede aufwies als zu Beginn der Weimarer Republik, wenngleich das durchschnittliche Niveau jetzt erheblich höher lag. Das Spektrum der
Ausbildungsvarianten reichte vom sechssemestrigen Hochschulstudium bis zur Seminarausbildung alten Stils"
(ebd., S. 185).

1 Johannes Erger, Lehrer und Schulpolitik in der Finanz-
und Staatskrise der Weimarer Republik 1929-1933, in:
Industrielle Welt - Soziale Bewegung und politische
Verfassung, Ulrich Engelhardt u.a. Hrsg., Stuttgart,
S. 250. Vgl. hierzu auch Wilfried Breyvogel, Die soziale
Lage und das politische Bewußtsein der Volksschullehrer
1927-1933, Königstein/Ts. 1979, S. 207.

2 Erste Schließung erfolgten am 1.4.1932.

3 J. Erger, 1975, S. 259.

1.3 Über die Hochschule zurück zur Lehrerbildungsanstalt;
    die Zeit des Nationalsozialismus

Die Veränderungen der Lehrerbildung während der Zeit der
nationalsozialistischen Herrschaft sind bereits das Thema
eigenständiger Untersuchungen und Teilgebiet umfassender
erziehungsgeschichtlicher Darstellungen geworden.[1]
Hier sollen nur einige Entwicklungen aufgegriffen und
verfolgt werden, die zum Verständnis der Arbeit erforderlich sind.
Wenn man nur die formalen Kriterien der Weimarer Verfassung ins Auge faßt, und zwar Hochschulreife als Ein-
gangsvoraussetzung und Hochschulstudium, so war unter den
Nationalsozialisten in ganz Deutschland für drei Jahre der
Auftrag aus Artikel 143,2 der Reichsverfassung tatsächlich erfüllt.[2] Die Frage, ob diese Form der Lehrerbildung
bestehen geblieben wäre, wenn Hitler den Zweiten Weltkrieg
nicht verursacht hätte, stellt sich nicht, da die Möglichkeit eines Krieges immer im Konzept Hitlers begründet war.
Nach der 'Machtübernahme' beginnen zunächst die inhaltliche
Substanz treffende Eingriffe, in deren Folge und ideologischer Auswirkung auch die formalen Strukturen nicht mehr gehalten
werden. Die schließlich in den Kriegsjahren verordneten Veränderungen müssen in ihrer Qualität als "noch weit hinter

---

1 Heinrich Bartholomé, Zur Geschichte der pädagogischen Hochschule Dortmund, in: Die Pädagogische Hochschule, Struktur
   und Aufgaben, Hg. Pädagogische Hochschule Dortmund, Ratingen 1964, S. 31 - 35.
   Rolf Eilers, Die nationalsozialistische Schulpolitik, Köln
   und Opladen 1963, S. 6 - 9.
   Willi Feiten, Der Nationalsozialistische Lehrerbund - Entwicklung und Organisation, Studien und Dokumentation zur
   deutschen Bildungsgeschichte, Hg. Christoph Führ und Wolfgang Mitter, Band 19. Frankfurt/M. 1981, S. 27 ff.
   Joachim Kuropka, 1980, S. 175 ff.
   Ottwilm Ottweiler, Die Volksschule im Nationalsozialismus,
   Weinheim 1979, S. 199 ff.
   Harald Scholtz/Elmar Stranz, Nationalsozialistische Einfluß-
   nahmen auf die Lehrerbildung, in: Erziehung und Schulung
   im Dritten Reich, Hg. Manfred Heinemann, Stuttgart 1980,
   S. 110 - 124, hier auch weitere Quellen- und Literaturangaben.
   W. Sacher, 1974, S. 196 - 203.

2 H. Scholtz/E. Stranz, 1980, S. 115. Gemeint sind hier die
   Jahre 1937 bis 1939.

den Forderungen des Jahres 1872"[1] zurückbleibend beurteilt
werden.

Am 6. Mai 1933 wurden die Pädagogischen Akademien Preußens
in "Hochschulen für Lehrerbildung" (HfL) umbenannt, wobei die
Zugangsbestimmungen und die Studiendauer - Abitur und Vier-
semestrigkeit - erhalten blieben.[2] Um den nationalsozialistischen Zielen Geltung zu verschaffen, wurden bald darauf
"über zwei Drittel der an den ehemaligen Pädagogischen Akademien lehrenden Professoren und Dozenten ausgewechselt",[3]
d. h. man berief 'linientreue' Professoren und Dozenten. Im
Mittelpunkt der Erziehungstheorie des Dritten Reiches stand
eine funktionale Erziehung, die die Wirkung der Schule ein-
dämmen und auch andere Erziehungsträger zur vollen Geltung
gelangen lassen sollte.[4] Diese Absicht konnte nicht so schnell
durchgesetzt werden, zunächst mußte u.a. auch der Lehrerbildung mit zahlreichen Erlassen und Maßnahmen der Weg ge-
wiesen werden. Verzögernd wirkten hierbei Kompetenzstreitig-
keiten zwischen Innenminister Frick und dem Reichsminister
für Wissenschaft, Erziehung und Volksbildung, Bernhard Rust.[5]

---

1 So der KM von Nordrh.-Westf. in einem Schreiben an die
   Reg.-Präsidenten der Länder im Jahre 1948, als es um die
   Anerkennung ehemaliger Schüler der Lehrerbildungsanstalten
   ging (HSTAD, NW 26 Nr. 80, S. 43 Rückseite). Vgl. auch
   Karl Bungardt, Der Weg der Lehrerbildung vom Seminar zur
   Universität, in: Material und Nachrichtendienst der AG
   Deutscher Lehrerverbände, 15. Jg. (1964) Nr. 110, S. 28.
   Ebenso Uwe Sandfuchs, Die Reseminarisierung der Lehrer-
   ausbildung im Dritten Reich - aufgezeigt am Beispiel des
   Landes Braunschweig, Hg. Hochschule Hildesheim o.J., S. 31.

2 Erlaß des Preuß. KM von 6. 5. 1933, Zentralblatt 1933,
   S. 138.Die Umbenennung erfolgte gegen den Widerstand des
   Reichsfinanzministers, der neue Gehaltsforderungen be-
   fürchtete, und des Reichsinnenministers, der eine reichs-
   einheitliche Lösung anstrebte (R. Eilers, 1963, S. 6
   Fußn. 23).

3 O. Ottweiler, 1979, S. 199.

4 Hans-Günter Assel, Die Perversion der politischen Pädagogik im Nationalsozialismus, München 1969, S. 99.

5 Ebd. Assel nennt hiet weiterhin Dr. Goebbels, Alfred
   Rosenberg, Robert Ley, Philipp Bouhler und Martin Bormann.
   Vorgeworfen wurde der Erziehungspolitik Rusts eine zu
   geringe nationalsozialistische Orientierung, Langsamkeit
   seiner Reformen und konservative Methoden (ebd., S. 100).

In den ersten Jahren des Dritten Reiches wurden in Preußen
zunächst einige Hochschulen für Lehrerbildung verlegt oder
neueröffnet mit dem Gedanken der "Hinwendung zum Lande" und
der "Hinwendung zur Grenze".[1] In Bayern konnte der dortige
einflußreiche Kultusminister Schemm das "Konzept der klein-
städtisch-landverbundenen Hochschule"[2] schon 1935 wieder
verlassen. Er verfügte den Abbau von zahlreichen ehemaligen
Seminaren und verordnete die Neugründung von drei Hochschulen
für Lehrerbildung in Pasing, Bayreuth und Würzburg.[3] Ebenso
setzte er gegen den Widerstand des Reichserziehungsministeriums
durch, "daß die bayrischen Lehrerhochschulen als einzige im
Reich eigene Übungsschulen haben durften",[4] sowie ein
Kameradschaftshaus, in dem die Studierenden eine Zeitlang
wohnen mußten.[5] Diese Maßnahmen stellten teilweise einen
Rückgriff auf Gedanken der alten Seminarbildung dar, ließen
aber das Prinzip der akademischen Volksschullehrerbildung
bestehen. Von den aus der Weimarer Zeit verbliebenen

Vgl. hierzu auch H. Scholtz/E. Schranz, 1980, S. 112.
U. Sandfuchs zitiert ein Schreiben vom Dekan der Kultur-
wissenschaftlichen Abteilung HOPPE vom 3. 8. 1934 in
dem schon zu diesem Zeitpunkt die beabsichtigte Abkehr
von der akademischen Lehrerbildung angedeutet wird (S. 12).

1 So wurden die Hochschulen von Frankfurt/M. nach dem
   zwischen Taunus und Westerwald gelegenen Weilburg verlegt und die Hochschule von Halle nach Hirschberg.
   Grenzstandorte der Hochschulen für Lehrerbildung waren
   im Osten: Beuthen, Elbing, Frankfurt/O., Hirschberg,
   Kottbus, Lauenburg und Schneidemühl; im Norden: Kiel;
   im Westen Trier und Saarbrücken (O. Ottweiler, 1979, S. 200).

2 W. Sacher, 1974, S. 200.

3 Verordnung über die Neuordnung der Lehrerbildung in Bayern
   vom 13. 2. 1935, Abl. des Bayr. KM 1935, S. 33 ff. Die
   Hochschule in Pasing, später Hans-Schemm-Hochschule für
   Lehrerbildung, wurde im Mai 1935 eröffnet, Bayreuth und
   Würzburg nahmen Ende 1936 ihren Lehrbetrieb auf (O. Ott-
   weiler, 1979, S. 318, Fußn. 25).

4 W. Sacher, 1974, S. 200.

5 O. Ottweiler, 1979, S. 203 ff. Die Einrichtung des Kamerad-
   schaftshauses wurde später von Rust für alle Hochschulen
   für Lehrerbildung verbindlich gemacht.

30

Hochschullehrern wurde weiter versucht, "den kritischen Ansatz pädagogischen Denkens trotz der weltanschaulichen
Nötigungen durchzuhalten".[1] Die neue Gruppe der aktiven
Nationalsozialisten in der Dozentenschaft wie auch bei
den Studenten - diese sollten sich schon während ihrer
Schulzeit in der HJ oder im BdM bewährt haben -[2] bekämpfte
die mit dem Nationalsozialismus nicht zu vereinbarenden
Prinzipien, wie das Individualitätsprinzip, und verbanden
andere, wie das Heimatprinzip, mit ihrer Ideologie.

> "Für diese Einschmelzung boten die z.T. irrationali-
> stischen Tendenzen der freien pädagogischen Reform-
> bewegung durchaus Ansatzpunkte: die Förderung der
> intuitiv-schöpferischen Kräfte im Volk, besonders
> auf dem Lande, die Verdächtigung des Intellektuellen,
> der Gedanke der volkstümlichen Bildung... nicht
> zuletzt der starke landreformerische Impuls der Pä-
> dagogischen Akademien, der nun für die Blut-und-Bo-
> den-Lehre in Beschlag genommen wurde".[3]

Im Jahre 1939 verschärfte sich der schon länger spürbar
gewordene Lehrermangel. Die Polemik der HJ und der Publi-
zistik gegen den Lehrerberuf zeigte Wirkung bei den sowieso
schon von den Verlusten des Ersten Weltkriegs betroffenen
Jahrgängen.[4] Im Februar 1939 wurden in Preußen "Staatliche
Aufbaulehrgänge für das Studium an den Hochschulen für
Lehrerbildung" eingerichtet, die, zwar als Notmaßnahme de-
klariert, doch schon die Struktur der nationalpolitischen
Erziehungsanstalten teilweise übernahmen. Die Jungen und
Mädchen wurden von "Schule und Partei" ausgewählt und mußten sich in "Musterungslagern" einer "vielseitigen Bewährungs-
und Leistungsprobe" unterziehen.[5]

---

1 G. Joppich, 1970, Sp. 221.
2 O. Ottweiler, 1979, S. 215.
3 G. Joppich, 1970, Sp. 221.
4 H. Scholtz/E. Stranz, 1980, S. 116. Ottwilm Ottweiler führt
   auch die unbefriedigende Besoldungssituation als Grund
   an; z.B. entsprach das Endgehalt eines 62jährigen Volksschullehrers dem Anfangsgehalt eines Studienrates (O. Ottweiler, 1979, S. 243).
5 H. Scholtz/E. Stranz, 1980, S. 116. Dort zitiert nach dem
   Amtsblatt des Reichs- und Preußischen Ministeriums, 5. Jg.
   (1939), S. 539.

"In der Folge erwies sich diese von anderen Ländern
übernommene Einrichtung jedoch nicht als Notbehelf,
sondern als Übergang zu einer Ausbildung an Lehrerbildungsanstalten (LBA), in denen, wie einst im
Lehrerseminar, Allgemein- und Berufsausbildung wieder nebeneinander betrieben wurden".[1]

Führende Kreise der NSDAP hatten schon länger kein Verständnis für die hochschulmäßige Ausbildung der Volksschullehrer gezeigt. In einem Gespräch zwischen Reichserziehungs-
minister Rust und Reichsminister Heß am 17. März 1939 wehrte
Rust sich gegen diese Auffassung und erklärte, "es sei notwendig, daß der Volksschullehrer die Achtung vor der Wissenschaft bekomme, um zu verhindern, daß er in einer früher üblichen Halbbildung dahinlebe."[2]

Trotz einer Unterstützung seiner Bestrebungen durch den NSLB
mußte Rust schließlich der "mächtigen Phalanx der Gegner einer
Hochschulbildung für Volksschullehrer, die von Heß, Göring
und Bormann angeführt wurde",[3] unterliegen.

Hitler, der schon 1939 den Wunsch geäußert hatte, möglichst
viele Unteroffiziere in Lehrerstellen unterzubringen, weil
diese, "von unnötigem Wissen frei, über ein Wissen und Können verfügen, das für die Ausbildung von Kindern vonnöten
ist",[4] entschied sich im November 1940 für die "schon in
Österreich besonders bewährten Schuleinrichtungen": Haupt-

---

1 Adolf Schmidt-Bodenstedt, Die Volks- und Hauptschullehrer-
  bildung, in: Deutsche Schulerziehung, Jahrbuch des Deutschen
  Zentralinstituts für Erziehung und Unterricht 1941/42,
  Berlin 1943, zit. bei H. Scholtz/E. Stranz, 1980, S. 116f.

2 BAK NS 6/322.

3 O. Ottweiler, 1979, S. 246.

4 Ebd., S. 249. Diese oft zitierten Äußerungen Hitlers
  werden von Ottweiler mit einem Schriftwechsel zwischen
  d'Alquen und Min. Dir. Sommer vom 2. 2. bis 18. 2. 1939
  (BAK NS 6/322) belegt. Danach habe man sich zwar in der
  SS-Führung entsetzt über den Plan, Unteroffiziere als
  Lehrer "auf die Jugend los(zu)lassen", und bat um Bestätigung dieses Planes. Die Parteikanzlei bekräftigte
  den Plan mit dem gleichzeitigen Bemerken, daß auch Göring
  "der gleichen Meinung" sei und daß man sich überhaupt
  über diese Pläne "außerordentlich" freue (O. Ottweiler,
  1979, S. 331, Fußnote 209).

schule mit anschließender Lehrerbildungsanstalt.[1]

Am 8. Februar 1941 verfügte Rust, diesen Wünschen entsprechend, die Einrichtung der sogenannten "Lehrerbildungsanstalten" (LBA), und im April wurden die Hochschulen für
Lehrerbildung und ebenso die staatlichen Aufbaulehrgänge in "Lehrerbildungsanstalten" umbenannt.[2] Diese Maßnahmen begleitete eine großangelegte Werbekampagne, wobei
als Vorzüge die kostenlose Internatsunterbringung,[3] die
Aufgabe der konfessionellen Gestaltung zugunsten einer der
HJ gemäßen Auffassung und die Möglichkeit, nach dem fünf-
jährigen Besuch auch die Laufbahn eines Berufsoffiziers zu
ergreifen, gesehen wurden.[4]

Bis April 1943 waren 231 Lehrerbildungsanstalten eingerichtet,
und die Ausbildungskapazität hatte sich gegenüber den Hochschulen für Lehrerbildung erheblich erweitert. So befanden
sich 1943 insgesamt 34.453 zukünftige Lehrer in der Ausbildung.[5]

Im Rahmen des Themas dieser Arbeit sind die in diesen Anstalten ausgebildeten 'Schüler' von Bedeutung, weil viele
von ihnen mit teilweise abgebrochener Ausbildung beziehungsweise mit vorgezogenem Abschluß oder auch als Anstaltsabsolventen nach 1945 als Lehrer eingesetzt werden wollten,[6]

---

1 Dieser Entscheidung im November 1940 waren schon Notmaßnahmen im März vorausgegangen: Die Verkürzung der Seme-
   sterzahl an den Hochschulen für Lehrerbildung auf drei
   und eine besonders von Frauen aufgegriffene Möglichkeit:
   Dreimonatige Kurzlehrgänge für 19-30jährige Schulhelfer
   mit Mittel- oder gutem Volksschulabschluß. Hier sollte
   nach zwei Jahren Unterrichtspraxis noch ein einjähriges
   Studium nachfolgen (H. Scholtz/E. Stranz, 1980, S. 117).

2 O. Ottweiler, 1979, S. 249.

3 Ebd., S. 251.

4 H. Scholtz/E. Stranz, 1980, S. 117.

5 Ebd., S. 118. Von den 231 Lehrerbildungsanstalten wurden
   25 koedukativ geführt, 89 waren für Jungen und 117 für
   Mädchen eingerichtet.

6 Siehe Kapitel 4.3 dieser Arbeit.

wobei es darum ging, ihre Qualifikation festzustellen. Bei
der Beurteilung damit zusammenhängender Fragen kommt den
neuesten Untersuchungen von Harald Scholtz klärende Bedeutung zu.[1] Scholtz verweist auf die politischen Absichten des
Staates und stellt fest, "daß es sich bei dieser Umstellung
keinesfalls um eine kriegsbedingte Notmaßnahme handeln
konnte".[2] Er bewertet das häufig gebrauchte Wort vom "'Rück-
fall' um 40, wenn nicht gar 150 Jahre" als Beispiel für die
Gefahr einer "Eindimensionalität in unserer Beurteilung zeit-
geschichtlicher Ereignisse".[3] Eine Parallelisierung der
Lehrerbildungsanstalten mit der nachfriderizianischen Lehrerbildung und ihrer Mischung aus Christentum und Aufklärung
erkennt nicht in diesen Anstalten das "Mittel zur Mobili-
sierung und politischen Sozialisation der Massen unter
Nutzung einer in miltante Form gebrachten Eigenaktivität
der Jugendlichen".[4] Das meistens für diesen Vergleich ange-
führte Kriterium der verkürzten Ausbildungsdauer sei nicht
ausreichend.

Dies unterstreicht auch Uwe Sandfuchs, wenn er ausführt:

> "Die neue erziehungspolitische Konzeption war nicht
> mehr primär am Ziel einer fachlichen Qualifikation
> orientiert, sondern an der Vermehrung des Angebots
> an Internatsschulen, seien es Napola, Deutsche Heim-
> schulen oder LBA, die jetzt ebenfalls als 'Auslese-
> schulen' bezeichnet wurden. Sie sollten ... den Nach-
> wuchs aus (bis dahin) bildungsabstinenten Schichten für poli-

---

1 Prof. Dr. Harald Scholtz stellte mit dankenswerterweise
   einen Vorabzug seines Aufsatzes "Politische und gesellschaftliche Funktionen der Lehrerbildungsanstalten
   1941 - 1945" zur Verfügung. Der Aufsatz wird wahrscheinlich in Heft 19 (1982) der Information zur bildungs-
   und erziehungshistorischen Forschung erscheinen. Die
   zitierten Seitenzahlen sind dem Vorabzug entsprechend
   provisorisch eingefügt.

2 Ebd., S. 2.

3 Ebd., S. 3.

4 Ebd., S. 5.

tische Zwecke verfügbar machen."[1]

Das insgesamt niedrige Niveau wurde mit der Prüfungsvorschrift unterstrichen, daß der Direktor über nicht ausreichende Leistungen "hinwegsehen" konnte, wenn das Verhalten des Prüflings "nach nationalsozialistischer Auffassung einwandfrei war".[2]

Es wird ersichtlich, daß die spätere "strenge" Behandlung der Absolventen von Lehrerbildungsanstalten zu rechtfertigen war. Ähnliches kann in abgeschwächter Form von den Schulhelfern gesagt werden, einer Ausbildungsform der Kriegsjahre, die von Mädchen bevorzugt wurde.[3] Auch dieser Personenkreis mußte sich nach 1945 den neuen Anforderungen stellen.

Zusammenfassend kann Ottweiler beigepflichtet werden, der seine Ausführungen mit folgenden Sätzen beschließt:

> "Mit dem militärischen und politischen Zusammenbruch des nationalsozialistischen Deutschlands im Mai 1945 ging gleichzeitig auch eine der düstersten und beschämendsten Epochen deutscher Schulgeschichte zu Ende."[4]

---

1 Uwe Sandfuchs, Die Reseminarisierung der Lehrerausbildung im Dritten Reich - aufgezeigt am Beispiel des Landes Braunschweig, Vortragsmanuskript eines Referates auf der Tagung der Historischen Komission der Deutschen Gesellschaft für Erziehungswissenschaft in Loccum vom 9. - 11. September 1981, S. 7.

2 Erlaß des Reichsministers für Erziehung und Volksbildung vom 7. 1. 1942; nach O. Ottweiler, 1979, S. 261.

3 Vgl., Kap. 4.5 dieser Arbeit.

4 O. Ottweiler, 1979, S. 265. Einen anschaulichen Bericht über das langsame "Ende einer Lehrerbildungsanstalt" in den Jahren 1943-1945 gibt J. Kuropka, 1980, S. 235 ff.

2. Die Entscheidungen im Jahr 1945

2.1 Auswahl der maßgebenden Personen durch die Besatzungsmächte für die Provinzen Nordrhein und Westfalen

Nach dem raschen Vormarsch der Alliierten in Deutschland
im Frühjahr 1945 war es das Ziel des Besatzungsmächte,
möglichst bald wieder deutsche Bürgermeister und Landräte
und schließlich auch Länderverwaltungen, bzw. in Preußen
Provinzialverwaltungen einzusetzen, um angesichts der pro-
blematischen Verhältnisse die Versorgung der Bevölkerung
aufrechtzuerhalten und den Verkehr erneut in Gang zu bringen.
Diese Provisorien mußten nach dem Überwinden der Anfangs-
schwierigkeiten mehrfach revidiert werden. Veränderungen
der Provinzen, der Zuständigkeiten, besonders aber die Veränderung der Zonengrenzen und die damit verbundenen Um-
gruppierungen alliierter Truppen verhinderten zunächst
eine Konsolidierung der neuen staatlichen Instanzen. Je nach
ihrem eigenen Selbstverständnis betrachteten sich letztere
mehr als treuhänderische Statthalter oder bemühten sich mehr
um Stärkung und Ausbau eigener Machtpositionen. In West-
deutschland, das in seinen nördlichen Teilen von britischen
Truppen, dessen Ruhrgebiet und südliche Teile von den
Amerikanern besetzt wurden, überwog "das Gefühl der Befreiung
von einem in nationalsozialistischer Zeit aufgezwungenen
Zentralismus", so daß man sich hier schnell mit der neu-
erworbenen 'Unabhängigkeit'[1] einrichtete.
Jeweils unmittelbar nach der Einnahme eines Gebietes trafen
besondere Abteilungen ein, deren Aufgabe es war, innerhalb
von wenigen Tagen Landräte und Bürgermeister zu ernennen, mit
deren Hilfe der Grundstock einer mehr oder weniger funktio-

---

1 Marie Elise Foelz-Schroeter, Föderalistische Politik und
  nationale Repräsentation 1945-1947, Stuttgart 1974, S. 16.

nierenden deutschen Verwaltung gelegt wurde.[1] Schon Ende März
nahm das amerikanische Detachment E1 G2 in Bad Tönisstein
seine Arbeit auf.[2] Chef dieser Kommision war Oberst Johnson,
sein Mitarbeiter Dr. William W. Dawson, der - im bürgerlichen
Beruf Professor der Rechte der Western Reserve Universitiy in
Cleveland[3] - als guter Deutschlandkenner beschrieben wurde,
als Mann von hoher Intelligenz und besonderer Ernsthaftig-
keit. Er war für kulturelle Angelegenheiten zuständig und
drängte darauf, "daß in Deutschland unverzüglich das Erziehungswesen sowie das kulturelle und politische Leben
wieder in Gang gebracht werden möge".[4] Diese Kommission begann noch Ende März eine Rundfahrt durch die Rheinprovinz
und besuchte die Bischöfe in Köln, Aachen und Trier, den
Generalsuperintendenten Stoltenhoff in Düsseldorf, weiterhin zahlreiche Oberbürgermeister an ihren Amtssitzen.[5]

Am 18. April 1945 sah die amerikanische Armee ihren "beschränkten Kampfauftrag" als erfüllt an und konnte "sich

---

1 Conrad F. Latour/Thilo Vogelsang, Okkupation und Wiederaufbau, Stuttgart 1973, S. 65. Über die verschiedenen
   Detachements vgl. dort S. 38. Die E-Detachements hatten
   u.a. auch Offiziere für Erziehungswesen, denen "erheb-
   liches fachliches Können" nachgesagt wird (ebd., S. 38).
   Vgl. auch: Wolfgang Rudzio, Die Neuordnung des Kommunalwesens in der Britischen Zone, Stuttgart 1968, S. 42 f.
   Claus Scharf/ Hans-Jürgen Schröder (Hg.), Die Deutschlandpolitik Großbritanniens und die Britische Zone
   1945-1949, Wiesbaden 1979.
   Walter Först, Geschichte Nordrhein-Westfalens 1945-1949,
   Köln 1970, S. 32 f.
   Walter L. Dorn, Inspektionsreisen in der US-Zone, Stuttgart 1973, S. 30 f.

2 Nachlaß Alois Becker, HSTAD, RWN 52, Nr. 1, S. 6.
   Alois Eugen Becker, geboren 21. 7. 1898 in Contwig/Rhein-
   pfalz; Studium der Rechtswissenschaft in Würzburg und
   München, das er 1923 mit der Promotion abschloß, 1933 Referent der Abteilung Ia im Berliner Polizeipräsidium,
   1936 Oberregierungsrat im Oberpräsidium Rheinprovinz.

3 C. Latour/T. Vogelsang, 1973, S. 93.

4 Ebd.

5 Nachlaß Alois Becker, HSTAD, RWN 52 Nr. 12, S. 2.

ihrer eigentlichen Hautaufgabe, das Rheinland zu regieren,
zuwenden".[1] Jochen Thies hat erst kürzlich nachgewiesen,
daß in den entscheidenden Wochen Ende April/Anfang Mai
1945 die britischen Militärs "schwerwiegende Versäumnisse"
gegenüber dem amerikanischen Militärverwaltungsapparat zu
beklagen hatten.[2] Er vergleicht Großbritannien 1945 mit
"einer viel zu klein geratenen Riesenschlange", da London
für "die in Deutschland eingegangene Aufgabe ... weder
finanziell noch personell gerüstet war".[3] Die amerikanischen
Detachments, die in diesen ersten Wochen westlich des Rheines
arbeiteten, beurteilen Latour und Vogelsang als "die besten,
welche die amerikanische Armee und die European Civil
Affairs Division (ECAD) anzubieten hatten. Sie waren so gut
ausgebildet, wie es unter den bestehenden Umständen ... nur
möglich war".[4]

So müssen die im folgenden dargestellten personellen Entscheidungen den Amerikanern zugeschrieben werden, wenn auch
spätere Revisionen der britischen Behörden dadurch nicht ausgeschlossen sind. Die Ereignisse um Dr. Hans Fuchs, den
ersten Oberpräsidenten der Rheinprovinz, sind hier aufschluß-
reich.[5] Fuchs erhielt am 28. April 1945 einen Telefonanruf
des Hauptquartiers der 15. amerikanischen Armee, in dem man
ihm ein Gespräch über den Neuaufbau einer deutschen Verwaltung ankündigte. Er erklärte sich zur Mitarbeit bereit
und wurde am 24. Mai 1945 vom amerikanischen Hauptquartier

---

1 C.F. Latour/T. Vogelsang, 1973, S. 66.

2 Jochen Thies, What is going on in Germany? in: Die Deutschlandpolitik Großbritanniens und die Britische Zone 1945-
1949, Wiesbaden 1979, S. 33.

3 Ebd., S. 30 f.

4 C.F. Latour/T. Vogelsang, 1973, S. 61.

5 Hans Fuchs, 1919 Regierungspräsident in Trier, 1922
Oberpräsident der Rheinprovinz, wurde 1923 im Ruhrkampf
ausgewiesen,"weil er nach dem Aufruf der Reichsre-
gierung zum passiven Widerstand die rheinischen Beamten
öffentlich an ihre Treuepflicht erinnert hatte"
(W. Först, 1970, S. 38). Fuchs wurde Minister im Kabinett
Stresemann und danach wieder Oberpräsident in Koblenz bis
ihn die Nationalsozialisten 1933 zwangsweise in den
Ruhestand versetzten (ebd.).

durch dessen "Adjutant General" R.B. Patterson zum Ober-
präsidenten des "Rhine Province Military District" ernannt. [1]
Unter der amerikanischen Besatzung fielen die wichtigsten
weiter unten dargestellten Personalentscheidungen. Am 20.
Juni wurde Fuchs auch Oberpräsident der neuen Nord-Rhein-
provinz der britischen Besatzungszone; [2] aber schon drei
Monate später wieder seines Amtes enthoben und durch Dr.
Lehr abgelöst. [3]

Anfang Mai befragten amerikanische Offiziere den ehemaligen
Oberregierungsrat Dr. Alois Becker und den ehemaligen
Regierungsdirektor Gildemeister, ob sie bereit seien, beim
Wiederaufbau einer neuen deutschen Verwaltung mitzuarbeiten. [4]
In Bad Tönisstein, wohin sie nach ihrer Zusage von den
Amerikanern gebracht wurden, trafen sie mit Dr. Fuchs zu-
sammen und bildeten den ersten Arbeitsstab einer neuen
deutschen Verwaltung der Rheinprovinz. [5] Bad Tönisstein war

---

1 B. Bergmann, "Zur Geschichte", HSTAD, RWN 46 NR. 27, Band 1,
  S. 20. Eine Kopie der Ernennungsurkunde HSTAD, RWN 52
  Nr.1, S. 2. Allgemein dazu W. Först, 1970, S. 36.

2 W. Först, 1970, S. 36.

3 Die Ablösung wird dem Drängen französischer Kreise zugeschrieben, wobei ebenso die Engländer nicht für Dr. Fuchs
  eintraten. Dr. Dr. Lehr war der frühere Oberbürgermeister
  Düsseldorfs und ebenfalls von den Nationalsozialisten
  1933 entlassen worden. Die Absetzung von Fuchs am 2. 10.
  1945 löste Überraschung aus (vgl.,W. Först, 1970, S. 51 f.).

4 Dr. Alois Becker genoß in hohem Maße das Vertrauen der
  Amerikaner, weil er sich um die Sicherheit des Archiv-
  und Kunstgutes bemüht hatte (Freundliche Mitteilung von
  Pater Dr. Emmanuel von Severus, Archivar der Abtei Maria
  Laach, an den Verfasser vom 13. 3. 1981). Becker war als
  Stellvertreter von Fuchs vorgesehen. Diese dienstliche
  Stellung wurde aber nicht bestätigt; auch er mußte im
  Herbst des Jahres seinen Posten wieder verlassen (So Dr.
  Hübinger in einem Schreiben vom 17. 3. 1947 als Mitar-
  beiter Dr. Fuchs, HSTAD, RWN 52 Nachlaß Becker, Nr. 1, S.3).
  Gildemeister behielt auch unter der britischen Militär-
  regierung das Referat 'Administration und Finanzen' der
  neu gebildeten Kulturabteilung (B. Bergmann, "Zur Geschich-
  te", HSTAD, RWN 46, Nr. 27, Band 1, S. 26).

5 B. Bergmann, "Zur Geschichte", HSTAD, RWN 46, Nr. 27,
  Band 1, S. 19. Der Anfang war äußerst bescheiden. Eine
  primitive Baracke war der Verwaltungssitz mit Feldbetten
  als Nachtlager (ebd.).

wohl nicht ohne Absicht zum Standort dieser ersten Gesprächs-
phase gewählt worden. Hier im Brohltal ergab sich ein "leb-
hafter persönlicher Gedankenaustausch"[1] mit den Patres der
Abtei Maria Laach. Dr. Becker war mit dem Pfarrverweser des
nahegelegenen Nickenich, Pater Willibald Lenz[2], eng be-
freundet. In vielen Besprechungen wurden Namen für die
Besetzung der Ressorts der neuen Regierung diskutiert.
Auf die entscheidende Mitwirkung von Pater Lenz führt Bergmann die Besetzung der wichtigsten Posten einer neuen Kulturabteilung zurück.[3] Zum Leiter der Kulturabteilung wurde
Professor Hermann Platz vorgeschlagen.[4] Major Dawson fuhr

---

1 So Pater Emmanuel von Severus (siehe oben).
   Einen interessanten Einblick in Aufbau, Stil und Inhalt
   eines solchen "Gedankenaustauschs" ermöglicht das Wortprotokoll (Nachlaß Antz, A 1) einer Unterredung zwischen
   dem Vertreter der amerikanischen Militärregierung, Captain
   Luebbers, und Prof. Antz vom "10. oder 12. Mai 1945" in
   Bonn. In dem Gespräch geht es darum, dem mit der Verwaltung
   des Schulkreises Bonn-Land beauftragten Prof. Antz die von
   den Amerikanern gewünschte "klare Trennung (separation)
   von Kirche und Schule" zu verdeutlichen.

2 Pater Willibald Lenz stammte aus Bonn und nahm in der
   dortigen Quickborn-Gruppe vor seinem Eintritt in das
   Kloster 1926 eine bedeutende Rolle ein. Er starb bei
   einem Autounfall am 14. 6. 1945 in Remagen (Pater Emmanuel
   von Severus).

3 B. Bergmann, "Zur Geschichte", HSTAD, RWN 46, Nr. 27,
   Band 1, S. 26 f.
   Bergmann stützt sich hier auf die Dokumentation des Ober-
   regierungsrates a.D. Dr. Viktor Engelhardt. Engelhardt
   bemühte sich im Jahre 1950 bei der Zusammenstellung seiner
   Dokumentation um größtmögliche Genauigkeit. So legte er
   seine Erkenntnisse auch Prof. Antz vor, der darin handschriftlich Korrekturen anbrachte. In einem Begleitschreiben an Antz an Engelhardt vom 30. 3. 1950 (ebd.,
   Nr. 100, S. 41) stellt Antz einige Aussagen richtig und
   kündigt Engelhardt noch weitere Materialien an. Diese Dokumentation Engelhardts findet sich im Nachlaß Bergmanns
   unter RWN 46, Nr. 100; die hier zitierten Entscheidungen
   dort S. 42.

4 Hermann Platz, geb. am 19. 10. 1880 in Offenbach/Pfalz
   studierte Theologie und Philosophie. Er wurde tätig im
   höheren Lehramt in Düsseldorf und Bonn, dort dann auch
   Honorarprofessor für französische Geistesgeschichte.
   Alois Becker suchte Platz auf, um ihn für die Zusammenarbeit zu gewinnen. Platz lehnte zunächst wegen seiner
   angegriffenen Gesundheit ab, ließ sich dann jedoch durch
   "Drängen und Bitten" überreden (HSTAD, RWN 46, Nr.100, S.36).
   Vgl. auch: Hermann Platz, 1880 - 1945, Eine Gedenkschrift,
   hrsg. v. Vincent Berning, Düsseldorf 1980.

daraufhin nach Paris, um "festzustellen, ob die Franzosen
mit dieser Besetzung einverstanden waren".[1] Er kam erfreut
zurück, da man dort erklärt hatte, "daß kein besserer Name
als der von Professor Platz hätte genannt werden können".[2]
Für die Leitung der Volksschulabteilung wurde Professor
Esterhues[3] vorgesehen und zum Leiter der Abteilung Lehrerbildung schlug Pater Lenz den ihm schon seit Jugendtagen,
besonders aber aus seiner Tätigkeit als Schulrat im dortigen
Kreis bekannten Professor Joseph Antz vor. Nach der Bestätigung seiner Mitarbeiter durch die Amerikaner[4] begann
Fuchs in der zweiten Maihälfte mit dem Aufbau der neuen Verwaltung im Bonner Stadthaus. Esterhues wurde offiziell am
28. Mai 1945 durch Fuchs ernannt,[5] so daß auch für Antz
dieser Termin als offizieller Beginn seiner Arbeit angesehen werden kann.[6]

---

1 HSTAD, RWN 46, Nr. 100, S. 37.

2 Ebd.

3 Josef Esterhues, geb. am 26. 11. 1885 in Münster/Westf.,
   als Dr. phil. zuerst im Schuldienst tätig, 1929-1937
   Dozent und Professor an der Pädagogischen Akademie in
   Bonn, 1937 bis 1945 im Ruhestand, wurde 1946-1949 wieder
   Professor für Pädagogik an den Akademien in Bonn und
   Köln. Er wurde Nachfolger von Antz als Ministerialrat
   1949 bis zu seiner Pensionierung am 1. 10. 1951.

4 Nach Mitteilung von Frau Vogt, geb. Antz, hat für die
   Bestallung von Prof. Antz ebenfalls Dr. Robert Grosche,
   Stadtdechant von Köln, befürwortend gesprochen.

5 Eine beglaubigte und besiegelte Abschrift der Ernennungsurkunde von Dr. Josef Esterhues liegt vor unter HSTAD,
   RWN 46, Nr. 45, S. 2.

6 Antz ging unmittelbar nach Kriegsende zu Fuß ohne
   Passierschein von Himmerod in der Eifel nach Bonn, um
   seine Mitarbeit anzubieten. Er wurde deshalb von den
   Amerikanern zunächst gerügt (Nachlaß Antz A 1, S. 4).
   In seinen Erinnerungen (Nachlaß Antz, A 2, S. 1) schrieb
   Antz: "Ich gestehe, daß ich, wenn ich diese Lage über-
   dachte, unter diesen Umständen (gemeint ist der Anfang
   Mai 1945, Anm. d. Verf.) mit einer Wiederbeschäftigung
   in der Lehrerbildung rechnete, trotz meiner 65 Jahre."
   Zwei andere Lehrer, die ebenfalls nach seiner Auffassung
   "als die Berufenen erschienen ..., weil ihr Denken und
   Schaffen traditionell verwurzelt war, lebten für rheinische
   Verhältnisse sozusagen außerhalb der Welt". Die hier von
   Antz erwähnten Personen sind Johannes von den Driesch
   (siehe unten) und Friedrich Schneider. Schneider war 1928

Joseph Antz wurde am 19. Februar 1880 in Waldhölzbach, Kreis
Merzig, im Saarland geboren. Er besuchte neun Jahre die ein-
klassige Volksschule seines Vaters und bereitete sich durch
Privatunterricht auf den Besuch des Seminars in Wittlich
vor.[1] Hier im Saarland bekleidete er seine erste Lehrer-
stelle, wo er bald seine Neigung zum Lehrerbildner erkannte.
Nach dem Ableisten seiner Militärzeit, die er als "übelste
und finsterste Zeit" bezeichnete, wurde er 1903 Lehrer an der
Präparandie in Wittlich und ab 1. Mai 1908 Seminarlehrer am
königlichen Lehrerseminar in Merzig an der Saar. Hier war er
10 Jahre tätig‚bevor er weitere Stellen in Essen übernahm.[2]

Am 30. März 1922 in Andernach zum Schulrat ernannt, galt sein
vordringliches Bemühen der Lehrerfortbildung und Erwachsenenbildung. Ebenso tat er sich auf dem Gebiet der literarischen
Erziehung hervor. In dieser Zeit entstand u. a. seine mehrfach aufgelegte Darstellung: "Führung der Jugend zum
Schrifttum".[3]

Am 30. April 1927 wurde er als Dozent an die neue Pädagogische Akademie in Bonn berufen. Nach seiner eigenen Äußerung
hatte er anfangs dem Experiment der akademischen Lehrerbildung

---

Prof. an der Pädagogischen Akademie in Bonn, die er 1934
verlassen mußte. Er lebte 1945 in Österreich und übernahm
1946 eine Professur für Pädagogik in Salzburg.

1   Joseph Antz war das älteste der insgesamt zwölf Kinder
    der Familie Antz, von denen insgesamt sechs in den Lehrer-
    beruf gingen.

2   Die Darstellung des Lebensweges stützt sich auf mündliche
    Aussagen seiner Tochter Marianne Vogt geb. Antz einerseits,
    sowie auf zahlreiche schriftliche Würdigungen seines
    Wirkens. Hier in erster Linie die Dokumentation Engel-
    hardts.
    Weiterhin: Ilse Peters, Zum Abschied von Professor Antz
    aus dem Kultusministerium, Pädagogische Rundschau 1949,
    S. 328 ff.
    Oskar Hammelsbeck, Hg., Überlieferung und Neubeginn, Ra-
    tingen 1957, S. 11 ff. Bernhard Bergmann, "Zur Geschichte",
    HSTAD, RWN 46, Nr. 27, Band 2, S. 8 ff. Gedenkblätter für
    Joseph Antz in: Pädagogische Rundschau , 14. Jg. Heft 6,
    (Dieses Heft stand ganz im Zeichen des 80. Geburtstags
    von Antz).

3   Bei O. Hammelsbeck, 1957, S.23ff. findet sich eine Über-
    sicht über das Schrifttum von Joseph Antz, die auch die

skeptisch gegenüber gestanden, da er eher eine Reform des
Seminars, dessen Mängel er aus eigener Erfahrung kannte,
für möglich und erstrebenswert hielt. Schließlich aber habe
ihn die Denkschrift zur Lehrerbildung von Minister Becker
überzeugt.[1] Den dann einmal als richtig und notwendig erkannten Weg verfolgte er konsequent, und in wenigen Jahren
wurde er zum geachteten Sachwalter   der neuen Lehrerbildung.

Obgleich die Akademie Bonn die Arbeit über die Einsparungs-
wellen hinweg fortsetzen konnte, wurde Antz doch im Mai des
Jahres 1933 aus politischen Gründen beurlaubt. Seine anti-
militaristische Haltung machte ihn im Dritten Reich so un-
tragbar, daß er 1934 mit 54 Jahren in den Ruhestand versetzt wurde.[2] In der folgenden Zeit arbeitete er, soweit
es ihm nicht unmöglich gemacht wurde, schriftstellerisch.
Noch 1940 veröffentlichte er zusammen mit B. Bergmann ein
Hauslesebuch der christlichen Familie mit dem Titel "Heiliges Erbe", das aber schon 1941 verboten wurde.[3] Bis 1943
gelang es ihm immerhin, in geschlossenen Veranstaltungen
Vorträge über Themen christlicher Literatur zu halten.

Sucht man in den Quellen über seine Person nach den Wurzeln
seines Selbstverständnisses, so ist eine christliche Grundhaltung zu nennen, die in Verbindung zur Jugendbewegung
vor und nach dem Ersten Weltkrieg ihren Ausdruck gefunden
hatte. Antz pflegte zeitlebens vielfältige Beziehungen zu
den verschiedensten Formen und Bünden der Jugendbewegung.

---

zahlreichen Beiträge in Sammelwerken, Zeitschriften -
hier besonders der Pädagogischen Rundschau - und in
enzyklopädischen Werken umfaßt. Die genannte Darstellung
"Führung der Jugend zum Schrifttum" erschien in 1. Auflage 1927 im Handbuch der Erziehungswissenschaft und in
3. Auflage als einzelnes Buch bei Henn, Ratingen 1955.

1 I. Peters, 1949, S. 328.

2 Man machte Antz zum Vorwurf, daß er Vorträge über die
  Erziehung der Jugend im Dienste der Völkerverständigung
  gehalten habe (Engelhardt, HSTAD, RWN 46, Nr. 100, S. 52).

3 Joseph Antz/Bernhard Bergmann Hg., Heiliges Erbe, Haus-
  buch der christlichen Familie, Köln 1940.

Dies förderte eine Haltung, die sich jederzeit für einen
erneuernden Aufbruch bereithielt. Er erzählte später gerne,
daß er sich 1945 wie ein Handwerksbursche mit Rücksack und
derben Stiefeln von Bonn nach Düsseldorf auf den Weg gemacht habe, um mit seinem Freunde Hermann Platz den Neuaufbau zu beginnen.[1]

Die Entwicklung in den von den Briten besetzten Gebieten
vor der Zonenneuaufteilung am 21. Juni 1945 ist insgesamt
von Zurückhaltung geprägt und kann hier unbeachtet bleiben, da erst danach, am 2. Juli 1945 mit Dr. Rudolf Amelunxen ein Oberpräsident für die Provinz Westfalen in
Münster ernannt wurde.[2] Einer der ersten Ansprechpartner der
Briten auf der Suche nach geeigneten Personen war der langjährige Zentrumsabgeordnete und Lehrer Johannes Brockmann,[3]
der in einem Gespräch Dr. Rudolf Amelunxen als möglichen Oberpräsidenten vorschlug.[4] Am 2. Juli wurde Amelunxen zum Ober-

---

1 B. Bergmann, "Zur Geschichte", HSTAD, RWN 46, Nr. 27,
   Bd. 2, S. 8.

2 W. Först, 1970, S. 33. Siehe auch J. Thies, 1979, der
   von "einer längeren Gewöhnungsphase der britischen
   Militärregierung (bis) zu einer realistischen Einschätzung der Verhältnisse in ihrer Besatzungszone" spricht
   (S. 36).

3 Johannes Brockmann, 1888 in Paderbon geboren, besuchte
   das Lehrerseminar und war seit 1913 mehr als 50 Jahre
   in Rinkerode als Lehrer tätig. 1925 bis 1933 Zentrums-
   abgeordneter im Preußischen Landtag, nahm er sich besonders der Junglehrernot nach dem Ersten Weltkrieg an.
   Im Zusammenhang mit dem Attentat auf Hitler wurde er
   im Juli 1944 ins Zuchthaus eingewiesen.

4 So Brockmann in einem Interview mit dem Westdeutschen
   Rundfunk am 16. Juli 1963, dessen Inhalt Bergmann wie-
   dergibt ("Zur Geschichte", S. 29 f.,HSTAD, RWN 46,
   Nr. 27, Bd. 1). Walter Först betont, daß Amelunxen
   nicht "der erste Kandidat der Briten gewesen" war
   (W. Först, 1970, S. 33).

präsidenten der Provinz Westfalen ernannt, ein Amt, das
er am 5. Juli 1945 in Münster antrat.[1] In der von ihm ge-
bildeten Regierung übernahm Brockmann das Kultusreferat.
Bis zur Vereinigung der beiden Provinzen Nord-Rhein und
Westfalen am 17. Juli 1946 blieben die Tätigkeiten dieses
Kultusreferats weniger bedeutsam und gingen danach in die
Kompetenz der neugebildeten Landesregierung Nordrhein-
Westfalen über.

2.2 Die erste Entscheidung in der Lehrerbildung - Rückgriff auf das Konzept der Pädagogischen Akademie

Während der Arbeit der neugebildeten Verwaltung in Bonn
unter amerikanischer Verantwortung wurde Antz durch den
Oberpräsidenten Dr. Fuchs schon im Mai 1945 - wahrscheinlich zeitgleich mit seiner Ernennung zum Schulrat für
Bonn-Land - aufgefordert, "ein genaues Programm für seine
künftige Arbeit zu entwerfen",[2] worunter ein Entwurf über
seine Vorstellungen zum Neuaufbau der Lehrerbildung zu
verstehen ist.[3] Innerhalb weniger Tage fällte Antz die
Entscheidung über die Form einer neuen Lehrerbildung nach

---

1 Hermann Wandersleb, Der Aufbau der Landesregierung von
   Nordrhein-Westfalen, in: Recht Staat Wirtschaft, Stuttgart 1949, S. 132.

2 Engelhardt, HSTAD, RWN 46, Nr. 100, S. 44. An anderer
   Stelle (vgl. Fußnote 2) wird Anfang Juni als Zeitpunkt
   der Aufforderung genannt.

3 Diese erste Arbeit Antz' findet ihren Niederschlag in
   dem weiter unten dargestellten Referat vor dem Oberpräsidenten. Hiervon liegt kein schriftliches Exemplar
   nach den bisherigen Erkenntnissen vor. Es ist also
   durchaus möglich, daß hier nur mündlich vorgetragen
   wurde. In einer "Denkschrift über die Pädagogischen
   Akademien", die von Antz im Herbst 1947 verfaßt wurde,
   spricht er von einer "besonderen Denkschrift", die die
   vorgeschlagenen Maßnahmen in schriftlicher Form der
   Militärregierung vorgab (HSTAD, NW 26, Nr. 180, S. 2
   Rückseite). Ein fünfseitiges
   maschinengeschriebenes Schriftstück "Neue Lehrerbildung
   in der Nord-Rheinprovinz" (HSTAD, NW 26, Nr. 162, S.24-
   28), das von Antz handschriftlich redigiert wurde, könnte

seinen Vorstellungen. Ratschläge und Einflüsse anderer Personen spielten hierbei keine wirklich "entscheidende" Rolle.[1]
Daß er sich zu einem Rückgriff auf das Konzept der Pädagogischen Akademien aus der Weimarer Zeit entschloß, könnte
als selbstverständlich angesehen werden. Gemessen an den
langen Jahren seminaristischer Lehrerbildung, stellten die

---

eine weiterführende Ausgestaltung dieser Denkschrift darstellen. Das Original, eine "kurze Denkschrift, ... die
nach Übersetzung ins Englische der Militärregierung vorgelegt und alsbald ohne jede Einschränkung genehmigt
wurde" (Nachlaß Antz, A 2, S. 5), konnte nicht mehr er-
mittelt werden. Das erwähnte Schriftstück stellt also
die erste aufgefundene Schriftfassung der Überlegungen
dar. Es wurde, da darin Aachen als Akademiestandort noch
unsicher ist, vor August 1945 erstellt und behandelt den
Bedarf an Volksschullehrern und Volksschullehrerinnen.
Zahlenmäßige Überlegungen führten zu dieser Zeit zu dem
Ergebnis, daß 2.500 Lehrkräfte fehlten (ebd., S. 25)
und deshalb "die Errichtung von 4 Lehrerbildungsanstalten (Pädagogische Akademien)" (ebd., Klammer im Original, Anm. d. Verf.) durchzuführen sei.

1   Im Nachlaß Antz findet sich ein Manuskript mit dem Titel
"Neuordnung". Nach Vermutung der Tochter Katharina Antz
ist es im Jahre 1953 als Redemanuskript für einen Vortrag entstanden. Teile daraus fließen in das Schreib-
maschinenpapier "Der Auftrag" ein (vgl. Nachlaß Antz,
A 3 und A 2).

In dem Manuskript überschreibt Antz einen Abschnitt:
"Ratschläge von außen: meist töricht und unerwünscht"
(A 3, S. 1) und stellt hier verschiedene Ratgeber und
deren Ratschläge vor. So habe R. als Antz ihm seine
Entscheidung mitteilte, geäußert, daß die Pädagogischen
Akademien eine "bankerotte Sache" seien. W. habe Sympa-
thien für das Lehrerseminar angeführt, weil für ihn
"die Seminarlehrer in seiner Vaterstadt als nette Ge-
sellschafter beim Dämmerschoppen am Stammtisch in ange-
nehmer Erinnerung" stünden (S. 2). Dem Eintreten eines
Ratgebers für die Universität hielt Antz die "schwere
Mitschuld, welche die deutschen Universitäten auf sich
geladen haben, indem sie ... sich zum Nährboden der ver-
worfenen Mächte machten" (S. 2b) entgegen. Auch Esterhues sei nicht für die Pädagogische Akademie gewesen,
er habe "so etwas wie ein besseres Seminar im Auge"
gehabt (Nachlaß Antz, A 4, S. 2). "Wertvolle Zustimmung
erhielt Antz von Professor Platz, Regierungsrat Bernhard Bergmann und Staatssekretär Lammers (Nachlaß Antz,
A 3, S. 3).

wenigen erfolgreichen Jahre der Pädagogischen Akademien jedoch nur einen kurzen Zeitraum in einem eng begrenzten Gebiet dar. Auch die Vorstellungen der Besatzungsmächte hinsichtlich der Volksschullehrerbildung waren zu dieser Zeit
noch nicht fixiert. In verschiedenen Veröffentlichungen hat
Antz später seine Überlegungen dargestellt und begründet
und dabei darauf verwiesen, daß die "entscheidenden Beschlüsse der deutschen Unterrichtsverwaltungen längst vor den ...
Anordnungen der Militärbehörden gefasst und in Ausführung
begriffen waren".[1] Ein Vergleich mit den inzwischen ver-
öffentlichten Darstellungen zur gleichen Situation in
anderen Ländern Deutschlands läßt ebenfalls erkennen, daß
1945 überwiegend an die alte Seminarausbildung in leicht
veränderten Formen angeknüpft wurde.[2]
Am 9. Juni 1945 fand in Bonn im Gebäude der Landwirtschafts-
kammer eine der ersten Sitzungen der Kulturabteilung unter
Vorsitz des Oberpräsidenten Dr. Fuchs statt.[3] Weiterhin

---

1   Joseph Antz, Zur Frage der Volksschullehrerbildung im
    Lande Nordrhein-Westfalen,in: Internationale Zeitschrift
    für Erziehungswissenschaft, 2. Jg., Salzburg o. Jahr,
    Heft 5, S. 247.

2   In Oldenburg trug die katholische Kirche durch ihren
    Offizial Dr. Pohlschneider den Wunsch nach einer "Aus-
    bildung in einer dem früheren Lehrerseminar ähnlichen
    Form" vor. Im dortigen Staatsministerium mißtraute man
    der hochschulmäßigen Lehrerbildung "und wollte daher an
    die alte Seminarausbildung wieder anknüpfen, die zudem
    den Vorteil hatte, daß die politisch tragbaren Schüler
    der Lehrerbildungsanstalten wieder aufgenommen werden
    konnten" (A. Hanschmidt/J. Kuropka, 1980, S. 263).
    Wölfling gibt eine Synopse über Baden, Württemberg, und
    Württemberg-Hohenzollern, die alle wieder mit dem Ab-
    schluß der 8. Volksschulklasse beginnen (W. Wölfling,
    1979, S. 37 f).
    Bayern kehrt 1945 wieder zur "konfessionellen sechsklas-
    sigen Lehrerbildungsanstalt zurück" (Hubert Buchinger,
    Volksschule und Lehrerbildung im Spannungsfeld politi-
    scher Entscheidungen 1945-1970, München 1973, S. 494).

3   Inhalt und Verlauf dieser Sitzung stellt Antz in einer
    "Denkschrift über die Pädagogischen Akademien" eingehend
    dar. Diese Denkschrift wurde von ihm im Herbst 1947 zur
    Vorlage für die Kulturausschußsitzung am 10. 10. 1947
    verfaßt. Sie ist zu finden HSTAD, NW 26, Nr. 180, S. 2 ff.
    Über die Begründung seiner Urheberschaft vergleiche
    auch Kap. 5.3 dieser Arbeit.

nahmen teil: Prof. Platz als Leiter der Kulturabteilung, der
damalige Stadtschulrat Dr. Esterhues, Landesrat Dr. Busley,
Regierungsdirektor Gildemeister und die Oberregierungsräte
Köppen und Dr. Schicke.[1] Vor diesem Gremium legte Antz seine
Gedanken über den neuen Aufgabenbereich dar. In einem halb-
stündigen Referat, das nach einer Aussage Ersterhues' eine
wahre Meisterleistung gewesen sein muß,[2] legte Antz, aus
reicher Erfahrung schöpfend, mit starker Überzeugungskraft
die Gründe für eine neue Form der Lehrerbildung dar, die
bewußt die Sprangersche Idee der Bildnerhochschule und
das Vorbild der Pädagogischen Akademien aus der Weimarer
Zeit aufgriff und keinen Rückgriff auf die überholten Formen
der seminaristischen Lehrerbildung zuließ. Der Oberpräsident Dr. Fuchs sagte nach Abschluß des Referats:

> "Ich hatte mir vorgestellt, daß gerade Sie eine
> andere Lösung vorschlagen würden, daß ihnen die
> Erneuerung des alten Seminars naheliegen würde.
> Da Sie aber den von Ihnen vorgeschlagenen Weg für
> den besseren halten, so müssen Sie so handeln,
> wie Sie es für richtig halten.[3]

Bei der Bedeutung dieser Entscheidung ist es notwendig,
die Begründung von Antz zu verfolgen. Da von der obenge-
nannten Sitzung kein Wortprotokoll vorliegt, müssen die
später gemachten Äußerungen von Antz hierzu mit herangezogen werden. Diese sind unterschiedlich, je nachdem, in
welchen Gesamtzusammenhang sie gestellt und an wen sie gerichtet sind. Nuancen zeigen sich besonders darin, ob
mehr die allgemeinen, pädagogisch-erzieherischen Gründe
für die Entscheidung oder mehr die äußeren, faktischen, aus
der aktuellen Situation abzuleitenden Begründungen in den
Vordergrund gestellt werden. Bei einem Überblick läßt sich
sagen, daß beide Sichtweisen mindestens gleichrangig an
der Entscheidung teilhaben. Aus den Aussagen nach einem

---

1 Ebd., S. 2.

2 B. Bergmann, "Zur Geschichte", HSTAD, RWN 46,Nr.27, Band 2, S.2.

3 So Antz in der eben zitierten "Denkschrift", HSTAD, NW 26,
Nr. 180, S. 2 Rückseite. In einem handschriftlich verfaßten
Brief an von den Driesch (vgl., Nachlaß Antz A 4, S. 2)
wird die Aussage von Fuchs durch Antz wie folgt niedergelegt: "Ich hatte ja gerade von Ihnen einen anderen

gewissen zeitlichen Abstand läßt sich sogar ableiten, daß
eher die aktuelle Situation, hier besonders das Überangebot an Studierwilligen für das Lehrfach, die teilweise
schon viele Semester an den Universitäten studiert hatten,[1]
ausschlaggebend war. Das soll nicht heißen, daß es Antz
nicht auch um die Wiederaufnahme des nach seiner Ansicht
bewährten Konzepts des wissenschaftlichen Pädagogischen
Akademie gegangen wäre. Nach meiner Einschätzung sah er
die Gunst der Stunde in dem Sinne, daß viele hochqualifi-
zierte Bewerber aus universitären Studiengängen auf diese
Weise für die im Dritten Reich degradierte Lehrerbildung
kurzfristig gewonnen werden konnten und gleichzeitig
die Basis für den neuen akademischen Volksschullehrer geschaffen wurde.[2] Hier mag auch die Erinnerung an die damals
gebotenen Auswahlverfahren an den ersten preußischen
Pädagogischen Akademien beigetragen haben, die "aus einem
Übergroßen Angebot strenge Auslese halten und so ihrer Ar-

Vorschlag erwartet. Wenn Sie aber der Überzeugung sind,
daß dies der bessere Weg sei, dann müssen Sie ihn gehen".

1 Vgl. Antz im stenographischen Bericht über die Sitzung
   des Kulturausschusses des Landtages Nordrhein-Westfalen
   in Düsseldorf am 10. 10. 1947. (Nachl. Teusch 1187, K 23/1
   S. 35 f.).
   Antz nahm in dieser Sitzung noch einmal Stellung zu den
   Anfängen der Pädagogischen Akademien, im Rahmen einer
   Debatte um die besoldungsmäßige Einstufung der Professoren
   an den Pädagogischen Akademien.
   Er sagte u.a.: "Wir standen also vor der Tatsache, daß
   ein Viertel aller Volksschulstellen nicht besetzt war,
   ... und da war doch der einfachste Weg, daß man all
   diese jungen Menschen beider Geschlechter, die sich
   nun in sehr großer Zahl meldeten und die über eine hin-
   reichende Allgemeinbildung verfügten und diese nachweisen konnten durch ein günstiges Reifezeugnis, daß
   man aus diesen jungen Leuten die geeignetsten aus-
   wählte. Ja, es waren nicht nur solche mit Reifezeugnis,
   sondern es kamen so und so viele mit 5,6,7,8,10 Uni-
   versitätssemestern, Chemiker, Pharmazeuten, Theologen
   beider Konfessionen, verheiratete Frauen, Krieger-
   witwen ..." (ebd.).

2 In einem Brief an von den Driesch schrieb Antz: "Für mich
   war es, sobald man mir das Referat über die Lehrerbildung
   übertragen hatte, eine selbstverständliche Sache, daß die
   Akademie zu erneuern war - aus der Einsicht in den Wert
   einer Idee, oder aus Mangel an eigenen Gedanken mögen Sie
   entscheiden (Nachlaß Antz, A 4, S. 2).

beit ein ungewöhnlich hohes Niveau sichern"[1] konnten.

Ähnlich pragmatisch begründete Antz in dieser ersten
Sitzung die Abkehr von den Lehrerseminaren und Lehrerbildungsanstalten. Zunächst stellte er Ziel und Aufgabe
der Pädagogischen Akademie seiner Vorstellung dar, die
in einem viersemestrigen Lehrgang "durch die Begegnung und
Auseinandersetzung mit dem Leben und Werk der großen Erzieher der Menschheit echte erzieherische Gesinnung" er-
wecken und vertiefen soll, sowie durch das Leben innerhalb
der Gemeinschaft "jene Kräfte (fördert), die den zukünftigen
Volkslehrer befähigen, aus echter innerer Freiheit und
Selbstverantwortung am Leben der Dorf- und Stadtgemeinschaft
tätigen und mitbestimmenden Anteil zu nehmen."[2] Den Seminarformen sprach Antz diese Qualifikationen völlig ab. Zum
ökonomischen Aspekt betonte Antz in seinem Referat, daß an
einer Pädagogischen Akademie "jährlich wenigstens viermal
so viel Lehrer ausgebildet werden könnten, wie an einem
Seminar mit seinen notwendigerweise kleinen Klassen".[3]
So benötigte man auch nur wenige Dozenten, viel weniger
als bei etwa einzurichtenden Seminaren. Bei späteren Aussagen zu seiner damaligen Entscheidung wurde von Antz das
Argument der Kostengünstigkeit besonders herausgestellt,
so daß angenommen werden kann, daß es auch schon in der
ersten Sitzung deutlich zum Ausdruck gebracht wurde.[4]

---

1 Erich Weniger: "Die Eigenständigkeit der Erziehung in
   Theorie und Praxis", Weinheim, 1952, S. 275.

2 Antz in der "Denkschrift", HSTAD, NW 26, Nr. 180, S. 2 f.

3 Ebd., S. 2 Rückseite, (Die Seitenangaben beziehen sich
   auf die Zählung des Archivs, nicht auf die Seiten-
   zählung der eigentlichen 'Denkschrift').

4 Antz benutzte dieses Argument auch, um für die entsprechende Besoldung der Professoren der Pädagogischen
   Akademien einzutreten (Protokoll der Sitzung des Kulturausschusses am 10. 10. 1947. Nachl. Teusch 1187, K 23/1,
   S. 36). Er sagte in dieser Sitzung: "Ein zweiter prak-
   tischer Beweggrund   ist der, daß die akademische
   Lehrerbildung sehr viel billiger ist, als etwa die seminaristische oder gar als die Form, die das Reich mit
   den sogenannten LBAs einrichtete. Manche werden sich
   darüber wurdern, wie das möglich ist. Ich will es

In einer Kulturausschußsitzung am 4. Dezember 1946 referierte
Antz ebenfalls über die Entstehung der Pädagogischen
Akademien. Voller Verachtung nannte er die Lehrerbildungsanstalten eine "Mißgeburt" und fuhr fort: "und so blieb
im Grunde nichts anderes übrig, als daß man die seinerzeit
verstoßenen und verwahrlosten pädagogischen Akademien
wieder adoptierte und sie wieder von neuem ins Leben rief".[1]
Hier betonte er, daß man sich in der Nord-Rheinprovinz "sehr
schnell" auf seinen Standpunkt stellte, wegen des "unge-
heuren" Mangels an Volksschullehrern und andererseits
wegen der "ungezählten jungen Menschen", die, stellenlos
geworden, nach einer Berufsmöglichkeit suchten. Hieraus, wie
auch aus einer Bemerkung in seiner Denkschrift,[2] läßt sich
ableiten, daß die britische Militärregierung die Entscheidung der deutschen Behörden unverändert übernahm.

> "Die Engländer waren, von Wesel und aus Ostholland
> verstoßend, die ersten in Westfalen gewesen. Jetzt
> kam auch das nördliche Rheinland zu ihrer Besatzungs-
> zone. Am 20. Juni wurden die Regierungsbezirke Köln,
> Aachen und Düsseldorf zur Nordrheinprovinz zusammen-
> gefaßt, einen Tag später Hans Fuchs zum Oberpräsi-
> denten ernannt. Fuchs amtierte zunächst in Bonn und

Ihnen erläutern. In einer Akademie mit normalen Studenten-
ziffern können wir jährlich 120 Menschen hinausschicken.
Um dasselbe Ergebnis zu haben, müßten wir vier Seminare
einrichten. Diese Seminare würden aber mindestens den
doppelten Etat verlangen als gewisse rein Pädagogische
Akademien. Ich gehe hier von dem Standpunkt aus, daß
es sich um gewöhnliche Seminare handelt; aber wenn wir
die LBAs einrichten würden mit ihren Internaten, würde
die Sache ins Uferlose gleiten. ... Also diese Erwägungen: Erstens möglichst schnell zum Zuge zu kommen,
und zweitens möglichst sparsam zu wirtschaften, führten
dazu, die Pädagogischen Akademien zu bevorzugen."

1 Protokoll der Sitzung des Kulturausschusses am 4. 12.
1946, S. 45. Landtagsarchiv NRW, Düsseldorf.

2 Antz schreibt hier, ohne die britische Militärregierung
direkt zu nennen: "Als nach der Verlegung des Oberprä-
sidiums nach Düsseldorf auch die Vertreter der Militärregierung (also nach dem Zeitpunkt die britische
Militärregierung - Anmerkung des Verfassers) die vorgeschlagenen Maßnahmen, die ihnen in einer besonderen Denkschrift begründet wurden, gebilligt hatten, waren die
Grundlagen für den Neuaufbau der Lehrerbildung nach der
Idee der Pädagogischen Akademie gegeben" ("Denkschrift",
HSTAD, NW 26, Nr. 180, S. 2 Rückseite).

dann, von Anfang Juli an, in Düsseldorf, wo die britische Militärregierung für die North-Rhine-Province
ihren Sitz hatte."[1]

Noch von Bonn aus begann Antz die Kontaktaufnahme mit möglichen Akademiedozenten[2] und die Suche nach Gebäuden für
die künftige Lehrerbildungsarbeit.[3]

Zurückgreifend auf die Überlegungen im 1. Kapitel, läßt sich
sagen, daß der Zusammenbruch des Jahres 1945 im ganzen gesehen
den Rückgriff auf die Pädagogischen Akademien begünstigte.
Hinzu kam aber auch der Einfluß der entschlossen handelnden
Personen. In Antz stand eine unbestrittene Autorität zur Ver-
fügung, ein Mann von einer sehr gründlichen Kenntnis aller
Aspekte der Lehrerbildung, dabei gleichzeitig von großer
Vitalität, Lebenserfahrung und Menschlichkeit.

Es muß jedoch auch nach dem Gewicht jener Stimmen gefragt
werden, die zur damaligen Zeit in Nord-Rhein und Westfalen
oder an anderen Stellen in Deutschland abweichende Überlegungen zur Lehrerbildung anstellten. Wenn auch hier nur
Einzelstimmen angeführt werden können, wird doch die von
Antz gewählte konfessionell fortschrittliche Lösung der
Lehrerbildungsfrage deutlicher.

Abweichende Auffassungen, wie die von Offizial Dr. Pohlschneider in Oldenburg,[4] plädierten aus einer streng kon-

---

1 W. Först, 1970, S. 36.

2 Von den Driesch adressiert die Antwort auf die erste Anfrage von Antz noch an die Bonner Anschrift (HSTAD, NW 26, Nr. 166, S. 94).

3 Vgl. Schreiben von Regierungsrat Dr. Münch vom 28. 8. 1945 als Antwort auf die Anfrage aus Düsseldorf vom 23. 7. 1945 (HSTAD, NW 26, Nr. 160, S. 14 f.).

4 Dr. Johannes Pohlschneider trug während einer Besprechung am 25. 5. 1945 im Staatsministerium in Oldenburg betont den Wunsch der katholischen Kirche nach der Bekenntnis-schule vor und sprach sich gleichzeitig für eine seminar-ähnliche Lehrerbildung aus. In einer Niederschrift über die Besprechung wird folgende Äußerung festgehalten: "Höhere Anforderungen an die Lehrerbildung zu stellen ist angesichts der Gesamtverhältnisse des öffentlichen Lebens nicht möglich, und außerdem haben die Lehrerseminarien sich früher gut bewährt" (Zit. nach: A. Hanschmidt/J. Kuropka, 1980, S. 262).

fessionell gebundenen Haltung wieder für die Seminarformen,
während andere sich betont gegen konfessionelle Bindungen für
die Lehrerbildung aussprachen. So richtete Dr. Leo Weismantel
im Juli 1945 eine umfassende "Denkschrift über die Ausbildung
von Lehrern an Volksschulen"[1] an das Münchener Kultusministerium, das ja - wie schon erwähnt[2] - zur konfessionellen
Seminarform zurückkehrte. Weismantel wandte sich gegen einen
Aufbau "mit wieder aus dem Ruhestand geholten alten Schul-
männern" und protestierte gegen die "sture Unempfindlich-
keit" des Klerus, der in Weimar das Zusammengehen der katholischen mit der außerkatholischen, außerchristlichen, sozialistischen und humanistischen Jugend verhindert habe. Er
forderte die Trennung von Kirche und Staat und die Auflösung
des Staatsschulmonopols.[3]
Adolf Wortmann[4] aus Werl in Westfalen erstellte einen "Plan
für die Gestaltung der Lehrerbildung auf seminaristischer
Grundlage". Seine Maxime "Aus der Volksschule über das volks-
schulnahe Seminar in die Volksschule" begründete er mit der
alten Volksschule und ihrem Stamm an "grundsatzfesten"
und "bodenständigen" Erziehern.[5]

In beiden Stellungnahmen werden Einflüsse der Jugendbewegung spürbar, die nach dem Ersten Weltkrieg die Lehrerbildung stark beeinflußt hatte. Wenn sowohl Antz als auch
sein ihm freundschaftlich verbundener Vorgesetzter Hermann
Platz der Jugendbewegung nahestanden, so blieb Antz doch

---

1 Weismantel war 1924-1928 Abgeordneter des Bayerischen
  Landtages und Begründer einer "Schule der Volksschaft",
  die in den Jahren 1928-1933 in Marktbreit Forschungsar-
  beit leistete. Die "Denkschrift" findet sich HSTAD, RWN 46,
  Nr. 37, S. 19 ff.

2 Siehe S. 46 dieser Arbeit.

3 HSTAD, RWN 46, Nr. 37, S. 21 ff.

4 Adolf Wortmann war bekannt in der westfälischen Lehrerbildung und ebenso Anhänger der Jugendbewegung.

5 Plan und Zitat in HSTAD, RWN 46, Nr. 37, S. 60. Antz bewertet diesen Plan als "utopisch, romantisch,... (wenn)
  auch eine an sich sehr interessante und aus echten pädagogischen Erlebnissen und Überlegungen hervorgegangene
  Idee" (Nachlaß Antz, A 2, S. 3).

frei von Utopien und Übersteigerungen. Insofern ist die
Situation 1945 anders als 1918. Die alte Seminarausbildung
war nach dem Ersten Weltkrieg den meisten an Bildungspolitik Beteiligten nicht mehr erwägenswert erschienen, und aus
dieser Grundeinstellung hatten Spranger und Becker ihr neues
Konzept, das zur Gründung der Pädagogischen Akademien führte,
entwickelt. Wenn Antz dieses Modell 1945 wieder aufgriff,
so tat er das aus der weiteren Überzeugung, daß die Formung
der Pädagogischen Akademien in der kurzen Zeit ihres Wirkens
noch lange nicht vollendet gewesen sei. Es war ja gerade
ein besonderes Merkmal dieser Konzeption, daß sie sich
als etwas "Entwicklungsfähiges in eigener Gliederung und
selbständigem Wuchs"[1] verstand. Hinzu kam die Auffassung,
daß eine zu erwartende Neuordnung der Volksschule die Verlängerung der Schulpflicht und die Verstärkung ihres Bildungs-
gutes vorsehen müsse. Diesen Anforderungen aber konnten nur
Lehrer genügen, die ein solides wissenschaftliches Fundament
erhalten hatten, den Zusammenhang von Theorie und Praxis
kannten und über die Begegnung mit der Schulwirklichkeit
bestens auf ihre Aufgabe vorbereitet wurden.
Mit dieser Grundeinstellung ging Antz an seine neue Aufgabe.

2.3   Standortwahl und konfessionelle Zuordnung für die ersten
      Pädagogischen Akademien durch Antz

Die Überlegungen in bezug auf die Baulichkeiten der neuen
Pädagogischen Akademien stellten zunächst das vordringlichste
Arbeitsfeld von Antz dar. Die Standortfrage wurde stark von
dem Zustand der bereitgestellten Gebäude bestimmt. Sozio-
gische Untersuchungen über Einzugsgebiete konnten schon,
weil alle statistischen Unterlagen fehlten, nicht angestellt
werden. Der einzige Anhaltspunkt waren Überlegungen des

---

1   B. Bergmann, "Zur Geschichte", HSTAD, RWN 46, Nr. 27,
    Band 2, S. 5.

preußischen Kultusministeriums aus den Jahren vor 1933 über
die Akademien. Damals waren für das Rheinland noch die
Städte Aachen, Essen, Köln und Trier vorgeschlagen worden.[1]
Die erste schriftlich vorliegende Äußerung zu den neuerlichen Überlegungen ist ein Antwortschreiben vom 16. Juli
1945 auf eine fernmündliche Anfrage des Landrats von
Düsseldorf-Mettmann, in dem Ratingen das "sehr schön einge-
richtete Lehrerseminar"[2] der Schulabteilung in Düsseldorf
anbietet. Am 21.Juli 1945 bittet Antz zunächst darum, dieses
"Gebäude so schnell wie möglich für unsere Zwecke zu führen".[3]
Danach wird offensichtlich eine etwas systematischere Bestandsaufnahme geplant. In einem Rundschreiben an die Regierungspräsidenten der Regierungsbezirke Aachen, Düsseldorf
und Köln ergeht die Aufforderung, über alle Gebäude ehemaliger nationalpolitischer Erziehungsanstalten und Lehrerbildungsanstalten sowie auch die der ehemaligen Lehrerseminare zu berichten.[4] Im Entwurf des Schreibens an den
Aachener Regierungspräsidenten heißt es: "Soweit sich von
hier aus übersehen läßt, handelt es sich in ihrem Bezirk um die
Seminare in Cornelimünster, Linnich, Düren und Jülich."[5]
Gleichzeitig begann Antz seine Besichtigungsreisen, um im
Gespräch vor Ort die Möglichkeiten zu erwägen. Am 10. August
1945 besprach Antz erstmalig in Aachen mit Dr. Deutzmann die
Frage der Errichtung einer Pädagogischen Akademie im Bezirk

---

1 B. Bergmann, "Zur Geschichte", HSTAD, RWN 46, Nr. 27,
  Band 2, S. 23. Antz führte rückblickend für die ersten
  vier Akademien folgende Begründungen an:
  "Essen, früher 3 Seminare!
  Aachen, historische Tradition bis auf Alkuin
  Bonn, univers. Stadt, Gebäude??
  Kettwig, Staatseigenes Gebäude des ev. Seminars, nur
  wenig beschädigt" (Nachlaß Antz, A 3, S. 4).

2 HSTAD, NW 26, Nr. 160, S. 24.

3 Ebd., Rückseite.

4 HSTAD, NW 26, Nr. 160, S. 11.

5 Ebd., Rückseite; besonders wird nach dem Zustand und der
  Nutzung des Internates in Kornelimünster gefragt.

Aachen.[1] In dieser Verhandlung[2] bot die Stadt Aachen ge-
schickt das große Gebäude der Mädchenmittelschule für eine
Pädagogische Akademie an, so daß eine Besichtigung des
nur zehn Kilometer entfernten Kornelimünsters nicht mehr
erfolgte. In einem folgenden offiziellen Schreiben des
Regierungspräsidenten von Aachen als Antwort auf die obige
Anfrage werden nochmals die übrigen Orte und deren Möglichkeiten angeführt, abschließend aber festgestellt, daß
Herrn Prof. Antz von "all diesen Plänen abgeraten" wurde:
"Die Enge von Cornelimünster und das Leben in den völlig
zerstörten Städten Linnich, Jülich, Düren oder Geilen-
kirchen können dem Wettbewerb von Aachen nicht standhalten,
trotzdem Aachen auch sehr beschädigt ist."[3]
Die Regierungspräsidenten von Köln und Düsseldorf erstatteten
zum Ende des Monats August den geforderten Bericht. Hierbei zeigte sich, daß die meisten für die Lehrerbildung geeigneten Gebäude stark beschädigt oder zerstört waren.
Einige Gebäude, wie beispielsweise die Hochschule in Bonn,
hatte die Besatzung beschlagnahmt und belegt, andere wurden
inzwischen als Schulgebäude oder Notunterkunft benutzt.
Lediglich in Kettwig wurde die ehemalige staatliche Fichte-
schule, die nacheinander Lehrerbildungsanstalt, national-
politische Erziehungsanstalt, Bildungsanstalt für Lehrerinnen
und schließlich Artillerie-Konstruktionsbüro gewesen war,
mit einem zufriedenstellenden baulichen Zustand angebo-

---

1 So Antz in einem Antwortschreiben auf eine entsprechende
Fragestellung von den Drieschs am 7. Januar 1946 (HSTAD,
NW 26 Nr. 166, S. 18). Der Ort der Verhandlung werden
die Wandelgänge des Reiffmuseums der TH gewesen sein, wie
Fr. Odenbreit schreibt; das von ihr angegebene Datum
stimmt nicht (Luise Odenbreit, Geschichte der Pädago-
gischen Akademie Aachen, in: Mitteilungsblatt "Erbe und
Entscheidung", Heft 4, 1954, S. 235).

2 Im unten zit. Schreiben wird von einer weiteren Verhandlung am 21. 8. 1945 berichtet. Hiernach besichtigen
Antz und Gildemeister als Vertreter der Düsseldorfer
Regierung in Aachen mit dem Aachener Oberbürgermeister
Dr. Rombach und dem örtlichen Erziehungsdirektor Beckers
das vorgesehene Gebäude, wobei die Stadtvertreter ver-
sicherten, daß die Schule "ungesäumt in Stand gesetzt
werden solle" (HSTAD, NW 26, Nr. 166, S. 18).

3 Schreiben vom 13. 8. 1945, also drei Wochen vor dem geforderten Berichtstermin (HSTAD, NW 26, Nr. 160, S. 19).

ten.[1] Im gleichen Schreiben wurde Fehlanzeige bezüglich
Essen und Oberhausen erstattet, die "trotz mehrmaliger
Erinnerungen"[2] nicht berichtet hatten. Antz bemühte sich
aber doch weiter, dem Konzept der preußischen Regierung zu
folgen, denn er besuchte Bonn, Essen und Kettwig und schrieb
in einer Aktennotiz an Gildemeister am 20. August: "Wenn
die Bemühungen um Essen und Kettwig nicht zum Ziele führen
sollten, so müßte man auf Ratingen zurückgreifen."[3]
Die Stadtverwaltung in Essen zeigte sich aber bald sehr
interessiert und entgegenkommend. Lediglich die Akademie
im Köln-Bonner Raum bereitete Antz lange Schwierigkeiten,
da man dort "alle möglichen Vorteile durch uns und mit uns
erreichen will."[4]
"Nach eingehenden Verhandlungen in Bad Godesberg, Königswinter, Hangelar, Brühl und Bensberg erklärte sich schließlich die Stadt Bonn bereit, eine entsprechende Anzahl von
Räumen in der Karlsschule zur Verfügung zu stellen."[5]
Insgesamt zeigt sich am Ende des August immer deutlicher
die Festlegung auf die Orte Aachen, Essen und den Raum Bonn;
für die vierte Akademie mußte noch zwischen Kettwig und
Ratingen entschieden werden.[6]
Interessanterweise stand schon zu diesem Zeitpunkt das
Konzept für die konfessionelle Aufteilung der Akademien fest.

---

1   Ein Lageplan und Grundrißzeichnungen wurden beigefügt.
    HSTAD, NW 26, Nr. 160, S. 14 Rückseite.

2   Ebd.

3   Sie führten jedoch in Essen rasch zum Ziel, denn Essen
    eröffnet als erste Stadt nach dem Zusammenbruch am
    29. 1. 1946 eine Pädagogische Akademie. HSTAD, NW 26,
    Nr. 160, S. 24 Rückseite.

4   HSTAD, NW 26, Nr. 166, S. 89.

5   So die Kulturabteilung in einem Tätigkeitsbericht vom
    28. 12. 1945 an den Oberpräsidenten der Nord-Rheinprovinz
    (HSTAD, RWN 46, Nr. 3, S. 40). Im Mai 1946 - nach einem
    formlosen Anfang mit dem Kurzlehrgang - zog die Akademie
    Bonn in das jetzige Bundeshaus, wo die feierliche Er-
    öffnung stattfand. Im September 1948 wurde das Haus dem
    Parlamentarischen Rat übergeben (Mitteilung von Dr. Martin
    Klövekorn).

6   HSTAD, NW 26, Nr. 166, S. 89. Antz an von den Driesch am
    23. 8. 1945.

Die von Antz festgelegte konfessionelle Zuordnung sah vor:
Aachen und Essen katholisch, Kettwig evangelisch und Godesberg paritätisch.[1] Durch die von Anfang an geplante Einrichtung einer paritätischen Akademie vermied Antz die ein-
seitige Festlegung auf ausschließlich konfessionelle
Akademien.

An dieser Stelle muß auch nach der Rolle der britischen Besatzungsmacht gefragt werden.[2] Dabei ist festzustellen, daß
in diesen ersten Wochen des Neubeginns bis auf die allgemeinen Zielsetzungen keine programmatischen Einflüsse der
britischen Militärregierung festzustellen sind. Das Klima
wurde entscheidend geprägt von dem persönlichen Verhältnis
zwischen den britischen Offizieren und den deutschen Beamten.[3]
In der Person von Henry James Walker[4] war an der für die
Lehrerbildung entscheidenden Stelle eine besonders glückliche Wahl getroffen worden. Er war der erste Erziehungsoffizier der "education branch" in Düsseldorf. Diese Abteilung konzentrierte sich zunächst mehr auf Ratschläge,
Anregungen und Hinweise, dabei blieb die Grundhaltung des
Helfenwollens vor allem mit Blick auf die Not der Jugend vorherrschend.[5] Ein besonderer Zufall war die bald entstandene
"glückliche menschliche Freundschaft"[6] zwischen Walker und
Antz, die schon früh viele Hindernisse überwindbar machte.

---

1 In dem eben zitierten Schreiben wird die spätere Entscheidung gegen Ratingen und für Kettwig schon angedeutet:
   Ratingen müßte gemäß seiner Lage eine katholische Akademie erhalten, wogegen Kettwig die bislang einzige protestantische Akademie aufnehmen kann. (Ebd.).

2 Eine umfassende Darstellung hierzu folgt weiter unten.

3 Bergmann verweist auf landschaftliche Unterschiede: "In
   Westfalen schien z.B. ein rauherer Befehlston zu herrschen
   als in der Nord-Rheinprovinz". Auch habe die jeweilige
   Aufgabenstellung Auswirkungen gehabt, z.B. stellte die
   "unglückselige Demontagepolitik" andere Probleme als die
   mehr geistig kulturellen Aufgaben, die im ganzen zu einem
   erfreulicheren Zusammenwirken führten (B. Bergmann, "Zur
   Geschichte", HSTAD, RWN 46, Nr. 27, Band 1 , S. 45).

4 Zur Person und Laufbahn Walkers siehe G. Pakschies, 1979,
   S. 140.

5 B. Bergmann, "Zur Geschichte, HSTAD, RWN 46, Nr.27, Bd.1, S. 45.

6 Ebd., Band 2, S. 19.

So lag Antz besonders viel an dem Wiedereinzug in das Gebäude
der Pädagogischen Akademie in Bonn/Bad Godesberg - dem
heutigen Bundeshaus -, bei dessen Grundsteinlegung er noch
als Mitglied des Lehrkörpers die eingesenkte Urkunde unter-
zeichnet hatte. Dann aber war ihm im Jahre 1933 beim Vor-
lesungsbeginn die Mitarbeit verwehrt worden. Um so herzlicher
dankte er bei der Wiedereröffnungsfeier der Bonner Akademie
am 16. Mai 1946 dem anwesenden Oberst Walker, "der für meine
oft vorgetragene Bitte ein offenes Ohr hatte, und dessen Ein-
greifen wir es in erster Linie zu verdanken haben, daß wir
diesen Tag feiern können".[1] Walker war seinerseits von der
Person und dem Geist dieses deutschen Repräsentanten in der
Lehrerbildung sehr beeindruckt. In einer Erinnerung[2] schreibt
er:

> "Überall in Westdeutschland und in anderen Ländern
> verstreut muß es eine Reihe von Menschen im mittleren
> Lebensalter geben, die einen großen Vorzug genossen
> haben: sie haben einen Teil ihrer Erziehung und ihrer
> Bildung von Professor Joseph Antz erhalten."[3]

In dieser glücklichen Konstellation der Beziehungen zwischen
Antz und Walker stellte die konfessionelle Ausrichtung der
Lehrerbildung kaum einen nennenswerten Diskussionspunkt dar;

1   Pädagogische Rundschau, Sonderheft: Neue Lehrerbildung,
    Juli/Aug. 1947, 1. Jg., Heft 4/5, S. 153, 1. Spalte.

2   Henry James Walker, Grusswort des englischen Freundes, in:
    Überlieferung und Neubeginn, Oskar Hammelsbeck Hg., Ra-
    tingen 1957.

3   Ebd., S. 17. Bergmann berichtet folgende Begebenheit:
    "Es ging bei einem unserer Besuche um die Frage, wo eine
    noch zu errichtende Akademie am besten unterzubringen
    sei, die hernach ihre Bleibe in Oberhausen fand. Oberst
    Walker verwies auf die leerstehende Ordensburg Vogelsang
    in der Eifel. Sie kam nicht in Frage wegen der fehlenden
    Schulen, und Antz setzte mit knittrigem Gesicht hinzu:
    'Wissen Sie Herr Oberst, da hockt noch in allen Ecken
    und Winkeln der verfluchte Nazigeist.' 'Ach', meinte
    Walker, 'da brauchen Sie doch nur den Bischof von Aachen
    zu bitten, daß er durchgeht und überall Weihwasser sprengt'.
    Als nächster Vorschlag stand noch ein leerstehendes Kloster
    bei Würselen zur Erörterung. Als Antz hinzufügte, darin
    sei übrigens das erste Hauptquartier des Feldmarschalls
    Montgomery auf deutschem Boden gewesen, verknitterte sich
    Walkers Gesicht und er meinte: 'Da müßten Sie auch schnell-
    stens den Bischof von Aachen bitten, damit er es sauber-
    macht.'" ("Zur Geschichte", HSTAD, RWN 46, Nr. 27, Band 2,
    S. 19).

in den Ansprachen wird Walkers "förderndes und forderndes
Interesse", und "seine oftmalige Unterstützung bei unseren
Bemühungen um die Herrichtung der notwendigen Unterrichts-
räume"[1] hervorgehoben - die konfessionelle Frage wird nicht
angesprochen.

Dies entsprach am stärksten der liberal-demokratischen Einstellung der Briten, die sich in konfessionellen Fragen
weitgehend Zurückhaltung auferlegten.[2] In einem begleiten-
den Informationspapier zu der eben zitierten Education
Instruction for German Authorities E.I.G.A. Nr. 1 wird die
Grundhaltung der Militärregierung deutlich ausgesprochen:
"So weit wie nur möglich sollen alle Anordnungen den zuständigen deutschen Behörden überlassen bleiben."[3] Die Aufteilung in zwei katholische und eine evangelische Akademie
entsprach dem Verhältnis der Bevölkerung der Nord-Rheinprovinz, die "etwa zu 2/3 dem katholischen und zu 1/3 dem
evangelischen Bekenntnis angehörte".[4]

2.4 Der Aufbau des Lehrkörpers und die Einstufung der Dozenten

Die zweite große Aufgabe, die Antz bald lösen mußte, war der
Aufbau des Lehrkörpers für die geplanten einzelnen Pädago-

---

1 Ansprache von Antz zur Eröffnung der Akademie in Essen,
(HSTAD, NW 26, Nr. 154, S. 3.

2 Dies wird besonders deutlich in der 1. Erziehungsanweisung für deutsche Behörden (Education Instruction
(for) German Authorities, abgekürzt E.I.G.A. Nr. 1)
vom 14. Januar 1946 mit dem Titel: "Die Errichtung oder
Wiedereinrichtung von konfessionellen Volksschulen aus
öffentlichen Mitteln." Hier heißt es im Abschnitt II
Nr. 2: "Die endgültige Lösung der die konfessionelle
Gliederung der öffentlichen Volksschulen in Deutschland
betreffenden Frage muß verschoben werden, bis eine
repräsentative Regierung in Deutschland vorhanden ist."
Es folgen genaue Anweisungen, wie zu verfahren sei, wobei dem Elternwillen eine breite Aussagekraft eingeräumt
wird. (vgl. Nachlaß Teusch HASTK, Nr. 118, K 16/7)
Ebenso will die Militärregierung den deutschen Behörden
"nahelegen", sich "soweit wie angängig" nach den Bestimmungen des Konkordates zu richten (ebd.).

3 HSTAD, RWN 46,Nr. 35, S. 7.

4 Tätigkeitsbericht vom 28. 12. 1945, HSTAD, RWN 46, Nr. 3,
S. 39.

gischen Akademien. Schon Anfang Juli 1945 hatte Antz ihm
bekannte Persönlichkeiten angeschrieben oder angesprochen,
um sie für die eindrucksvolle neue Aufgabe zu gewinnen. So
schrieb er auch an Dr. Johannes von den Driesch, den Mit-
verfasser der bedeutenden Denkschrift von 1925 über "die
Neuordnung der Volksschullehrerbildung in Preußen",[1] den
späteren Professor an der Pädagogischen Akademie Bonn. Aus
Himmelsthür bei Hildesheim, seinem durch die Evakuierung
bedingten Aufenthaltungsort, antwortete von den Driesch am
28. Juli 1945 auf zwei eng beschriebenen Postkarten und
erklärte gerne seine Bereitschaft, "einen Lehrauftrag für
allg. Erziehungs- und Unterrichtslehre u. für Gesch. der
Pädagogik an einer der neuen Anstalten zu übernehmen, ge-
treu der Lehrerbildungstradition in meiner Familie". Er
erwähnt, daß Prof. Münch, der mit der Neuordnung in Hannover
beauftragt worden sei, ebenfalls bei ihm angefragt habe,
"aber ich verschreibe mich natürlich sogleich Ihnen".[2]
Aus diesem Satz kann wieder auf die Anziehungskraft der
Persönlichkeit von Prof. Antz geschlossen werden. Der Wirkungs-
ort wurde noch nicht festgelegt, von den Driesch meint, daß
er "natürlich Bonn vorziehen" würde, war aber auch "bereit,
anderswohin zu gehen".[3] Gleichzeitig bat er um "etwas Schriftliches", damit er die Beantragung eines Passierscheines ein-
leiten könne.[4] Die zweite Karte endet mit dem Satz: "Ich
komme mit fast wie der zurückkehrende verlorene Sohn vor",
der die Freude von den Drieschs über seine neue Aufgabe an-

---

1 Siehe Kap. 1.2 dieser Arbeit.

2 Die beiden Antwortkarten in: HSTAD, NW 26, Nr. 166, S. 94
  u. 95. Postkarten wurden gewählt, weil Briefe noch nicht
  befördert werden durften; Postkarten erleichterten die inhaltliche Zensur.

3 Ebd., S. 95. Er begründet diesen Wunsch damit, daß zwei
  seiner Kinder in der Nähe Bonns verheiratet seien.

4 Ebd.. Für die Reise von einer Region der britischen Besatzungszone in eine andere Region war ein Passierschein
  erforderlich.

deutet.[1] In mehreren weiteren Postkarten, die von den Driesch
an Antz richtete, zeigt sich von den Drieschs emsiges Bemühen um die Sache. Er hatte bereits für sich und seine Frau
eine mögliche Unterkunft in der Nähe Bonns gefunden, als
er Ende August einen Brief von Antz erhielt,[2] in dem dieser
ihm die Leistung der Akademie in Aachen anträgt. Von den
Driesch erklärte zunächst in seiner sofort gegebenen Antwort,
daß diese Bitte einen "Querschläger hinsichtlich aller unserer
Gedanken über unseren Lebensabend"[3] bedeute, schrieb aber
dann:

> "wenn Sie wirklich keinen geeigneteren Mann finden sollten,
> fühle ich mich im Gewissen verpflichtet, die Leitung
> in Aachen zu übernehmen und will diese Bürde tragen,
> solange es mein Alter noch erlaubt".

Er erinnerte daran, daß er von 1914 bis 1918 Schulrat in
Aachen gewesen sei. Die Entscheidung über seinen Einsatz überließ er Antz und stellte nur die Bedingung, daß er und seine
Frau Obdach und Verpflegung fänden. Am nächsten Tag waren die
kommenden Bürden bereits zur Freude geworden. In einem acht-
seitigen Brief mit dem einleitenden Satz

> "Meine Ruh ist zwar hin, aber mein Herz ist nicht schwer
> sondern beschwingt, seit Sie mir von Aachen geschrieben
> haben, und ich bin am Gestalten wie vor 20 Jahren"[4]

werden in euphorischer Stimmung schon viele Fragen und
Programmpunkte aufgegriffen. Er nannte bereits zwei ehemalige Schüler - Eugen Schoelen und Theo Hoffmann -[5] als mögliche Dozenten und sah seine Aufgabe "lohnender denn je,
weil unbeschwerter mit Konzessionen an vorgefaßten Meinungen".
Besonders freut ihn, daß an seine Denkschrift angeknüpft

---

1 Karte vom 28. 7. 1945, HSTAD NW 26, Nr. 166, S. 95.

2 Vom 23. 8. 1945, ebd., S. 89.

3 Antwort vom 30. 8. 1945, ebd., S. 87.

4 Brief vom 31. 8. 1945, ebd., S. 82. Ab 1. 9. 1945 durften
  wieder Privatbriefe befördert werden.

5 Vgl. HSTAD NW 26, Nr. 166, S. 82 Rückseite. Eugen Schoelen
  wurde Mitglied des neuen Lehrkörpers und blieb bis zu
  seinem Tod am 18. 8. 1974 Dozent und später Professor
  für Schulpädagogik an der Päd. Akademie Aachen, bzw.
  der Päd. Hochschule Rheinland, Abteilung Aachen. Über
  Theo Hoffmann siehe ebd., S. 87.

wird, die sich damit als "geprägte Form, die lebend sich ent-
wickelt", erweist. Wie einst von 1926 bis 1931 soll "der
Teig geknetet" werden. Dabei spielt für ihn die Besoldung
keine Rolle, es genügt, wenn die Pension weitergezahlt wird,
"wenn es auch weniger sein sollte, so schadet das nichts".
Er endet mit dem Satz: "Wie freue ich mich darauf, mich mit
Ihnen bald aussprechen zu können über das, was unser beider
Leben stets so stark bewegt hat, eine katholische, volkhafte
Lehrerbildung."[1] Am 3. September schickte Antz eine amtliche
Bestätigung über die Leitung der Akademie Aachen an von den
Driesch[2] und bedankte sich in einem weiteren Schreiben vom
5. September für die "begeisterte Aufnahme" seines Angebots.[3]

In diesem Briefwechsel wird eine fast begeisterte Stimmung
deutlich, die die maßgebenden Personen der frühen Pädagogischen Akademien in Preußen offensichtlich erfaßte, als im
Jahre des tiefsten Zusammenbruchs dieser Gedanke einer neuen
Lehrerbildung aus der Weimarer Zeit wieder aufgegriffen
wurde und noch einmal in "geprägte Form" gegossen werden
sollte. Für Bonn wurde mit Professor Klövekorn ein noch
engerer Freund von Antz als Leiter berufen. Dieser schreibt
von einem "Lichtblick", den er "nach zwölfjähriger Verbannung
erhascht"[4] habe, da er nun als Direktor der Pädagogischen
Akademie in Bonn wirken könne.
Die Auswahl der einzelnen Dozenten war zu dieser Zeit ein
sehr interner Vorgang, der nur andeutungsweise nachvollzogen
werden kann. Die Grundlage dafür bildete in erster Linie die
persönliche Einschätzung durch Antz, der die verschiedenen
Namen auf kleinen Zetteln handschriftlich notierte und dazu
das Lehrgebiet aufführte. Weiterhin sind Ergänzungen einge-

---

1 Vgl. HSTAD NW 26, Nr. 166, S. 83 Rückseite.

2 Vgl. ebd., S. 81.

3 Vgl. ebd., S. 80. Hier sagt auch Antz, daß er sich ungemein
  freue bei dem Gedanken, bald wieder gemeinsam an den Aufgaben zu arbeiten, "die uns beide mehr als ein Menschenalter bewegt und schon so oft unsere Gedanken in gemeinsame Richtung brachten und zu so vielen ausgiebigen Aussprachen führten."

4 Mitteilung vom 8. 8. 1945, HSTAD, NW 26, Nr. 141, S. 24.

tragen, die persönliche Bedingungen enthielten, z.B. die
Anmerkung "möbliertes Zimmer". Dazu kommen Haken, Durch-
streichungen, Zusatznamen, Unterstreichungen und Ankreuzungen,
die insgesamt nur für Antz noch einen lesbaren Zusammenhang
ergaben.[1] Es wird aber auch deutlich, daß die Entscheidung,
die durchweg bei Antz lag, immer mit den Akademiedirektoren
kollegial beraten wurde.[2] Für Aachen wurde zunächst eine
Liste von fünf Dozenten erstellt [3], die Antz von den Driesch
übergeben haben soll. Diese Zahl bildet natürlich den ersten
Anfang, der sich dann langsam erweiterte.
Am 3. Oktober fuhr Dr. Fettweis nach Aachen, um sich bei
von den Driesch vorzustellen.[4] Am 19. Oktober fordert Antz
von den Driesch auf, für die Dozenten Ramackers (Geschichte),
Selhorst (Kath. Religion) und Odenbreit (Deutsch) die politischen Fragebogen auszugeben.[5] Über Siewerth, seinen späteren Nachfolger, ist von den Driesch zunächst ungehalten,
da Siewerth sich nicht zuerst an ihn wendet, sondern bei
Herrn Dr. Beckers nach einem möblierten Zimmer fragt. Um so
herzlicher schreibt von den Driesch an Antz nach der ersten
Aussprache mit Siewerth: "Ein herrlicher Mensch."[6] Durch das
umfassende Angebot, das Siewerth in Aachen vorlegte - Philosophie, Grundlegung der Erziehung, allgemeine Unterrichtslehre und allgemeine Psychologie - geriet von den Drieschs
beabsichtigter Stellenplan etwas durcheinander. Er will dann
jedoch "zum Segen der Studenten" gerne die Fächer in einer

---

1 Vgl. das Personalkonzept für Essen, HSTAD, NW 26, Nr. 138,
   S. 23.

2 Vgl. hierzu besonders die Korrespondenz zwischen Antz und
   von den Driesch im Oktober 1945 (ebd., S. 50 bis 69). So
   schreibt Antz beispielweise: "Was die Besetzung der 4. Pä-
   dagogik-Dozentur angeht, so neige ich auch dazu, die Stelle
   zunächst offen zu lassen, damit wir eventl. im nächsten
   Jahre Fräulein Dr. Lütgenau hereinholen können, die ich, ...
   für eine sehr wertvolle Kraft halte" (ebd., S. 50).

3 Vgl. Odenbreit, a.a.O., S. 235.

4 Vgl. HSTAD, NW 26, Nr. 166, S. 69. Fettweis war schon
   Professor an der ersten Akademie in Bonn und durch viele
   Veröffentlichungen und ein bekanntes Mathematik-Methodik-
   Werk weit über Aachen hinaus anerkannt. Dieser Besuch war
   schon am 20. 9. 1945 durch von den Driesch erbeten worden.
   (Ebd., S. 78).

5 Ebd., S. 60.

6 Brief vom 29. 10. 1945, ebd., S. 52.

Hand lassen, es soll "ein Werk aus einem Guß"[1] werden, und
er verzichtete deshalb auf die Ernennung einer in Aussicht
genommenen Psychologin.

Es kam natürlich auch vor, daß sich bei von den Driesch
Bewerber meldeten oder daß er selbst ihm geeignet erscheinende Persönlichkeiten vorschlug.[2]

Antz achtete aber stets aus persönlicher Überzeugung und
gemäß Anweisung der Besatzungsmacht sorgfältig darauf, daß
keine politisch belasteten Personen in die Liste aufgenommen
wurden. Am 5. Oktober 1945 wurde Antz noch einmal in einer
längeren Aussprache im "grossen Hauptquartier in Bad Oeynhausen" dargelegt, daß die Dozenten der Lehrerbildung in
keiner Weise Beziehungen zum Nationalsozialismus gehabt haben
dürften; Parteigenossen müßten völlig ausscheiden.[3] Hier
zeigte sich die hohe Meinung und Wertschätzung der Briten
für den Lehrerberuf. Besonders genau beachteten sie dabei
die Gruppe der Volksschullehrer, weil hier, nach ihrer Überzeugung, der Nationalsozialismus "considerable support"[4]
gefunden habe.

Ein Parteigenosse, den von den Driesch bei Antz in Vorschlag
gebracht hatte, wurde von diesem abgelehnt mit dem Satz:

---

1 Ebd., Antz freut sich über die "herzhafte" Bejahung Siewerths und meint,"daß er sich zu einer Glanznummer der
  Aachener Akademie entwickeln kann" (ebd., S. 50).

2 Frau Prof. Hildegart Pleus, die langjährige Biologiedo-
  zentin der Akademie und Hochschule Aachen erklärte in
  einem Gespräch dem Verfasser, daß sie über eine Empfehlung
  Siewerths Eingang gefunden habe.

3 HSTAD, NW 26, Nr. 166, S. 65. Zum Vorgang der Entnazifizierung siehe C.F. Latour/Th. Vogelsang, 1973, S. 132 ff.
  Ebenso: Erich Weniger, Die Epoche der Umerziehung 1945-
  1949, in Westermanns pädagogische Beiträge, Jg. 1959,
  S. 407 ff.

4 Nach George Murray (siehe unten) S. 131. So wurde gerade
  in dieser Gruppe der Entnazifizierungsprozeß mit besonderer Sorgfalt durchgeführt.
  George Murray schreibt dazu: "The denazification process
  acted particularly severely on the staffing of the
  training colleges for elementary school teachers. The
  intention of Education Branch was (at least in the beginning) to apply the normal rules even more strictly than to
  others holding positions of influence in public life."
  George Murray, The Training of Teachers in: Arthur
  Hearnden "The Britisch in Germany", London 1978, S. 131 f,
  ähnlich auch S. 135.

"Die Liste aller Dozenten soll derart gehalten sein, dass die
politische Polizei sich eigentlich damit gar nicht zu befassen
braucht."[1] Er empfiehlt von den Driesch für den Betreffenden
"Ersatz ... zu suchen"; damit wird zugleich deutlich, daß die
Akademiedirektoren bei der Auswahl des Lehrkörpers beteiligt
waren. Die Beteiligung des Lehrkörpers selbst war nach Lage
der Dinge noch nicht möglich. "Nicht geringe Schwierigkeiten"[2]
bereitete die Zusammenstellung der Dozentenliste für die
evangelische Akademie in Kettwig. Hier war Antz sehr stark
auf die Hinweise anderer angewiesen, weil seine Personen-
kenntnis stärker auf katholische Kreise ausgerichtet war.
Schließlich konnte aber in einem Tätigkeitsbericht zum Jahresende festgestellt werden, daß "die Lehrkörper der Akademien
... fast volständig zusammengestellt"[3] seien.
Als besonders kompliziert erwies sich die finanzielle Seite
des Personalaufbaus. Im Oktober 1945 erfolgten zwar zögernd
die ersten vorläufigen Ernennungen; dies betraf aber nur
einen ausgesucht gesicherten Personenkreis.[4] Allgemein
herrschte noch größere Unsicherheit, weil die Gehaltszahlungen
völlig ausblieben und die Einstufung fraglich war.[5] So forderte
Antz von den Driesch am 6. November 1945 auf, eine Eingabe
wegen des Mangels an Vorschußzahlungen zu verfassen, um die
Finanzabteilung "zur Einlösung ihres seit Wochen gegebenen
Versprechens zu bringen".[6] Klövekorn, der Direktor der Pädagogischen Akademie in Bonn, schrieb am 19. November an Antz,
daß seine Kollegen "immer wieder darauf(drängen), eine schrift-

---

1 Brief von Antz an von den Driesch vom 5. 10. 1945, HSTAD,
   NW 26, Nr. 166, S. 65.

2 Vgl. den Tätigkeitsbericht der Kulturabteilung vom 28. 8.
   1945, HSTAD, RWN 46, Nr. 3, S. 40.

3 Ebd.

4 Das früheste Datum trägt die vorläufige Ernennung von
   Rektor Heinrich Oellers mit dem 10. 10. 1945, dann folgt
   die Ernennung von Prof. Dr. Ewald Fettweis am 26. 10. 1945
   HSTAD, NW 26, Nr. 127, Blatt 12 und Blatt 3.

5 Zur Einstufung siehe unten.

6 Allgemeine Klagen wehrt Antz jedoch ab mit den Sätzen:
   "Wir müssen eben alle von der Erbschaft des verflossenen
   glorreichen dritten Reiches unseren Anteil übernehmen.
   Wir haben es übrigens nicht besser verdient" HSTAD, NW 26,
   Nr. 166, S. 46.

liche offizielle Bestätigung ... ihrer Anstellung ausgehän-
digt zu bekommen".[1] Gleichzeitig führte auch er Beschwerde
darüber, daß noch keine Gehälter ausgezahlt worden seien
und dadurch die vorbereitende Arbeit für die Akademie leide.
So unterrichteten zu dieser Zeit einige der in Aussicht genommenen Dozenten an der Höheren Schule weiter, weil sie unsicher waren und nicht wußten, wohin sie gehörten.[2] Zur Ver-
unsicherung trug auch bei, daß sich die Eröffnung der Akademien über das zuerst angestrebte Datum hinaus weit verzögerte.
Der Grund für die Verzögerung seitens der Finanzabteilung
muß in dem Problem der Einstufung der neuen Dozenten gesucht
werden. Nach für die Provinz Hannover verfaßten "Richtlinien über den Ausbau der Lehrerbildung" galt zwar der Satz:

> "Um die besten Lehrkräfte für die Lehrerbildung zu
> gewinnen , erfolgt die Einstufung und Festsetzung des
> Besoldungsdienstalters in Anlehnung an die Regelung
> der Gehaltsbezüge an den ehemaligen 'Pädagogischen
> Akademien' des Preußischen Staates"[3]

dennoch war es sehr verwickelt, die großen Unterschiede der
neuen Dozenten bezüglich Vorbildung, bisheriger Tätigkeit
und Alter in die Stufung einzubringen. Durch Erlaß[4] wurden
am 27. November die Akademiedirektoren um einen Vorschlag gebeten, den von den Driesch am 7. Dezember nach Düsseldorf ein-
reichte. In seinem Vorschlag betonte er ausdrücklich die Berücksichtigung des Alters, der bisherigen Stellung und des
Lehrauftrages seiner Dozenten.

---

1 HSTAD, NW 26, Nr. 141, S. 16.

2 Ebd.. Er schrieb auch: "Dasselbe gilt in erhöhtem Maße für
  mich, der ich schon ab 15. Juni (Hervorhebung im Orig.)
  Dienst tue." Außerdem befürchtete er, daß ihm der Vorwurf
  eines zu geringen Einsatzes gemacht würde.

3 Quelle aus dem Privatbesitz von Prof. Dr. Knoke,
  der in Hannover nach 1945 am Wiederaufbau der Lehrerbildung maßgeblichen Anteil hatte. Nach seiner Erinnerung
  wurden diese Richtlinien von Otto Haase noch 1945 vor
  Errichtung der Pädagogischen Akademien verfaßt. Otto
  Haase, geb. am 8. 10. 1893 in Köln, Dr. phil, war ab 1930
  Prof. und Dir. der Pädagogischen Akademie Frankfurt/O.
  Er übernahm 1945 das Referat Lehrerbildung im KM Hannover
  für das Land Niedersachsen.

4 Erlaß O P: Klt./430-0, Ziffer 1.

Die Aufteilung sah vor:

    1 H I a Stelle für den Direktor

    4 H I b Stellen

    3 H II Stellen

    3 nicht näher bezeichnete Stellen im Oberstudienratsrang.

Dazu kamen noch nebenamtliche Lehrkräfte im Studienratsrang, von denen zwei vorläufig nur nebenamtliche Lehraufträge angenommen hatten.[1] Die hochgegriffenen Vorstellungen korrigierte Antz umgehend und kündigte am 14. Dezember von den Driesch ein Gespräch an, in dem er ihm "dann auch mündlich berichten (wird), warum diese gegenwärtige Gruppierung vorgenommen worden ist".[2]

Diese "gegenwärtige Gruppierung" sah für die vier im Aufbau befindlichen Pädagogischen Akademien Aachen, Bonn, Essen und Kettwig je 12 Planstellen vor, die sich möglichst gleichmäßig über die Gehaltsgruppen H 1 b, A 1 b, A 2 b und A 2 c 2 verteilen sollten.[3] In Aachen erfolgte eine entsprechende Zuordnung im Verhältnis 3 : 3 : 4 : 4. Abweichungen um mehrere Stellen je Gruppe und Überschreitungen wurden offensichtlich toleriert.[4]

---

1 Brief von den Drieschs an den Oberpräsidenten der Nord-Rheinprovinz vom 7. 12. 1945, HSTAD, NW 26, Nr. 166, S. 33.

2 Brief von Antz an von den Driesch. In diesem Gespräch soll dann gemeinsam überlegt werden, "wie die einzelnen Dozenten auf die Gehaltsgruppen verteilt werden", ebd., S. 29.

3 Diese Auffassung läßt sich aus vielen Tabellen zur Einstufung als gemeinsames Strukturprinzip herausfinden (HSTAD, NW 26, Nr. 180 ff.). Die Bezeichnung
H I b entsprach dem ord. Professor.
A I b entsprach dem Oberstudiendirektor
A II b entsprach dem Oberstudienrat,
A 2 c 2 entsprach dem Studienrat
Die Gehälter lagen zwischen 775,00 und 360,00 Reichsmark (ebd.).

4 Ebd.. Im Sommer 1946 bei den Beratungen für den Haushaltsplan stand diese Gruppierung erneut zur Debatte. Die damaligen Überlegungen sind von Antz ausführlich in seiner Denkschrift dargestellt worden. Die grundsätzliche Anlehnung an das Weimarer Konzept wird beibehalten; die Aufteilung aber in 4 : 3 : 3 : 6 leicht abgeschwächt.
Vgl. die "Denkschrift über die Pädagogischen Akademien", HSTAD, NW 26, Nr. 180, S. 3 f.

3.   Umsetzung in die Realität; Arbeitsaufnahme 1945/46

3.1 Auswahl der Studenten und Ausbau des Akademiegebäudes

Es muß in Erinnerung gerufen werden, daß 1945 in den Großstädten des Rheinlandes kaum ein Gebäude ohne Kriegsbe-
schädigungen geblieben war. Die bald aus der Evakuierung
zurückkehrende Zivilbevölkerung bemühte sich auf jede
erdenkliche Weise, verbliebene Wohnungsmöglichkeiten
wieder herzustellen. Dies führte zu erheblichen Engpässen
bei der Versorgung mit Baumaterialien, die sich unter dem
Druck des herannahenden Winters noch verschärften. Zahlreiche Briefe zeugen von dem Bemühen der offiziellen Stellen, monatliche Zuteilungen von Baumaterialien "gegen
Vorzeigen (eines) Permits freizugeben und für die ange-
gebenen Zwecke zu verwenden".[1] Dieses schwerfällige Verfahren, das einen geregelten Baufortschritt eher behinderte,
ließ die Festlegung eines Fertigstellungstermins für die
davon betroffenen öffentlichen Gebäude nicht zu. Dadurch
stand die Arbeitsaufnahme an den einzelnen Akademien in
dem Spannungsfeld zwischen dem Drängen der vielen Studienbewerber und dem sich verzögernden Baufortschritt beim
Ausbau der Akademiegebäude.

Am 19. September traf Prof. von den Driesch mit seiner
schwerkranken Frau, begleitet von Antz, in Aachen ein.[2]

---

1 Schreiben des Hauptquartiers der Militärregierung in
   Düsseldorf vom 24. 11. 1945 über die "November-Zutei-
   lung von Baumaterialien" (HSTAD, NW 53, Nr. 379, S. 246).
   Die erwähnten Briefe finden sich in den umfangreichen
   Beständen Nr. 379, 380 und 381 im HSTAD.
2 Vgl. Odenbreit, S. 235. Ebenso von den Driesch in einem
   Brief vom 20. 9. 1945 an Antz, in dem er sich für die
   "schönste Dienstbesprechung, die ich bisher erlebt habe",
   bedankt (HSTAD, NW 26, Nr. 166, S. 78).

Am nächsten Tag bemühte er sich mit Hilfe des Oberbürger-
meisters und des Stadtkommandanten um eine Aufenthalts-
erlaubnis, ohne die Lebensmittelkarten nicht ausgegeben
wurden.

Die Besichtigung des Akademiegebäudes erfüllte ihn mit
großer Skepsis bezüglich einer baldmöglichen Eröffnung.
Als einen "Lichtblick" bezeichnete er den Hausmeister,
den er sofort anstellen wollte.

Die eigentliche dienstliche Arbeit begann am 24. September
"in einer Ecke des Zimmers des Erziehungsdirektors Beckers".[1]
mit einem Helfer und einem Sekretär.[2] In dieser Büroecke
mußten nun die vielen Anträge auf Aufnahme in die Päda-
gische Akademie bearbeitet werden. Rundfunk und Presse
hatten auf die neuen Möglichkeiten aufmerksam gemacht,
und der Zuspruch war gewaltig. Neben den schon dargestellten Bemühungen um die Auswahl der Dozenten standen in den
folgenden Monaten zwei Aufgaben an, die seine angegriffenen
Kräfte verzehrten: Die Sichtung der Studienbewerbungen und
der fast unlösbare Versuch, die Instandsetzung des Akademiegebäudes in wenigen Monaten zu bewerkstelligen.

Die Auswahl der Studenten drängte, da jeder bei den wenigen sein wollte, die bald beginnen konnten und die deshalb persönlich erschienen und ihren Antrag rasch vorlegten.
In den ersten Planungen gingen die damit beauftragten Stellen davon aus, daß in der Nord-Rheinprovinz jährlich 600
Lehrer ausgebildet werden müßten, um damit den gegenwärtigen Mangel zu beseitigen und die nötigen Lehrer bereit-
zustellen. Aus dieser Zahl hatte man auch die Zahl der
vier Akademien mit 150 jährlich auszubildenden Lehrern

---

1   Odenbreit, S. 235. Von den Driesch schreibt an Antz:
    "Im Büro von Herrn Beckers tue ich in einer Zimmerecke
    meinen Laden morgens von 9 bis 12 Uhr auf" (ebd.).

2   Helfer waren Rektor Heinrich Oellers, der spätere Dozent
    für Erd- und Heimatkunde und der in schulischen Belangen
    erfahrene Hans Kuckartz als Sekretär.

abgeleitet. Zugleich sollten im Rahmen eines oder mehrerer
Kurzlehrgänge zusätzlich und vorab schon erfahrene ältere
Bewerber ausgebildet werden, etwa 50 bis 100 pro Kurzlehrgang.[1] So konnten in Aachen für das erste Semester, das
einen Kurzlehrgang und einen Normallehrgang enthalten
sollte, ungefähr 240 Studenten angenommen werden. Schon
Mitte Oktober schätzte von den Driesch die Zahl der Zu-
rückzuweisenden auf 300 bis 400. Dies stellte für ihn eine
große Belastung dar. Jeder Einzelfall mußte eingehend geprüft und in einer persönlichen Aussprache abgesichert
werden.[2] Als Kriterium führte von den Driesch eine Unterscheidung von "frischgebackenen Abiturienten und Abiturien-
tinnen (von besonders gearteten Ausnahmefällen abgesehen)"
und "älterern Jahrgängen mit gleich guter Vorbildung, die
die ganze Last des Krieges und des Militarismus getragen
haben und häufig wegen ihres Nichtmittuns überall zurück-
gesetzt worden sind", an.[3] Weiterhin wurde bevorzugt, wer
in Aachen eine Unterkunftsmöglichkeit hatte. Schon am

---

1 Alle Angaben sind dem Tätigkeitsbericht der Kulturabteilung vom 28. 12. 1945 entnommen (HSTAD, RWN 46, Nr.3,
  S. 39).

2 Von den Driesch in einem Brief an Antz vom 18. 10. 1945.
  Er schreibt wörtlich: "Das (gemeint ist die Zurückwei-
  sung einzelner Bewerber, Anm. d. Verf.) kann man see-
  lisch nur tragen bei Prüfung jedes Einzelfalles" (HSTAD,
  NW 26, Nr. 166, S. 63 Rückseite). Leumundszeugnisse,
  meist von den heimischen Pfarrern für den Studienplatz-
  bewerber erstellt, bildeten eine gern gesehene Entscheidungshilfe.

3 Ebd. Bei einer Schulreferententagung in Hamburg im
  August 1945 wurde eine Sonderprüfungskommission vorgeschlagen, "die feststellen soll, inwieweit die in
  Kriegsgefangenenlagern in akademischen Sonderkursen
  ausgebildeten Wehrmachtsangehörigen für den Lehrerberuf
  in Frage kommen". Ebenso wurde dort die "Nachschulung
  der unzureichend ausgebildeten Lehrkräfte, die zwar
  ein Examen abgelegt haben, dann aber zum Kriegsdienst
  eingezogen wurden", gefordert.
  Vgl. HSTAD, RWN 46, S. 44 aus Neue Rhein Zeitung Nr. 13
  vom 15. 9. 1945.
  Zum Problem der Ausbildung in Kriegsgefangenenlagern
  siehe auch Abschnitt 4.2 dieser Arbeit.

24. Oktober teilte der Oberpräsident den Regierungspräsidenten mit, "daß die Annahme von Bewerbern für die ersten Lehrgänge an den Pädagogischen Akademien abgeschlossen ist" und eine Vormerkung nicht beabsichtigt sei. Außerdem wurde nochmals auf das Reifezeugnis als Vorbedingung verwiesen.[1]

Dennoch gingen die internen Beratungen über die Zulassung einzelner Antragsteller weiter. Ende Oktober empfahl Antz ein Punkte-System zur Ermittlung der Aufnahmeberechtigung,[2] das aber von den Driesch ablehnte, der weiter bei dem sehr anstrengenden unentwegten Einladen der Gesuchsteller, persönlicher Aussprache und erneuter Bearbeitung der Bewerbungsunterlagen verblieb.[3] Klövekorn, sein Amtskollege in Bonn, entwickelte dagegen eine Liste mit Gründen für die Zulassung von Studenten, die eine Rangfolge ohne Punktwertung darstellte. Hier standen "gute Schulzeugnisse und hoher Stand des allgemeinen Wissens" an erster und "Charakter und seelische Haltung" an zweiter Stelle, während Kriegsfolgen und Alter weiter unten plaziert waren.[4]

---

1 Das Schreiben ist von Antz abgezeichnet. Eine erneute
   Bewerbung im Frühjahr 1946 kann den Interessenten anheimgestellt
   werden (HSTAD, NW 26, Nr. 163, Bd. 2, S. 149).
   Im November empfiehlt der Direktor der Pädagogischen
   Akademie Aachen den zur Aufnahme vorgesehenen Studierenden "sich schon jetzt" nach einem Vorhängeschloß für
   das Spind, sowie nach einem Blas- oder Streichinstru-
   ment, das sie spielen können, umzusehen. Ebenso werden
   pädagogische Handbücher empfohlen (Aus persönlichen
   Quellen von Walburga Jansen. einer Teilnehmerin des
   ersten Normallehrganges).

2 Brief von Antz an von den Driesch vom 23. 10. 1945.
   Sein System entlehnte er der Bonner Universität und
   sah folgende Wertung vor:

   für jedes Jahr Teilnahme am Krieg   1 Punkt
   für jedes Universitätssemester   1 Punkt
   Heimat in Nord-Rheinprovinz   4 Punkte

   (HSTD, NW 26, Nr. 166, S. 58).

3 Brief von den Drieschs an Antz vom 29. 10. 1945, ebd.,
   S. 53.

4 Handschriftliches Papier von Klövekorn an Antz vom
   24. 11. 1945, HSTAD, NW 26, Nr. 141, S. 15.

Schließlich kam es soweit, daß um einzelne Bewerber ein
Schriftwechsel zwischen Antz und von den Driesch entstand,
wodurch auch für diesen Bereich eine Einflußnahme von Antz
deutlich wird.[1]

In einem Brief von den Drieschs nach "dramatischen Tagen"
vom 30. November 1945 drückte er die Hoffnung aus, noch
im Januar mit dem ersten Lehrgang beginnen zu können und
dann nach Ende des ersten Kurzlehrgangs weitere 100 Bewerber im Sommer aufnehmen zu können. Dies aber erweist sich
als große Fehleinschätzung. Weder das eigene "Existenz-
minimum"[2] war erreichbar, noch der Ausbau des Akademiegebäudes ging von der Stelle. In vielen Briefen klagte er
über den schleppenden Fortgang der Arbeiten. Immer wieder
verzögerte sich eine erhoffte Materiallieferung, oder bei
einer Glasverteilung wurde die Pädagogische Akademie nicht
berücksichtigt. Am 4. Dezember erlitt er einen Schwäche-
anfall und mußte eine Woche dem Dienst "vom Bett aus zusehen"[3] Er beklagte die fehlende Hilfe durch die Stadt[4] und

---

1 Antz setzte sich persönlich für einen 55jährigen Bewerber ein, der es nach seiner Meinung schwerer habe, "sich
   nach etwas neuem umzusehen und zu warten" als ein 26-
   jähriger, während von den Driesch meinte, daß der Ältere
   dann einen Platz einnehme, "der einem um seine Existenz
   ringenden Opfer des Krieges Lebensstellung werden kann".

   Schließlich verlangt er von Antz ein Schreiben des Ober-
   präsidiums, um die Aufnahme des gewünschten Mannes vertreten zu können. In seinem Mühen um Gerechtigkeit arbei-
   tet er "10 Stunden ohne Mittagspause", wobei ihm offensichtlich die Nöte der durch den Kriegsdienst Benach-
   teiligten besonders nahegehen (HSTAD, NW 26, Nr. 166,
   S. 25-28 und S. 46-49).
   Elisabeth Lucker (30 Jahre Nachkriegslehrerbildung im
   Land Nordrhein-Westfalen, in: Katholische Lehrerbildung,
   1977) stellt das Auswahlverfahren der Pädagogischen Akademie Oberhausen ausführlich dar (a.a.O., S. 645).

2 Er nennt ein "Öfchen mit einer Kochplatte, das uns dem-
   nächst als Herd dienen soll" in einem Brief an Antz vom
   30. 11. 1945 (HSTAD, NW 26, Nr. 166, S. 36).

3 In einer Postkarte vom 5. 12. 1945 (ebd., S. 39) berichtet
   von den Driesch erstmals davon; das Zitat ist aus einem
   Brief vom 9. 12. (ebd., S. 31).

4 Ebd., S. 31.

sah sich schließlich "vorläufig am Ende mit seinem Latein".[1]
Selbst drei Monate nach seinem Eintreffen in Aachen bestand
noch keine Hoffnung auf eine Glaslieferung. Aber auch die
Ende Dezember erfolgte Genehmigung von 357m^2 Glas und
500 m^2 Dachpappe[2] konnte kaum weiterhelfen. Eisenträger
fehlten und Arbeiter waren überhaupt nicht da oder "be-
schränken" sich aufs "Holzstehlen".[3] Endlich konnten Mitte
Januar 1946 die Mauerdurchbrüche und Glasarbeiten begonnen
werden. Da aber noch Verputzer-, Maler- und Schreinerarbei-
ten notwendig waren, konnte vor April nicht mit dem Einzug
in das Gebäude gerechnet werden.

3.2 Die Akademie ohne Akademie

Die durch den verzögerten Fortgang der Bauarbeiten eingetretene Lage ist für alle Beteiligten schmerzlich, und
von den Driesch kommt zu dem bemerkenswerten Entschluß,
"die Akademie ohne Akademie" zu eröffnen.[4] Vom 4. Februar
bis 16. März sollten daher die 206 Studierenden an Stelle
der Studienaufnahme ein Schulpraktikum an ihrem jeweiligen
Wohnsitz ablegen. In einem Rundschreiben an die so mühsam
ausgewählten Studenten teilte von den Driesch die Einzel-

---

1 So von den Driesch in einem Brief an Antz vom 15. 12. 1945,
  (ebd., S. 25). Aus diesem Brief und der Handschrift ist
  eine allgemeine Niedergeschlagenheit des Akademiedirek-
  tors ablesbar.

2 Antz in einem Brief an von den Driesch vom 29. 12. 1945,
  (ebd., S. 21). Er schrieb weiter: "Es kommt nun alles
  darauf an, daß diese Sachen an die richtige Stelle kommen
  uns sofort verwertet werden" (ebd.).

3 Von den Driesch in einem Brief an Antz vom 1. 1. 1946,
  (ebd.,S. 19).

4 Brief von den Drieschs an Antz vom 1. 1. 1946 (ebd.,S.19
  Rückseite). Besonders hart traf ihn, daß die Akademie
  in Essen alle Anstalten machte, am 19. 1. 1946 als erste
  Akademie ihren Betrieb aufzunehmen. Voll Bitterkeit wei-
  gerte sich von den Driesch, die Dozenten zu versammeln.
  Diese würden noch früh genug die Gastfreundschaft, Hilfs-
  bereitschaft und das "Entgegenkommen" der Stadt zu "ver-
  kosten bekommen" (ebd.).

heiten mit. Die spätere Ausbildungszeit an der Akademie
wurde um diese sechs Wochen gekürzt. Während des Praktikums "können die Studierenden selbst schriftliche Vorbereitungen für einzelne Unterrichtsstunden anfertigen und
mit Zustimmung des Klassenlehrers und des Schulleiters
vielleicht auch einzelne Unterrichtsstunden übernehmen".[1]
Dieser eigenmächtige Schritt von den Drieschs zog aber
einige Komplikationen nach sich; wobei auch der Einfluß der
englischen Behörden deutlich wird, die nicht bereit waren,
ohne weiteres die Verzögerung des Eröffnungstermins, die
ja gleichzeitig mit dem Praktikum ausgesprochen wurde, zu
akzeptieren. So wurde die Genehmigung des Praktikums durch
den Oberpräsidenten abgelehnt,[3] und von den Driesch mußte
zunächst die Gründe für die Verzögerung schriftlich
darstellen. Hierbei wurden nochmals alle Daten angeführt.
Wenn man bedenkt, daß die schnelle und großzügige Bereit-
stellung des Gebäudes der ehemaligen Mädchenmittelschule
im Anfang der Verhandlungen den Ausschlag für die Vergabe
einer Akademie an Aachen gab, so muß es verwundern, daß
nunmehr Aachen im Vergleich zu den anderen Akademieorten
so sehr ins Hintertreffen geriet.[3] Es ist durchaus glaub-
haft, wenn von den Driesch mehrfach versichert und dies

---

1   Ebd., S. 102 Rückseite. Außerdem sollen sie ein Tage-
    buch führen und 14täglich Berichte "in gut leserlicher
    lateinischer Schrift oder Maschinenschrift mit Seiten-
    bezifferung" (ebd.) an die Pädagogische Akademie ein-
    senden. (Das Rundschreiben trägt das Datum vom 8.1.1946).

2   Siehe Schreiben von den Drieschs an Antz vom 14. 1. 1946,
    worin er sich auf den Erlaß des Oberpräsidenten vom
    4. 1. 1945 bezieht (ebd.,S. 12). Am gleichen Tage ant-
    wortete von den Driesch dem Oberpräsidenten und bat
    diesen, "dringend die Zustimmung der dortigen Militär-
    regierung zu dem von mir angeordneten Praktikum zu er-
    wirken" (ebd.,S. 13).

3   Immerhin wurden die Pädagogischen Akademien in Essen am
    29. 1. 1946, in Bonn mit einem Kurzlehrgang am 28.2. 1946
    und in Kettwig am 14. 3. 1946 eröffnet, während Aachen
    erst am 2. 5. 1946 eröffnen konnte (HSTAD, NW 26, Nr.147,
    S. 292).

auch aus den Akten nachweisen will, daß er täglich auf
Inangriffnahme, bzw. Weiterführung der Arbeiten gedrängt"[1]
habe. Andererseits dürfte er doch in der Beurteilung der
baulichen Maßnahmen zu unerfahren, bzw. von falschen Vor-
aussetzungen ausgegangen sein. So hatte er am 6. Oktober
1945 der Stadt einen "Raumplan des Akademiegebäudes vorgelegt mit Eintragung der unerläßlichen Änderung".[2] Dies
aber waren entscheidende Veränderungen, Mauerdurchbrüche
zum Teil, die in ihrer Folge die Arbeiten stark auswei-
teten.[3] Schon unter normalen Bedingungen mußten diese Vorschläge längere Verzögerungen erbringen; in der damaligen
Notzeit waren sie kaum zu verwirklichen. Zudem standen
den Behörden zur "Geldmittel" zur Verfügung, wohingegen
damals Lebensmittel als Tauschwährung die größere 'Zug-
kraft' besaßen.[4] Die Vorzüge eines Hörsaals und eines
großen Lesesaals(!) standen schließlich nicht mehr im
angemessenen Verhältnis zu der damit verbundenen Verzögerung.

Jedenfalls führte von den Driesch am 16. Januar Reg.Dir.
Dr. Deutzmann und Major Cleare von der Militärregierung
durch das Gebäude. Cleare ließ sich 1 1/2 Stunden lang
auseinandersetzen, wie das Praktikum gedacht sei,[6] und
daß die Anordnung natürlich "nur vorbehaltlich der eng-

---

1 HSTAD, NW 26, Nr. 166, S. 10. Schon in einem Brief vom
   29. 10. 1945 sagt von den Driesch: "Leider habe ich in
   den Baufragen tausend Widerstände zu überwinden, so daß
   ich oft der Verzweiflung nahe bin" (ebd.,S. 53 Rückseite).

2 Ebd., S. 12.

3 Vgl. ebd.,S. 9 f. Brief an Antz vom 16. 1. 1946.
   In diesem Brief schreibt von den Driesch: "An der
   durch die Mauerdurchbrüche bedingten Umleitung der
   Kamine wird schon lange gearbeitet. Die Fertigstel-
   lung der Neuen Kamine erfordert noch einige Wochen."

4 Zwischenzeitlich war sogar für die Pädagogischen
   Akademien die Dringlichkeitsstufe 1 entsprechend
   Krankenhäusern im Gespräch (ebd.,S. 46).

5 Schreiben von den Drieschs an den OP. Kult. IV vom
   14. 1. 1946. Ebd.,S. 13.

6 Brief von Drieschs an Antz vom 16. 1. 1946. Ebd., S. 10.

lischen Zustimmung getroffen[1] worden sei.

Es ist bezeichnend, daß die englischen Behörden den
"faux pas" von den Drieschs zuletzt wohlwollend tole-
rierten und ihm am 19. Januar die Durchführung des Praktikums genehmigten.[2] Vorher mußte von den Driesch jedoch
die Akten der Praktikanten bei der Militärregierung einreichen. Insgesamt wird deutlich, daß selbst eine kurz-
fristige Lehrtätigkeit an der Schule genau von den britischen Behörden durchleuchtet wurde und daß sie sich immer
wieder punktuell in kritischen Situationen einschalteten.[3]

3.3 Das Bemühen um die inhaltliche Gestaltung

Ein anderes Gebiet, das ebenfalls unter der Aufsicht der
Militärregierung stand, stellte die inhaltliche Ausge-
staltung der neuen Lehrerbildung dar. Während aber die
Erziehungsabteilung bei SHAEF[4] schon im Frühjahr 1944 mit

---

1 Ebd. Die nun einmal gemäß den "unerläßlichen Änderungen
in Angriff genommenen Arbeiten ließen sich nicht mehr
ändern, so daß eine Verschiebung der Eröffnung unab-
weislich wurde. So stellte das Praktikum wohl den besten
Ausweg aus der Lage dar.

2 Vgl. ebd.,S. 6. Am 14. Januar wurde ein offizieller
Antrag um Genehmigung des sechswöchigen Praktikums an
den Oberpräsidenten in Düsseldorf gerichtet. Hierin
weist von den Driesch zusätzlich darauf hin, "daß auch
die Akademieschule, Beeckstr. 17, nicht vor Ostern in
Betrieb genommen werden kann" (ebd.,S. 13). Antz unterstützt das Vorgehen von den Drieschs wohlwollend, "so-
lange wir nicht ausdrücklich zur Aufgabe dieses Ver-
suches gezwungen werden" (ebd.,S. 11).

3 Allgemein zur Einstellung der Briten zur Zulassung von
Studenten siehe Abschnitt 4.6 dieser Arbeit.

4 Supreme Headquarters Allied Expeditionary Forces. Die
SHAEF - Phase endete am 30. 8. 1945. Vgl. Control
Council Proclamation Nr. 1 vom 30. 8. 1945: Establish-
ment of the Control Council, im Amtsblatt der Militär-
regierung Deutschlands. Britisches Kontrollgebiet,
Nr. 5, S. 26.

den Vorbereitungen für ein "Schulbuchnotprogramm"[1] begann,
wird eine solche Initiative für die Lehrerbildung nicht
erkennbar.[2] Die seit dem 30. August 1945 zuständigen nationalen Delegationen in der Alliierten Kontrollkommission,
d.h. für den hier behandelten Raum der Nord-Rheinprovinz
die "Education Branch" der Briten, hatte am 20. Oktober
1945 die Education Control Instruction Nr. 24 herausgegeben, die in ihrer Präambel bezüglich der Lehrerbildung
folgendes besagte:

> "The whole question of teacher training is
> closely bound up with the broader issue of the
> status of the teachers in the community as a
> whole. This is a lang-term matter which only
> competent German authorities themselves can
> settle, and fully competent in this sense can
> be only an administrative body of not less than
> 'Land' or 'Provinz' status responsible for its
> decisions to elected representatives of the
> people."[3]

Hier sieht Halbritter die britische Besatzungsmacht in
einem "Dilemma", dem "unvermeidlichen Widerspruch zwischen
Veränderungsanspruch einerseits und Mittel der Durchführung andererseits".[4] Am Beispiel der Schulpolitik
zeigt Halbritter auf, daß die Briten "vorerst Zurückhaltung in der Entwicklung detaillierter Reformkonzepte"
übten und sich auf den "materiellen Wiederaufbau des
Schulbetriebs"[5] beschränkten. Mit ihrem Vorwurf an die

---

1 M. Halbritter, 1979, S. 15 ff. Das Schulbuchprogramm
   war als Übergangslösung nötig, da die Beschlagnahme
   sämtlicher nationalsozialistischer Schulbücher vor
   allem für die Fächer Geschichte, Geographie und
   Sozialkunde vorgesehen war und aus psychologischen
   Gründen keine britischen und amerikanischen Schulbücher eingesetzt werden sollten.

2 Vgl. im einzelnen Kap. 4 dieser Arbeit.

3 Abgedruckt bei G. Murray, 1978, S. 135.

4 M. Halbritter, 1979, S. 25.

5 Ebd., S. 26.

Besatzungsmächte, daß sie sich "aller Möglichkeiten zu
einer gründlichen Strukturänderung im deutschen Bildungswesen"[1] - worunter wohl eine Abkehr vom gegliederten Bildungswesen zu verstehen ist - begaben, trifft sie gleichzeitig die wiederaufgenommene Lehrerbildung nach dem Weimarer Modell.

Ähnlich äußert sich Pakschies, wenn er meint, daß die

> "Briten ... die Möglichkeit, nach der Besetzung
> Deutschlands ein Schulsystem ohne die traditio-
> nelle Trennung von Massen- und Elitenbildung
> zu initiieren, nicht in Erwägung gezogen (haben)",[2]

gleichzeitig aber für die Einstellung der Briten Verständnis zeigt und erklärt:

> "Diese Haltung ist einmal in dem Re-education-
> Grundsatz, eine Siegermacht könne einem anderen
> Volk kein Bildungssystem oktroyieren und in den
> materiellen und personallen Konsequenzen begründet,
> die ein weitergehendes politisches und wirtschaft-
> liches Engagement der Briten in Deutschland ge-
> fordert hätten."[3]

Ungeachtet der "materiellen und personellen Konsequenzen",
die auch andere Autoren herausstellen,[4] muß für die Lehrerbildung gelten, daß die Briten aus Überzeugung bei
ihrer traditionellen demokratischen Grundhaltung blieben.
Durch die Anknüpfung an die Preußischen Pädagogischen

---

1 M. Halbritter, 1979, S. 28.

2 G. Pakschies, 1979, S. 161.

3 Ebd.

4 J. Thies, 1979, S. 41. Kritiker sahen nicht ein, "warum
Ende 1946 26 000 Personen in Deutschland beschäftigt
sein mußten. Gern wurde damit argumentiert, daß die
Vorkriegsverwaltung in Indien mit 1 500 Beamten aus-
gekommen war, obwohl man statt 23 Millionen Deutscher
300 Millionen Inder in seiner Obhut hatte" (ebd.).
Vgl. auch: Wolfgang Homfeld: Theorie und Praxis der
Lehrerausbildung, Weinheim 1978.

Akademien war schon mit Einverständnis der Besatzungsmächte
eine Reform wiederaufgenommen worden, im Gegensatz zu anderen Stellen in Deutschland.[1] Die inhaltliche Gestaltung
wurde zwar von den britischen Stellen wohlwollend begleitet, blieb aber eigene Aufgabe der deutschen Pädagogen.

Die Britische Militärregierung faßte ihre Anweisungen
in der "Directive on Education, Youth Activities and
German Church Affairs" am 22. November 1945 zusammen.
Bezüglich der Lehrinhalte wurde eine Fassung, die schon
im SHAEF-Handbuch erschienen war, übernommen, die im
wesentlichen auf die Eliminierung nationalsozialistischer
Inhalte abhob.[2] Auch hier hofften die Briten auf eine
Veränderung "aus deutscher Initiative heraus".[3] Dieser
oben zitierten, mehr negativen Abgrenzung der verbotenen
Inhalte stand nun das Bemühen der deutschen Pädagogen
gegenüber, neue Grundlagen für die Lehrpläne der Schulen
und damit auch die Richtschnur einer neugestalteten Lehrer-

---

1 Vgl. hierzu auch Hubert Buchinger: Volksschule und Lehrerbildung im Spannungsfeld politischer Entscheidungen
  1945 - 1970, München 1973.
  Buchinger stellt hier die Situation in Bayern dar, wo
  nach dem Krieg wieder mit einer seminarähnlichen Ausbildung der Lehrer begonnen wurde - auf der 7. Volks-
  schulklasse aufbauend wurden die Schüler in einem
  sechs Klassen umfassenden Ausbildungsgang auf die
  Lehrerprüfung vorbereitet (S. 496) - und wo es des
  massiven Eingreifens der Amerikaner bedurfte, um im
  Anschluß an die Direktive Nr. 54 vom 25. Juni 1947
  die Bayerische Regierung langsam zu einer Revision im
  Sinne einer hochschulmäßigen Volksschullehrerbildung
  zu bewegen (S. 508 ff.).

2 M. Halbritter, 1979, S. 24. Zur Bedeutung des SHAEF-
  Handbuches vgl. Abschnitt 4.1 dieser Arbeit.

3 Ebd.,S. 25. Vgl. hierzu auch Erich Weniger, Die Epoche
  der Umerziehung 1945 - 1949, in: Westermanns pädagogische Beiträge, Jg. 1960, S. 9.

bildung zu formulieren. Schon im Spätsommer des Jahres 1945 trafen sich Göttinger und Hamburger Pädagogen mit Schulleitern aus Niedersachsen und Hamburg im Landeserziehungsheim Marienau zu einer Tagung, die durch ein Referat von Hermann Nohl eingeleitet wurde. Im Ergebnis der gemeinsamen Überlegungen, den sogenannten "Marienauer Lehrplänen", wurde "die allgemeine Richtung der Neugestaltung angegeben".[1] Hierbei orientierte man sich am Geist der pädagogischen Bewegung des Jahrhunderts, die unter dem Namen "Reformpädagogik" bekannt wurde. Andererseits wurde versucht, die allgemeine Erschütterung der Ideale zu berücksichtigen und "eine Art formaler Bildung in der 'einfachen Sittlichkeit' und - woran Nohl besonders lag - eine Art ästhetischer Grundbildung zu ermöglichen".[2]

An drei Teilbereichen - Lehrplangestaltung, Bibliotheksaufbau und Eröffnungsansprachen - soll ein detaillierteres Erfassen der inhaltlichen Gestaltung versucht werden.

In den Quellenbeständen werden die Lehrpläne zwar öfters erwähnt,[3] aber meist mit Korrekturvorschlägen oder im

---

1   Erich Weniger, Die Epoche der Umerziehung 1945 - 1949, Jg. 1960, S. 74. Die von Hermann Nohl entworfene Präambel zu den "Aufgaben der deutschen Schule" lautete: "Unsere Schule will deutsche Menschen erziehen, die, gebildet an den edelsten Erinnerungen unseres Volkes und innig vertraut mit dem abendländischen Kulturgut, als wertvolle Mitglieder eintreten können in die Gemeinschaft aller friedliebenden Völker, die für das Wohl und die Steigerung der Menschheit arbeiten. Nach Recht und Freiheit strebend, sollen sie aufrichtig zu ihrem Wert stehen und immer bereit sein, sich offen für ihre Überzeugung einzusetzen" (ebd.,zit. S. 75).

2   Ebd. Wichtig ist dabei die Feststellung, daß die geistigen Bildungsziele vor den politischen standen; das Politische wurde vom pädagogisch-kulturellen Ansatz her aufgegriffen, was nach den Erfahrungen des 3. Reiches wohl selbstverständlich war.

3   Aussagen zu den Lehrplänen müssen unterbleiben, da dieselben bisher nicht aufgefunden wurden.

Zusammenhang mit Anmahnungen terminlicher Art.[1]
Jeder Dozent mußte über sein Fachgebiet Lehrpläne in dop-
pelter Ausfertigung in deutscher und englischer Sprache
einsenden, die genehmigt werden mußten.[2] Dem gingen
Besprechungen und auch allgemeine Konferenzen voraus,
bei denen die Auffassung verglichen wurden. Antz und
von den Driesch bestätigen sich gegenseitig - wohl aufgrund eines nicht mehr auffindbaren Vorentwurfs -, "wie
sehr unsere Auffassungen über die Gestaltung des Lehrplanes übereinstimmen".[3] In der folgenden Zeit wurde ein
"Rahmen-Lehrplan für alle Akademien aufgestellt, ...
innerhalb dessen die einzelnen Dozenten die Aufgabe ihres
besonderen Lehrauftrages näher darzulegen hatten".[4]

Besondere Aufmerksamkeit richtete die britische Militärregierung auf den Lehrplan für das Fach Geschichte.[5]
Während Frau Halbritter für die Schulbücher dieses Faches
sagt, daß sich "die Begutachtung ... auf die negativen
Merkmale (beschränkte), da es noch keine konkreten Hin-

---

1 Von einem Fehler, "der uns alle unglücklich machen
  kann" im Lehrplan von Frl. Gülpen berichtet von den
  Driesch am 8. 1. 1946. Frl. Gülpen hatte statt zur
  "Wahrhaftigkeit"zur "Wehrhaftigkeit" erziehen wollen,
  glücklicherweise aber im engl. Text das korrekte
  "Veracity" verwendet. Von den Driesch ändert in dem
  gleichen Schreiben "Nature of the Christian education"
  in "Property of the Christian education" um. Brief vom
  8. 1. 1946 an Antz, HSTAD, NW 26, Nr. 166, S. 15.

2 Brief von Antz an von den Driesch vom 29. 12. 1945
  in dem er an die Übersendung der Lehrpläne erinnert,
  ebd.,S. 21.

3 So Antz an von den Driesch am 2. 10. 1945, ebd.,S. 70.
  Im gleichen Brief betont Antz gegenüber von den Driesch,
  "wie weitgehend wir in unserer Auffassung von den Zielen der neuen Lehrerbildung ... übereinstimmen".

4 Tätigkeitsbericht der Kulturabteilung vom 28. 12. 1945,
  HSTAD, RWN 46, Nr. 3, S. 40.

5 Halbritter befaßt sich ausführlich mit diesem Problem
  im Abschnitt 2.3, S. 28 ff. Hier werden "Zielsetzende
  Grundsätze" und "Methodische Anweisungen", verfaßt am
  30. 7. 1946 von der Textbuchabteilung der Britischen
  Militärregierung in Bünde,zitiert (M. Halbritter, 1979,
  S. 31 f.).

weise für die Neugestaltung der Schulbücher gab",[1] kann
für die Lehrpläne ein genaueres Eingehen der Briten angenommen werden. In einer Übersetzung eines Schreibens des
Headquarters Military Government vom 28. Dezember 1945 an
den Oberpräsidenten heißt es:

> "Während die von Prof. Antz gegebenen Gründe
> für die Wahl der Zeit seit 1870 für geschicht-
> lichen Unterricht gewürdigt und angenommen
> werden, wird doch empfunden, daß eine Konzen-
> trierung auf diese Zeit an sich nicht wünschens-
> wert ist. Sie muß deshalb durch die Einreichung
> eines vollständigen und genauen Lehrplanes über
> den Stoff, der sich mit dem Titel "Die Epoche
> Bismarcks' und 'Politische Wissenschaft und
> Sozialwirtschaft' befasst,begründet werden."[2]

Die Bewertung dieser Lehrplaninhalte wird aus einem Zusatz
in dem Schreiben deutlich, der klärt, daß wegen der fehlen-
den Einzelheiten die Eröffnung der Pädagogischen Akademie
in Essen nicht hinausgeschoben werden müsse.

Weitere Hinweise auf die inhaltliche Gestaltung gibt die
Korrespondenz über den Aufbau der Bibliothek. Als "geradezu richtungsgebend"[3] nennt von den Driesch Flitners "Vier
Quellen des Volksschulgedankens", eines der ersten Bücher,
das der Hansische Verlag nach Erteilung der Lizenz herauszugeben beabsichtigt.[4] Antz trägt in Bonn "15 000 bis 18 000

---

1 M. Halbritter, 1979, S. 30.

2 Headquarters Military Government, North Rhine Province,
714 (P) Det; Ref. NR/EDN/57 vom 28. 12. 1945. HSTAD,
NW 53, Nr. 379, S. 248.

3 Von den Driesch in einem Brief an Antz vom 18. 10. 1945.

4 Vgl. ebd., S. 53 Rückseite. In weiteren Schreiben weist
Antz auf Neuerscheinungen hin. Ebenso will er freiwer-
dende Pädagogische Bibliotheken aufkaufen und den noch
geretteten Bestand der ehemaligen Akademie in Bonn "So
gerecht wie möglich unter die 4 neuen Bibliotheken ...
verteilen" (ebd., S. 50 Rückseite). Dabei ist bemerkens-

Bände beisammen, doch handelt es sich meistens um veraltete
Bücher".[1] Im Februar 1946 wird den Studierenden der Pädagogischen Akademie Bonn nach Rücksprache mit dem zuständigen
Commander und Prof. Antz eine Bücherliste übergeben mit
insgesamt 18 Titeln, deren Beschaffung und Studium empfohlen wird. Das älteste Erscheinungsjahr ist 1905 und 1906,
acht Werke sind aus den 20er Jahren, der Rest erschien
(soweit angegeben) 1930 - 1932.[2] Es zeigt sich auch hier,
daß bewußt die inhaltliche Prägung der Volksschullehrerbildung aus der Zeit vor 1933 "wieder aufgenommen" wurde, wobei
"die Bedürfnisse der Volksschule noch fester ins Auge gefaßt werden als bei der Reform von 1925/26".[3]

Insgesamt läßt sich Erich Weniger beipflichten, der resümierend "eine überraschende Gemeinsamkeit in der Beurteilung des Erbes der alten pädagogischen Bewegung, das, wie
die Dinge lagen, wiederzugewinnen und neu zu beleben
wäre",[4] feststellt. Die von Antz ge- und berufenen Freunde
aus dieser "alten pädagogischen Bewegung" mußten sich
nach dem Zusammenbruch, mehr noch aber nach dem Bekannt-

---

wert, daß Bonn vor dem Krieg eine "von einer hauptamtlichen Kraft betreute Bibliothek von 10.000 Bänden"
besaß (Joachim Kuropka, Zur Rezeption der "Neuen Lehrerbildung" in Preußen durch den Freistaat Oldenburg, in:
Geschichte, Politik und ihre Didaktik, 3/4, S. 159).
Am 20. 11. 1945 ergeht eine Bestimmung des britischen
Headquarters, wonach "keine Bücher ... aus einem
Erziehungs-Institut in Deutschland entfernt werden
dürfen, ohne vorherige Rücksprache mit der Erziehungsabteilung der Kontroll-Kommission" (NW 54, Nr. 379, S. 307).

1 So Antz in einem Brief an von den Driesch vom 14.12.1945.
   Antz bittet darin um noch etwas Geduld, bis "wir in
   Bonn alles aufgenommen haben und übersehen und vertei-
   len können" (HSTAD, NW 26, Nr. 166, S. 29).

2 Vgl. HSTAD, NW 53, Nr. 380, S. 449. An erster Stelle
   wird aufgeführt: Josef Pieper, Über das christliche
   Menschenbild, Hegner Leipzig; dann: Eggersdorf, Jugend-
   bildung, München, 1929; Göttler, System der Pädagogik
   im Umriß, München, 1927; Oswald Kroh, Psychologie des
   Grundschulkindes, Langensalza, 1930, dann folgend
   fachbezogene Titel besonders zu Deutsch und Mathematik.

3 Tätigkeitsbericht der Kulturabteilung vom 28. 12. 1945,
   HSTAD, RWN 46, Nr. 3, S. 40.

4 E. Weniger, Die Epoche der Umerziehung 1945 - 1949, in:
   Westermanns pädagogische Beiträge, Jg. 1960, S. 79.

werden der Verfolgungsgreueltaten des Hitler-Regimes als
berufene Vertreter einer besseren Zeit sehen und dementsprechend handeln.

3.4 Die erste Neueröffnung in Essen am 29. Januar 1946

Ein differenzierteres Bild der verschiedenen Auffassungen
über Sinn und Aufgabe der Pädagogischen Akademien ergibt
sich aus einer Analyse der Eröffnungsansprachen. Hier
gilt das besondere Augenmerk der ersten Eröffnung in
Essen am 29. Januar 1946. In betont festlichem Rahmen,
unter Anwesenheit hoher weltlicher und geistlicher Wür-
denträger, wurde die neue Lehrerbildung nach außen hin
vorgestellt.[1] Von besonderem Interesse ist die programmatische Rede Walkers, die große Aufmerksamkeit fand.
Nach einem herzlichen Glückwunsch wandte er sich direkt
an die künftigen Lehrer und stellte ihnen ihnen ihre
"gewaltige Verantwortung"[2] vor Augen. "Wenn Sie während
Ihres Aufenthaltes hier die Eigenschaften und das Wissen
sich aneignen, das Sie für Ihre Aufgabe brauchen, dann
wird die neue Generation ins Leben treten, auf welche die
ganze zivilisierte Welt ihre Hoffnung baut." Die vor dem
Wissen an erster Stelle genannten Eigenschaften wurden
dann erläutert. Als erstes führte er den versammelten
Studenten die "höchste Wichtigkeit Ihrer Arbeit" vor Augen.

---

1 Als Vertreter des Oberpräsidenten nahm Regierungspräsi-
   dent Sträter die Eröffnung vor. Er begrüßte insbesondere
   Oberstleutnant Walker aus Düsseldorf und Oberst Kennedy,
   den Stadtkommandanten von Essen, weiterhin den Erzbischof
   von Köln, Dr. Frings, den Generalsuperintendenten,
   Dr. Stoltenhoff, den Oberbürgermeister der Stadt Essen,
   Dr. Rosendahl und Prof. Antz als Fachdezernenten (aus:
   Neue Rheinische Zeitung, HSTAD, NW 26, Nr. 137, S. 20).

2 Alle Zitate aus Wortprotokollen der Ansprachen im
   HSTAD, NW 26, Nr. 154, S. 3 f. Siehe auch: Pädagogische
   Rundschau, 1. Jg., 1947, Heft 4/5, S. 151 f. Die Pädagogische Rundschau wurde von Antz und B. Bergmann gegründet und herausgegeben und erfreute sich hoher Wertschätzung.

Umfassend stellte er die Beachtung der Individualität bei
den Schülern heraus, die von ihm biologisch begründet und
betont gegenüber der Erziehung im Nationalsozialismus
abgehoben wurde, der den "gleichförmig standardisierten
Schüler hervorzubringen" versucht habe.

Lebhaft stellte er den Zuhörern die Not und Belastung der
deutschen Kinder vor und forderte für sie Fröhlichkeit
und sympathisches Verstehen im Sinne Fröbels.

Über die bei seinen deutschen Mitarbeitern bisher teilweise
festgestellte Enge und Gebundenheit an das Vergangene wies
er mit seinen letzten Forderungen in die Zukunft:
"Drittens müssen Sie lernen, international zu denken." Konkret
wurde von ihm erwähnt, daß der lange Bibliothekskatalog einer
Lehrerbildungsanstalt "kein einziges ausländisches Werk enthielt". Gegen einen "intellektuellen Tod durch Verhungern
des forschenden Geistes" forderte er dazu auf, mit allen
Mitteln zu versuchen, die Studenten "mit erzieherischen
Gedanken in anderen Ländern in Berührung zu bringen". Diesen Gedanken weitete Walker aus, wobei er betonte, daß
alle Nationen Gebende und Nehmende seien, daß also auch
"deutsche Gedanken und deutsche Gelehrsamkeit" wieder
gebraucht würden, "nicht als ein beherrschender oder
einzig dastehender Faktor, sondern als Teil des gemeinsamen Beitrages, den wir alle zur gemeinsamen geistigen
Förderung leisten können". An den Schluß stellte er Kants
kategorischen Imperativ, dem die Studierenden ihre Gedanken und Handlungen unterwerfen sollten, nicht "zu Ihrem
eigenen Besten oder zum Besten Ihres Landes, sondern ob
sie als ein Vorbild für die Haltung aller Menschen dienen
können".[1]

In dieser Rede Walkers wurden programmatische Hinweise
gegeben, die deutlich über das Konzept der Weimarer

---

1 Alle Zitate ebd.

Akademie hinauswiesen. Der ausdrückliche Auftrag, über die
nationalen Grenzen hinaus zu sehen und zu denken, ließ
eine neue Dimension in das Erziehungskonzept einfließen.
Er forderte dazu auf, den englischen Sozialphilosophen
John Stuart Mill und dessen Abhandlung "Über die Freiheit"
zu lesen. Walker erteilte eine klare Absage an die Auffassung eines nationalen Monopols für Weisheit und Wissen:
"Ihre Kultur und die meinige sind Teile des gemeinsamen
europäischen Erbes, das Vermächtnis der Christenheit und
des Hellenismus, und einer kann vom anderen zum gegensei-
tigen Vorteil lernen."[1] Er forderte zum kritischen Denken
und zum Zweifeln auf, um so zu einem neuen ethischen Urteil
zu finden.

Prof. Antz gab zunächst in seiner Ansprache der Freude
Ausdruck und dankte an erster Stelle Walker und allen
anderen, "die irgendwie an der Förderung unserer Sache
mitgeholfen haben".[2] Nach einem historischen Rückblick
beschäftigte er sich mit der Frage, wo die "tieferen
Ursachen dieser Völkerkatastrophe" zu suchen seien.
Unter dem Eindruck der unvorstellbaren Verbrechen des

---

1 Alle Zitate ebd.
2 Ebd., S. 3f. Folgende Personen wurden - in der von Antz
  gewählten Reihenfolge - angesprochen:
  Oberstleutnant Walker, der
  Oberbürgermeister der Stadt Essen, Dr. Rosendahl, der
  Bürgermeister Dr. Richter,
  Amtmann Gottlob,
  Domkapitular Böhler, der früher Pfarrer in Essen war,
  Frau Mathilde Kaiser,
  Prof. Dr. Platz (der früh verstorbene Abteilungsleiter),
  Dr. Esterhues,
  Regierungsdirektor Gildemeister,
  Regierungsinspektor Millers,
  Dr. Püttmann, der die Geschäftsführung der Akademie bis
  zum Eintreffen des designierten Leiters übernahm und
  Hausmeister Roland.
  Dieses von Antz handschriftlich korrigierte Redekonzept
  wird teilweise nicht mit der eigentlichen Rede überein-
  stimmen, besonders weil die unvorhergesehene Anwesen-
  heit von Erzbischof Dr. Frings zu Änderungen führte.

Nationalsozialismus wurde von ihm die moralische Substanz
des Christentums neu gesehen, indem er sagte: "Wenn wir
uns nicht so weit vom Christentum entfernt hätten, wäre
diese Katastrophe nicht möglich gewesen".[1] Folgerichtig
sah er die größten Schwierigkeiten nicht im materiellen,
sondern im geistigen Wiederaufbau. Antz forderte die
Abkehr von den "gefährlichen und falschen Zielen der
Vergangenheit", vom "machtpolitischen Denken und imperiali-
stischen Verlangen". Dem stellte er den von idealem
Streben bewegten neuen Lehrer gegenüber, der im stillen
Raum der Schulstube und im Lebensbereich der Jugend
sein Wirken entfaltet.[2]

Mit besonderer Spannung wurde die Rede des Erzbischofs
von Köln, Dr. Frings, erwartet, "dessen Anwesenheit bei
dieser Feier mit spürbarer Genugtuung registriert wurde".[3]
Er verwies darauf, "daß die Eröffnung ... in der gleichen Woche stattfinde, in der die Kirche einen der
genialsten Erzieher des vorigen Jahrhunderts feiere, das
Andenken des Heiligen Johannes Don Bosko"[4] und "begrüßte

---

1 Ebd.,S. 3 f.

2 Ebd.

3 Es war bekannt, daß die Ernennung von Dr. Frings zum
   Kardinal bevorstand, die dann auch am 18. 2. 1946
   erfolgte. Zitat aus Neue Rheinische Zeitung vom
   2. 2. 1946, S. 2, 3. und 4. Spalte (HSTAD, NW 26,
   Nr. 137, S. 20). Um die Teilnahme von Erzbischof
   Dr. Frings hatte es eine protokollarische Panne gegeben. Der Oberpräsident entschuldigte sich nachträglich noch ausdrücklich bei Dr. Frings mit einer
   "starken Erkältung", da er von der Annahme ausgegangen war, "Eure Eminenz würde nicht selbst erscheinen, sondern sich durch den hochwürdigsten Herrn
   Weihbischof Dr. Stockums vertreten lassen", und
   versichert am Ende des Schreibens, daß es "für mich
   eine Selbstverständlichkeit (ist), daß ich überall
   die Vertretung der Staatsregierung selbst übernehme,
   wo bei entsprechenden Anlässen Eure Eminenz selbst
   teilnehmen" (HSTAD, NW 26, Nr. 137, S. 16).

4 So die Ruhr Zeitung vom 2. 2. 1946,(HSTAD, NW 26,
   Nr. 137, S. 26).

es aufrichtig", daß die "rheinische Tradition" durch eine
bekenntnismäßige Einstellung zur Erziehung von den zuständigen
Stellen verständnisvoll berücksichtigt worden sei.[1]
Superintendent Dr. Stoltenhoff sah die beiden Kirchen
als "Verbündete in dem heißen Ringen um die Seele der
Jugend".[2]

Während die deutschen Ehrengäste[3] aufgrund innenpoliti-
scher Erfahrungen aus der christlich-kulturellen Tradition heraus die Weiterführung der Lehrerbildung ansprachen, wiesen die Ausführungen Walkers auf zusätzliche
Grundlagen der Lehrerbildung hin, die er als englischer
Besatzungsoffizier mit dem Blick auf eine europäische
Gemeinsamkeit und neue internationale Beziehungen nach
den Irrwegen des Nationalismus leichter als deutsche
Repräsentanten in den Vordergrund rücken konnte.

Deutlich verschobene Akzente wurden in den Eröffnungsansprachen der simultanen Pädagogischen Akademie Bonn
am 16. Mai 1946 erkennbar. Hier sprach Prälat Böhler
seine Enttäuschung darüber aus, daß diese Akademie keine
konfessionalle Prägung erhielt.[4] Antz hielt eine viel

---

1 Neue Rheinische Zeitung vom 2. 2. 1946 (HSTAD, NW 26,
  Nr. 137, S. 20).

2 Die Ansprache des neuen Leiters der Kulturabteilung
  beim Oberpräsidium der Nord-Rheinprovinz Dr. Lammers
  bei der Eröffnung der evangelischen Pädagogischen
  Akademie in Kettwig am 14. 3. 1946 betonte den gleichen Grundgedanken: "Nur die entschlossene Wendung
  zur geschichtlichen christlichen Tradition des Abend-
  landes kann unserer Kultur die geistigen und sittlichen Kräfte zurückschenken, die sie zum Meistern
  der sich bergehoch auftürmenden Nöte und zur Überwin-
  dung der in der Zeit liegenden ernsten Gefahren braucht."
  HSTAD, RWN 46, Nr. 36, S. 18.

3 Weitere Festredner waren der Regierungspräsident Sträter,
  der die eigentliche Eröffnung vornahm und Oberbürgermeister Dr. Rosendahl, der die Bedeutung der Pädagogischen Akademie für die Stadt Essen herausstellte
  (Ruhr-Zeitung, a.a.O.).

4 Mitteilung von Frau Marianne Vogt, geb. Antz, die bei
  dieser Feier anwesend war. Dem Ehepaar Vogt ist zu
  danken für viele Hinweise auf privat geäußerte Gedanken
  von Prof. Antz.

beachtete Ansprache, in der von ihm für die Jugend "ein
gründlicher Einblick ... in die politische Geschichte der
beiden letzten Menschenalter"[1] gefordert wurde. Nach
einer historischen Besinnung auf die Ursachen des Nationalsozialismus stellte er mit William Gladstone fest,
daß "alles, was nach der Moral falsch sei, auch in der
Politik nicht richtig sein könne und daß der letzte Sinn
des Staates die Sicherung und Verwirklichung des Rechtes
sei".[2] In prägnanten Sätzen leitete Antz daraus ab, daß
der Staat Schulen errichten und unterhalten müsse, "die
jedermann offenstehen". Hiermit sprach er indirekt die
Begründung für die simultane Form der Pädagogischen Akademie aus, die Lehrer für diese Schulen bereitstellen mußte.

Gleichzeitig wurde hier der beginnende Konflikt zwischen
der liberalen Auffassung von Antz und den stärker konfessionell gebundenen Kräften angedeutet, der in den folgenden Jahren zunehmend Gewicht bekam.

---

1 Der vollständige Wortlaut der Ansprache in: Pädagogische
   Rundschau, Sonderheft Lehrerbildung, Juli/Aug. 1947,
   1. Jg., Heft 4/5, S. 152 - 158; Zitat S. 156, 1. Spalte.

   Die Ansprache hatte für Antz besonderes Gewicht, weil
   er selbst dem Lehrkörper der Bonner Akademie angehört
   hatte (vgl. Kap. 2.3 dieser Arbeit). Das Konzept der
   Bildnerhochschule als Schule der Gemeinschaft wurde
   von ihm nochmals an Beispielen begründet. Weiterhin
   wollte er die junge Generation wieder "in einen lebendigen Zusammenhang mit den geistigen Grundlagen unserer
   Gesittung ... bringen", um ihr so den "Zugang zu Christentum und Kirche zu erleichtern" (ebd., S. 154, 2. Spalte).
   Neben breiten Passagen mit detaillierten Aussagen zu
   Inhalten christlicher Lehrerbildung ließ Antz verhalten
   Aufgaben der Lehrerbildung einfließen, die eher Schwerpunkte dieser simultanen Akademie sein sollten, so wenn
   er beispielsweise die "Vermittlung einer zuverlässigen
   politischen Weltkunde" forderte (ebd., S. 157, 1. Spalte).

2 Ebd., S. 156, 1. Spalte.

4. Die Schwerpunkte britischer Einflußnahme bis zur
    "Verordnung 57" vom 1. Dezember 1946

4.1 Frühe Planungen und Konzepte

In dem folgenden Kapitel werden verschiedene, die Lehrerbildung betreffende Maßnahmen dargestellt, die in besonderem Maße oder sogar gänzlich dem Einwirken der Briten
zuzuschreiben sind. Schon in dem bisher Dargestellten wurde
mehrfach ihr Einfluß angesprochen. Mit Recht kann man das
Jahr 1946 als ein Jahr der besonders intensiven Einflußnahme bezeichnen.

Wenn hier von Einfluß und Einwirkung gesprochen wird,
so ist dies wörtlich gemeint; alle Maßnahmen hatten ihren
Schwerpunkt in dem Bestreben der Briten, ihre Grundauf-
fassung von Demokratie dem deutschen Volke zu vermitteln,
um so einem Wiederaufleben von Nazismus und Militarismus
entgegenzuwirken.[1] Fragt man nach dem Beginn der Planungen,
so kann, Georg Murray folgend, der von 1944 bis 1956 in
der Education Branch der Britischen Militärregierung tätig
war, das Jahr 1943 angegeben werden.[2] Am 8. August 1943
erklärte das Foreign Office: "... die einzige Politik,
die vor der Zukunft bestehen kann, ist diejenige, die -
unter Beachtung aller Vorsicht - letztlich auf die Wie-
derzulassung eines reformierten Deutschlands zum Leben
Europas abzielt."[3]

---

1 Passim Georg Murray, in Hearnden, S. 64.
2 Vgl. ebd.,S. 64 und 69.
3 Kurt Koszyk, 'Umerziehung' der Deutschen aus britischer Sicht, in: Das Parlament, Bd. 29 (1978), S. 5,
   Sp. 1 f.

   Koszyk stellt dar, wie der zitierten Äußerung Pläne und
   Aktivitäten folgen. Im Oktober 1943 finden Verhandlungen zwischen den Westmächten und der Sowjetunion
   statt, als deren Ergebnis die E.A.C. (European Advisory
   Commission) als interalliiertes Planungs- und Entschei-
   dungsgremium konstituiert wird. Für die Gesamtthematik
   der sogenannten "Umerziehung" vergleiche die Darstellung

Eine Direktive vom 28. April 1944 mit der Bezeichnung
C.C.S.551 ist das früheste formulierte Programm für eine
Militärregierung in den besetzten Gebieten.[1] Verschiedene
Unstimmigkeiten und Unklarheiten bei der Abstimmung zwi-
schen den Alliierten[2] veranlaßten die Briten dann jedoch
dazu, eigenständig kurz nach dem Fall Aachens im Oktober
1944 ein Handbuch mit mehreren Direktiven herauszugeben.[3]
Hierin wurden schon langfristig die "Wiederherstellung
des früheren Lehrerstandards" und eine "Orientierung der
Erziehungsziele an den Ideen der 'popular democracy', d.h.
Freiheit von Meinung, Rede, Presse und Religionsausübung"
angekündigt.[4]

---

von Pakschies "Umerziehung in der Britischen Zone 1945 -
1949", die aber der Lehrerbildung relativ wenig Beachtung schenkt. Weiterhin die Veröffentlichung der
Historischen Kommission der Deutschen Gesellschaft für
Erziehungswissenschaft (Band 5) "Umerziehung und Wiederaufbau", Stuttgart 1981. Hier läßt Manfred Heinemann
(Hg.) verschiedenste Positionen zu Wort kommen.

1 Der Entwurf trägt das Datum vom 17. April 1944. C.C.S.
   heißt "Combined Chiefs of Staff" der Briten und Amerikaner. Das Papier wurde am 28. 4. 1944 in Washington
   vorgelegt, und bewies nach Ansicht Koszyks "den insgesamt sehr fortgeschrittenen Stand der Planungen
   (K. Koszyk, 1978, S. 6).

2 Einige Male wurden von den Briten vorgelegte Entwürfe
   von den Amerikanern und den Russen "noch nicht einmal
   diskutiert", ebd. S. 6, 2. Spalte; siehe dazu auch
   Pakschies, S. 133: "Je konkreter die Aufgaben im Verlauf des Jahres 1944 wurden, um so weniger fand eine
   integrierte englische-US-amerikanische Planung statt,
   was eigentlich durch die Institution des S.H.A.E.F.
   gewährleistet sein sollte."

3 Vgl. Koszyk, S. 7, 1. Sp. Die Direktive Nr. 1 enthielt
   die Leitlinien für die Besatzungspolitik, so unter e)
   die Forderung: "Die Grundlagen für den Rechtsstaat und
   eine Einbeziehung Deutschlands in die internationale
   Kooperation zu schaffen" und unter f): "Unter den
   Deutschen individuelles und kollektives Verantwortungsbewußtsein zu wecken." Die Direktive Nr. 8 zielte
   auf die Entnazifizierung und verlangte, das Lehrpersonal in die Kategorien schwarz (Nazi), grau (Mitläufer)
   und weiß (Unbelastete) einzustufen und dementsprechend
   vom Unterricht auszuschließen oder zuzulassen.

4 Vgl. Koszyk, S. 7, 2. Sp.

Auch die organisatorische Struktur der britischen Besatzungsverwaltung wurde eigenständig gebildet. An der Spitze stand
der "Commander-in-Chief and Military Governor"[1], der den
Oberbefehl über die Besatzungstruppen und die Kontroll-
kommissionen vereinigte. Die Education Branch bildete
keine eigene Hauptabteilung (division) in der britischen
Besatzungsverwaltung, sondern "eine Unterabteilung der
'Internal Affairs and Communications Division', die ihrerseits neben Divisions für Kriegsgefangene und Vertriebene,
Arbeitskräfte, Politik und Öffentlichkeitsfragen und
Nachrichtenwesen einer Unterkommission Verwaltung (Govern-
mental Sub-Commission) unterstand".[2] In Bünde befand sich
die zonale Hauptdienststelle der Education Branch mit
Fachbereichen für Universitäten, Erwachsenenbildung,
Lehrerbildung, Höhere Schulen, Volksschulen, Jugend, Sport,
Schulbücher und Information.[3] In den ersten Monaten vor
der Eröffnung der Schulen im Herbst 1945 wurde die Zeit
zur Entnazifizierung des Lehr- und Schulverwaltungspersonals

---

1 G. Pakschies, 1979, S. 139.

2 Ebd., S. 140, Im Anhang dort S. 353 ein Plan des Gesamt-
   aufbaus der Kontrollkommission.

3 Vgl. ebd., S. 141. Edith Siems Davies war Mitglied der
   Erziehungskommission und beschreibt ihre im August 1945
   in Bünde aufgenommene Arbeit. Sie hatte zwischen den
   beiden Weltkriegen jeden Sommer Deutschland besucht
   und noch Ostern 1939 eine Gruppe von 22 englischen
   Primanerinnen ins Rheinland begleitet. Die in diesen
   Jahren gesammelten reichen Erfahrungen waren "nicht
   unbedeutende Wegweiser für meine spätere Aufgabe"
   (vgl. unten S. 141). Sie sprach fließend die deutsche
   Sprache, denn ihre Mutter war Hamburgerin; daher auch
   die jährlichen Besuche in Deutschland, meist bei den
   Großeltern. Viele der maßgebenden Mitarbeiter und
   Offiziere in der Erziehungsabteilung hatten enge persönliche Beziehungen zu Deutschland, einige hatten
   an deutschen Universitäten studiert, waren auf deutschen Schulen gewesen oder hatten Deutsche in der
   direkten Verwandtschaft. Ihre Sprachkenntnisse waren
   entsprechend gut. Edith Siems Davies, Der britische
   Beitrag zum Wiederaufbau des deutschen Schulwesens
   von 1945 bis 1950, in: Umerziehung und Wiederaufbau,
   Manfred Heinemann, Hg., Stuttgart 1981, S. 140 - 152.

genutzt.[1] Eine listenmäßige Erfassung aller Lehrer sollte
die Grundlage zur Entfernung der aktiven Nazis liefern.
Wie schon erwähnt, wurde besonders streng bei den Volksschullehrern verfahren, da den Briten bekannt war, daß
etwa 25 % derselben Mitglieder der NSDAP gewesen waren.
Jede Schule mußte eine eigene Liste ihrer Lehrer "nach
der Reihenfolge des Dienstgrades" anfertigen und jeder
Lehrer mußte neben persönlichen Daten angeben, ob er
Mitglied der NSDAP war oder nicht.[2]

Vom September 1945 an wurde durch die Militärregierung
weiterhin von den deutschen Behörden alle 14 Tage ein
detaillierter Bericht gefordert, in dem u.a. erfragt
wurde:

a) Anzahl der Schulen

   1. offen,

   2. geschlossen oder wieder in Eröffnung begriffen

   3. geschlossen, reparatur-fähig, aber noch nicht repariert,

   4. für andere Zwecke besetzt.

b) Anzahl der die Schule besuchenden Kinder

   1. die ganze Zeit,

   2. halbe Zeit oder mehr,

   3. weniger als die halbe Zeit.

c) Anzahl der zur Verfügung stehenden Lehrer,

   Anzahl der angeforderten Lehrer,

   Anzahl der noch zu prüfenden Lehrer.[3]

---

1 Vgl. G. Pakschies, 1979, S. 162.

2 Ebd., S. 164. Pakschies sagt weiter, daß bis Juni 1945,
also schon wenige Wochen nach Kriegsende, in der Britischen Zone "über 16.000 Lehrer vom Dienst suspendiert
wurden", wobei allerdings alle Volks-, Mittel- und
Gymnasialschulen zusammengefaßt sind. Das waren etwa
24,3% der bis dahin erfaßten Lehrer (ebd., S. 65).

3 HSTAD, NW 53, Nr. 379, S. 361. Von Januar an wurde dann
nur noch monatlich Bericht gefordert. Die Frage nach den
Lehrern wurde aber weiter unterteilt in:

Bei der Analyse der Berichte wurde bald deutlich, daß
sich in kurzer Zeit ein gravierender Lehrermangel heraus-
bildete, selbst wenn, wie im Oktober 1945 auf einen Lehrer
60 bis 70 Schüler entfielen.[1]

Die prekäre Situation erforderte baldmögliche Schritte,
und es galt, Wege und Möglichkeiten zu eröffnen, um alle
Reserven auszuschöpfen. So wurde umgehend eine Reihe von
Notmaßnahmen geplant und nach und nach in Gang gesetzt,
um die Situation erträglich zu machen. Bei diesen Maßnahmen schien eine enge Zusammenarbeit zwischen den
Dienststellen der Besatzung und den deutschen Behörden
geboten. Von Fall zu Fall mußte abgewogen werden zwischen
den immer dringender werdenden Anforderungen der schuli-
schen Situation und den beiden Grundforderungen an die
Lehrerschaft in bezug auf eine demokratische Gesinnung
und eine notwendige vertiefte Ausbildung, die miteinander
verbunden gesehen wurden.

Dennoch muß festgestellt werden, daß die Einflußnahme der
Militärregierung in der Britischen Zone in bezug auf die
Lehrerschaft hauptsächlich der "Entnazifizierung des
deutschen Erziehungssystems" galt.[2] Für diesen Zweck waren
frühzeitig detaillierte Direktiven, speziell die Direktive
Nr. 8, verfaßt worden.[3]

Anzahl der gegenwärtig Beschäftigten,
Anzahl der Übernommenen, aber noch nicht Beschäftigten,
Anzahl derjenigen, deren Fragebogen zwar eingereicht,
aber noch nicht durchgearbeitet worden ist,
Anzahl der bis jetzt zurückgewiesenen Lehrkräfte (ebd.
S. 453).

1 Vgl. G. Murray, 1978, S. 134.

2 Kurt Koszyk, "Umerziehung" der Deutschen aus britischer
   Sicht, Konzepte und Wirklichkeit der "Re-education" in
   der Kriegs- und Besatzungsära, aus: Politik und Zeitgeschichte, Beilage zur Wochenzeitung "Das Parlament",
   Bd. 29 (1978), S. 7.

3 Ebd. Vgl. hierzu auch G. Pakschies, 1979, S. 144 ff.
   Pakschies untersucht hier das SHAEF-Handbuch vom
   Dezember 1944 der Alliierten und das dieses ergänzende
   und präzisierende "Technical Manual on Education and
   Reliqiuous Affairs" dessen Erscheinen von Pakschies
   im Februar 1945 angenommen wird (ebd., S. 146, Fußn. 2).

Der "Auswahl und Ernennung geeigneter Personen für die freigewordenen Positionen diente die Kategorie 'Weiß'".[1] Diese Wiederbesetzung war allerdings problematisch. In ihren Planungen hatten die Briten die Ansicht vertreten, daß das Auswahlverfahren demokratisch sein müsse, daß also "die deutschen Lehrer ... die leitenden Funktionen mit Personen ihrer Wahl besetzen"[2] sollten. Bei der hohen Anzahl belasteter Lehrkräfte erschien dieses Verfahren jedoch nicht zweckmäßig. Als Ausweg sollten "unbelastete Lehrer ... verstärkt herangezogen werden; auch Lehrer, die aus dem Exil zurückkehrten, und Ausländer als Gäste für eine Übergangszeit waren jetzt entsprechend dem Bedarf zuzulassen."[3]

In diesem Zusammenhang gewinnen die nachfolgend dargestellten privaten Aktionen der G.E.R.-Gruppe und die Kurse in den Kriegsgefangenenlagern Bedeutung, weil sie, die oben beschriebene Situation voraussehend, in geringem Maße Hilfen bereitstellen.

4.2 Einwirkung in Großbritannien: die G.E.R.-Gruppe und das Kriegsgefangenenlager Wilton Park

Im Rahmen der Aktivitäten in Großbritannien muß an erster Stelle das Wirken der Gruppe "German Education Reconstruktion",

---

1 G. Pakschies, 1979, S. 151. Im "Technical Manual ..." heißt es dazu: "The White list will contain the names of persons inside Germany whose character, professional standing, experience and political reliability render them especially suitable to be placed in position of special responsibility" (ebd. Technical Manual ... o.O., o.J., S.E.-1-1. Ein Exemplar dieses seltenen "Manuals" befindet sich im Archiv des Georg-Eckert-Instituts, Braunschweig. Es ist abgedruckt bei G. Pakschies, 1979, S. 348 ff.).

2 G. Pakschies, 1979, S. 152.

3 K. Koszyk, 1978, S. 7.

G.E.R., genannt werden.[1] Der Beginn dieser von privaten
englischen Erziehern gegründeten Gruppe ist - etwa auf den
Herbst 1942 anzusetzen.[2] Mitten im Krieg führte diese Gruppe
deutsche Emigranten zusammen, die "den festen Willen hatten,
nach dem Sturz des Hitler-Systems in die Heimat zurückzukehren".[3] Durch die Spende aus einem Quäker-Fonds unterstützt, wurde in den verschiedenen Arbeitsgruppen eine
vierfache Aufgabenstellung umrissen: Information, Vorschläge für den Neuaufbau der deutschen Erziehung, Sammlung der erzieherischen Kräfte und Kontaktaufnahme mit
internationalen Erziehern.[4] Die heterogene Zusammensetzung der bis gegen Ende des Krieges etwa 180 Personen zählenden Gruppe verhinderte die Annahme von Schul-
reformkonzepten, da diese notwendigerweise politische
Tendenzen implizierten; Einigkeit bestand in bezug auf
ein "praktisches Sofortprogramm"[5] mit Notmaßnahmen bei
der Wiederaufnahme des Schulunterrichts. So lag der
Schwerpunkt nach dem Krieg bei der Organisation deutsch-
englischer Konferenzen, der Einladung einflußreicher
Bildungspolitiker und in bescheidenem Rahmen bei einem
Lehrer-Schüler- und Studentenaustausch.[6] Auf privater
Ebene konnten durch demokratische Initiativen persönliche

---

1 Eine tiefergehende Darstellung der Arbeit dieser Gruppe
   findet sich bei G. Pakschies im 3. Kapitel seines
   Buches. Vgl. dazu auch: Fritz Borinski, Die Geschichte
   von G.E.R., in: "Die Sammlung" 3. Jg., Heft 1 (1948),
   S. 51. Ebenso: Jane Anderson, 'GER': A Voluntary Anglo-
   German Contribution, in: The British in Germany, Hg.
   Arthur Hearnden, 1978, 15. Kapitel.
   Die Bezeichnung G.E.R. wird auf einer Sitzung der Gruppe
   am 3. 6. 1943 beschlossen (G. Pakschies, 1979, S. 81).

2 Vgl. Pakschies, 1979, S. 81.

3 F. Borinski, 1948, S. 51.

4 Vgl. ebd.

5 Pakschies, 1979, S. 128.

6 Vgl. ebd., S. 129.

Kontakte gefördert werden, die die offizielle britische Umerziehungspolitik ergänzten.[1]

Ebenso konnte sich G.E.R. nach dem Krieg der Betreuung deutscher Kriegsgefangener in England zuwenden, eine Aufgabe, die der Gruppe während des Krieges noch verwehrt worden war. Hier in den Kriegsgefangenenlagern begann auch eine regelrechte Ausbildung von Volksschullehrern. Unter der großen Anzahl von deutschen Kriegsgefangenen, die nach dem Zusammenbruch der deutschen Front im Westen in England eintrafen, zeigte sich nach einer kurzen Eingewöhnungszeit vielfältiges Interesse. Abiturientenlehrgänge, Fachkurse für Mediziner, Juristen und Architekten traten zusammen, und "zwei Monate nach Belegung des Lagers wurden Lehrgänge zur Ausbildung von Volksschullehrern errichtet".[2] Zunächst unter dürftigen Rahmenbedingungen und ohne jede Fachliteratur standen die Dozenten vor der schweren Aufgabe, "gereifte Menschen in die pädagogische Wissenschaft und Ideenwelt einzuführen".[3] Schließlich stellte sich ein Stab von 22 Dozenten zur Verfügung, vier Professoren und Dozenten ehemaliger Pädagogischer Akademien vertraten die fachliche Seite der Lehrerbildung; ein 32 Stunden um-

---

1 "In den ersten zwei Jahren nach Kriegsende wurde G.E.R. nicht müde, in zahlreichen Rundschreiben ... das Ziel der Völkerverständigung zwischen Großbritannien und Deutschland zu betonen", ebd. S. 110. Siehe hierzu auch den Beitrag von Jane Anderson: 'G.E.R.': A Voluntary Anglo-Contribution, in: The British in Germany, hrsg. v. Arthur Hearnden, 15. Kapitel. Über das Ausmaß des Einflusses äußert sich Anderson hier zurückhaltend und verweist auf noch anstehende weitere Forschungsaufgaben (S. 258).

2 Heinrich Pullen: Die Lehrgänge zur Ausbildung von Volksschullehrern in einem Kriegsgefangenenlager in England, Pädagogische Rundschau, 1. Jg. (1947), Heft 4/5, S. 188, Sp. 2. Das von Pullen beschriebene Lager lag im Tynetal und umfaßte 5.000 - 6.000 Gefangene.

3 Ebd., S. 189, Sp. 1.

fassender Wochenstundenplan umfaßte die wichtigsten Lehr-
stoffe.[1]

Einen besonderen Ruf hatte das am 17. Januar 1946 eröff-
nete Wilton Park Training Centre. Major-General Strong,
Direktor-General des Political Intelligence Department
of the Foreign Office, hielt persönlich eine lange
programmatische Eröffnungsansprache, in der er Wilton
Park   ausdrücklich als Experiment herausstellte:

> "The work to be undertaken in Wilton Park is
> an experiment that has no precedent in previous
> war or post-war periods. It is now recognised by
> mankind that the internal structure of a country
> and its spiritual and political constitution is
> of direct interest to other countries, and that
> it is no longer possible for nations to live
> beside each other if their ideologies and concep-
> tions of history are fundamentally irreconcilable,
> without such a state of affairs leading to friction
> and ultimately to war with its terrible conse-
> quences."[2]

Er rief dann die Teilehmer auf, die britischen Vorstellungen kennenzulernen, eine Brücke zu schlagen und beim

---

1 Vgl. ebd., S. 189, Sp. 1. Genannt werden hier: deutsche Literatur und Sprachkunde, Geschichte und Staatsbürgerkunde, religionsgeschichtliche Abendvorlesungen.
  Ein besonderer Kurs behandelte methodische Fragen des
  fremdsprachigen Unterrichts. Allgemein wurde das Er-
  lernen der englischen Sprache sehr gefördert, und die
  Leistungen darin stiegen allgemein derart, daß schließlich die englische Fachliteratur verwendet werden
  konnte. Fachvorlesungen in Lehrgängen umfaßten Religion, Philosophie, Psychologie, **Pädagogik**, Schulkunde
  und die Methodik sämtlicher Unterrichtsfächer der Volksschule. Weiterhin standen Sportanlagen zur Verfügung,
  der Zeichenlehrgang konnte an einem Nachmittag in der
  Woche außerhalb des Lagers stattfinden, und eine Sing-
  gemeinschaft bereicherte Veranstaltungen der Lagerge-
  meinde.

2 Zitiert aus freundlicherweise durch Herrn Prof. Dr. Erger,
  RWTH Aachen, zur Verfügung gestellten Fotokopien von
  Quellen des britischen Public Record Office Nr. FO
  371/55688/5045/3/1 und 3/2.

Start des neuen Deutschland auf seinem Weg zur fried-
lichen Nachbarschaft mit allen Völkern Europas mitzuarbeiten.[1]

Die Angesprochenen sollten allgemeine internationale
Erfahrungen machen und auch den Alltag der Briten kennenlernen, dabei besonders mit den Beziehungen zwischen
Individuum und Gesellschaft, zwischen Bürgern und Staat
vertraut werden - einer Grundproblematik für den Wiederaufbau Deutschlands und dessen Einfügung in Europa.[2]

Bei näherer Betrachtung wird bald erkennbar, daß die
einzelnen Lager zwar ähnliche Zielsetzungen verfolgten,
aber notwendigerweise doch unterschiedlich ausgestaltet
und gefördert wurden. Hieraus ergab sich die Frage, wie
mit den für den Lehrerberuf Ausgebildeten in Deutschland
zu verfahren sei. So wurde schon im August 1945 auf einer
Schulreferententagung in Hamburg eine "Sonderprüfungskommission" vorgeschlagen, die diese Frage genauer beleuchten sollte.[3] Inwieweit diese Kommission tätig wurde,
ist nicht genau zu ermitteln, jedenfalls wird später festgestellt, daß "die Kurse in englischen und amerikanischen
Lagern nach Dauer und Lehrplan sehr unterschiedlich sind".[4]
Im Mai 1946 legte der Oberpräsident von Hannover mit
Genehmigung der Briten fest, daß Soldaten mit einer

---

1 Zitiert aus freundlicherweise durch Herrn Prof. Dr. Erger,
   RWTH Aachen, zur Verfügung gestellten Fotokopien von
   Quellen des britischen Public Record Office, Nr. FO
   371/55688/5045/3/1 und 3/2.
   In seinen weiteren Ausführungen bat er darum, in künftigen Diskussionen darüber nachzudenken, daß nicht Schicksal (Fate) oder das Gesetz der Geschichte (Law of History)
   verantwortlich sei für die Entwicklung; nach seiner Auffassung seien das Ausflüchte, die nicht näher an die Wahrheit führten (ebd., 3/4).
2 Ebd., FO 371/55688/5045/3/6.
3 HSTD, RWN 46, S. 44, nach Neue Rheinische Zeitung, Nr.13,
   vom 5. 9. 1945, S. 1.
4 Mehrfach abgezeichneter Entwurf eines Briefes des Kultusministers von NRW an das Hauptquartier der Militärreg.
   vom 28. 11. 1946. Der Brief ging als Kopie an alle Regierungspräsidenten und Akademiedirektoren (HSTAD, NW 26,
   Nr. 163, Bd. 1, S. 43).

in einem Gefangenenlager abgelegten ersten Lehrerprüfung
zunächst noch einmal in Deutschland an einem mindestens
dreimonatigem Schulpraktikum, das von einer pädagogischen
Hochschule ausgerichtet und durch den Hochschuldirektor
abschließend beurteilt wurde, teilnehmen müßten.[1] War
dieses Urteil[2] positiv, so konnte die Übernahme in den
Schuldienst erfolgen. Aufgrund dieser Maßnahme in Hannover wurde auch die Militär-Regierung der Nord-Rheinprovinz aktiv und befragte die deutschen Erziehungsbehörden nach ihrer Stellungnahme, wobei sie betonte,"daß
die von der Nord-Rhein-Region festgelegten Bestimmungen
zum Mindesten so umfassend sein müssen, als die von Hannover, und daß keine Verkürzung ... geduldet wird".[3]
Auch hierüber führten Walker und Antz ein Gespräch, das
dann im November 1946 die Grundlage eines Rundschreibens
an die Akademiedirektoren und Regierungspräsidenten
bildete. In dieser Verfügung wurde angeordnet, daß die
in den Gefangenenlagern dem Studium gewidmete Zeit auf
die Gesamtausbildungszeit anzurechnen sei. Als erstes

---

1 Brief von Dr. Haase im Auftrag des Oberpräsidenten
  von Hannover an Antz vom 31. 5. 1946 (ebd., S. 42).
  Grundsätzlich mußte der Lehrgang im Gefangenenlager
  sechs Monate gedauert haben.

2 Ebd. Man vermied offensichtlich den Terminus 'Prüfung',
  da die abgelegte Prüfung nicht als aufgehoben gelten
  sollte.

3 An dieser Stelle sei auf die gute Zusammenarbeit zwischen dem Referenten für Lehrerbildung in Niedersachsen, Prof. Dr. Otto Haase, und Antz aufmerksam gemacht.
  Antz schrieb hierzu rückblickend in einem Brief an von
  den Driesch (vgl. Nachlaß Antz, A 4, S. 2, Rückseite):
  "Aber was außer der Militärregierung meiner und Ihrer
  Sache wirklich geholfen hat, das war das Beispiel Nie-
  dersachsens, wo der Ihnen wohl noch bekannte Otto
  Haase die Führung hatte und (ein) weitherziger Minister
  ihn völlig frei gewähren ließ. Wir, Haase und ich,
  haben uns planmäßig in die Hände gearbeitet, und so
  ist es Haase gelungen, die Lehrerbildung in seinem
  Lande als die vorbildliche Form in Deutschland zu entwickeln."
  Otto Haase war 1930 Direktor der Pädagogischen Akademie
  in Frankfurt an der Oder und später in der gleichen
  Position in Elbing tätig gewesen.

mußte danach in Deutschland ein dreimonatiges Land- und Stadtschulpraktikum abgeleistet werden. Nach einem befriedigenden Ergebnis desselben

> "soll der Student für einige Zeit einer Päda-
> gogischen Akademie zugewiesen werden, damit er
> auch mit der heutigen Lehrerbildung in Deutsch-
> land nähere Fühlung bekommt und von den Dozenten
> der Akademie in seiner Haltung und Leistungs-
> fähigkeit beobachtet und beurteilt werden kann."[1]

Auch hier kann man wieder eine relativ strenge Haltung der Verantwortlichen Antz und Walker konstatieren, der ehemalige Gefangene wird als Student angesehen, und es geht nicht, wie in Hannover, nur um eine Art Bestägigung einer schon abgelegten Prüfung. In einem besonderen Schreiben wird im Jahr 1948 darauf verwiesen, daß das Dozentenkollegium durchaus nach "wohlwollender Prüfung" befugt und verpflichtet sei, ungeeignet erscheinende Bewerber dieses Personenkreises abzulehnen.[2]

---

1 Aus dem eben zitierten Entwurf (ebd., S. 43). In der Folge wurden die Anordnungen im Detail verändert und präzisiert. So wurde im Dezember 1947 eine Anrechnung von zwei Semestern auf die viersemestrige Ausbildung und die Anerkennung der schriftlichen Arbeit als Kann-bestimmung eingebracht. Insgesamt aber bleibt die Einstellung, daß die 1. Lehrerprüfung im Kriegsgefangenen-lager in "mannigfacher Hinsicht der Vertiefung und Ergänzung" bedarf; Erlaß des Kultusministers von NRW an alle Regierungspräsidenten und Akademiedirektoren vom 17. 12. 1947 (HSTAD, NW 26, Nr. 71, S. 103).

2 Antwortschreiben des Kultusministers von NRW vom 13. 5. 1948 auf Anfrage des Direktors der Pädagogischen Akademie Oberhausen vom 8. 5. 1948 (ebd., S. 99).

4.3 Erste Maßnahmen in der britischen Besatzungszone
     1945 - Das Problem der Schüler von ehemaligen
     Lehrerbildungsanstalten

Die Maßnahmen der Education Branch kamen in den verschiedenen "Education Control Instructions" zum Ausdruck, die,
laufend numeriert, die verschiedensten Anweisungen verdeutlichen.[1] Sie hatten erlaßähnlichen Charakter und
waren für die deutschen Behörden bindend. Eine der wichtigsten, die E.C.I. Nr. 24 vom 10. Oktober 1945, zählte
verschiedene Möglichkeiten der Lehrerbildung auf:

> a) normal full - length courses of at least
>   two years' duration for students beginning
>   at the normal age (that is, not below the
>   age of eighteen years);
>
> b) emergency shortened courses of a stated duration
>   for students desiring to enter the teaching
>   profession at a more advanced age;
>
> c) courses for pupil teachers or school helpers
>   if these are regarded as absolutely essential
>   to meet the immediate situation.[2]

In den unter a) angeführten Kursen ist der normale Leh-
rerausbildungsgang zu sehen, der wenigstens (at least)
zwei Jahre dauern sollte. Hier wird deutlich, daß die
von Antz initiierte Lösung der Lehrerbildung voll mit
den Vorstellungen der Briten übereinstimmte. Diese
Tatsache soll nochmals hervorgehoben werden, da, wie schon
angemerkt, in den anderen Besatzungszonen eine solche
Übereinstimmung nicht von Anfang an bestand.

---

1 Über hundert E.C.I.'s wurden erlassen. Sie befaßten
   sich mit den verschiedensten Einzelproblemstellungen,
   beispielsweise Nr. 59: Überprüfung von Pflegeeltern,
   Nr. 63: Drahtlose Telegraphie, Nr. 69: Bildung von
   Lehrerverbänden, Nr. 76: Genehmigung von Filmen.

2 So abgedruckt bei Murray in Hearnden, S. 135.

Mit dem zweiten, unter b) formulierten Ausbildungsweg,
wurden die Kurzlehrgänge geschaffen, die an fast allen
Pädagogischen Akademien unmittelbar nach deren Eröffnung als erste Kurse ihre Arbeit aufnahmen. Die besondere Wertschätzung der Lehrerbildung wird am deutlichsten
unter c). Diese Kurse durften nur eingesetzt werden,
wenn dies als "absolutely essential" angesehen wurde.
Der Fragen- und Problemkreis der Schulhelfer, die ja
eine besonders krasse 'Gegenform' zum angestrebten akademisch gebildeten Lehrer darstellten, wird weiter unten
aufgenommen.[1]Zunächst soll die hier ebenfalls einzuordnen-
de Problematik einer Übergangslösung für ehemalige Schüler
der nationalsozialistischen Lehrerbildungsanstalten (LBA)
aufgegriffen werden.

Schon am 18. September 1945 wurde durch die Militärregierung vom Oberpräsidium in Düsseldorf eine Auskunft über
die Zahl und jahrgangsmäßige Stufung der Schüler gefordert, die bis Mai 1945 in einer Lehrerbildungsanstalt
in der Nord-Rheinprovinz waren. Für Schüler im Alter von
14-16 Jahren wurde der Übergang in "geeignete Klassen der
Höheren oder Mittel-Schulen" empfohlen. Interessant ist
dabei die folgende Formulierung der Militärregierung:

> "Auf dem allgemeinen Grundsatz basierend, daß
> keiner unter dem Alter von 18 Jahren als unver-
> besserlich angesehen wird, würde die oben genannte
> Abteilung erfreut sein über eine Äusserung, ob ir-
> gendein Schüler der zweiten Altersgruppe (16-17
> Jahre) in einwandfreier Weise als ein möglicher
> Anwärter für den Lehrerberuf nach einer weiteren
> Schulung angesehen werden kann."[2]

---

1 Vgl. Kap. 4.5 über die Schulhelfer.
2 Übersetzung eines Schreibens der Militärregierung vom
   18. 9. 1945, das an den Oberpräsidenten der Nord-Rheinprovinz gerichtet ist. Gleichzeitig wird Prof. Antz
   gebeten, "diese Punkte mit Oberstleutnant Walker während seines Besuches am 21. September zu besprechen"
   (HSTAD, NW 53, Nr. 380, S. 3).

Hier wird die unsichere Grundhaltung der Militärregierung
erkennbar, die ersichtlich über jeden einzelnen weiteren
Anwärter erfreut ist. Am 21. September führte Walker mit
Antz über diese Fragen ein Gespräch,[1] das offenbar eine
veränderte Einstellung gegenüber LBA-Schülern bewirkte.
Am 3. Oktober wurde die weitere Frage aufgeworfen,

> "was mit solchen außerplanmäßigen Lehrkräften ge-
> schehen soll, die auf Grund des Entlassungs-
> zeugnisses einer ehemaligen LBA in den letzten
> Jahren im Schuldienst beschäftigt gewesen sind,
> aber noch nicht die 2. Lehrerprüfung bestanden
> haben."[2]

Die Antwort wird von Antz handschriftlich auf dem gleichen
Schreiben formuliert und läßt keinen Zweifel an seiner
Einstellung diesem Personenkreis gegenüber: "Den genannten Lehrkräften ist zu eröffnen, daß sie sich zur Able-
gung der 2. Lehrerprüfung einem Umschulungslehrgang und
im Anschluß daran einer Prüfung zu unterziehen haben."[3]
Dieser Vorgang ist auch beispielhaft für die Überzeugung,
mit der Antz hinter 'seiner' Pädagogischen Akademie stand,
die er mit Recht weit abhob von dem Niveau der ehemaligen
Lehrerbildungsanstalt, ebenso aber auch beispielhaft für
das Zusammengehen von Antz und Walker, wobei sich letzterer
hier offensichtlich von Antz überzeugen ließ. Jedenfalls
entwarf Antz zum Jahresende eine "grundsätzliche Anordnung"[4]

---

1 Übersetzung eines Schreibens der Militärregierung ...
   siehe vorhergehende Fußnote.

2 Anfrage des Regierungspräsidenten von Köln vom 3.10.1945
   beim Oberpräsidenten in Düsseldorf. Der zuständige Dezer-
   nent Dr. Deermann bezieht sich darin auf das "Merkblatt
   für die Lehrerbildung in der nördlichen Rheinprovinz",
   das aber zu dieser Frage keine genauen Aussagen macht.
   Anfrage im HSTAD, NW 26, Nr. 163, Bd. 2, S. 152; das
   Merkblatt findet sich im HSTAD, RWN 46, Nr. 37, S. 2.

3 Ebd.

4 HSTAD, NW 26, Nr. 163, Bd. 2, S. 144. Entwurf vom
   13. 12. 1945 und Herausgabe am 10. 1. 1946, siehe
   Dokument Nr. 1 im Anhang dieser Arbeit.

an alle Regierungspräsidenten, die die Behandlung der
Absolventen und Schüler ehemaliger Lehrerbildungsanstalten
klärte und die in ihrer Sprache seine Grundhaltung erkennen läßt. Auch die im Januar 1946 herausgegebene korrigierte Fassung des Merkblattes für die Absolventen und
Schüler der früheren Lehrerbildungsanstalten blieb in
ihrem einleitenden Satz bei der Feststellung, daß "die
Entlassungszeugnisse der LBA nicht anerkannt werden".[1]
Im Folgenden wird dort weiter unterschieden zwischen
Absolventen, die sich im Dienst bereits gut oder sehr gut
bewährt haben und die nach einer "kurzfristigen Umschulung" die Anerkennung ihrer Zeugnisse durch den Lehrkörper
der Akademie erwarten können, und den Absolventen, die
"sich weniger gut bewährt" haben und die eine längere Umschulung auf sich nehmen müßten.[2] Diese etwas weit ausleg-
baren Vorschriften brachten in der Folge noch einige
Komplikationen. So waren selbst Schüler des 4. und 5.
Ausbildungsjahres der ehemaligen Lehrerbildungsanstalten
aufgrund der damaligen Bestimmungen zu außerplanmäßigen
Lehrern ernannt worden, infolgedessen sie sich auch als
Absolventen der Lehrerbildungsanstalten betrachteten.[3]

---

1 HSTAD, NW 26, Nr. 163, Bd. 2, S. 137.

2 Vgl. ebd. In den weiteren Aussagen hält sich der Text
an den schon dargestellten Entwurf (siehe Dokument Nr.1).
Am 2. 6. 1948 forderte der Kultusminister von allen
Regierungspräsidenten Bericht, wieviele LBA-Absolventen
nach entsprechenden Ergängzungslehrgängen die endgültige
Anerkennung ihres Zeugnisses erhalten, bzw. nicht erhalten hätten. (HSTAD, NW 26, Nr. 83, Bd. 1, S. 87). Die
Pädagogische Akademie Aachen antwortete am 15. 6.
daß bei 43 von 53 Teilnehmern die Anerkennung erfolgt
sei. "Von den 10 übrigen Teilnehmern ist zweien ihre
Lehrtätigkeit und auch die Zulassung zu einer erneuten
Ausbildung versagt worden, den übrigen 8 wurde anheimgestellt, sich auf der päd. Akademie dem Studium von
2 Semestern zu unterziehen. Bisher haben sich von diesen 8 zwei erneut auf der päd. Akademie beworben."
(HSTAD, NW 26, Nr. 83, Bd. 2, S. 5).

3 Korrespondenz zwischen Antz und dem Abgeordneten Paul
Rhode vom 2O. Dez. 1947, HSTAD, NW 26, Nr. 155, S. 296).

Für solche Fälle wurde dann festgelegt, daß Schüler, "die
lediglich ins 4. Ausbildungsjahr überwiesen wurden, nicht
zur Umschulung an den Pädagogischen Akademien zugelassen"[1]
werden konnten.

Einer Randgruppe von fünf dieser LBA-Schüler nahm sich
im Sommer 1948 die CDU des Kreises Castrop-Rauxel in
einem mehrseitigen Schreiben an Kulturminister Teusch
an. Im einzelnen wurde durch einen Vergleich darzulegen
versucht, daß der Grad nazistischer Infizierung bei dieser
Gruppe nicht größer sei als bei anderen Lehrern.[2] In der
Antwort betonte jedoch der Kultusminister die Notwendigkeit einer zusätzlichen Ausbildung für die Schüler des
4. Ausbildungsjahres einer ehemaligen Lehrerbildungsanstalt:

> "Denn es geht um eine gediegene pädagogische
> Ausbildung, nicht etwa um den höchst fragwürdi-
> gen Versuch einer 'weltanschaulichen Umschulung'
> mehr oder minder stark nazistisch infizierter
> Jugendlicher."[3]

Diese unmißverständliche Aussage der bekannten Politikerin
belegt die Fragwürdigkeit des Begriffs "Umschulung" und
der damit verbundenen Vorstellungen. Dieser unpassende
aber einmal eingeführte Begriff blieb lange bestehen,

---

1 So der Oberpräsident der Nord-Rheinprovinz im März 1946
  (HSTAD, NW 26, Nr. 163, Bd. 2, S. 125).

2 Siehe HSTAD, NW 26, Nr. 83, Bd. 2, S. 84 ff.

3 Der Kultusminister an den Vorsitzenden der CDU des
  Kreises Castrop-Rauxel am 23. 8. 1948 (ebd., S. 81).
  In den wahrscheinlich von Otto Haase schon 1945 verfaßten "Richtlinien über den Ausbau der Lehrerbildung"
  war noch für die Schülerinnen der Klassen 4 und 5 die
  Aufnahme des Studiums an einer Pädagogischen Hochschule
  vorgesehen. Aus den persönlichen Akten von Prof. Knoke,
  Leiter der Abteilung Lehrerbildung im Kultusministerium
  in Niedersachsen (Akten über Prof. Dr. Erger, RWTH Aachen
  erhalten).

auch noch als offiziell von "Ergänzungslehrgängen" gesprochen wurde.[1]

4.4 Der Aufbau der Sondernotkurse für 28 - 40jährige
     im sogenannten 'Dreijahresplan'

Die stärkste Einflußnahme der britischen Militärregierung
war im Jahr 1946 zu verzeichnen.[2] Die für die Lehrerbildung
bedeutsamste Maßnahme wurde auf dem 17. Treffen des
"Directorate of Internal Affairs and Communications"
am 10. Januar 1946 eingehend überlegt und die folgende
Empfehlung ausgesprochen:

> "That in each Zone of Occupation a system of
> courses should be established of varying duration,
> for the preparation of teaching staffs from amongst
> persons of other professions who are willing to
> work as school teachers and whose general educa-
> tion is of a suitable level. These courses should
> commence as soon as possible."[3]

---

1 In einem Schreiben des Direktors der Pädagogischen
   Akademie Essen vom 12. 5. 1948 an den Regierungspräsidenten in Düsseldorf wurde im Kopfteil von 'Ergänzungs-
   lehrgang' gesprochen; im Textteil dann aber doch wieder der Begriff 'Umschulungslehrgang' gebraucht
   (HSTAD, NW 26, Nr. 90, S. 12).

2 Am 1. 12. 1946 trat die Verordnung Nr. 57 in Kraft,
   durch die dem Landtag von NRW die gesamte legislative
   Macht im Bereich Erziehung und Unterricht übertragen
   wurde. HSTAD, RWN 46, Nr. 30, S. 91.

3 Gemäß einem "nur für den Dienstgebrauch" bestimmten
   Schreiben des Allied Control Authority Coordinating
   Comittee, mit dem Titel: Measures to be taken to fill
   Teachers Posts with Democratic Elements. Quelle durch
   Prof. Erger vom Public Record Office Nr. FO 371/55688/
   5045/1/2.

In den weiteren Bestimmungen wurde betont darauf verwiesen, daß die betreffenden Personen befähigt sein müßten,
die Jugend im demokratischen Geist zu erziehen. So dürften keine Parteimitglieder oder andere aktive Angehörige
faschistischer Organisationen angenommen werden. Im
Text wird ersichtlich, daß die Maßnahme im Sinne einer
"Auffrischung" des Lehrerstandes mit demokratisch gesinn-
ten Kräften verstanden wurde.

Diese von der Alliierten Kontrollkommission herausgegebene Empfehlung griffen die Briten für ihre Zone unmittelbar auf.[1] Einem Schreiben des Hauptquartiers der britischen Militärregierung vom 8. Februar 1946 an den Oberpräsidenten der Nord-Rheinprovinz lagen Schätzungen in
der britischen Zone zugrunde, die "alles in allem einen
Fehlbetrag von mehr als 15.000 Lehrern" feststellten.[2]
Von den deutschen Behörden wurde im gleichen Schreiben
eine Mitteilung über die Zahl der in Kurzlehrgängen zusätzlich auszubildenden Studenten verlangt; darüber
hinaus aber auch erfragt,

> "welche Massregeln Sie empfehlen, um Bewerber
> aus anderen Berufskreisen herauszunehmen, die
> geneigt sind als Lehrer zu arbeiten, und deren
> Allgemeinbildung auf einer hinreichend guten
> Bildungsstufe steht."[3]

---

1 Auch in Bayern wurden durch die Amerikaner in den
   Jahren 1945/46 verschiedene Notmaßnahmen eingeleitet.
   Hier überwogen aber bei weitem Lehrgänge für Schulhelfer, da die seminaristische Lehrerbildung noch
   nicht abgelöst war (vgl. Buchinger, S. 495 ff.). Insgesamt spricht Buchinger für diese Zeit von einem
   "chaotischen Wirrwarr" in der Lehrerbildung (ebd.,
   S. 496, Fußnote 24), der durch punktuelle Lösungen
   die umfassende Neuordnung verhindert habe.

2 HSTAD, NW 53, Nr. 380, S. 47. Hierbei wurde eine
   eventuelle Verminderung dieser Zahl durch "die Erledigung der Fragebogen" ausdrücklich mitberücksichtigt.

3 Ebd.

Die englische Militärregierung ihrerseits entwarf einen
sogenannten Dreijahresplan, demzufolge in Einjahreskursen
28-40jährigen die Möglichkeit zur Ausbildung als Volksschullehrer geboten wurde. Diese Maßnahme sollte auf die
Jahre 1946-49 begrenzt sein. Dabei wurde auch in Betracht
gezogen, daß der für diese Zeit tätig werdende Lehrer-
bildungsapparat später "in anderen Bezirken" - gemeint
sind wohl 'Aufgabenbereiche' - arbeiten müsse.[1] Diesem
Durchgreifen der Militärregierung, das mit allen Vokabeln der Dringlichkeit ausgestattet war und in Bünde,[2]
dem Sitz der englischen Erziehungsabteilung, vorgelegt
wurde, stand Antz zunächst

> "sehr kritisch, wenn nicht innerlich scharf
> ablehnend gegenüber; denn die vorgeschla-
> genen Maßnahmen waren für unser an der deut-
> schen Überlieferung orientiertes Denken zu
> neuartig, sie standen zu sehr in Widerspruch
> zu allem, was wir für richtig, angemessen,
> selbstverständlich hielten."[3]

Nach einer Unterredung mit Oberst Walker am 12. Februar
1946 erfolgte die schriftliche Antwort auf die Anfrage
der Militärregierung am 19. Februar. An den bestehenden
vier Akademien glaubte man, noch weitere 180-200 Schulhelfer, etwa 120-130 Absolventen ehemaliger Lehrerbildungsanstalten und ca. 100 Teilnehmer für einen Kurzlehr-

---

1 HSTAD, NW 53, Nr. 380, S. 47. Daher die Bezeichnung
   'Dreijahresplan'.

2 Das Hauptquartier der 21. Armeegruppe befand sich in
   Bad Oeynhausen. Um in der Nähe dieser Kommandostelle
   zu sein, und da keines der umliegenden Städtchen allein
   genügend Raum für die zahlreichen Dienststellen bot,
   richtete man die zonalen Hauptquartiere der Abteilungen
   verstreut in den dicht benachbarten Kleinstädten wie
   Lübbecke, Herford, Bünde, Minden usw. ein (G. Pakschies,
   1979, S. 140, Fußnote 4; allgemein dazu M. Halbritter,
   1979, S. 21).

3 Aus einem von Antz im September 1946 verfaßten Rückblick über die Lehrer-Sonderkurse. Die Unterstreichungen sind von ihm selbst angebracht (HSTAD, NW 26,
   Nr. 163, Bd. 1, S. 190).

gang ausbilden bzw. - wie es für die Anstaltsabsolventen
hieß - "umschulen" zu können.[1] Es ist erkennbar, daß diese
Zahlen den Anforderungen nicht genügten, und so mußte
Antz, wenn auch zunächst widerstrebend, die Gründung weiterer Pädagogischer Akademien erwägen. Zunächst schlug
er den Ausbau der Pädagogischen Akademie Bonn auf ein
Fassungsvermögen von 500 Studenten und die Errichtung
einer 5. Pädagogischen Akademie in Ratingen für die nördlichen Gebiete der Rheinprovinz vor.[2]

Da aber schließlich zu den bestehenden vier Stammakademien
in der Nord-Rheinprovinz drei vollgültige Pädagogische
Akademien neu hinzugefügt wurden, und zwar die Akademien
in Köln, Oberhausen und Wuppertal, so muß der dieser Tatsache zugrunde liegende Sinneswandel von Antz genauer
verfolgt werden.[3]

Die Darstellungen von Antz am Ende des Jahres in der
ersten Sitzung des Kulturausschusses des Landtages von
Nordrhein-Westfalen zeigen, daß er die Auffassung und
Argumentation der Briten übernommen hatte.[4] Er verwies
auf die Altersstruktur der Lehrerschaft: Ihr Durchschnitts-
alter liege zwischen 50 und 55 Jahren, so daß in den kom-

---

1 HSTAD, NW 53, Nr. 380, S. 45.
2 Wohl auch aus Dank über die frühe Bereitschaft der
   Stadt Ratingen, eine Akademie aufzunehmen. Ausführlich
   begründet er die Vorzüge Ratingens, an erster Stelle
   das "sehr gut erhaltene Gebäude", was nach seinen
   Erfahrungen mit Aachen zu diesem Zeitpunkt ein durch-
   schlagendes Argument sein mußte (ebd., S. 45 R.).
3 In den westfälischen Regierungsbezirken wurden Akademien in Bielefeld und Paderborn errichtet, und vorbereitet wurden Akademiegründungen in Dortmund, Lüdenscheid und Emsdetten. Siehe auch Kapitel 5.4 dieser
   Arbeit.
4 Vgl. Niederschrift über die erste Sitzung des Kulturausschusses des Landtages Nordrhein-Westfalen am
   4. 12. 1946 (Archiv des Landtages).

menden Jahren mit hohen Ausfällen zu rechnen sei.[1]
Hieraus resultierte das Angebot der Briten speziell für
die 28-40jährigen. Weiterhin wurde im allgemeinen am
Abitur festgehalten, eine für Antz wichtige Grenz-
marke gegenüber Seminarformen, obschon für diese
28-40jährigen Bewerber besondere Bestimmungen gelten
mußten. Der britische Dreijahresplan muß von Antz bei
dieser Gelegenheit sogar gegen den Vorwurf verteidigt
werden, die Besucher dieser Lehrgänge gingen aus rein
finanziellen Erwägungen in den Lehrerstand.[2] Hierzu
berief er sich teilweise auf die "pädagogische Uranlage"
in jedem Menschen, aber auch auf das Beispiel der "Ver-
nunftehe ..., die später zu einer recht glücklichen Ehe
geführt hat".[3]

Zusammenfassend läßt sich sagen,daß die erste Anregung
zum Ausbau der Lehrerbildung in dieser Form zwar - vermutlich auf betontes Betreiben der Briten - in der
Alliierten Kontrollbehörde vorgeschlagen wurde, daß
aber die Briten besonders klar und fördernd hier eine
Verbreiterung des Lehrerpotentials initiierten, die die
deutschen Behörden in diesem Ausmaß wohl kaum in Angriff
genommen hätten. Daher zeigen die vertretenen Linien -
Auffrischung der demokratischen Gesinnung des Lehrerstandes, hohe Forderung an die Allgemeinbildung, aber
auch solche Details wie Beachtung der Altersstruktur und

---

1 20 bis 40 Jahre alt waren 1.803 Lehrer,
   40 bis 50 Jahre alt waren 3.503 Lehrer,
   50 bis 60 jahre alt waren 4.119 Lehrer

   (Angaben aus der oben zitierten Niederschrift des
   Kulturausschusses).

2 Vgl. Protokoll der 1. Sitzung des Kulturausschusses
   am 4. 12. 1946, S. 49.

3 Ebd. Er nennt als Beispiel Medizinstudenten, die nach
   näherer Berührung mit der Kindererziehung ihre "innere
   Haltung vollständig änderten" (S. 49).

Verringerung der Klassenfrequenz[1] - ein Bemühen um die
Sache, das auch "ablehnende" Haltungen überzeugen mußte.
Wenn allerdings die vielfältigen Querelen bei dem später
geplanten Abbau von zwei Pädagogischen Akademien[2] mit
in den Blick genommen werden, sind die zitierten Bedenken
des erfahrenen deutschen Beamten zu verstehen. Die von den
Briten geforderte zeitlich begrenzte Ausweitung des Lehrer-
bildungsapparates stand im Gegensatz zu dem mehr auf Dauer
und Kontinuität angelegten Denken des ehemals preußischen
Beamten.

Besonders die Auswahl qualifizierter Dozenten für eine
nur vorübergehende Ausbildungsperiode sah Antz als Problem.
Erst dann, wenn man diesen Kräften eine dauernde Anstellung anbieten konnte, war zu erwarten, daß der Anreiz für
die Mitarbeit in der Lehrerbildung genügend qualifizierte
Personen ansprach. In dieser Situation verfiel Antz, nach
seinen eigenen Worten unter dem Zwang, die geforderten
Anordnungen "irgendwie zu erfüllen" -, auf "den Ausweg,
außer der fünften noch eine sechste und siebente Akademie
zu errichten und diese drei neuen Anstalten mit Sondernotkursen für 28-40-jährige beginnen zu lassen und später
als Normalakademien auszubauen."[3] Noch im Herbst 1946
wurden Pädagogische Akademien in Oberhausen und Wuppertal
mit einem starken Sondernotlehrgang und nur einem kleinen
Normallehrgang eröffnet; die Akademie Köln begann mit einem
Sondernotlehrgang und ließ erst Ostern 1947 den Normal-

---

1 Antz sagt hierzu in dieser Sitzung, daß die Engländer
   "viel tiefer gedacht" hätten, weil sie es nicht hin-
   nahmen, daß 70 oder 80 Schüler in einer Klasse unter-
   richtet werden sollten (S. 50).

2 Erste schriftliche Äußerungen hierzu lassen sich bereits
   für den 10. 8. 1948 nachweisen (HSTAD, NW 143, Nr. 6, S.2),
   die Diskussion dauerte bis zum Jahre 1953 (vgl. Kap. 6.3
   dieser Arbeit).

3 Antz in einem Schreiben an Frau Kultusminister Teusch
   vom 27. 2. 1949. HSTAD, NW 143, Nr. 6, S. 1 Rückseite.

lehrgang folgen.[1]

Die hohe Zahl der Meldungen - bis zum Februar 1947 hatten
sich schätzungsweise 15.000 Personen für die Ausbildung
zum Volksschullehrer gemeldet[2] - machte es dann aber doch
erforderlich, reine Sondernotlehrgänge einzurichten, ohne
eine Erweiterung der Bildungsstätten zu einer Pädagogischen
Akademie vorzusehen. So wurden noch im Laufe des Jahres
1947 fünf Sondernotlehrgänge in Wadersloh, Haldem im Kreis
Lübbecke, Lerbeck an der Porta, Recklinghausen und Gelsen-
kirchen errichtet, weitere zwei im Frühjahr 1948 in Dortmund und Unna, die alle nach einjähriger Dauer ihre Arbeit
wieder einstellten; ebenso wurden die Sondernotlehrgänge an
den Pädagogischen Akademien Bonn, Köln, Oberhausen und
Wuppertal nach einjähriger Dauer im Oktober 1948 beendet.[3]

---

1 Vgl. HSTAD, NW 143, Nr. 6, S. 48.

   Oberhausen gab am 30. Januar 1947 folgende Zahlen an:

   46 Studierende des Normallehrgangs und
   191 (!) Studierende des Sondernotkurses (HSTAD, NW 26,
   Nr. 45, S. 17).

   Wuppertal meldete zum gleichen Zeitpunkt:

   94 Teilnehmer am Normallehrgang und
   185 Teilnehmer am Sondernotkurs (HSTAD, NW 26, Nr.145,S.47)

   Köln meldete:

   197 Teilnehmer des Sondernotkurses (HSTAD, NW 26,Nr.145,S.33).

   Ähnlich verlief die Entwicklung im westfälischen Landes-
   teil. Emsdetten begann ebenfalls im Herbst 1946 mit einem
   152 Studierende (als Besonderheit handelte es sich hier
   ausschließlich um Herren mit römisch-katholischer Konfession) umfassenden Sondernotlehrgang, während erst der
   im Frühjahr 1947 folgende Normallehrgang 70 männliche
   und 70 weibliche Teilnehmer zählte (HSTAD, NW 26, Nr. 115,
   S. 24).

2 So die "Westfalenpost" in Arnsberg am 18. Febr. 1947 mit
   der Schlagzeile "15.000 Volksschullehrer-Bewerber"
   (HSTAD, RWN 12, Nr. 27, S. 52).

3 Die genauen Daten der Sondernotlehrgänge lauten nach
   einer Übersicht des Kultusministers vom 6. August 1948
   (HSTAD, NW 143, Nr. 19, S. 34):

Die gesamte Maßnahme der "Spezialnotkurse zur Ausbildung
von Lehrern" wurde in der "Erziehungsanweisung für deutsche Behörden Nr. 6" umfassend dargestellt.[1] Neben einem
Zahlenschlüssel für die einzelnen Provinzen der Britischen Zone für Studenten und Lehrpersonal im Abschnitt
III[2] erläuterte Abschnitt IV die Kriterien und Modali-
täten für die Auswahl des Lehrpersonals. Eine die Arbeit
von Antz erschwerende Anordnung enthielt hier der Absatz 13, in dem ein "besonderer Ausschuß für Personal-

Forts. Fußn. 3):		Eröffnung	Auflösung
Westfalen:	Wadersloh	15.06.47	30.06.48
	Haldem	15.07.47	24.07.48
	Lerbeck	06.07.47	23.07.48
	Recklinghausen	30.09.47	30.09.48
	Gelsenkirchen	30.09.47	30.09.48
	Dortmund-Mengede	15.01.48	15.01.49
	Unna-Königsborn	15.04.48	15.04.49
Rheinland:	Bonn	15.10.47	15.10.48
	Köln	15.10.47	15.10.48
	Wuppertal	01.10.47	01.10.48
	Oberhausen	01.10.47	01.10.48

Die Wahl der Dozenten für die Notlehrgänge muß erhebliche
Schwierigkeiten bereitet haben. Auf einer Namensliste finden sich Anmerkungen von Antz wie: "besitzt jedoch wenig
Beziehung zur Praxis, als idealen Vertreter kann ich ihn
nicht bezeichnen", oder "neigt dazu, abstrakt zu unterrichten, aber noch brauchbar", aber auch "würde sich für
hauptamtliche Akademie gut eignen" (HSTAD, NW 26, Nr. 177,
S. 9).

1 EIGA Nr. 6 (Education Instruction for German Authorities)
  vom 23. 5. 1946, HSTAD, NW 26, Nr. 80, S. 111 - 114.

2 Die Anzahl der auszubildenden Studenten wurde für die
  Provinzen Nord-Rhein und Westfalen wie folgt angegeben:

	1946/7	1947/8	1948/9
Nord-Rhein	1.380	2.070	690
Westfalen	1.170	1.680	560

Die Anzahl der erforderlichen Lehrer für den gleichen Zeitraum

Nord-Rhein	92	138	46
Westfalen	78	117	39

Den beträchtlichen finanziellen Aufwand verdeutlicht eine
Aufstellung des Oberpräsidenten der Nord-Rheinprovinz vom
3. 6. 1946 (HSTAD, NW 53, Nr. 380, S. 185). Hier werden für
jeden Sondernotkurs, der einer Pädagogischen Akademie an-
geschlossen wurde, 250.000 RM jährlich Gesamtkosten ver-
anschlagt. Eine besondere Belastung stellten die für diese

auswahl" gefordert wird, der "den zuständigen deutschen
Erziehungsbehörden die Namen aller Personen ... zugängig
machen (soll), die er als geeignet betrachtet, um den
Posten als Vorsteher oder Leiter ... auszufüllen."[1]
Ebenso werden Spezialausschüsse zur Auswahl der Studenten
verordnet. Die Zusammensetzung der Ausschüsse wird nochmals genau erläutert, wobei zwischen "vorläufigen Spezial-
ausschüssen" auf Bezirksebene und "endgültigen Ausschüssen zur Auswahl von Studenten" auf Provinzebene unterschieden wird.[2] Diese "verordnete Demokratie"[3] versetzte
den damit beauftragten Antz in nicht geringe Schwierigkeiten, wie sich aus einem handschriftlich mehrfach
korrigierten Planungspapier unschwer ablesen läßt.[4]
Antz betont in seinem Genehmigungsantrag für diese Ausschüsse, daß die von ihm genannten Personen "wiederholte
Prüfungen ihrer Fragebogen"[5] bestanden hätten, und daß sie
"durchweg durch das Hitlersystem aus ihren Ämtern ver-
drängt oder in ähnlicher Weise geschädigt"[6] worden seien.
Insgesamt entsteht der Eindruck, daß Antz, der bisher doch
mehr alleinbestimmend die Personalfragen löste, durch
diese neuen Forderungen verunsichert wurde. Auch auf
höherer Ebene wurden der Dreijahresplan und die damit

Studenten zu zahlenden Unterhaltskosten dar. Diese
beliefen sich nach der Vorausschätzung bei einem
verheirateten Studenten auf jährlich 2.640 RM und bei
einem unverheirateten Studenten auf 1.680 RM (ebd.).

1 HSTAD, NW 26, Nr. 80, S. 112 Rückseite.

2 Sie bestanden aus einem Vorsitzenden und nicht weniger
   als vier Beisitzern. Ein Mitglied mußte eine Frau sein.
   jede der vier Parteien des Bezirks stellte einen Vertreter, und die Hälfte der Mitglieder mußte Lehrer
   sein (ebd., S. 113).

3 In Anlehnung an den Roman von Theo Pirker: Die verordnete Demokratie, Berlin 1977.

4 HSTAD, Nr. 179, S. 1.

5 Ebd.

6 Ebd. Bei der Bitte um Genehmigung wird noch das Wort
   "baldgefällige" eingefügt.

verbundenen Probleme eingehend und kritisch diskutiert.[1]
Man stimmte darin überein, "wie dringend notwendig es
sei, diesen Plan in die Wirklichkeit umzusetzen",[2] hatte
aber Befürchtungen, daß nicht alle Erziehungsabteilungen
gleichermaßen von der Wichtigkeit durchdrungen seien. So
müßten unter Umständen Gebäude für diesen Zwecke freige-
macht werden; eine Mitteilung an die Behörde sollte "an
die sehr große Wichtigkeit erinnern"[3] und die Durchführung
des Planes bis September 1946 verlangen.

Diesen Sondernotlehrgängen widmeten die Briten weiterhin
ihr spezielles Interesse,[4] wohl auch, um Erfahrungen für
ihr eigenes Land zu sammeln. Im August 1946 enthielt ein
Schreiben des Oberpräsidenten der Nord-Rheinprovinz den
Hinweis

> "daß alle Bewerbungen von Leuten zwischen
> 28 bis 40 Jahren, die politisch unbelastet
> sind, angenommen werden müssen. Die Sichtung
> erfolgt nur durch den Spezial-Ausschuß für
> die Auswahl von Studenten."[5]

---

1 Vgl. das Protokoll der zweiten Tagung des Zonalen Erziehungs-Beratungs-Ausschusses vom 15. 7. 1946. Hier
  befaßten sich hohe Erziehungsbeamte der gesamten
  Britischen Zone und Staatsminister Grimme aus Hannover, Senator Lamdahl aus Hamburg und Dr. Lamers aus
  Nord-Rhein mit Einzelfragen dieser Maßnahme (HSTAD,
  NW 53, Nr. 461, S. 158 ff.).
2 Ebd., S. 163.
3 Ebd., S. 164. Fräulein Walker war mit der Propagierung
  dieser Maßnahme betraut und erhielt den Auftrag, eine
  Bekanntmachung abzufassen, die über Radio und alle
  örtlichen Zeitungen verbreitetwerden sollte (ebd.,S.165).
4 Dies wird dadurch deutlich, daß sie in ihren "Leit-
  sätzen für Erziehungsfragen im Licht der Verordnung
  Nr. 57" der E.I.G.A. Nr. 12 vom 4. Juni 1947, die die
  abschließende Beurteilung ihrer bisherigen Arbeit enthält, die Sondernotlehrgänge als eine der drei "besonderen Vereinbarungen, die eine besondere Beachtung verlangen", bezeichnen (HSTAD, NW 19, Nr. 66, S. 3 Rückseite). Die beiden anderen sind die Richtlinien für
  die religiöse Erziehung und die Zulassung von Studenten zu höheren Bildungsanstalten.
5 HSTAD, NW 26, Nr. 163, Bd. II, S. 3. Hervorhebungen
  im Original.

Im September erfolgten schriftliche und praktische Prüfungen mit zentral vorbereiteten Aufgabestellungen[1]
vor wiederum "aus demokratischen Elementen" zusammenge-
setzten Komitees. Die Studierenden wurden möglichst
genau erfaßt und mit den Studierenden der Normallehrgänge
verglichen.[2] Dabei fügte man der bisher allein üblichen
Unterscheidung nach Geschlecht und Bekenntnis eine interessante weitere Aufschlüsselung der Studierenden hinzu.
Man unterschied drei Kategorien der sozialen Herkunft:

Studierende, die Kinder

    1) "von Bauern, unt. Beamt., Kleinbau., usw."

    2) "von mittl. Beamt., Lehrern, Handwerks-
       meistern usw."

    3) "von höh. Beamten, Akadem., Grossbauern usw."[3]

sind.

---

1 Schreiben des Regierungspräsidenten von Arnsberg vom
   17. 8. 1946, HSTAD, NW 26, Nr. 132, S. 185 f.
   Die Prüfung forderte einen Aufsatz zum Thema:
   "Stunden aus meiner Schulzeit, die mir in besonderer
   Erinnerung sind", methodische Fragen zu fünf verschiedenen Unterrichtsinhalten, eine Aufsatzkorrektur, einen
   Bericht über einen bekannten Pädagogen, ein Werk der
   bildenden Kunst und Gedanken über ein wissenschaftliches Werk.

   Daneben mußten Rechenaufgaben, z.B. ($2\frac{3}{5}$: $1\frac{7}{8}$) gelöst
   oder Fragen nach den wichtigsten Weizenländern oder
   nach führenden Staatsmännern beantwortet werden.
   An einem zweiten Tag mußte sich der Kandidat, wenn der
   erste Teil erfolgreich absolviert wurde, in kleinen
   Unterrichtsaufgaben vor Schülergruppen bewähren. Hier
   wurde das Erzählen einer Geschichte, oder das Singen
   eines Liedes mit der Klasse gefordert (ebd., S. 186 f.).

2 Seit September 1945 forderte das Britische HQ zuerst alle 14 Tage und dann monatlich Berichte zum Stand
   des Bildungswesens, in denen auch die verschiedenen
   Lehrgänge erfaßt wurden (vgl. HSTAD, NW 53, Nr. 379,
   S. 361). Bei einem Überblick über die Zahlen des
   Jahres 1946 ist die hohe Konstanz der Studierenden
   auffällig, lediglich bei den Damen ist ein etwa zehn-
   prozentiger Rückgang feststellbar. Überall ist der
   männliche Anteil größer; das Verhältnis beträgt zwischen 10:9 und 10:6 (Berichte vorwiegend unter NW 53,
   Nr. 380).

3 Entnommen den "Statistischen Daten über gegenwärtig an
   den Pädagogischen Akademien des Landes Nordrhein-West-

Es ergab sich am 7. Februar 1947 folgendes Bild der "gegenwärtig an den Pädagogischen Akademien des Landes Nordrhein-Westfalen Studierenden":[1]

	1)	2)	3)	Gesamt
Normallehrgänge	333	1125	186	1644
Sondernotlehrgänge	204	645	139	988
Gesamt:	537	1170	325	2632

Diese Zahlen zeigen, daß in den Sondernotlehrgängen die
schichtenspezifische Verteilung der Studenten ausgegli-
chener war, besonders der Anteil der unter 1) genannten
Kategorie war verhältnismäßig hoch. Dies legt die Frage
nahe, wie die schulische Vorbildung der Teilnehmer am
Sondernotlehrgang im Vergleich zu der der Teilnehmer an
Normallehrgängen aussah. Hierzu wurden in den "Statistischen Daten" folgende Bildungsabschlüsse bzw. Bildungs-
zeiten unterschieden:

a) "nur die Volksschule besucht"
b) "nur die mittlere Reife"
c) "mittlere Reife und weitere Ausbildung"
d) "die Reifeprüfung"
e) "bereits 1-10 Semester studiert".[2]

Da die Akademien nicht alle vollständig und genau berichten[3], geben die folgenden Prozentzahlen nur ein mathe-

---

falen Studierenden" vom 7. 2. 1947, die durch den Kultusminister herausgegeben wurden. Diese Daten basieren
auf den soeben zitierten Berichten (HSTAD, NW 26,
Nr. 145, S. 8).

1 Ebd., S. 5.

2 Ebd., S. 11.

3 Die Akademien Lüdenscheid und Lünen machten keine
Angaben zu den Normallehrgängen. Die Akademie Ober-
hausen machte zu beiden Lehrgängen jeweils nur drei
Angaben (ebd.).

matisch exaktes Bild; auf die einzelne Akademie bezogen
sind geringfügige Abweichungen zu bedenken:

	a) %	b) %	c) %	d) %	e) %
Normallehrgang	1,36	6,72	10,79	65,81	15,32
Sonderlehrgang	4,36	20,95	14,25	43,40	17,04

Der Vergleich der Prozentwerte zeigt, daß in den Sondernotlehrgängen zwar weniger junge Abiturienten studierten
als in den Normallehrgängen; dennoch erreicht der Anteil
der Studierenden mit Reifeprüfung[1] in den Sonderkursen
noch 60 Prozent. Der durch die Maßnahme erwartete Zugang
von Studierenden mit mittlerer Reife und zusätzlicher
Ausbildung wurde offenbar erreicht.

Insgesamt gesehen bewährte sich dieses "Lieblingskind"
der Engländer; es war sogar öfter der Anlaß zu einem
etwas neiderfüllten Blick der im Normallehrgang Studierenden.[2] In ihrer E.I.G.A. Nr. 12 bezeichnen die Briten
diese Maßnahme als die "vielleicht ... größte bisher von
den Besatzungsmächten unternommene Einzelhandlung ...,
um die ganze Tradition des deutschen Erziehungswesens ...
umzugestalten".[3] Aus dieser Sicht würden die 15.000 -
20.000 neuen Lehrer nach der Annahme der britischen
Besatzungsmacht

---

1 Hierbei wird davon ausgegangen, daß die unter e) erfaßten Teilnehmer alle das Abitur hatten.

2 Am 1. Sept. 1947 beantragen die über 28 Jahre alten
Studierenden der Pädagogischen Akademien die Gleichstellung mit den Studierenden der Sondernotlehrgänge
"hinsichlich Anrechnung der Jahre über 28 Jahre bei
der Besoldungseinstufung". Sie verweisen dabei darauf,
daß die Studierenden der Notkurse außerdem gebühren-
frei studieren und "sämtlich erhebliche Unterhalts-
beihilfen" erhalten.

3 E.I.G.A. Nr. 12 vom 4. 6. 1947. HSTAD, NW 19, Nr. 66,
S. 5.

"auf Grund ihrer Weltanschauung, ihres Alters,
ihrer Anzahl und ihrer früheren Erfahrungen in
anderen Berufen wirksam ... den übertriebenen
konservativen Tendenzen, die sich bei den
Lehrern aus der Zeit vor 1945 noch zeigen, ent-
gegenarbeiten".[1]

Mögliche Änderungen am Gesamtplan sollten mit besonderer

Sorgfalt geprüft und "wegen ihrer eventuellen Rückwir-

kung auf den Plan als solchen" mit dem Hauptquartier be-

raten werden.[2]

Abschließend kann gesagt werden, daß die von den Briten

intendierte Ergänzung des Lehrerberufs durch "demokra-

tisch gesinnte Elemente"[3] erfolgreich war, daß aber die

schnelle quantitative Ausweitung des Lehrerbildungs-

apparates bald wieder zurückgenommen werden mußte, um

---

1 E.I.G.A. Nr. 12 vom 4. 6. 1947. HSTAD, NW 19, Nr. 66,S.5.

2 Vgl. ebd. In einem weiteren Schreiben, das am 19. 6. 1947
   durch das HQ.Mil.GOV. diese Aussagen nochmals verstärkt,
   heißt es: "Der Sinn dieser Sondernotkurse ist nicht,ein-
   fach dafür zu sorgen, daß Lückenbüßer an Stelle von
   Lehrern kommen, die entlassen worden sind. Im Gegenteil,
   sie stellen einen Versuch dafür dar, demokratische Elemente in den Lehrerberuf hineinzubringen." Gleichzeitig
   werden die Sollzahlen für das Land Nordrhein-Westfalen
   mit 3.750 für 1947/48 und 1.250 für 1948/49 in Erinnerung gebracht. Unter Punkt 9 heißt es besonders klar:
   "Vorgeschlagene Änderungen müssen dem hiesigen Hauptquartier bekanntgegeben werden und kein Sondernotkurs
   soll geschlossen werden, ohne die Erlaubnis des Erziehungs-
   Kontroll-Offiziers für das Land Nordrhein-Westfalen"
   (HSTAD, NW 26, Nr. 132, S. 135).

3 Schreiben des Britischen Hauptquartiers vom 19. 6. 1947
   HSTAD, NW 26, Nr. 132, S. 135.

   Murray sagt in diesem Zusammenhang: "The difficulties
   in finding staff and students for these special courses
   were enormous but, in spite of this, the denazification
   rules were stringently applied to both - at least in
   the beginning, although even then it was considered
   justifiable to accept former officers in the armed
   forces as staff, provided they had not been regular
   officers, in an attempt to ease the staff recruitment
   problem." (George Murray, 1978, S. 139).

qualitative Einbußen zu verhindern. Während die beteiligten Stellen im Jahre 1947 mit der Organisation und Einrichtung der vielen Sondernotlehrgänge an den verschiedensten Orten noch voll beschäftigt waren, befaßte sich gegen
Ende des Jahres der Vorstand der Schuldezernentenvereini-
gung des Landes Nordrhein-Westfalen mit der Frage des zukünftigen Lehrerbedarfs.[1] Nach einer Analyse der Zahl der
zukünftigen Schulkinder kommt der Vorstand zu der Auffassung,

> "daß es sich nunmehr empfehlen dürfte, die bis-
> herigen Sonderlehrgänge zur Ausbildung von Lehr-
> kräften einzustellen und statt dessen nur noch
> auf dem üblichen Wege an den pädagogischen Aka-
> demien auszubilden".[2]

Der Kultusminister beantwortete das Schreiben der Schul-
dezernenten, in dem diese Meinung vorgetragen wurde, und
erklärte, es sei "bereits der Erziehungsabteilung der
Militärregierung vor längerer Zeit dringend nahegelegt
worden, von der Ausbildung weiterer Lehrkräfte in Sonderlehrgängen abzusehen."[3] Weiterhin wurde in dem Schreiben
durch den Minister mitgeteilt, daß die laufenden Lehrgänge das Ende dieser Aktion darstellten; neue Lehrer
würden nur noch in normalen viersemestrigen Lehrgängen
an den Pädagogischen Akademien studieren können.

---

1 So zu entnehmen dem Schreiben des Vorstandes an den
  Kultusminister von NRW vom 15. 1. 1948. HSTAD, NW 26,
  Nr. 132, S. 77.

2 Ebd.

3 Schreiben des Kultusministers von NRW vom 4. 2. 1948.
  HSTAD, NW 26, Nr. 132, S. 76. Das Schreiben ist von
  Antz abgezeichnet.

4.5 Die Schulhelfer

Als weiterer Schwerpunkt der britischen Einwirkung im
Rahmen der Lehrerbildung soll das Problem der Schulhelfer
aufgegriffen werden. Der Begriff des "Schulhelfers" und
die Form seiner Ausbildung gingen schon auf einen Erlaß
nationalsozialistischer Behörden vom 16. März 1940 zurück,
durch den diese Sonderform der Lehrerausbildung geschaffen wurde, um dem gravierenden Lehrermangel, besonders
über den Zugang von Frauen, teilweise abhelfen zu können.

> "In dreimonatigen Kurzlehrgängen an zwei Hoch-
> schulen für Lehrerbildung wurden 19-30jährige
> 'Schulhelfer' mit einem Mittel- oder guten
> Volksschulabschluß für eine zweijährige Unter-
> richtspraxis vorbereitet, der dann ein einjäh-
> riges Studium an einer Hochschule für Lehrer-
> bildung folgen sollte".[1]

Von dieser Möglichkeit machten auch überwiegend Frauen
Gebrauch, da für sie in der Vorkriegszeit der Zugang zum
Lehrerberuf und Lehrerstudium erschwert war.[2] Von den
Lehrgangsteilnehmern wurde eine Aufnahme- und Abschluß-
prüfung gefordert.[3] Nach dem Lehrgang übernahmen sie die
"Verwaltung einer Schulstelle",[4] das "einjährige Studium"
bestand schließlich in einem neunmonatigen Abschlußlehr-
gang.

Teilweise wurde diesem Personenkreis schon im September 1945
eröffnet, daß "grundsätzlich ... jetzt im Schuldienst nur

---

1 H. Scholtz/E. Stranz, 1980, S. 117.

2 Ebd. Die Autoren vermerken hier, daß "die Hochschulpoli-
   tik der Vorkriegszeit Frauen gegenüber sehr restriktiv
   gewesen und das Studium mit hohen Kosten verbunden war".
   Demgegenüber erhielten die Teilnehmer nun Ausbildungs-
   vergütung und als Schulhelfer Dienstbezüge (ebd.).

3 Aussage von Frau Rektorin Walburga Jansen.

4 So zu entnehmen einem Schreiben des Regierungspräsidenten von Düsseldorf vom 19. 9. 1945, in dem dieser "Lehrauftrag zur Verwaltung einer Schulstelle" rückgängig
   gemacht wurde (aus persönlichen Unterlagen von Frau
   W. Jansen).

noch solche Lehrkräfte beschäftigt werden, die die Prüfung
für das Lehramt an Volksschulen bestanden haben".[1]
Gleichzeitig wurde die Verwaltung der Schulstelle zurückgenommen und der Besuch eines zukünftigen Lehrgangs an-
empfohlen.[2]

Parallel dazu mußte aber von der im Oktober 1945 formulierten Möglichkeit neuer Schulhelferkurse[3] bald Gebrauch
gemacht werden. Besonders der Rückstrom der Evakuierten
ließ in den Großstädten die Schülerzahlen rapide ansteigen. Daher richteten die Schulräte in den Schulaufsichtsbe-
zirken Lehrgänge zur Ausbildung von Schulhelfern ein, in
denen diese in wenigen Wochen mit den notwendigsten Prak-
tiken der täglichen Schularbeit bekannt gemacht wurden.
Teilnehmer dieser Lehrgänge waren in erster Linie Nicht-
abiturienten, darunter auch viele heimkehrende Soldaten,
die die hohen Erwartungen des neuen Lehrerstudiums noch
scheuten oder deren Bewerbung abgewiesen worden war und
die nun praktische Erfahrungen sammeln und ihre Eignung
erproben wollten.[4] Das Programm für einen solchen Kursus-
tag sah Lehrproben in der Behandlung eines biblischen
Bildes, Religionsmethodik, Rechnen, Lesen und Deutsch vor,
die an einem Vormittag nacheinander gehalten wurden; am
Nachmittag stand die Behandlung von Pädagogik und Religion
bei einem katholischen Schulrat und einem promovierten
Pfarrer an.[5] Zeigten sich die Kandidaten insgesamt als

---

1 So zu entnehmen einem Schreiben des Regierungspräsidenten vom 19. 9. 1945, ebd.
2 Ebd.
3 Vgl. Kap. 4.3 dieser Arbeit.
4 Aussage von Frau W. Jansen.

5 Aus dem Kursusplan des "Ausbildungslehrgangs für Schulhelfer und Schulamtsbewerber" des Schulamtes Bergheim-
   Erft vom 9. 1. 1946. Bei den Schulräten und Rektoren,
   die die Lehrproben betreuten, wurde ausdrücklich die
   katholische Konfession erwähnt (HSTAD, NW 26, Nr. 163,
   Bd. 2, S. 141).

geeignet, konnten sie unter Führung eines erfahrenen Lehrers
an einer mehrklassigen Schule den Unterricht in einer Klasse
übernehmen. Außerdem wurden Arbeitsgemeinschaften und Zusammenkünfte zu ihrer weiteren Schulung angeboten.[1]

In der weiteren Entwicklung des Schulhelferproblems sind
zwei Daten zu unterscheiden: Der Erlaß des Oberpräsidenten
der Nord-Rheinprovinz vom 11. April 1946 und die "Education Control Instruction No. 74" der Britischen Militärregierung vom 17. September 1946.[2]

Der zuerst genannte Erlaß stand zwar auch im Einvernehmen mit der Auffassung der Militärregierung, ist aber mehr
als eine Aktion der Schulverwaltung anzusehen; seine Ausgestaltung und Durchführung lag in den Händen der Schulräte. Demgegenüber stellte die E.C.I. die Einbindung der
Schulhelferproblematik in die Lehrerbildung her; hier lag
die Durchführung in den Händen der bewährten Gruppe unter
der Leitung von Antz.

Der im Laufe des Jahres 1946 stetig zunehmende Lehrermangel veranlaßte den Oberpräsidenten, mit Erlaß vom
11. April Schulhelferlehrgänge anzuordnen, für die in der
Presse Interessenten angeworben wurden.[3] Danach sollten
Bewerber bevorzugt werden, "die sich aus äußeren Gründen
gezwungen sehen oder aus inneren angetrieben fühlen, den
Beruf zu wechseln und im Lebensalter von etwa 28 - 38 Jahren

---

1   B. Bergmann, "Zur Geschichte", HSTAD, RWN 46, Nr. 27,
    Bd. 1, S.175 f. Bergmann, der selbst an der Organisa-
    tion der später folgenden angeordneten Schulhelfer-
    kurse maßgeblich beteiligt war, nennt diese ersten
    Lehrgänge "provisorische Notlösungen" (ebd.).

2   Der Erlaß selbst liegt dem Verfasser nicht vor. Das
    Datum ist aus der Bezugnahme der betreffenden Korres-
    pondenz zu entnehmen. So aus einem Schreiben des Düssel-
    dorfer Reg. Präsidenten HSTAD, RWN 46, Nr. 40, S. 8.
    Eine Kopie der E.C.I. Nr. 74 wurde mir freundlicherweise
    durch George Murray überlassen.

3   Text der Pressemitteilung HSTAD, NW 26, Nr. 163, Bd. 2,
    S. 53.

stehen".[1] Die Meldung war bis zum 25. Mai bei dem örtlichen Schulrat abzugeben. Die eingegangenen Bewerbungen
wurden durch die Schulräte einer "Vorprüfung" unterzogen
und "sorgfältig gesichtet".[2] Um bei diesem Verfahren die
Einheitlichkeit zu verbessern, trafen sich die Schulräte
zu einer Konferenz am 6. Juni 1946. Einleitend referierte
hier Regierungsrat Bergmann, der dabei feststellte, daß
"grundsätzlich gegenüber der Frage der Schulhelfer unsere
schwersten Bedenken von der Schule und vom Lehrerstand aus
weiter aufrecht" gehalten würden, der aber erklärte,
daß die gestellte Aufgabe der "sorgfältigen Auslese und
Ausbildung"[3] gelöst werden müsse. Als Auslesekriterien
wurden "pädagogische Haltung und Eignung" und eine "gewisse
Lebensreife und Lebenserfahrung" genannt. Bergmann forderte
die anwesenden Schulräte auf, den zukünftigen Lehrgängen
das erforderliche "Niveau" zu geben und sie von "geistig
führenden Persönlichkeiten" durchführen zu lassen, denen es
gelingen sollte, "möglichst lebendig Praxis und Theorie
(zu) verbinden".[4]

Zu einer besonderen Tagung trafen die Leiter der neuen
Schulhelferkurse am 18. Juni 1946 in Düsseldorf zusammen.
Ein "Rahmenplan für die Ausbildung der Schulhelfer"[5] lag
vor, der die Ziele und Inhalte der Ausbildung und ihre
Verteilung auf die zur Verfügung stehenden vier Wochen
enthielt. Im einzelnen wurden genannt:

---

1 Text der Pressemitteilung HSTAD, NW 26, Nr. 163, Bd.2,
   S. 53. Hier wird der Einfluß der Militärregierung erkennbar, die schon eine Anbindung an die Sondernotkurse in Erwägung zieht.

2 B. Bergmann, "Zur Geschichte", HSTAD, RWN 46, Nr. 27,
   Bd. 1, S. 176.

3 Nach dem Protokoll der Schulrätekonferenz am 6. 6. 1946
   in Düsseldorf, HSTAD, RWN 46, Nr. 40, S. 2.

4 Ebd., S. 2 f.

5 Der "Rahmenplan" wurde vom Oberpräsidenten der Nord-
   Rheinprovinz herausgegeben und trug das Datum des
   8. 5. 1946, HSTAD, NW 26, Nr. 163, Bd. 2, S. 55 Vor-
   der- und Rückseite.

"1. die Aufgabe der Schule im allgemeinen und die
   Lehraufgaben der einzelnen Schuljahre im besonderen kennenlernen,

2. Einblick erhalten in die wesentlichen Vorgänge
   beim Lernprozeß, also Grundbegriffe der Psychologie kennenlernen,

3. die wichtigsten Lehrformen und ihre Anwendung
   kennenlernen.

4. einen gewissen Einblick erhalten in die Eigenart des Unterrichts in den einzelnen Schul-
   fächern.

5. die dem Lehrer zur Verfügung stehenden und im
   Unterricht verwendeten Lernbücher, also die
   Lesebücher, die Fibel und das Rechenbuch in
   ihrem Aufbau kennenlernen,

6. bekanntgemacht werden mit den wichtigsten
   Erziehungsaufgaben der Schule."[1]

Auf die Veröffentlichung hin hatten sich bei den Schulräten rund 1.500 Bewerber gemeldet. Hiervon nahmen nach
erfolgter Auslese ab 1. Juli 1946 858 zukünftige Schulhelfer an einem der vierzehn verschiedenen vierwöchigen
Lehrgänge, die unter Leitung der Schulräte eingerichtet
worden waren, teil.[2]

Diese "Nebenform" einer Lehrerausbildung mußte allen um
die Wiederaufnahme der akademischen Lehrerbildung Bemühten
eine gefahrvolle Entwicklung signalisieren. Durch den Vier-
wochenkurs wurde eine Zeitmarke gesetzt, die selbst in
den letzten Jahren nationalsozialistischer Herrschaft
nicht gegolten hatte. Auch der vielversprechende Aufgaben-
katalog der Kurse konnte Einsichtige nicht darüber täu-

---

1 Der "Rahmenplan" wurde vom Oberpräsidenten der Nord-
  Rheinprovinz herausgegen ... , ebd., S. 55. Neben der
  Verteilung enthielt der "Rahmenplan" auch methodische
  Hinweise. So etwa: "Es ist größter Wert darauf zu legen, daß die Einführung in die psychologischen Grundbegriffe auf die einfachste Weise an schlichten Beispielen aus dem täglichen Leben erfolgt. Sie darf
  auf keinen Fall abstrakt werden und in der Theorie
  stecken bleiben, braucht deswegen aber keineswegs
  unwissenschaftlich zu werden."

2 B. Bergmann, "Zur Geschichte", GSTAD, RWN 46, Nr. 27,
  Bd. 1, S. 176.

schen, daß der häufig gebrauchte Terminus "kennenlernen"
nicht wörtlich zu nehmen war. In dieser Situation war die
klare Einflußnahme der Briten, die im September mit ihrer
E.C.I. Nr. 74 ein neues Konzept vorlegten, nicht hoch
genug einzuschätzen. In der Einleitung wurde bekräftigt:

> "It has become clear that the situation in the
> schools by the shortage of teachers is such that
> immediate measures must be taken to relieve the
> pressure. Nevertheless it is important that the
> standard of training given to intending teachers,
> their position in the profession, and the equating
> of supply to demand should not prejudiced by any
> steps taken for the alleviation of an acute situa-
> tion."[1]

Hierdurch wurde verdeutlicht, daß die britischen Behörden
nicht willens waren, den mühsam erreichten Stand der neuen
Lehrerbildung durch aktuelle Engpässe gefährden zu lassen.
Auch George Murray spricht von "the doubtful advantage of
inadequate training" der ohne große Verluste verzichtbar
war.[2]

Der "Education Control Instruction No. 74" vom 17. September ging eine vorläufige Anordnung vom 3. September
gleichen Inhalts voraus.[3] In beiden eben zitierten Papieren

---

1 E.C.I. Nr. 74. Präamel, abgedruckt bei G. Murray, 1978,
  S. 139 f.

2 Ebd., S. 140. Die vollständige Stelle lautet: "The idea
  was to send the Schulhelfer direct to the schools as
  soon as they were found (in many cases even the denazification process was carried out retrospectively without any training since the doubtful advantage of inadequate training (Heraushebung durch den Verfasser) could
  without great loss be sacrificed in favour of giving
  immediate practical help in the classroom".

3 Übersetzung einer Anordnung des HQ.Mil.Gov. vom
  3. 9. 1946, betreffend: Bedingungen zur Beschäftigung
  von Schulhelfern, Absatz IV aus NW 26, Nr. 163, Bd.I,
  S. 245. Diese Anordnung stellte eine Vorverfügung des
  Inhaltes der dann am 17. 9. 1946 herausgegebenen I.C.I.
  Nr. 74 dar. In dieser E.C.I. wird eindeutig die Anzahl
  der einzustellenden Schulhelfer zwischen 18 und 27 Jah-
  ren an die Kapazität der Normallehrgänge des folgenden
  Jahres und die der 28-40jährigen an die Möglichkeit des
  Besuchs der einjährigen Sondernotkurse gekoppelt.

wurde das Verfahren grundlegend geändert. Von nun an gehen
die Schulhelfer "ohne einen vorläufigen Kursus in die
Schulen"[1], werden aber zur Teilnahme an der regelrechten
Lehrerausbildung verpflichtet. Es wird unterschieden zwischen 18 - 27 Jahre alten Schulhelfern, die nach den Bedingungen der E.I.G.A. Nr. 5 zuzulassen sind und die sich
später über einen zweijährigen Normallehrgang qualifizieren, und den 28 - 40 Jahre alten Schulhelfern, die nach
der E.I.G.A. Nr. 6 ausgewählt werden und einen einjährigen Sondernotlehrgang absolvieren müssen.[2] Da die maximale
Dauer für die Tätigkeit als Schulhelfer auf ein Jahr festgelegt wurde, trat automatisch eine Abhängigkeit zwischen
der Zahl der zuzulassenden Schulhelfer einer Altersgruppe
und der Zahl der im folgenden Jahr zur Verfügung stehenden
Ausbildungsplätze der entsprechenden Lehrgänge an den
Pädagogischen Akademien ein.[3] Diese direkte und unausweich-
liche Kopplung an die Pädagogischen Akademien bedeutete das
frühe Ende der Schulhelferkurse, deren Ergebnisse noch auf
einer Schulrätekonferenz am 8. August überdacht wurden.[4]

Die Form der klar umrissenen Ziele und der daraus abgelei-
teten Durchführungsgrundsätze, wie sie die britischen Anweisungen verschiedenster Art darstellten, war für die
deutschen Behörden dann das Rüstzeug, mit dem sie in gewohn-
ter Pflichterfüllung ihre Arbeit ausführten. So wird Antz

---

1 Übersetzung einer Anordnung des HQ.Mil.Gov. vom 3.9.1946,
   betreffend: ebd., Abs. V.

2 Ebd., Über den Inhalt der E.I.G.A. No. 5 "Zulassung von
   Studenten" siehe unten Kap. 4.6.

3 Murray nennt auch den Vorteil, "the colleges would be
   assured of a steady flow of recruits with at least some
   experience of the classroom and the schools", S. 141.

4 Aufgrund vorliegender Erfahrungsberichte bestand Übereinstimmung darin, "daß die Arbeit in den Schulhelfer-
   kursen sich im ganzen unter steigender Anteilnahme
   Freude und Hingabe der Leiter und Lehrenden vollzog,
   da durchweg bei den Schulhelfern weitgehende Bereitschaft, Aufnahmefähigkeit, Mitarbeit und sittlicher
   Ernst festgestellt werden konnte" (HSTAD, RWN 46, Nr.40,
   S. 6).

schon am 13. September aktiv und kritisiert eine ihm vorliegende Liste mit Daten von Schulhelfern. Er betont die
Forderung nach abgeschlossener höherer Schulbildung für
die Aufnahme an einer Pädagogischen Akademie und weist demzufolge Schulhelfer zurück, die nicht dieser Anforderung
genügen.[1] In den folgenden Jahren treten noch mehrfach
Schwierigkeiten mit den Schulhelfern in verschiedenster
Weise auf.[2] Es ist dem Einwirken der Briten und ihren
klaren Vorstellungen über den Wert der Lehrerbildung zu

---

1 Die hier in Frage stehenden Personen kamen dem Alter
   nach nur für den Normallehrgang in Betracht. Er schreibt
   wörtlich: "Alle Bewerber des Jahrgangs 1919 und jünger,
   die kein Reifezeugnis besitzen, können nicht mit der
   Aufnahme in eine Pädag. Akademie rechnen."
   HSTAD, NW 26, Nr. 163, Bd. 1,S. 238.
   Eine Sonderstellung nahm der Religionsunterricht ein.
   Dieser durfte von Schulhelfern nicht erteilt werden,
   sondern erst, wenn diese später auf der Pädagogischen
   Akademie die Befähigung zur Erteilung des Religionsunterrichtes erworben hatten. So der Regierungspräsi-
   dent von Düsseldorf in einem Schreiben im August 1946.
   HSTAD, RWN 46, Nr. 40, S. 9.

2 So im März 1947 die Frage der Anrechnung der Dienst-
   zeit als Schulhelfer auf das "Diätendienstalter" des
   Lehrers (HSTAD, NW 26, Nr. 84, S. 91). Im Juni 1947
   bittet die CDU Frauengruppe Soest darum, den Schulhelfern das Studium zu erlassen und sie - da sie durchweg älter seien, und der Besuch der Pädagogischen Akademien sie ihren familiären Pflichten entziehe - zu
   einem kürzeren Kursus mit Abschlußprüfung zusammenzu-
   fassen (HSTAD, NW 26, Nr. 84, S.80). Dies wird jedoch
   vom Kultusminister mit dem Hinweis auf die Sondernotlehrgänge, die bereits nach einem Jahr zum 1. Lehrerexa-
   men führen, abgelehnt (HSTAD, NW 26, Nr. 84, S. 78). Eine
   andere Gruppe erbittet Gebührenerlaß und Unterstützung
   für die Zeit des Studiums (HSTAD, NW 26, Nr. 84, S. 76).
   Den meisten Unmut äußern Schulhelfer, die ohne Reifeprüfung und ohne den Hinweis auf deren Notwendigkeit
   eingestellt wurden und die dann für die Zulassung
   zur Pädagogischen Akademie noch eine Prüfung ablegen
   müssen. So sind unter ihnen teilweise Personen, die
   schon während des Krieges eingestellt und weiter danach
   insgesamt etwa fünf Jahre Schulhelfertätigkeit nachweisen und dann im Herbst 1947 an der Akademie die Aufnahmeprüfung nicht bestehen. "Es fehlte ihnen ...
   vorher die Zeit und Gelegenheit, sich darauf vorzubereiten, da sie im Schuldienst voll beschäftigt waren
   und das, was in den Prüfungen gefragt wurde, zum größten
   Teil ihre tägliche Arbeit nicht berührte", äußert sich

verdanken, daß diese Schwierigkeiten relativ harmlos und
lösbar blieben. Die frühzeitige klare und konsequente
Anbindung dieser Sonderform an die installierten Pädagogischen Akademien verhinderte eine Aufweichung und
Qualitätsminderung der akademischen Lehrerbildung.

4.6 Verordnung über die Zulassung von Studenten

Die Zulassung von Studenten an Hochschulen ist ein Problem,
dem die britischen Behörden ebenfalls besondere Aufmerksamkeit widmeten und das schon relativ früh in der E.I.G.A.
Nr. 5 am 20. Februar 1946[1] erfaßt wurde, das aber auch
noch in der E.I.G.A. Nr. 12 vom 4. Juni 1947 als eine "Vereinbarung, die eine besondere Beachtung verlangt",[2] aufgeführt wird. Wie klar und deutlich die Militärregierung
eine Hochschulbildung für angehende Volksschullehrer verlangte, wird daraus ersichtlich, daß dem Papier, das
14 Punkte und noch viele Unterpunkte umfaßte, folgende
"Note" vorangestellt wurde:

---

ein Rektor in einem persönlichen Bittgesuch für diese
Schulhelfer an Dr. Adenauer (HSTAD, NW 26, Nr. 84,
S. 187 f.). Dieser leitet das Schreiben weiter an Kul-
tusminister Christine Teusch, der in seiner Antwort
versichert, "daß meine besondere Sorge gerade auch den
Schulhelfern gilt, die die Prüfung ... das erste Mal
nicht bestanden haben" (HSTAD, NW 26, Nr. 84, S. 186).
Insgesamt wird für diese Gruppe dann eine nochmalige
Aufnahmeprüfung angesetzt, in der die Prüfer wohl über
besondere Hilfestellung auch schwachen Kandidaten den
Weg ebneten (HSTAD, NW 26, Nr. 84, S. 130).

1 Military Government - Germany, British Zone of Control,
   Education Instruction to German Authorities No. 5,
   Admission of Students to Hochschulen, 20. Feb. 1946.
   HSTAD, NW 26, Nr. 163, Bd. 2, S. 115 f.
   Siehe Dokument Nr. 2 im Anhang dieser Arbeit. Die Über-
   setzung findet sich unter HSTAD, NW 53, Nr. 379, S. 4 ff.

2 Übersetzung der E.I.G.A. Nr. 12 überschrieben: "Leitsätze für Erziehungsfragen im Licht der Verordnung Nr. 57",
   HSTAD, NW 19, Nr. 66, S. 3 Rückseite.

"Throughout this Instruction, the term Hochschule
includes teacher training institutions except those
providing shortened emergency courses for students
of mature years, concerning which special instructions will be issued in due course."[1]

Hiermit wurden die Lehrerstudenten - und zwar alle, also
auch künftige Volksschullehrer - als Hochschulstudenten
gesehen und behandelt, nur die Studenten für die Sonder-
kurse wurden als Ausnahme besonders genannt. Die eigentliche Problematik dieser Anordnung, das Erfassen der verschiedensten Formen einer Zugehörigkeit zu nationalsozialistischen Organisationen, kann im Rahmen dieser Arbeit
nur kurz behandelt werden.[2] Die E.I.G.A. Nr. 5 sah vor,
daß alle Studenten, auch bereits zur Hochschule zugelas-
sene, eine erneute schriftliche Bewerbung mit dem ausge-
füllten Standardfragebogen[3] einreichen mußten. Dieser
Fragebogen, der 131 Einzelfragen umfaßte, stellte nur
bedingt ein Instrument dar, mit dessen Hilfe die gewünschte
Erfassung geleistet werden konnte. Die Auswertung und nach-
folgende Einordnung stützte sich bei den Studenten offenbar nur auf die Angaben über eine Mitgliedschaft bei
einer nationalsozialistischen Organisation.[4] Die vielen
weiteren Fragen, deren Beantwortung wenig zweckdienlich
und von geringem Aussagewert war,[5] blieben in diesen
Fällen ohne Berücksichtigung.

---

1   Dokument Nr. 2 im Anhang dieser Arbeit.

2   Vgl. auch G. Pakschies, 1979, S. 102 ff., der hier
    das Problem am Beispiel der "Entnazifizierung des
    Lehr- und Schulverwaltungspersonals" abhandelt.

3   Der sechs Seiten umfassende Fragebogen des Military
    Government of Germany vom 15. 5. 1945 findet sich
    HSTAD, RWN 46, Nr. 31, ohne Seitenangabe.

4   Insgesamt werden 54 Organisationen aufgezählt (ebd.).

5   Welche Bedeutung sollte beispielsweise einem Adels-
    titel (Frage 18), einem Kirchenaustritt (Frage 21),
    einem Verwandten, der ein Amt in der Partei innehatte
    (Frage 101), oder einer Geldspende (Frage 103) beige-
    messen werden? Es erscheint unmöglich, diese und die
    vielfältigen anderen Aspekte mit dem Anspruch auf
    Gerechtigkeit zu gewichten und einzuordnen.

Die Studierenden und Studienbewerber wurden in die folgenden Kategorien eingeteilt:

"A. Solche, die niemals Mitglieder der HJ (ein-
schließlich BDM) oder Mitglieder oder Kandidaten für Aufnahme in die Nazi Partei oder
eine der angeschlossenen Organisationen waren.

B. Solche, die obwohl niemals Mitglieder der Nazi
Partei oder der ihr angeschlossenen Organisationen, so doch Kandidaten für die Mitgliedschaft darin waren, oder solche, die zwar Mitglieder, aber nicht Führer in der HJ oder dem
BDM waren.

C. Solche, die keine aktiven Mitglieder der Nazi
Partei oder einer der angeschlossenen Organisationen waren.

D. Solche, die aktive Mitglieder der Nazi Partei
oder einer der angeschlossenen Organisationen
oder Führer in der HJ oder dem BDM waren.

E. Solche, die sonst irgendwie nach der Anweisung
der alliierten Kontroll Behörde über die Entnazifizierung in die kategorie der zwangsweise
zu entfernenden gehören."[1]

Nach den Ausführungsbestimmungen durften die unter D und E
fallenden Personen an keiner Hochschule zugelassen werden.
Zunächst mußten Personen der Kategorie A angenommen werden,
während Personen der Kategorie B durch einen Spezialausschuß "in Erwägung gezogen" und von diesem zum Studium
zugelassen werden konnten. Blieben dann noch Plätze frei,
konnten Personen der Kategorie C durch den Spezialausschuß
"in Betracht gezogen"[2] werden mit der Maßgabe, "daß die
Gesamtzahl der auf solche Weise zugelassenen Studenten
NICHT 10 % der Gesamtzahl der überhaupt angenommenen

---

1 Zitiert nach dem Text der offiziellen Übersetzung der
E.I.G.A. Nr. 5 aus den Akten des HSTAD, NW 53, Nr. 379,
S. 4 f. Ein Vergleich mit der offiziellen Textfassung
in Englisch (s. Dokument 2 im Anhang dieser Arbeit)
läßt das Bemühen um möglichst wortgetreue Übersetzung
erkennen. Andererseits ist durch den Gebrauch des
Kürzels "HJ" für "Hitler Youth" die Unterstreichung von
"BDM" nicht mehr gerechtfertigt und konnte zu Irrita-
tionen beitragen.

2 Ebd., S. 5.

Studenten übersteigt".[1] Es erscheint einleuchtend, daß eine
noch so exakt abgefaßte schriftliche Anweisung nicht alle
Fälle, die besonders in den so vielfältig verwickelten
Situation des Krieges entstanden, abschließend erfassen
konnte. Lebensalter und verschiedene Formen der Schulbildung ließen sich noch klar abstufen, hier aber sollte die
Gesinnung des einzelnen kategorisiert werden. So wurde
schon am 3. April 1946 in Bünde eine erste Konferenz der
Universitätserziehungskontrolloffiziere abgehalten, die
versuchte, einzelne Bestimmungen der E.I.G.A. Nr. 5 zu
ergänzen und zu präzisieren. Der Ermessensspielraum der
Erziehungskontrolloffiziere bei der Auslegung sollte erweitert werden. "Es wurde eine Anzahl besonderer Fälle
besprochen, in welchen augenscheinlich, falls die Er-
ziehungs-Verordnung ... wörtlich ausgelegt wurde, Un-
recht zugefügt wurde."[2] Bei den dann angeführten Beispielen handelt es sich meist um Personen, die Führer
in der HJ oder in ähnlichen Formationen gewesen waren,
aber später wegen ihrer anti-nationalsozialistischen
Haltung ausgestoßen wurden. Weitere Auflagen an die
Spezialausschüsse und die Erziehungskontrolloffiziere

---

1   Zitiert nach dem Text der offiziellen Übersetzung der
    E.I.G.A. Nr. 5 ... , ebd., S. 5. Es folgen Angaben
    über die Definition "Führer in der HJ", worunter Per-
    sonen vom Rang eines Scharführers an aufwärts verstan-
    den wurden und weiterhin Angaben über die Zusammen-
    setzung des Spezialausschusses, Aufbewahrung der
    Schriftstücke u.a.

2   Das Zitat und die vorhergehenden Angaben sind einer
    Mitteilung des Hauptquartiers der Education Branch
    in Bünde vom 10. 4. 1946 an alle Erziehungsabtei-
    lungen der britischen Zone entnommen (HSTAD, NW 53,
    Nr. 461, S. 486 - 488). In dieser Mitteilung werden
    die Vereinbarungen der ersten Konferenz der Erziehungs-
    kontrolloffiziere im dortigen Hauptquartier am 3. 4. 1946
    erläutert. Das Protokoll dieser Konferenz selbst wurde
    nicht aufgefunden. Dennoch lassen sich aus der vorge-
    nannten Mitteilung die Überlegungen der Offiziere ent-
    nehmen.

waren zwar gut gemeint, jedoch kaum durchführbar.[1]

Nach der Durchsicht des aufgefundenen Schriftverkehrs war
hauptsächlich die Zulassung ehemaliger Offiziere strittig.
Das galt z.B. für den Fall eines ehemaligen Polizeioffi-
ziers, der vom zuständigen Erziehungskontrolloffizier
"interviewt" wurde und daraufhin nach sorgfältiger Prüfung
seiner Personalien die Zulassung zum einjährigen Sondernotlehrgang erhielt.[2]

Eine wichtige Unterscheidung bestand zwischen ehemaligen
Offizieren und Berufsoffizieren. Zunächst durften grundsätzlich keine Berufsoffiziere aufgenommen werden. Diese
Anordnung wurde aber schon bei der zweiten Tagung des
"Zonalen Erziehungs-Beratungs-Ausschusses" am 15. Juli 1946
zur Diskussion gestellt. Der den Briten als ehemaliger
preußischer Staatsminister aus der Weimarer Zeit wohlbe-
kannte Dr. Adolf Grimme[3] aus Hannover betonte dort,

---

1   So heißt es in der Mitteilung:
    "Der Ausschuß und der Erziehungs-Kontroll-Offizier
    müssen ihr Möglichstes tun, um sich zu überzeugen,
    daß die Reklamationen eines Kandidaten wegen beson-
    derer Erwägung voll begründet und belegt sind, (und
    daß es kaum nötig ist, Sie daran zu erinnern, daß es
    in der jetzigen Zeit zu viele Deutsche gibt, die bereit
    sind, Zeugnisse auszustellen,   die sie garnicht in der
    Lage sind zu unterschreiben): daß sich ferner bei dem
    Kandidaten aus seiner weiteren Führung keine Anzeichen
    der Reue ergeben und er sich mit dem Nationalsozialismus
    wieder aussöhnte, und, daß er vor allem nach allen
    Gesichtspunkten ein wünschenswertes Mitglied der aka-
    demischen Gemeinde ist."
    Weitere Punkte behandelten Fälle von Personen, die behaup-
    teten, daß sie in die Partei gezwungen worden seien, daß
    sie sich vollkommen passiv verhalten hätten, oder daß
    sie nur deshalb teilgenommen hätten, um ihre akademische
    Laufbahn zu fördern (ebd., S. 487).

2   Schreiben des "Kreis Group Headquarters" vom 2O. Nov. 1946
    HSTAD, NW 26, Nr. 163, Bd. I, S. 141.

3   Adolf Grimme, geb. am 31. 12. 1889 in Goslar, nach Studium
    und Promotion Oberstudienrat in Hannover, 1925 Oberschul-
    rat in Magdeburg, 1928 Ministerialrat im preuß. Kultus-
    minist., 1930 - 1932 Minister für Wissenschaft, Kunst und
    Volksbildung in Preußen wurde nach seiner Befreiung aus
    politischer Verhaftung (1942 - 45) bis 1948 Kultusminister
    des Landes Niedersachsen.

daß unter den Berufsoffizieren viele "geeignete, hoch-
qualifizierte und politisch einwandfreie Leute"[1] seien.
Sie hätten während des Krieges oft vor einer schweren Wahl
gestanden. Einige seien Berufsoffizier geworden, um nicht
in Nazi-Organisationen eintreten zu müssen. Der zuständige
britische Offizier vertröstete den geschätzten ehemaligen
deutschen Minister dahingehend, die betreffenden Personen
in Erwägung zu ziehen. Am 30. August 1946 unterstützte
der Oberpräsident der Nord-Rheinprovinz das Gesuch eines
Reserveoffiziers um Aufnahme in die Sondernotkurse.[2]
Hier blieben die britischen Stellen aber bei ihrer negativen Entscheidung; solche ablehnenden Bescheide sind bis
Ende November 1946[3] zu verfolgen. Erst im März 1947 wurde
diese Auffassung revidiert und die Einwände gegen die Zulassung früherer Berufsoffiziere aufgehoben.[4]

In der E.I.G.A. Nr. 12 vom 4. Juni 1947, die die Erziehungsfragen nach der Übertragung der gesetzgeberischen Befugnisse auf die Länder durch die Verordnung Nr. 57 vom
1. Dezember 1946 regelte, wurde ausdrücklich hervorgehoben,
daß die Zulassung von Studenten eine der Vereinbarungen
sei, "die eine besondere Beachtung verlangen", und deren
"Geist ... gewahrt werden" mußte.[5]

---

1 Protokoll der zweiten Tagung des "Zonalen Erziehungs-
  Beratungs-Ausschusses" vom 15. 7. 1946, S. 7. HSTAD,
  NW 53, Nr. 461, S. 164.

2 Siehe HSTAD, NW 53, Nr. 381, S. 144.

3 Der letzte ist datiert vom 22. 11. 1946, HSTAD, NW 26,
  Nr. 163, Bd. I, S. 91.

4 So zu entnehmen einem Schreiben des HQ Mil.Gov. North
  Rhine-Westphalia vom 13. März 1947. Zur Voraussetzung
  wurde gemacht, "daß jeder einzelne Fall sorgfältig geprüft wird" (HSTAD, NW 26, Nr. 83, Bd. 2, S. 168).

5 Im einzelnen heißt es dort bezüglich der E.I.G.A. Nr. 5:
  "Die ursprüngliche Vereinbarung war in mancherlei Beziehungen in ihrem Wortlaut unklar und die Erfahrung
  hat gezeigt, daß es möglich ist, ihrem Sinn verschiedene
  Auslegungen zu geben. Es ist daher entschieden worden,
  daß bis zu dem Zeitpunkt, an dem eine neue und befrie-
  digende Vereinbarung von den alliierten Kontrollbehörden
  erreicht worden ist, die Länder die in der Erziehungsanweisung für deutsche Behörden ... Nr. 5 ... enthaltenen Grund-
  prinzipien nicht ändern dürfen."
  HSTAD, NW 19, Nr. 66, S. 3 Rückseite.

4.7 Zusammenfassung

Die schon mehrfach erwähnte Verordnung Nr. 57[1] stellte
einen bedeutenden Einschnitt dar. Mit Wirkung vom
1. Dezember 1946 wurde dem Landtag von Nordrhein-Westfalen ebenso wie den anderen Ländern der Britischen Zone
"die gesamte legislative Macht im Hinblick auf Erziehung
und Unterricht (mit Ausnahme der legislativen Maßnahmen
seitens der Kontroll-Kommission) übertragen".[2] Rückblickend beschreibt die Kultusministerin Christine Teusch
die eingetretene Veränderung:

> "Seit dem 1. 12. 1946 haben die britischen Education
> Officers nicht mehr den Charakter von Aufsichts-
> organen über die deutsche Schulverwaltung oder
> über die von ihr angestellten Lehrer. Ihre Rolle
> ist vielmehr die von Ratgebern, und es ist ihre
> Aufgabe, beim Wiederaufbau des Erziehungs- und
> Unterrichtswesens unseres Landes zu helfen."[3]

Dies bedeutete nicht, daß die Einflüsse und Ziele plötzlich aufgehoben oder abgelehnt worden wären. Die Behörden der Länder waren gehalten, sich weiterhin nach den
bestehenden Anweisungen zu richten.[4] Hierbei "sollte
ihnen jedoch die größtmögliche Freiheit zugestanden werden, die einzelnen Bestimmungen ... zu ändern, jedoch
immer unter der Voraussetzung, daß derartige Änderungen
nicht dem Geist der Vereinbarung entgegenstehen".[5]

---

1 Military Government - Germany, British Zone of Control,
  Ordinance Nr. 57 (vom) 1. 12. 1946, Powers of Länder in
  the British Zone, abgedruckt als Dokument XIV bei
  Pakschies, S. 376, dort entn.: W. Friedemann, The Allied
  Military Government of Germany, London 1947, S. 280 ff.

2 So nach einem an Mr. Walker gerichteten Schreiben der
  Kultusministerin Christine Teusch vom 5. 1. 1948 (HSTAD,
  RWN 46, Nr. 30, S. 91).

3 Ebd.

4 Vgl. auch das Kapitel 4.4

5 E.I.G.A. Nr. 12, Blatt 3 (HSTAD, NW 19, Nr. 66, S. 3).

Mit Blick auf die Lehrerbildung kann gesagt werden, daß
hier der zunächst eingeschlagene Weg weiter verfolgt wurde.
Die deutschen Behörden wickelten die von den Briten einge-
leiteten Maßnahmen auch nach der Verordnung Nr. 57 in deren
Sinne weiter ab, wenn auch gelegentlich Modifizierungen
vorgenommen wurden. Hierzu ist das Programm der Sondernotlehrgänge zu zählen, das früher endete, als zunächst vorgesehen war, was aber nur der vollen akademischen Lehrerbildung zugute kam. Die damit zusammenhängende Frage, welche
Anzahl von Akademien sinnvoll sei, bildete für die Zukunft
lange Zeit einen Streitpunkt, der zu erheblichen Auseinandersetzungen führen sollte.

Es wurden aber auch Stimmen laut, die den frühen Rückzug
der Briten aus der Kompetenz für das Erziehungswesen be-
dauerten. Dies galt besonders für die Verfechter einer
weitergehenden Veränderung der Schulsituation. Hier ist
der linke Labour-Flügel in Großbritannien zu nennen, der
die Militärregierung beschuldigte, "zu wenig entschlossen
und konsequent für grundlegende Veränderungen der gesellschaftlichen und politischen Verhältnisse in Deutschland
einzutreten".[1] Nach Auffassung dieser politischen Richtung
hatte es zu lange gedauert, bis konstruktive "reformpoli-
tische Ansätze sichtbar" wurden, für die nunmehr - Ende
1946 - das zur Durchführung notwendige Instrumentarium
durch den Verzicht auf die uneingeschränkte Entschei-
dungsbefugnis verlorenging.[2]

---

1 M. Halbritter, 1979, S. 38 f.
2 Ebd., S. 39. Auch der Leiter der Forschungsabteilung im
   britischen Außenministerium, R.H. Samuel befürchtet   in
   einem "Personal Report", daß viele Probleme nicht mehr
   bewältigt werden könnten und fordert u.a. auch für die
   Lehrerbildung weiterhin die volle Verantwortung der
   Kontrollkommission (So bei G. Pakschies, 1979, S. 232).

Der hier behandelte Zeitraum bis zur Verordnung Nr. 57
läßt aber für die Lehrerbildung zusammenfassend eine
positive Bilanz zu. Die neu geschaffenen Pädagogischen
Akademien nahmen ihre Arbeit auf und konnten zunächst
durchaus einer breiten Zustimmung aller Beteiligten
sicher sein. Die Einwirkung der Briten und nicht zuletzt
deren klare Anweisungen in den einzelnen Instruktionen
hatten zweifellos dazu beigetragen, eine tragfähige
Grundlage für den Neuaufbau in schwieriger Zeit zu schaffen.

5. Die Pädagogische Akademie in der Bewährung

5.1 Das Vorbild

Der Neubeginn der Pädagogischen Akademien nach dem Kriege
hatte trotz aller Unterschiede in den äußeren Bedingungen
manches gemeinsam mit dem Beginn der Pädagogischen Akademien am Ende der Zwanziger Jahre in der Weimarer Republik.
Dazu zählt das in beiden Fällen feststellbare Bewußtsein
einer "Gemeinschaft der Lehrenden und Lernenden",[1] das mit
seinen starken Antrieben Dozenten und Studenten zu gemein-
samer Arbeit verband. Die Wiederholung der Situation, einen
neuen Anfang mit allen Möglichkeiten setzen zu können, ergab
die "schwungvolle, zur Begeisterung bereite Atmosphäre",[2]
in der der Aufbruch zu einer besseren Lehrerbildung begonnen
wurde.

Fragt man, worin im einzelnen die prägende Kraft der Akademien
der Weimarer Republik bestand, so werden übereinstimmend die
vorbildliche Hingabe der Erzieher an ihre Aufgabe, die vielfachen Kontakte zwischen Dozenten und Studierenden über Vorlesungen und Übungen hinaus betont.[3] Die damaligen Dozenten

---

1 Carl Heinrich Becker, Die Pädagogische Akademie im Aufbau
  unseres nationalen Bildungswesens, Leipzig 1926, S. 67 f.

2 G. Joppich, 1970, Sp. 220. Siehe auch die ersten Briefe von
  den Drieschs bei seiner Berufung 1945 in Kap. 2.4 dieser
  Arbeit.

3 Joachim Kuropka, Die akademische Lehrerausbildung und ihre
  Umgestaltung in der NS-Zeit, in A. Hanschmidt/J. Kuropka
  (Hg.), Von der Normalschule zur Universität, Bad Heilbrunn,
  1980, S. 198. Kuropka stellt hier beispielhaft die Lehrerbildung in Bonn dar. Dieser aufschlußreiche Beitrag Kuropkas
  enthält viele Einzelheiten zur Entstehungsgeschichte der
  Pädagogischen Akademien in der Weimarer Zeit; so beispielsweise zur differenzierten Meinungsbildung zwischen Eduard
  Spranger und Carl Heinrich Becker (S. 196). Für die Beschreibung der Pädagogischen Akademie in Bonn stützt er sich auf
  den 17-seitigen Bericht des oldenburgischen Ministerialrats
  Franz Teping, der die Bonner Akademie vom 20. bis 22. 6. 1927
  offiziell besuchte, um für die oldenburgische Lehrerbildung
  Anregungen und Erfahrungen zu sammeln. Der Bericht Tepings
  findet sich im Niedersächsischen Staatsarchiv Oldenburg, Bestand 134, Nr. 3447.

werden als "ganz hervorragende Erziehungspersönlichkeiten"[1]
beschrieben, und die Beurteilung der Studentenschaft gerät
ebenfalls "sehr positiv".[2] In der Tat muß das damalige Studium und die dabei "angestrebte allgemeine Menschenbildung",[3]
die gleichermaßen theoretisches Studium, Begegnung mit der
erzieherischen Praxis, geselliges Zusammenleben und künst-
lerische oder sportliche Betätigung beinhaltete, auch hochge-
streckte Erwartungen erfüllt haben. Antz berief sich in verschiedenen Darlegungen rückblickend immer wieder auf die Erfahrungen mit den Pädagogischen Akademien der Weimarer Zeit.
Seine Vorstellung war der "volks- und lebensnahe, aufge-
schlossene, mit dem ... erforderlichen sachlichen und metho-
dischen Wissen und Können ausgestattete Lehrer und Erzieher".[4]
Christliches Ethos und soziales Verantwortungsbewußtsein bildeten für ihn die Grundlage, die sich in der Begegnung und
Auseinandersetzung mit dem Werk großer Erzieher vertiefte.
Der Geist wissenschaftlichen Wahrheitsstrebens sollte durch
Fragen, Prüfen und Forschen angeeignet werden und dabei einer
möglichen Erstarrung in Dogmatismus und Schematismus entgegen-
wirken. Aus innerer Freiheit und Selbstverantwortung sollte
dieser Erzieher befähigt werden, am Leben der Dorf- und Stadt-
gemeinden mitbestimmenden Anteil zu nehmen.[5] Diese Aufgaben

---

1   Joachim Kuropka, Die akademische Lehrerausbildung und ihre
    Umgestaltung in der NS-Zeit, in A. Hanschmidt/J. Kuropka (Hg.)
    ... ebd., S. 198. Es heißt weiter hier, daß diese neuen
    Lehrer "die seminaristisch vorgebildeten Lehrer an geistiger
    Durchbildung, an geistiger Beweglichkeit und Schulung, selb-
    ständig auf den verschiedenen Gebieten des Unterrichtes und
    der Erziehung weiterzuarbeiten, erheblich überragen werden"
    (S. 199).

2   Ebd.

3   H. Scholtz/E. Stranz, 1980, S. 111.

4   "Denkschrift" über die Pädagogischen Akademien (HSTAD, NW 26,
    Nr. 180, S. 2), die wahrscheinlich von Antz für eine Kultur-
    ausschußsitzung im Oktober 1947 verfaßt wurde. Fast gleich-
    lautende Abschnitte in seinem Tätigkeitsbericht vom 3. 7. 1947
    (HSTAD, NW 19, Nr. 65, S. 118 ff.) lassen wenig Zweifel an
    seiner Urheberschaft.

5   Ebd.

hatten nach Antz' Überzeugung "weder die alten Lehrerseminare, noch die Lehrerbildungsanstalten aus der Zeit des Hitlersystems wegen der Eigenart ihrer Organisation und wegen ihrer geistigen Enge erfüllen können".[1] In seinen weiteren Ausführungen behauptete Antz, daß durch die damaligen Pädagogischen Akademien der Weimarer Zeit der "Beweis erbracht"[2] sei, daß ihre Ausbildung die wertvollere und gründlichere gewesen sei.

Ebenso entschieden wie die Seminare und Lehrerbildungsanstalten lehnte er auch die Universitäten als Ort der neuen Lehrerbildung ab. Hier berief er sich auf Theodor Litt und Herman Nohl, die beide Gegner der Universitätsausbildung für Volksschullehrer seien. In einem Brief zitierte Antz Herman Nohl und stellte sich hinter dessen Auffassung, daß die selbständige Pädagogische Hochschule den Sinn habe, "vor der abstrakten Geistigkeit zu bewahren". Statt dessen sei sie berufen, Volkslehrer mit musischen Kräften und lebendigem Wissen zu bilden.[3]

---

1 "Denkschrift" über die Pädagogischen Akademien (HSTAD, NW 26, Nr. 180, S. 2) ... ebd. Rückseite. Antz war seit der Weimarer Zeit von den Pädagogischen Akademien überzeugt, hatte in Bonn gelehrt und wollte die geistige Aufwertung des Lehrers und seiner Ausbildung, nicht zuletzt wegen seiner Erfahrungen im Dritten Reich (vgl. Kap. 2.2 dieser Arbeit).

2 Ebd. An anderer Stelle (vgl. HSTAD, RWN 46, Nr. 37, S. 92) führte Antz aus, daß Spranger und Kerschensteiner schon Mitte der zwanziger Jahre erkannten, "daß das alte Seminar den Anforderungen der gewandelten Zeit nicht mehr gerecht werden könne". Je mehr das ganze Volk Anteil an der Steuerung seines Schicksals und seiner Regierung nehme, desto bedeutsamer werde die Stellung des Lehrers, dem Einsichten und Entfaltungsmöglichkeiten nicht vorenthalten werden dürften. "Die Erfahrungen mit dem Versuch der Pädagogischen Akademie in den Jahren von 1926 bis 1933 berechtigen zu der Auffassung, daß diese Form der Lehrerbildung den heutigen Aufgaben einigermaßen gerecht wird" (ebd.,S. 93).

3 Antz in einem Schreiben vom 4. Mai 1948 an einen Lehrer, der sich als Sachbearbeiter für beamtenpolitische Fragen des K.L.V. mit Fragen an ihn gewandt hatte. (Vgl. HSTAD, NW 26 Nr. 65, S. 107 Rückseite, S. 108 und 109.) Im gleichen Schreiben deutete Antz auch an, daß die Universitätsprofessoren eine starke Abneigung gegen solche Gedanken hätten und daß ebenso praktische Schwierigkeiten damals eine solche Überlegung ausgeschlossen hätten.

Diese ganz klare Entscheidung für die aus den Gedanken
Sprangers und Beckers entwickelte Ausbildungsform der Pädagogischen Akademie im Jahre 1945 ist nur daher zu verstehen,
daß Antz selbst die Wandlung vom Seminar zur Akademie mit-
vollzogen hatte und in Bonn wenige Jahre diese neue Pädagogische Akademie miterlebte und -gestaltete.[1] In Bonn wurde
damals die Forderung Sprangers nach einer 'Bildungsgemein-
schaft' weitgehend verwirklicht, man setzte sich bewußt ab
von den Formen der Universität und fand einen neuen Weg, der
Wissensvermittlung und Wissensanwendung vermischte, in dem
Erziehung als "Gemeinschaft der Lehrenden und Lernenden"[2] erlebt und vollzogen wurde.

Dennoch sollte nicht übersehen werden, daß sich das Weimarer
Konzept gerade durch die Betonung des Gemeinschaftsgedankens
und durch die Heimatverbundenheit gegenüber den aktuellen politischen Auseinandersetzungen der jungen Demokratie abschottete.[3]
Das Vorbild der Pädagogischen Akademien der Weimarer Zeit konnte
1945 zwar Richtung geben, es war dann überfordert, wenn das
äußere Bedingungsfeld mit erfaßt werden sollte. Für die Periode
nach 1945 mußten neue Gedanken und Formen aufgenommen und neue
Herausforderungen angenommen werden. Dies war wohl gemeint, wenn
Sir Robert Birley, der britische Educational Advisor, bei einer

---

1 Antz schrieb später: "Für mich war es, sobald man mir das
   Referat über die Lehrerbildung übertragen hatte, eine
   selbstverständliche Sache, daß die Akademie zu erneuern
   war" (Nachlaß Antz, A. 4, S. 2).

2 J. Kuropka, S. 200. In bezug auf ein wissenschaftliches Studium
   der Pädagogik verhielt sich Spranger bekanntlich zurückhaltend.

3 Vgl. H. Scholtz/E. Stranz, 1980, S. 112. Die Autoren betonen
   hier die Veränderungen durch die "Machtergreifung": Aus der
   "pädagogischen Zielsetzung der Lehrerbildung (wurde nun)
   eine in erster Linie politische, der man eine autoritäre
   und zugleich aggressive Wendung gab" (ebd.).

Ansprache über Probleme der deutschen Erziehung von der
"aufregendsten Herausforderung, mit der jemals die Lehrer
eines Volkes zu tun hatten", sprach. Er wandte sich gegen
eine Rückkehr zu den Idealen des 19. Jahrhunderts und verlangte, daß Deutschland seine Erziehung "neu ausdenken"
solle und dann darin die Tradition erreiche, die Demokratie
ermögliche.[1]

Um diese 'Herausforderung' geht es im vorliegenden Kapitel.
Nach dem Neubeginn unter widrigsten äußeren Bedingungen
mußten sich die jungen Pädagogischen Akademien und die sie
tragenden Kräfte schon bald mehrfach der parlamentarischen
Diskussion stellen, vor allem, als der Status der Lehrkräfte
zur Debatte stand, als zwei Pädagogische Akademien geschlossen
werden sollten und als um die Verankerung der Lehrerbildung
in der Landesverfassung gerungen wurde. Sicherlich ging es in
diesen Debatten um Sachfragen, es ging aber immer auch um die
Einschätzung der Pädagogischen Akademie und ihrer Dozenten-
und Studentenschaft durch die Volksvertretung überhaupt, die
ganz konkret in Verfassungsartikeln und daraus folgenden Verordnungen festgeschrieben werden mußte, und damit in jedem Fall
um einen Anteil an der Formung des neuen demokratischen Staates.

---

1 Vortrag Birleys am 1. 10. 1947 (HSTAD, RWN 46, Nr. 30,
   S. 50 ff.). Birley erklärte in dieser Ansprache, er habe
   oft von Deutschen gehört, daß sie zwar die Demokratie unterstützten, "aber Deutschland werde 100 Jahre benötigen, um
   die Tradition zu erreichen, die eine Demokratie überhaupt
   ermögliche" (ebd.). Gegen diese Einstellung ging der britische Erziehungsoffizier entschieden vor und verlangte, daß
   deutsche Universitäten "mehr als in der Vergangenheit die
   soziologischen und wirtschaftlichen Studien pflegen" (ebd.
   S. 52). Eine Folge hieraus könnte nach seiner Auffassung
   "eine Revolution in der geistigen Haltung vieler Pädagogischer Akademien sein" (ebd., S. 53).
   Vgl. auch: K. Jürgensen, 1981, S. 114 - 139. Jürgensen befaßt
   sich hier häufig mit den Ansprachen des britischen Offiziers
   und vergleicht sie mit anderen Auffassungen. Dabei schätzt
   er Birley als einen "kritischen" Beurteiler, der erst 1963
   resümierend äußerte: "There are many signs in Western Germany
   today that democracy is more firmly rooted than most of us
   would have believed possible in 1945"(ebd., S. 138).

5.2 Die Anfänge, dargestellt am Beispiel Aachens

5.2.1 Der Neubeginn

Wenn man bedenkt, daß mit Antz und von den Driesch zwei
ehemalige Professoren der größten Pädagogischen Akademie
aus der Zeit der Weimarer Republik, der Pädagogischen Akademie Bonn, auch jetzt wieder an führender Stelle standen,[1]
ist es leicht erklärbar, daß die Planung der inneren Ausgestaltung im Geiste einer Weiterführung der in gewissem
Sinne unvollendet gebliebenen Bonner Vorstellungen erfolgte. Dies hieß, daß auch in den neuen Akademien die Gemeinschaft zwischen Dozenten und Studierenden erklärte Absicht war.[2] So trafen sich in Aachen nach dem Abschluß des
Praktikums am 28. Februar 1946 die hauptamtlichen Dozenten
mit den Studenten des ersten Kurzlehrgangs[3] zu einer Aussprache im ersten fertiggestellten Seminarraum. Gemein-
schaftliche Aussprache hieß damals auch, daß Dr. Selhorst,
Professor für Katholische Religion, ein Mittagessen für
alle Beteiligten bei den Franziskanern ermöglicht hatte;
wie überhaupt die Sorge um Nahrung ein vorrangiges Problem
dieser Nachkriegsjahre darstellte. In Gesprächen mit Dozenten und Studenten der ersten Semester zeigt sich immer wieder, wie "gemeinschaftsbildend" gegenseitige Hilfe wirkte,
wie gerade gemeinsame Aktionen in der Erinnerung ihre Leucht-
kraft behalten haben. Am 2. Mai 1946 wurde die Pädagogische

---

1 Von den Driesch hatte die grundlegende Denkschrift über
   die Gründung der Pädagogischen Akademien 1925 verfaßt.

2 Siehe allgemein hierzu Antz in der "Pädagogischen Rundschau", 1. Jahrgang, Heft 4/5, S. 147 "Von alter und
   neuer Lehrerbildung".

3 Dieser Kurzlehrgang bestand aus 52 Herren und 30 Damen,
   die alle schon teilweise mehrere Semester andere Fachbereiche, vorwiegend Theologie, studiert hatten. Der
   älteste dieser "Junglehrer" stand kurz vor der Vollendung des 60. Lebensjahres. (Vgl. "25 Jahre Pädagogische
   Hochschule Aachen", von Adolf Heuser und Heinrich
   Rosensträter, erschienen in Aachen im Mai 1971.)

Akademie Aachen endlich eröffnet.[1] Im Dom fand ein feier-
licher Gottesdienst statt, in dem Bischof Dr. van der Velden
die Gründung der neuen "Hochschule" herzlich begrüßte, "von
der er hoffte, daß aus ihr ihm seine besten Helfer erwachsen
möchten".[2] Im endlich fertiggestellten Lesesaal des Akademiegebäudes hielt der damalige Staatssekretär und Leiter des
Kultusministeriums Dr. Lammers eine Ansprache.[3] Er riet zur
Wiederbesinnung auf geistige, sittliche und seelische Werte
und forderte die werdenden Lehrer auf, "nicht nur Wissen für
Leben und Beruf weiterzugeben", sondern auch

> "der Jugend Vorbild und Helfer darin zu sein, daß
> der Glaube fest begründet werde in Herz und Geist,
> daß die Ehrfurcht vor allem Wahren, Guten und
> Schönen ihre Tage segne und die Nächstenliebe
> reiche Frucht bringe zum Heile der Wunden, die
> unserem Volke geschlagen sind."[4]

Diese Verbindung zwischen christlicher Ethik und erzieherischen Aufgaben war Grundaxiom der kommenden Arbeit. In
einer abendlichen Besinnungsstunde, der sogenannten "hora
academica", wurde wöchentlich das gemeinsame Tun unter diesem Aspekt reflektiert. Neben den planmäßigen Veranstaltungen wurden vielfältige "Kreise" eingerichtet, wie Werk-
kreis, Theaterkreis, Singekreis, Liturgiekreis, die Teil-
aufgaben übernahmen, um dann bei Festen und Feiern oder

---

1 Die Bedeutung, die die Militärregierung der Eröffnung
   beimaß, geht daraus hervor, daß zur Feier zwölf Offiziere im Rang zwischen Hauptmann und General eingeladen
   worden waren. Anwesend waren - nach Schätzung von Prof.
   Hagelstange - etwa vier Personen der Militärregierung.
   (Liste der Einzuladenden HSTAD, NW 53, Nr. 461, S. 547).

2 L. Odenbreit, Gesch. der Pädagogischen Akademie Aachen,
   abgedr. im Mitteilungsblatt "Erbe und Entscheidung"
   Heft IV, 1954 (32), S. 237. Der Ausdruck "Hochschule"
   wird auch von Hagelstange bestätigt.

3 Zum gesamten Redetext siehe HSTAD, RWN 46, Nr. 2, S. 19 ff.
   Die Erziehungsabteilung war vertreten durch Miss Walker,
   deren Anwesenheit gesichert ist.

4 Ebd., S. 19. Zum Vergleich der Ansprachen siehe Kapitel
   3.3 dieser Arbeit.

anderen Gelegenheiten zusammenzuwirken. In einem Seitenschiff
der Pfarrkirche St. Adalbert fand der wöchentliche akademische
Gottesdienst statt. Die Teilnahme daran wurde als verpflich-
tend angesehen, was hier und da zu Spannungen führte.[1] Insgesamt aber kann von Übereinstimmung in Zielsetzung und Ausgestaltung des Studiums gesprochen werden, alle befragten Beteiligten sehen die Studienzeit der ersten Jahre als eine
"sehr schöne Zeit", in der neben dem Studieren die tägliche
Sorge um die Ernährung gemeinsame Sache war.[2] So zählten auch
gemeinsame Feiern und Feste zu den gerne berichteten Erinnerungen. Zur Weihnachtsfeier wurde für jeden Teilnehmer ein
Geschenk bereitgehalten.[3] Im Juli 1946 erreichte die Pädagogische Akademie in Essen, daß die "Schulkinderspeisung" auch
auf Akademie-Studenten und Dozenten ausgedehnt wurde.[4] Eine
Ausweitung dieser Maßnahme mußte aber "in der Schwebe bleiben ..., bis eine Entscheidung wegen der Lieferung von Mahl-

---

1 Angebliche "Kontrolleure" der Anwesenheit wurden jedoch
von den Studenten abgelehnt.

2 So wurden ein "organisiertes" Schwein heimlich von einem
Studenten, der eine Metzgerlehre absolviert hatte, ge-
schlachtet und von der Dozentin für Biologie, Professor
Pleus, auf Trichinen untersucht und dann mit Freude dem
gemeinsamen Essen, das auf einer von Bischof van der
Velden gestifteten "Gulaschkanone" bereitet wurde, zuge-
führt. Andere, der Landwirtschaft verbundene Studenten,
besorgten Kartoffeln oder Gemüse, wieder andere sammelten
Zigaretten. Das dabei ausgebildete Gemeinschaftsgefühl
zeigt sich auch daran, daß bei den Treffen ehemaliger
Studenten nach 30 Jahren noch etwa 90 % der Teilnehmer
zusammenkommen (Mitteilung von Prof. Pleus, Prof. Hagelstange und mehreren Studenten).

3 Eine ausführliche Darstellung hierzu gibt Odenbreit
S. 256 ff. Hier werden die vielen Aufführungen des Thea-
terkreises genannt, ebenso später eingeführte sogenannte
"Familienfeste", Werkwochen, Elternabende und Studienfahrten.

4 So Dr. Lammers, der Leiter der Kulturabteilung, in einem
Schreiben an den Oberpräsidenten der Nord-Rheinprovinz
vom 23. 7. 1946, in dem er die Maßnahme ausführlich begründete und für die Akademien in Aachen, Bonn und Kettwig ebenfalls erbat. Die Stadt Essen hatte die Speisung
ermöglicht "aus den Einsparungen, die infolge Fehlens
von Kindern ... anfallen" (HSTAD, NW 53, Nr. 380, S. 77).

zeiten an körperlich schwache Professoren und Studenten der Universitäten und Hochschulen getroffen worden ist".[1]

Der Bedarf an notwendigsten Lehrmitteln war schwer zu decken. Der Erfindungsreichtum, die Fähigkeit, Ersatz zu schaffen, sich selbst zu helfen oder sich zu bescheiden, waren aus heutiger Sicht bewundernswert und sehr erfolg-reich. So verbreitete die UNESCO ein mehrseitiges Papier, das genau beschrieb, wie eine Wandtafel aus Sägemehlzement hergestellt werden könne.[2] Andere Korrespondenzen behandel-ten das Beschaffen von Knetmaterial oder die Verteilung von Nähgarn.[3]

5.2.2 Ein Vergleich der Vorlesungsverzeichnisse und der Prüfungsordnung

Einen genaueren Einblick in die inhaltliche Gestaltung und personelle Zusammensetzung ermöglicht die vergleichende Durchsicht der archivierten Vorlesungsverzeichnisse.[4] Am umfangreichsten und gedruckt vorliegend ist der "Vorlesungs-plan und Studienordnung für Studenten des I. und II. Lehr-

---

1 Schreiben von Dr. Lammers an das Hauptquartier der Militärregierung vom 17. 9. 1946 (HSTAD, NW 53, Nr. 381, S. 115). Er beruft sich darin auf eine "dortige Anordnung vom 29. 7. 1946", die den Sonderfall der Akademie Essen offenbar tolerierte, insgesamt aber die Einbeziehung der Akademiestudenten und Dozenten nicht ausgesprochen hatte.

2 HSTAD, NW 53, Nr. 461, S. 403 f.

3 Ebd.

4 Von Aachen liegen vor:
Vorlesungsplan und Studienordnung für das Wintersem. 1946/47 (HSTAD, NW 26, Nr. 106, S. 12 ff.).

Vorlesungsverzeichnis Wintersem. 1948/49 (HSTAD, NW 26, Nr. 105, S. 1 ff.).

Vorlesungsverzeichnis Sommersem. 1949 (ebd., S. 7 ff.).

Vorlesungsverzeichnis Wintersem. 1950/51 (HSTAD, NW 26, Nr. 139, S. 3 ff.).

ganges, Beginn 3. Dezember 1946".[1] Dieser "Vorlesungsplan"
war mehr die versuchte Selbstdarstellung der Pädagogischen
Akademie Aachen nach außen als das notwendige Orientierungs-
verzeichnis für den Studierenden. Das ging schon daraus hervor, daß der Plan erst am 14. Januar 1947 erschien und somit
für eine Entscheidung vor Studienbeginn nicht zur Verfügung
stand.[2]

Im "Vorlesungsplan" wurden folgende Mitarbeiter[3] genannt:

Die Leitung der Pädagogischen Akademie hatte inzwischen
Prof. Dr. Gustav Siewerth von dem gesundheitlich stark angegriffenen Prof. von den Driesch übernommen. Neben Siewerth
wurden weitere neun hauptamtliche Professoren mit ihren Lehr-
gebieten im Vorlesungsverzeichnis genannt:

Prof. Dr. Ewald Fettweis:	Mathematik
Prof. Dr. Josef Kurthen:	Kunstgeschichte, Bildende Kunst
Prof. Dr. Otto Marx:	Sprachen, Volkskunde, praktische Pädagogik
Prof. Heinrich Oellers:	Erdkunde, Heimatkunde, praktische Pädagogik
Prof. Luise Odenbreit	Deutsch, Deutsch-Kunde
Prof. Hildegart Pleus:	Biologie
Prof. Dr. Johannes Ramackers:	Geschichte
Prof. Dr. Heinrich Selhorst:	kath. Religion
Prof. Paul Thiel:	praktische und theo-retische Unterrichts-lehre praktische Pädagogik

---

1 Siehe Fußnote 4, S.147. Der "I. Lehrgang" war die Gruppe
von Studenten, die nach der Eröffnung im Sommer 1946 das
Studium aufgenommen hatten; der "II. Lehrgang" waren die
neu augenommenen Studenten des 1. Semesters. Die Teilnehmer des Kurzlehrganges hatten im November 1946 bereits
ihre Prüfung abgelegt; ein Sondernotlehrgang fand nicht in
Aachen statt.

2 Ebd., S. 19 Rückseite.

3 Eine ausführliche Beschreibung des Wirkungsbereiches der
einzelnen Dozenten gibt L. Odenbreit, 1954, S. 243 ff.

Weiterhin drei hauptamtliche Dozenten:

Rudolf Hagelstange: Musik
Dr. Maria Hohn: Deutsch
Eugen Schoelen: Psychologie,
praktische Pädagogik

Nebenamtliche Dozenten waren:

Dr.med. Heinrich Cordier:	Schulgesundheitspflege
Prof. Dr. Johannes von den Driesch:	Gesch. der Pädagogik
Dr. Elisabeth Fischell:	Grundschulmethodik
Dr. lic. Karl Hennig:	Evang. Religion
Hans Herbold (Gartenmeister):	Obst- und Gartenbau
Dr. Ing. Erich Kehren:	Physik und Chemie
Hans Maassen (Mittelschul-Konrektor):	Geologie und Astronomie
Hubert Wolks:	Sprecherziehung
Josef Nikolaus Wüst (OSTR):	Erdkunde
Elisabeth Tinner:	Leibeserziehung

Assistenten[1] für: Flötenspiel, Werkarbeit, Harmonielehre,
Film/Bild und Geigenunterricht rundeten das Bild der an der
Pädagogischen Akademie tätigen Personen ab.

Ein vorläufiger Studentenausschuß mit sieben studentischen
Vertretern und drei Mitgliedern der Dozentenschaft wurde
ebenfalls aufgeführt.[2] Auch alle Studenten finden namentlich
Erwähnung; und zwar 154 des sogenannten ersten Lehrgangs und

---

1   Die in diesem "Vorlesungsplan" als "Assistenten" bezeichneten Personen waren Studenten, die zusätzliche Hilfe anboten.

2   Der Studentenausschuß wurde "nicht nenneswert" (Mitteilung von Prof. Hagelstange) als vermittelndes Organ zwischen Dozenten und Studenten eingefordert. Nach Auffassung von Prof. Hagelstange war "das Einvernehmen fast zu zahm".

163 des zweiten Lehrgangs. Eine dabei vorgenommene Einteilung in sechzehn verschiedene Gruppen für die Teilnahme an den einzelnen Übungen fand in der Regel keine Anwendung.[1]

Die Lehrveranstaltungen waren in dem Vorlesungsplan nach

I Geisteswissenschaften

II Naturwissenschaften

III Erziehungswissenschaften

unterteilt.

In den Geisteswissenschaften enthält der Plan eine zwei-stündige Vorlesung in Katholischer Religion über "Werden und Wachsen der christl. Persönlichkeit" sowie einstündige Vor-lesungen in Philosophie ("Der Mensch und das Gute"), Deutsch ("Deutsche Lyrik von Goethe bis zur Gegenwart") und Geschichte ("Deutsche Geschichte I 'Mittelalter' und Deutsche Geschichte II 'Hochmittelalter-Neuzeit'"). Weiterhin wurden einstündige Vorlesungen in Evangelischer Religion, Volkskunde und Musik angeboten.[2] Während diese Vorlesungen überwiegend vormittags stattfanden, waren am Nachmittag folgende zweistündige Übungen in den geisteswissenschaftlichen Fächern angesetzt:

"1. Kath. Religion: Die Gefangenschaftsbriefe des Völker-apostels.

 2. Evang. Religion: Ev. Glaubenslehre.

 3. Deutsch: Aus Goethes Prosa.

 4. Deutsch: Hölderlin.

 5. Geschichte: Zur Geschichte der deutschen Königswahl und Königskrönung.

 6. Kunstgeschichte: Wölfflins Grundbegriffe."[3]

---

1 Mitteilung von Gabriele Koolen.

2 Die Termine für die Vorlesungen lagen so, daß nur in Religion eine Überschneidung vorkam.

3 Auch hier wurden Überschneidungen vermieden.

Seminare wurden in dem Vorlesungsplan nicht genannt und auch nicht durchgeführt.[1] Zu den Vorlesungen erwarteten die Dozenten die Mehrzahl der Studierenden; in den Übungen fanden sich kleinere stetige Gruppen zusammen.

In den Naturwissenschaften, worunter die Verfasser auch die Mathematik einordneten, wurden die unten zitierten Vorlesungen und Übungen angeboten.[2]

Der Schwerpunkt der Arbeit lag auf den Erziehungswissenschaften. Neben mehreren Vorlesungen zur Geschichte der Erziehung und Bildung und über allgemeine Unterrichtslehre standen für die schon erwähnten sechzehn Gruppen unterrichts-

---

1 Seminararbeit im heutigen Sinne war allgemein noch nicht üblich (Mitteilung von Prof. Hagelstange). Noch 1953 zeigte sich bei einer Sitzung der Fachschaften (gemeint sind hier die Dozenten eines Faches, z.B. der Erdkunde an allen Akademien) der Pädagogischen Akademien "eine große Sprachverwirrung: die Ausdrücke Wahlfach, Seminar, Kolloquium, Übung werden in ganz verschiedenem Sinne angewandt" (HSTAD, NW 143, Nr. 171, S. 78; Sitzung vom 9. 6. 1953).

2 Vorlesungen:
Biologie: Der Mensch in der Natur
Erdkunde: Geographische Betrachtungen des Mittel- und
          Niederrheinischen Raumes

Übungen:
Mathematik: Zahlentheorie
Physik: (ohne Angabe des Themas)
Chemie: (ohne Ang.)
Biologie: Ausgewählte Kapitel
Erdkunde: Der Aachener Raum
Erdkunde: Ausgewählte Kapitel aus der physischen und math.
          Erdkunde
Geologie: Auswertung der Exkursionen des Sommersemesters
Geologie: Einführung in die allgemeine Geologie
Astronomie: Spezielle Astronomie: Sonnensystem, Stern-
          haufen, Sternnebel usw.
Astronomie: Allgemeine Orientierung am nächtlichen Sternen-
          himmel. (Alle Angaben aus dem "Vorlesungsplan").

methodische Übungen verschiedenster Art im Vorlesungsplan.[1]

Darüber hinaus boten sich siebzehn Arbeitskreise der Studentenschaft zur Wahl an, deren Leitung häufig in den Händen
engagierter Studenten lag. Jedem Angebot wurde ein längerer
Zielkatalog vorangestellt.[2]

---

1   Bezeichnend für den "Vorlesungsplan" ist, daß die eben für
    die Naturwissenschaften aufgezählten 'Übungen' hier teil-
    weise nochmals aufgeführt werden (so z.B. die "Ausgewählten
    Kapitel" der Biologie). Neu aufgeführte Übungen unter dem
    Oberbegriff "Fachmethodik" sind u.a.:
    Musik: Das Volkslied
    Musik: Meth. des Schulmusikunterrichtes
    Wandtafelzeichnen
    Kinderzeichnen
    Leibeserziehung: Turn-Methodik.
    Für die Schulpraktika war der Dienstagvormittag vorgesehen.
    Nach einem Sonderplan, für den Prof. Oellers verantwort-
    lich zeichnete, fanden in sechs ausgesuchten Akademieschulen
    "Lehrversuche" für den 1. Lehrgang statt.

2   So beispielsweise: (ebd. S. 18 ff.)
    1. Anton-Heinen-Kreis
       "Anton Heinens, des priesterlichen und volkhaften
       Pädagogen, Leben und Werk soll uns mit seiner weg-
       weisenden Kraft dazu verhelfen: erziehend die Gottes-
       kindschaft im Menschen zu verwirklichen. Familie,
       Heimat, Volkstum sehen wir dabei als bildende und
       tragende Mächte an." (Der Anton-Heinen-Kreis bildet
       auch die Gruppe, die als Begründer des späteren
       "Aachener Bundes" anzusehen ist. Anm. d. Verf.)

    2. Collegium Musicum
    3. Don-Bosco-Zirkel
    4. Deutscher Literatur-Kreis
    5. Die Botanisiertrommel
    6. Görres-Kreis
    7. Kunst- und Bastelstube
    8. Liturgische Gemeinde
    9. Sing-, Spiel- und Tanz-Kreis
   10. Charakterologischer Arbeitskreis
       "Der Zirkel studiert den ganzen Menschen, insbeson-
       dere das Gesichtsbild, und sucht aus dem äußeren Er-
       scheinungsbild die Persönlichkeit oder den Charakter
       zu verstehen. Wir berücksichtigen hierbei Persönlich-
       keiten aus allen Schichten und Kreisen und Zeiten, mit
       besonderer Betonung hervorragender Erzieher und Lehrer."
   11. Theatergruppe
   12. Jungakademiker, Gruppe Unitas
   13. Vincenz-Elisabethen-Gruppe
   14. Werkgemeinde
   15. Philosophische Arbeitsgemeinschaft
       "Philosophie soll uns Besinnung sein über unser Mensch-
       sein in dieser Zeit. Wir beginnen mit der Lektüre von:
       'Der unsterbliche Mensch' von Alfred Döblin."
   16. Kreis für Heimatkunde
   17. Völkerkundlich-Missionswissenschaftlicher Kreis

In den Zirkeln der Anfangsjahre der katholischen Pädagogischen
Akademie in Aachen ist auch die eindeutig christlich-katho-
lische Ausrichtung unübersehbar. Einmal im Monat sollte ein
Abend für die gesamte Studentenschaft aus dem Wirken eines
Arbeitskreises heraus gestaltet werden. Es war natürlich nicht
immer leicht, die Studenten zur regelmäßigen Teilnahme an diesen Kreisen zu gewinnen. Dennoch zeigte sich hier Engagement,
das schließlich erlaubte, über den Rahmen der Akademie hinausgehend mit Darbietungen der Theatergruppe und des Sing-, Spiel-
und Tanzkreises "Familienabende" im weiteren Umkreis zu gestalten.[1]

Unabhängig von dem aufgeblähten "Vorlesungsplan" der Aachener
Akademie muß der wirkliche Ablauf nach übereinstimmender Auskunft der Beteiligten einfacher gesehen werden. Der Vormittag
war stundenplanmäßig organisiert und wurde von allen Studierenden eines Jahrgangs parallel absolviert.[2] Die Angebote am
Nachmittag fanden unterschiedliches Interesse; der Mittwoch-
nachmittag blieb für die Arbeit in den Kreisen frei. Ein Vergleich mit den weniger aufwendigen Vorlesungsverzeichnissen
der folgenden Semester wie auch mit den Ankündigungen anderer
Akademien[3] läßt erkennen, daß Veränderungen nur sehr zögernd
eintraten. Die Philosophievorlesung "Der Mensch und das Gute"
wie auch die Religionsvorlesung "Das Werden und Wachsen des
katholischen Menschen" blieben fester Bestandteil in allen Ver-
zeichnissen bis 1951. In den Erziehungswissenschaften ist Psy-

---

1 Siewerth beschreibt in einem "Studienplan für die Ausbildung
  des Volkslehrers" am 12. 7. 1949 dem Kultusministerium u.a.
  die Arbeit der Kreise: "Diese Kreise gestalten nicht nur das
  Gemeinschaftsleben der Akademie, sondern gehen oft in Zusammenarbeit hinaus auf das Land, um durch Familienabende sich
  für ihre Arbeit vorzubereiten. Gerade in den letzten beiden
  Semestern wurde in dieser Hinsicht ... außerordentlich Frucht-
  bares geleistet. Ich habe selbst an mehreren solcher Veranstaltungen teilgenommen und selbst zum Volke gesprochen"
  (HSTAD, NW 26, Nr. 69, Bd. 2, S. 32).

2 Nach Mitteilung von Prof. Hagelstange war die Arbeit durchaus
  mit dem Unterricht am damaligen Gymnasium vergleichbar. Dies
  lag auch daran, daß viele Dozenten (Hagelstange, Kehren, Odenbreit, Pleus, Selhorst und Wüst) vorher als Gymnasiallehrer
  tätig waren.

3 Überwiegend im HSTAD, Bestand NW 139.

chologie mit vier Veranstaltungen des Dozenten Dr. Kuhn neu
hinzugekommen, wie das wesentlich einfacher gehaltene Vorlesungsverzeichnis der Aachener Akademie für das Sommerse-
mester 1949 ausweist. Das nur noch sechsseitige mit der
Schreibmaschine geschriebene Papier schließt mit zwei klaren "Stundenplänen" und einem Angebot von 33 wahlfreien
Übungen am Nachmittag.[1] Dabei fällt auf, daß die Vorlesungen
von Siewerth und von den Driesch für alle Studierenden zeitgleich angesetzt wurden. Auch bei den wahlfreien Übungen am
Nachmittag sind nur fünf nach Semestern getrennt.

Die durchschnittliche Lehrerverpflichtung der Dozenten lag
bei fünf Stunden in den geisteswissenschaftlichen, erziehungswissenschaftlichen und allgemeinbildenden Fachbereichen; konnte
aber in den musischen Fächern bis auf zwölf Stunden wöchentlich
ansteigen. Im Anstellungsvertrag wurde durch den Direktor jedoch schriftlich festgelegt, welche Verwaltungs- und Gemein-
schaftsaufgaben vom einzelnen Dozenten übernommen werden mußten.[2]

---

1   Dervollständig erhaltene und besiegelte Stundenplan für
    das Sommersemester 1949 wurde als Dokument Nr. 3 (HSTAD,
    NW 26, Nr. 105, S. 10 ff.) in den Anhang aufgenommen.
    Die Unterstreichungen sind wahrscheinlich von einem Be-
    nutzer angebracht worden. (Da nur einmal jährlich, jeweils
    im Herbst, Studenten neu aufgenommen wurden, wendet sich
    dieser Stundenplan an das im Sommer 1949 nur studierende
    2. und 4. Semester.) Dieser unbekannte Benutzer hat offen-
    bar am Freitag drei Übungen in Erwägung gezogen:

    Geschichte der Pädagogik   Schoelen   14.30 - 16.00 Uhr
    Deutsch   Odenbreit   16.30 - 18.00 Uhr
    Colloquium   18.30   Uhr

    Zusammen mit den etwa 24 Stunden am Vormittag ergab dies
    30 Semesterwochenstunden. Zusätzlich war noch die Teil-
    nahme und Mitwirkung an Arbeitskreisen, Schulbesuchen und
    Exkursionen erwünscht, so daß leicht der für die Studenten
    vorgesehene Sollwert von 34 Stunden erreicht wurde.

2   Mitteilung von Prof. Hagelstange. Besonders die Gemein-
    schaftsaufgaben wurden von Direktor Siewerth hoch einge-
    stuft und für die Dozenten verpflichtend gemacht. Dazu
    gehörte auch die Organisation und Durchführung sogenannter
    "Werkwochen" in Jugendherbergen der näheren Umgebung.
    Hierbei wurden die neuen Studierenden vor Beginn des
    Studiums in Aufbau und Inhalte desselben eingeführt. Eine
    andere Gemeinschaftsaufgabe war der Neuaufbau der Biblio-
    thek, die von Prof. Ramackers übernommen worden war.

Eine allgemeinere Richtschnur für die inhaltliche Struktu-
rierung des Studiums an den Akademien bildete ein undatier-
ter "Lehrplan der Nord-Rheinprovinz - Pädagogische Akademien",
in dem von Antz die 34 wöchentlichen Pflichtstunden folgender-
maßen aufgeteilt wurden:

Unterrichtspraxis	9 Std.
Erziehungswissenschaft	7 Std.
Neuschulung	9 Std.
Fertigkeiten	7 Std.
Allgem. Veranstaltungen	2 Std. [1]

Der hier erkennbar werdende hohe Anteil an Unterrichtspraxis
wurde in der Akademie Aachen in diesem Umfang nicht verwirklicht, teils weil entsprechende Schulen fehlten, teils weil
mit dem Praktikum eine erfolgversprechende eigene Form gefunden worden war. [2]

Für den Kurzlehrgang, der schon Ende 1946 mit der 1. Staats-
prüfung endete, war noch keine Prüfungsordnung allgemein verbindlich. Die einzelnen Akademien sollten einen Entwurf vor-

---

1 Die "Unterrichtspraxis" bezog sich auf die Fächer: Religion,
  Deutsch, Rechnen und Raumlehre, Geschichte und Erdkunde,
  Naturkunde. Die "Neuschulung" beinhaltete je eine Stunde
  in Anthropologie, Philosophische Grundfragen, Christliche
  Religionslehre, Geistes- und Kulturgeschichte, Staats- und
  Gesellschaftslehre, Politische Geschichte seit 1878, Länder
  Europas, Englische Sprache und Literatur. Die "Fertigkeiten"
  betrafen Musik, Leibesübung, Zeichnen und Werk- oder Nadel-
  arbeit. HSTAD, RWN 46, Nr. 37, S. 6.

2 Der für das Praktikum in Aachen zuständige Prof. Oellers
  berichtete Antz auf dessen Bitte hin ausführlich über das
  Schulpraktikum. Er bedauerte darin, daß noch mancher Lehrer
  als Mentor vom "Ideal des Vorbildes und liebevollen, fähigen
  Betreuers entfernt" sei. Eine Zulage für die Lehrkräfte von
  300 RM wird als kleiner Anreiz begrüßt (HSTAD, NW 26, Nr. 140,
  S. 22). Die genauere Aufschlüsselung der verschiedenen Formen des Praktikums findet sich unter HSTAD, NW 26, Nr. 140,
  S. 19 ff.

legen, der dann für "diesen einen Fall genehmigt wurde".[1]
Aachen reichte daraufhin den Entwurf einer Prüfungsordnung
ein, der in Anlehnung an die Prüfungsordnung vom 10. April
1928 gestaltet wurde.[2] Eine "Vorläufige Ordnung der ersten
Prüfung für das Lehramt an Volksschulen in Nordrhein-
Westfalen" wurde jedoch erst am 23. Februar 1949 von der
Regierung in Düsseldorf herausgegeben. Beim Vergleich der
beiden Ordnungen zeigen sich in Aufbau und Aussagen sehr
viele Parallelen, so daß auch hieran wieder der enge Bezug
zu den Anfängen der Pädagogischen Akademien festgestellt
werden kann.[3] Änderungen betrafen den Prüfungsausschuß, zu
dem zusätzlich ein Schulleiter und ein Lehrer als Gast geladen werden mußten, und die Ausführungen zur schriftlichen

---

1 So Antz im Schreiben an die Akademiedirektoren am 26. 8.
  1946, HSTAD, NW 26, Nr. 163, Bd. 2, S. 1

2 Vgl. HSTAD, NW 26, Nr. 106, S. 4 ff. Neben einer fünf-
  stündigen Klausur nach Wahl des Prüflings werden sieben
  mündliche Prüfungen durchgeführt. Dabei ist je eine mündliche Prüfung in Religion, Deutsch und Rechnen verbindlich, in den erziehungswissenschaftlichen und musischen
  Fächern besteht eine eingeschränkte Wahlfreiheit.

3 Vgl. HSTAD, NW 26, Nr. 68, S. 17 ff. Die Titel der zwölf
  einzelnen Paragraphen blieben gleich. Sie lauteten:

  § 1 Zweck der Prüfung
  § 2 Meldung zur Prüfung
  § 3 Dozentengutachten
  § 4 Der Prüfungsausschuß
  § 5 Zulassung zur Prüfung
  § 6 Zeitpunkt der Prüfung
  § 7 Die schriftliche Prüfung
  § 8 Die mündliche Prüfung
  § 9 Anforderungen in den einzelnen Prüfungsfächern
  § 10 Feststellung des Prüfungsergebnisses
  § 11 Der Wortlaut des Prüfungszeugnisses
  § 12 Wiederholung der Prüfung

  Unter § 9 b wurde die fachliche Unterrichtslehre präzisiert: "Der Prüfling soll mit dem Bildungsgut der Volksschule vertraut sein. Ferner hat er in drei ... Fächern
  nachzuweisen, daß er sich mit den wichtigsten für das betreffende Gebiet in Frage kommenden Lehrformen ... beschäftigt hat und daß er imstande ist, einen Lehrstoff
  nach Bildungsgehalt und Bildungswert zu beurteilen und ihn
  in einer der Sache und der Altersstufe der Schüler gemäßen
  Weise unter Berücksichtigung seiner Beziehungen zu Heimat
  und Volkstum unterrichtlich zu behandeln" (ebd.).

Prüfung.[1] Für die mündliche Prüfung wurde geklärt, wie verfahren werden sollte, wenn der Kandidat nicht in Religion
geprüft zu werden wünschte. In § 8 a wurde die Lehrbefähigung zur Erteilung des Englischunterrichts an Volksschulen
gesondert geregelt.[2] Nach Aussagen der Teilnehmer dieser
ersten Lehrgänge wurde der Prüfung angstfrei entgegenge-
sehen. Die Dozenten waren genau bekannt und von vielen Veranstaltungen her vertraut.[3] Die mündlichen Prüfungen fanden
im großen Akademiesaal statt, in dem die Prüflinge der
Reihe nach, von Dozent zu Dozent weitergehend, ihr Wissen
darlegten.[4]

5.2.3 Die Arbeit der Pädagogischen Akademien aus der Sicht britischer Erziehungsoffiziere

Bei aller Wertschätzung der durchweg positiven Aussagen der
Beteiligten über die ersten Jahre, die wohl auch in dem nunmehr fünfunddreißigjährigen Abstand zum Geschehen begründet
sind, muß zugleich versucht werden, diesen Neuanfang auch
kritisch zu betrachten. Hierbei bieten sich die mehrfachen
Untersuchungsberichte der britischen Kontrollkommission an,
die sich eingehend mit der Lage an den Hochschulen und eigens mit den Pädagogischen Akademien befassen. Von besonderer Bedeutung ist ein umfassendes "Memorandum" von Robert
Birley vom 20. Dezember 1946, der als ranghöchster Erziehungsoffizier vom 5. November 1946 bis 2. Dezember 1946 die

---

1 Hier wurde nun eine sechswöchige schriftliche Prüfungs-
   arbeit verlangt gegenüber der bisher üblichen fünf-
   stündigen Klausur (ebd.).

2 Diese Lehrbefähigung konnte auch nachträglich erworben
   werden (ebd.).

3 Der spätere Schuldezernent Loogen berichtete, daß er
   noch am Morgen vor der Prüfung zu Hause an der Dresch-
   maschine gestanden habe und anschließend wieder dahin
   zurückgekehrt sei.

4 Mitteilung von Gabriele Koolen.

unterschiedlichen Bildungseinrichtungen, von den Universitäten über die Hochschulen und Pädagogischen Akademien bis
zu den Schulen in der Britischen Zone besuchte.[1] Er beklagt
in seinem Bericht das hohe Alter der Lehrer und "that
teaching in the British Zone has not gone back to the days
of the Weimarer Republic. It has returned to the times of
Kaiser William I".[2] Im Blick auf die Lehrerbildung wird der
Mangel an Lehrern mit neuen Ideen und Begeisterung für die
Demokratie herausgehoben, wobei er jedoch einschränkt, daß
dies mehr für den Bereich der "Secondary Schools" gelte.[3]
Er schlägt u.a. die Einladung von deutschen Lehrern in englische Schulen und den Besuch englischer Lehrer in deutschen
Schulen sowie "refresher training courses" für kriegsgefan-
gene Lehrer vor.[4]

In einem nur die Pädagogischen Akademien betreffenden Bericht der Erziehungsoffiziere des Landes Nordrhein-Westfalen,
der alle Teilbereiche umfaßt und auf einer Untersuchung
während der Monate Juni und Juli 1947 basiert, stellen die
Berater die Ausstattung der Akademien und ihre Arbeit genau

---

1 Es handelt sich hierbei um das "Memorandum on Education
   in the British Zone in Germany and in the British Sector
   of Berlin". Birley und seine Mitarbeiter behandeln hier
   vielfältige Aspekte der Bildungsproblematik. Konkrete
   Vorschläge betreffen den Schulfunk, den Englischunterricht,
   Zeitschriften, Schulbücher und Schulspeisung. Das Memorandum liegt vor im Foreign Office 371, Abteilung 5045,
   Nr. 64 386/3/1.

2 Ebd., S. 2. An anderer Stelle (S. 3) schildert er die
   Geschichtsstunde eines älteren Lehrers: He gave his class
   exactly the views one would have expected from an orthodox
   Prussian of forty or fifty years age.

3 Vgl. ebd. Es heißt hier: "The training of teachers,
   especially for Secondary Schools, is, therefore, a most
   urgent question, as is well understood by the Education
   Branch of the Control Commission."

4 Ebd., S. 6.

dar und heben Mängel im einzelnen hervor.[1] Der damaligen
Situation entsprechend, schildern sie zunächst die räumlichen
Bedingungen und die Ernährungslage. Bezüglich der Gebäude
werden die allgemeine Enge und Überfüllung an den Akademien
selbst, sowie das Fehlen von Turnhallen, Laboratorien und
Büchereien bedauert. Über die Studenten wird gesagt, daß sie
teilweise in Bunkern schlafen, oder in "übervölkerten Häu-
sern, wo sie nur schwer den nötigen Frieden und die Ruhe für
ihre Arbeit finden"; andere müßten täglich mehrere Stunden
in Verkehrsmitteln zubringen. Alle Akademien gewähren, wie
die Offiziere feststellen, "wenigstens eine Mahlzeit", teilweise sogar ohne Lebensmittelmarken zu verlangen.[2] Die Bü-
cherei sei in Lüdenscheid untergebracht und solle nach der
Katalogisierung des Bestandes als zentrale Ausleihbücherei
betrieben werden. Davon unabhängig habe aber manche Akademie
"mit wechselndem Erfolg" selbst Bücher gesammelt. Die Berichterstatter bemängeln die Papierverteilung und die ebenso
ungleiche wie unzureichende Ausstattung mit Geräten aller
Art, Instrumenten und Möbeln.

Zum Thema "Lehrplan und Stundenplan" stellen die Autoren die
einzelnen Fachbereiche umfassend dar und stimmen dabei weitgehend mit meinen Darstellungen in Kapitel 5.2.2 dieser Arbeit überein. Auch die Offiziere stellen fest, daß "sich an
den meisten Hochschulen alle Studenten mit allen Fächern des

---

1 Der Bericht umfaßt 15 eng beschriebene Schreibmaschinen-
  seiten. Er behandelt im einzelnen folgende Unterpunkte:
  Unterkunft, Ausstattung, Büchereien, Ernährung, Lehrplan
  und Stundenplan, Stellungnahme zum Lehrplan, Lehrpersonal,
  Arbeitsgemeinschaften, Abgangsexamen, Betätigung außerhalb
  der Schule, soziale Arbeit, Selbstverwaltung, Studenten,
  Schluß. (Bericht über die Pädagogischen Akademien vom
  9. 10. 1947, HSTAD, NW 26, Nr. 132, S. 110 ff.)

2 Ausdrückliche Erwähnung findet eine Specksendung aus
  Irland, die "äußerst dankbar in Empfang genommen wurde".
  Weiterhin wird eine Studentengruppe die 4.000,- RM für die
  "Ergänzung der Rationen" durch das Wegräumen von Schutt
  hinzuverdiente, eigens genannt (ebd. S. 111 Rückseite).

Lehrplanes befassen".[1] Der Stundenplan erscheint den Ver-
fassern allgemein als "zu reichhaltig und zu streng, so daß
die Studenten nur wenig Gelegenheit haben, um während der
Schulzeit Dinge selbst zu organisieren". Nur an zwei Hochschulen sei Zeit für freiwillige Diskussionsgruppen vorgesehen, bei einigen anderen Hochschulen glaube man dagegen,
daß die Studenten noch nicht genug wüßten, um zu diskutieren. Auf diese Tatsache gehen die untersuchenden Offiziere genauer ein. Sie heben hervor, daß einerseits viele
Dozenten glaubten, eine Diskussion im Anschluß an eine Darstellung erübrige sich, da alles genau gesagt worden sei
und daß die, "die ihn noch nicht verstanden hätten, zu dumm
wären, um irgendwelche Erklärungen zu verstehen, die er
noch geben könnte".[2] Die Studenten ihrerseits seien noch
nicht so weit, daß sie Kritik übten oder einem Vortrag von
sachverständiger Stelle mißtrauten. Der charakterbildende
Wert der Diskussion wie überhaupt die Technik derselben sei
weithin unbekannt.[3] Bei den Dozenten wird eine "selbstge-
fällige Haltung" vermerkt, die das Gefühl vermittle, "als ob
viele zu sehr mit dem Stand der Dinge zufrieden sind, wie er
jetzt ist".[4] Manchmal sei der Dozent zu gelehrt und breite,
weit über die Kräfte der Studenten hinausgehend, seine Gedanken aus, dabei bleibe seine Methode weithin beim formellen
Vortrag, der auf Wissenserwerb für das Examen ausgerichtet

---

1 Ebd., S. 111 Rückseite. In dem gesamten Bericht wurde für
   die Pädagogischen Akademien der Begriff "Hochschule" gebraucht.

2 Ebd., S. 112. Es heißt hier auch: "Der Gedanke, daß nur
   Fachleute, mit tausenderlei Tatsachen ausgerüstet, über
   ein gestelltes Thema diskutieren können, herrscht in einem
   beunruhigenden Maße vor. Gewöhnlicher gesunder Menschen-
   verstand berechtigt nicht dazu, eine Meinung vor Fach-
   leuten zu vertreten".

3 Allgemein werden folgende Aussagen - ob von Dozenten oder
   Studenten stammend, ist nicht angegeben - wörtlich ange-
   führt:
   "Warum Angelegenheiten diskutieren, über die man nichts weiß?"
   "Warum Angelegenheiten diskutieren, für die man nichts tun
   kann?"
   "Politische Diskussionen verderben den Charakter" (ebd.).

4 Ebd., S. 113 Rückseite.

sei. Demgegenüber erhalten einige Dozenten der Psychologie
besonderes Lob wegen ihres Bemühens um einen modernen kurzen Vortrag mit anschaulicher Darstellung und anschließender Diskussion.[1] Immer wieder werden einzelne positive Aus-
nahmen herausgestellt, insgesamt aber bleiben für die Dozenten und ihre Methoden weite Passagen mit kritischen Aussagen vorherrschend.[2]

Die in den letzten beiden Kapiteln des Berichtes der britischen Erziehungsoffiziere aufgegriffenen Aspekte betreffen
jene Formen des Studiums, in denen sich die angestrebte
"Gemeinschaft der Lehrenden und Lernenden" vollzog. Dabei
sind an erster Stelle die Arbeitsgemeinschaften zu nennen,
die vorzugsweise diese Zielsetzung der Pädagogischen Akademien einlösten, in denen "die beste Arbeit ... geleistet"
wurde.[3] Diese - in Aachen auch Arbeitskreise genannten -
Veranstaltungen fanden bei den britischen Offizieren wie
auch bei allen von mir befragten Beteiligten einhelliges Lob.
Ihre abwechslungsreiche Themen- und Methodengestaltung - bei
kleinen Gruppen auf teilweise freiwilliger Basis mit vielen
Außenaktivitäten - war zukunftsweisend für die Ausgestaltung

---

1 Passim S. 113.

2 Auch in anderen Berichten sind diese Aussagen zu finden.
  Dies kann in erster Linie in der angelsächsischen Sicht-
  weise von Unterricht begründet sein. Weiterhin mag die
  Übersetzung der Berichte nicht immer dem Sinn gemäß, sondern mit Hilfe einfacher Wörterbücher erfolgt sein. So heißt
  es in einer Übersetzung eines Berichtes über die Pädagogischen Akademien vom 4. Dezember 1948 (HSTAD, NW 26,
  Nr. 80, S. 37) "Viel zu oft war der Unterricht vollkommen
  steif und eher tiefgreifend und stumpfsinnig." Von Hand
  wurde aber der englische Text hinzugefügt: "... formal
  and rather deep and dull", was sich weniger hart anhört.

3 Ebd.,S. 114. Für Aachen muß der folgende Satz gelten:
  "Sie (die Arbeitsgemeinschaften, Anm. d. Verf.) werden von
  den Studenten selbst geleitet, aber Dozenten werden eingeladen" (ebd.). Nur eine Hochschule hatte keine Arbeitsgemeinschaften.

des Studiums an Pädagogischen Akademien.[1] Die Studenten
jener Jahre loben durchweg das Engagement, die Lebendig-
keit und das Niveau. Es gab nahezu keine Konflikte und eine
hohe Motivation. Nicht scharf davon zu trennen sind die vielen "Freizeitkreise", die an der Mehrzahl der Akademien gebildet wurden, die aber als Folge der "materiellen Probleme
des täglichen Lebens" nicht in dem von den Briten gewünschten Umfang Interesse fanden.[2]

Die von den Erziehungsoffizieren ebenso untersuchte "soziale
Arbeit" kann als weiterer Ausdruck aktiven Gemeinschafts-
geistes an den Pädagogischen Akademien gesehen werden. Dies-
bezüglich finden die Aachener Studenten als einzige nament-
liche Erwähnung, weil sie sich an der Betreuung von Bunker-
bewohnern beteiligten und in Jugendgruppen und -lagern mit-
arbeiteten.[3] Allgemein wurde jedoch die Betätigung auf so-
zialem Gebiet an den meisten Akademien als nicht ausreichend
angesehen.

Die letzten vier Seiten des Berichtes befassen sich mit den
Studenten an sich und werden mit der Bemerkung eingeleitet,
daß das "Thema ... bis zum Schluß dieses Überblicks aufgehoben wurde, um mit einer hoffnungsvollen Bemerkung enden zu

---

1 Eine Ausprägung und Diskussion der eigenen Formen des
  Studiums an Pädagogischen Akademien fand auf dem ersten
  Hochschultag am 18./19. 5. 1951 in Jugenheim an der Berg-
  straße statt. Das Thema dieser Veranstaltung lautete:
  "Schulpraktische Ausbildung in hochschulmäßiger Form".
  In einem vielbeachteten Referat des Leiters der Akademie
  Wuppertal, Oskar Hammelsbeck, wurde ausgeführt: "Die Pä-
  dagogische Hochschule muß ... sich als eigenständige
  Gemeinschaftsform bewähren. Dozenten und Studenten müssen
  sich persönlich kennen und in den dafür nach Wahlfach und
  Neigung gebildeten Sonderkreisen über die wissenschaft-
  liche Hilfe hinaus menschlich zur Verfügung stehen"
  (Arbeitskreis Pädagogischer Hochschulen, Schulpraktische
  Ausbildung in hochschulmäßiger Form, Vorträge und Proto-
  kolle, Weinheim 1951, S. 18).

2 Bericht über die Pädagogischen Akademien (HSTAD,
  NW 26, Nr. 132, S. 114 Rückseite).

3 Ebd.,S. 115.

können".[1] Dieser Abschluß enthält eine Vielzahl von lobenden
Erwähnungen mit zum Teil wörtlichen Zitierungen, die einzelne oder alle Akademien betreffen. Das Niveau der Studenten
wird als "sehr hoch" eingeschätzt, die Studenten selbst werden als "feinfühlige und kluge Männer und Frauen" bezeichnet,
die "treu und ergeben" seien. Die Verfasser fordern deshalb,
daß "ihnen jede mögliche Ermutigung und Hilfe" anzubieten
sei.[2] In den Schlußsätzen heißt es:

> "Es wird an den Akademien rechtschaffen und schwer
> unter noch nie dagewesenen Schwierigkeiten gearbeitet.
> Die Atmosphäre aber ist sehr erfreulich und man hat
> das Gefühl, daß ständig danach gestrebt wird, demo-
> kratisch zu sein. Man kann nicht erwarten, daß die
> Demokratie an den deutschen Hochschulen nach der Be-
> seitigung des Nazismus so schnell aufblüht, aber man
> merkt doch, daß die Studenten sich nach der richtigen
> Seite gewandt haben. Es muß noch viel Arbeit ge-
> leistet werden, bevor wir sagen können, daß die jungen
> Lehrer wirklich als treue Demokraten erzogen werden
> und solange die materiellen Schwierigkeiten so groß
> sind, wird es auch nicht möglich sein. Die unerläß-
> liche Grundbedingung für den Erfolg, nämlich der Wille
> zum Versuch, ist jedoch an jeder Akademie zu finden."[3]

5.2.4 Zusammenfassung

Der Versuch einer Zusammenschau dieser Anfangszeit ist nicht
einfach. Die trotz aller oder - teilweise gerade - wegen
aller äußeren Mängel überwiegend Freude, Bewegung und Hoch-
gefühl ausdrückende Darstellung in Wort und Schrift durch
die an den Anfängen Beteiligten belegt die den Rahmen der
Pflicht weit überschreitende Arbeit der jungen Erzieher-
gemeinschaften. Dozenten und Studenten bemühten sich um die
Verwirklichung des gemeinsam angestrebten Zieles einer
christlich geprägten Erzieherpersönlichkeit. Auf einer

---

1 Ebd., S. 115 Rückseite.

2 Ebd., S. 116 Rückseite. Kleine ausgewählte Gruppen sollten
   zur weiteren Ausbildung nach England kommen und dann
   schnell befördert werden.

3 Ebd., S. 117.

Studententagung der Pädagogischen Akademien in Emsdetten
am 29. und 30. Mai 1947 wurde diese Haltung in folgender
Präambel für alle Studenten-Verfassungen bekundet:

> "Die Pädagogischen Akademien des Landes Nordrhein-
> Westfalen stehen einmütig und bewußt auf dem Boden
> des Christentums, in gegenseitiger Achtung und
> Wahrung der konfessionellen Eigenart. Diese christ-
> liche Grundhaltung soll dem gesamten studentischen
> Leben das Gepräge geben." [1]

Gleichzeitig wurde auf dieser Tagung mehrheitlich die Ansicht vertreten, "daß der Lehrer sich nicht parteipolitisch
binden und einsetzen solle".[2] Von diesem Standpunkt unterschieden sich die Zielsetzungen der britischen Erziehungsoffiziere erheblich, die bei ihren kühl - sachlichen Beob-
achtungen auf der Suche nach einem demokratisches Bewußtsein vermittelnden Unterricht noch viele Schwächen an den
Pädagogischen Akademien feststellen mußten.

Die Wahrheit in der Mitte zu suchen, wäre zu einfach. Beide
Sichtweisen sind subjektiv verständlich und in sich wahr.
Es zeigte sich jedoch, daß Mitte 1947 die Auffassungen noch
unverbunden nebeneinander standen und nur die Bereitschaft
zur Annäherung vorausgesetzt werden konnte. Für die dann
langsam beginnende Entwicklung im Sinne dieser "Bereitschaft
zur Annäherung" übernahmen die gewählten studentischen Ver-
tretungen und die Vereinigungen ehemaliger Studenten eine
wichtige Aufgabe. Sie sahen schon kurz nach ihren ersten Zu-
sammenkünften die Verpflichtung, "die uns allgemein angehen-
den Fragen in der Studentenschaft zu diskutieren und die sich
so offenbarende Stellungnahme der Studentenschaft zu vertreten".[3] Hiermit wurde ein bedeutsamer demokratischer Prozeß

---

1 Bernhard Noël, Studententagungen in Emsdetten und Braunschweig, in: Mitteilungsblatt der Pädagogischen Akademie
  Aachen, Heft 2, (1947), S. 15.

2 Ebd., S. 16

3 So Kurt Rauschenberg in einem Bericht des Studenten-
  ausschusses rückblickend auf die zweite Jahreshälfte des
  Jahres 1947 (Mitteilungsblatt der Pädagogischen Akademie
  Aachen, Heft 3, 1948, S. 2).

eingeleitet, der den britischen Vorstellungen nur entgegenkommen konnte. In diesem Zusammenhang muß auch der "Aachener
Bund" Erwähnung finden, der in seinem Mitteilungsblatt und
anläßlich seiner Zusammenkünfte den verschiedenen Auffassungen Ausdrucksmöglichkeiten bot. Schon im Frühjahr 1947
einigten sich Professor Siewerth und der sogenannte "Anton-
Heinen-Kreis" der Pädagogischen Akademie in Aachen,

> eine Arbeitsstelle zu bilden, deren Legitimation
> von der Akademie gewahrt, deren innere Aufbauar-
> beit von den lebendigen Kräften der im Kreis (ge-
> meint ist hier der Anton-Heinen-Kreis, der Verf.)
> gesammelten Erzieherschaft getragen und entwickelt
> wird.[1]

In schlichten Worten war dies der Anfang einer Vereinigung

---

1 L. Odenbreit in dem Aufsatz: Geschichte der Pädagogischen
Akademie in Aachen (Mitteilungsblatt, Heft 4, (32) 1954,
S. 242). In einer Besprechung mit Direktor Siewerth be-
schließen die Vertreter der Dozentenschaft und der Arbeitskreis am 6. Juli 1947, eine feste Form zu schaffen
für alle, die die bestehende "innere Verbundenheit" weiter
tragen wollen (Mitteilungsblatt, Heft 2, Herbst 1947,
S. 21). Erfahrungsaustausch, Briefwechsel und der Ausbau
des Mitteilungsblattes sind dabei die Nahziele. Dieses
Mitteilungsblatt, das bis 1961 besteht, beschreibt die
Aktivitäten der Studierenden, enthält darüber hinaus aber
auch ausführliche philosophische und pädagogische Abhand-
lungen. Ab Juni 1949 wird der Titel in "Mitteilungsblatt
des Aachener Bundes und der Pädagogischen Akademie" erweitert und ab 1953 in "Erbe und Entscheidung" umgewandelt.
In einer Rückbesinnung wird zum Selbstverständnis folgendes gesagt: "Wir sind ein k a t h o l i s c h e s
B l a t t und vertreten streng und auffallend eine katholische Pädagogik, soweit sie bestimmend für das Ganze ist.
Das heißt nicht, wir wollten eine katholische, jüdische
oder protestantische Turnmethodik - aber das heißt
i m m e r, eine durch unser ganzes Leben gehende, den Beruf in seinen letzten Gründen erfassende katholische, pädagogische Wirklichkeit" (Mitteilungsblatt, Heft 23/24, Oktober 1952, S. 36). Aus diesem Grundkonzept wird auch der
spätere Titel "Erbe und Entscheidung" interpretiert, indem
dazu aufgerufen wird, trotz der Ablehnung der Philosophie
Sartres seinem Ruf "Entscheidet euch!" zu folgen und in
"bewußter Rücksichtslosigkeit gegen das Böse" die anver-
trauten Menschen zu führen (ebd. S. 37). Im Jahre 1961
wurde das Blatt eingestellt.

ehemaliger Studenten der Pädagogischen Akademie Aachen, die
ein Beispiel für das fruchtbare Fortwirken der im Studium
grundgelegten und gepflegten Gemeinschaft bildete und gleich-
zeitig Forum war für den erwähnten Prozeß der Annäherung:
Bald nachdem die mit der Währungsreform verbundenen aktuellen
Nöte des Jahres 1948 überwunden waren, stellte sich der
Aachener Bund auf einer Tagung das Thema: "Das Geschichtliche
und das Politisch-Soziale als Bildungsformen der Volksschule".[1]
In der "sehr lebendigen Diskussion" im Anschluß an den ein-
leitenden Vortrag durch Professor Siewerth wurde für den
Unterricht gefordert, daß neben der "Sachlichkeit, die an
Quellen orientiert ist", das "Vermögen zur Kritik" bei den
Schülern geweckt werden müsse.[2]

So ließe sich anhand der Quellen dieser eben angesprochene
Prozeß bis zu den "Tutzinger Empfehlungen"[3] des Jahres 1955
weiterverfolgen. Helmut Schelsky, der diese Generation als
die "skeptische Generation"[4] untersuchte und deutete, findet
zwei Verhaltensweisen, mit denen die Jugend auf die "totale
Katastrophe als Folge des totalen Krieges" antwortete:

---

1   Mitteilungsblatt , Heft 4, März 1949, S. 2. Siewerth be-
    faßte sich in seinem Vortrag mit dem "Wesen des Geschicht-
    lichen überhaupt". In seinen Überlegungen wird nach seiner
    eigenen Darstellung "die christliche Wurzel des abendlän-
    dischen Geschichtsbewußtseins enthüllt und herausgearbeitet,
    daß ohne eine christliche Deutung der weltgeschichtlichen
    Zusammenhänge der Geschichtsunterricht nur schwer zu bil-
    dender Vertiefung kommen kann" (ebd.).

2   Ebd., S. 7

3   Die "Tutzinger Empfehlungen für die Lehrerbildung"
    (Göppingen 1955)   sind das Ergebnis der Tagung einer
    Studienkommission, die von der Studiengemeinschaft der
    evangelischen Akademien vom 7. bis 9. März 1955 nach Tutzing
    eingeladen worden war. Hier wurde für den Volksschullehrer
    "geistige Mündigkeit" als Zielbegriff formuliert und
    "wissenschaftliches Studium der Pädagogik" als Vorausset-
    zung dazu gefordert. (Die weitere Behandlung erfolgt im
    Schlußkapitel).

4   Helmut Schelsky, Die skeptische Generation, eine Soziologie
    der deutschen Jugend, Düsseldorf/Köln 1957.

"1. eine Entpolitisierung und Entideologisierung
ihres jugendlichen Bewußtseins und Sozialver-
ständnisses und

2. eine ungewöhnliche Anstrengung, die private
und persönliche Welt des Alltags und ihrer
Familien, vom Materiellen her angefangen,
wieder selbst aufzubauen und zu sichern." [1]

Beide Verhaltensweisen sind auch für die eben beschriebenen
ersten Anfänge auffallend, wobei der Entideologisierung
eine ausgeprägte christliche Dimension des Denkens und Han-
delns entgegengesetzt wurde. Das Beispiel der Akademiedozenten, die aufgrund einer starken religiösen Bindung dem
Nationalsozialismus widerstanden hatten, und die vielfachen
persönlichen Erfahrungen konstituierten die Verbindung
zwischen christlichem und erzieherischem Ethos, dem, wie ich
es nannte, "Grundaxiom der kommenden Arbeit".

Aus dieser Sicht darf die Kritik der Erziehungsoffiziere
nicht zu hoch bewertet werden. Auf einer Konferenz der
"Regional Commissioners"[2] aller Länder der britischen Zone
am 13. August 1948 sagte Birley unter anderem:

---

1 Helmut Schelsky, Was wurde aus dem Streben nach mehr
Demokratie und Selbstbestimmung ?, in: Generalanzeiger
Bonn, 31. 12. 1979 / 1. 1. 1980, S. 18. Vgl. auch H.
Schelsky, 1957, S. 84. Schelsky kommt zu der folgenden
Auffassung für die von ihm untersuchte Nachkriegsgene-
ration: "Damit hat sich das typisch jugendliche Suchen
nach Verhaltenssicherheit in dieser Generation genau
auf die sozialen Bereiche zurückgewendet, deren Anliegen
einst von der Generation der Jugendbewegung im gleichen
Streben nach Verhaltenssicherheit als unjugendlich abge-
lehnt und verlassen worden waren: die eigene Familie, die
Berufsausbildung und das berufliche Fortkommen, die
Meisterung des Alltags." (Ebd. S. 86.)

2 Das ausführliche Inhaltsprotokoll dieser Sitzung findet
sich im Public Record Office, London, Bestand 5045,
FO 371, 70713/1; die Aussage Birleys dort S. 8. Die Quellen wurden mir durch Prof. Dr. Erger freundlicherweise
vermittelt.

"Secondly, there appeared to be some misunderstanding
concerning the functions of Education Branch. It was
not correct to state that Education Branch considered
that they could direct and supervise German education.
The task of inspection was only a small part of the
work to be done and one which was becoming less and
which, to a large extent, would disappear before long."[1]

Offenbar bereitete sich auch hier die Einsicht vor, daß die
Auswirkung der häufigen "Besuche" begrenzt und viele der
aufgezeigten Schwächen im Laufe der Zeit behoben sein würden.

Auf der Basis einer christlichen Werthaltung nahmen die
Studierenden der Pädagogischen Akademien und deren Dozenten
die von den Briten erwünschten demokratischen Denk- und
Handlungsstrategien schrittweise in ihr Gesamtkonzept auf.
Mit dem Nachlassen des Einflusses der britischen Erziehungsabteilung wurde Freiraum gewonnen; je weniger die Demokratie
verordnet erschien, desto mehr wurde sie akzeptiert.

5.3 Das Ringen um Anerkennung im Stellenplan

5.3.1 Beginn der parlamentarischen Arbeit

Nach den bisherigen Darstellungen könnte der Eindruck entstehen, als sei nach dem Überwinden der Anfangsschwierig-
keiten die kontinuierliche Fortführung der Arbeit gesichert
und problemlos gewesen. Unter der Schirmherrschaft der Besatzungsmächte hatten die Pädagogischen Akademien 1946 feierlich ihre Arbeit aufgenommen, und die bereits beschriebene
Begeisterung des neuen Aufbruchs hatte über viele Hindernisse

---

1 Ebd.,S. 8. Während der Verhandlung wurden nochmals unterschiedliche Auffassungen über die sinnvollste Form der
   Fortführung diskutiert. Das Umfeld dieser und anderer Verhandlungen in der Mitte des Jahres 1948 stellt K. Jürgensen
   (1981, S. 134 f.) ausführlich dar.

hinweggeholfen. Es muß aber untersucht werden, inwieweit
die Veränderungen der machtpolitischen Kompetenzen im Lande
für die Akademien und deren Lehrkörper eine neue Belastungs-
probe darstellten.

> "Im Spätsommer dieses Jahres 1946 entstand Nordrhein-
> Westfalen etappenweise aus den Trümmern des Krieges.
> Der britische Oberbefehlshaber, Luftmarschall Sir
> Sholto Douglas, gab die Gründung Nordrhein-Westfalens
> am 17. Juli 1946 auf einer Pressekonferenz in Berlin
> bekannt. Eine Woche danach wurde der Oberpräsident
> von Westfalen, Rudolf Amelunxen, von den Engländern
> zum Ministerpräsidenten ernannt. Sechs Wochen später,
> am 30. August, konnte Amelunxen die erste Landes-
> regierung präsentieren."[1]

Die parteipolitischen Stärkeverhältnisse waren bei der Zusammensetzung dieser Regierung wie auch des Landtages von
der Militärregierung geschätzt worden. Dieser Landtag des
neuen Landes Nordrhein-Westfalen wurde am 2. Oktober 1946
feierlich eröffnet. Schon einen Monat später nahm die Militärregierung eine Veränderung der Zusammensetzung vor, da
Kommunalwahlen im Herbst 1946 ein anderes Stärkeverhältnis
der Parteien ergeben hatten. In der dann beginnenden sogenannten "Ernennungsperiode" der Landesregierung, die bis zu
den ersten regulären Landtagswahlen am 20. April 1947 dauerte, wurden auch die üblichen Ausschüsse gebildet. Am
4. Dezember 1946 fand bereits die erste Sitzung des neugebildeten Kulturausschusses des Landes Nordrhein-Westfalen
statt.[2] In dieser Sitzung wurde Christine Teusch (CDU) einstimmig zur Vorsitzenden gewählt, die die Arbeit mit einem

---

1 30 Jahre Verfassung Nordrhein-Westfalen, Düsseldorf o.
  Jahr, S. 14 f. Vgl. auch W. Först, 1970, S. 155 ff.
  Kultusminister wurde Prof. Dr. H. Konen, der schon am
  18. 12. 1947 von Frau Christine Teusch abgelöst wird.
  Frau Teusch, geb. am 11. 10. 1888 in Köln-Ehrenfeld,
  legte 1910 das Examen als Oberschullehrerin ab. Sie er-
  warb sich im 1. Weltkrieg Verdienste in der Verwundeten-
  fürsorge und wurde 1919 Abgeordnete der Nationalversammlung und blieb von 1920 - 1933 Mitglied des Reichstages.
  Nach drei Jahren Volksschuldienst wurde sie 1936 in den
  Ruhestand versetzt.

2 Vgl. die Niederschrift über die erste Sitzung des Kulturausschusses des Landtages Nordrhein-Westfalen am 4. 12.
  1946. Archiv des Landtages.

Hinweis "auf die wichtigen kulturpolitischen Aufgaben, die
dem Kulturausschuß zur Erledigung und Beratung"[1] gestellt
sind, eröffnet. Auch der anwesende Vertreter der Militärregierung, Oberst Walker, sprach Begrüßungsworte, wobei
er andeutete, "daß das Schlimmste wohl überstanden sei".[2]
In dieser ersten Sitzung kam Antz mit einem ausführlichen
Bericht über die Volksschullehrerbildung und die Pädagogischen Akademien zu Wort. Er resümierte die einzelnen
Schritte des Wiederanfangs, wobei er auch den Dreijahresplan der Militärregierung verdeutlichte, und kam dann zu
dem Ergebnis: "Wir stehen hier am Anfang, aber wir sind
einigermassen zuversichtlich, und wir schauen nicht auf das
zurück, was hinter uns liegt; aber wir strecken uns aus,
nach dem, was vor uns liegt."[3] Er schlug dem Kulturausschuß
vor, einmal eine Akademie zu besuchen. Das Protokoll enthält
nur eine kritische Rückfrage durch den SPD-Abgeordneten
Dr. Berger, der wissen wollte, ob Absolventen der nationalsozialistischen Lehrerbildungsanstalten "ohne weiteres" als
Volksschullehrer übernommen würden. Antz konnte ihm antworten, daß "kein Examen und kein Zeugnis der sogenannten
LBA ... bei uns anerkannt"[4] wurde. Insgesamt blieb diese
Sitzung mehr informativ und im Bereich der Lehrerbildung
ohne besondere Diskussion.

Überblickt man die Protokolle der Kulturausschußsitzungen
dieser ersten Ernennungsperiode, so ist erkennbar, daß die
Abgeordneten offensichtlich bemüht waren, vor den anwesenden Vertretern der Militärregierung möglichst klar ihre

---

1 Vgl. die Niederschrift über die erste Sitzung des Kulturausschusses des Landtages Nordrhein-Westfalen am
4. 12. 1946. Archiv des Landtages S. 1.

2 Ebd., S. 3

3 Protokoll der gleichen Sitzung S. 49. Von dieser 1.
Sitzung existiert eine Niederschrift von etwa fünf Seiten
Umfang und ein teilweise ausführliches Protokoll, das
mit Seite 50 abbricht. In dem obigen Zitat wurde die
Zeichensetzung berichtigt (Anm. d. Verf.).

4 Ebd., S. 50.

antinationalsozialistische Einstellung hervorzuheben, wohl
auch, um sich der Berufung in dieses Parlament würdig zu
erweisen. So wurde in einer Kulturausschußsitzung am 31.
Januar 1947 fast endlos über den Wortlaut eines Antrages
des Abgeordneten Rhode debattiert, daß "entnazifizierte
Lehrkräfte aller Schularten im Interesse der pädagogischen
Wirksamkeit und des Ansehens des Lehrerstandes und der Lehr-
disziplin nicht an einer Schulanstalt wieder eingestellt
werden dürfen".[1]

Zwei nahezusammenliegende Daten kennzeichnen jedoch eine
Zäsur im Frühjahr 1947. Am 1. Januar 1947 wurde die Verord-
nung Nr. 57 wirksam, wodurch den vier Ländern der Britischen
Zone die Zuständigkeit im Bildungsbereich übertragen wurde.[2]

> "Mit dieser Verordnung Nr. 57, die den Ländern klare
> Kompetenzen zuwies, sollte ihre politische und ver-
> fassungsrechtliche Stellung auch im Hinblick auf die
> erstmals im April 1947 durchgeführten Landtagswahlen
> gestärkt werden."[3]

Am 20. April 1947 fand die erste reguläre Landtagswahl in
Nordrhein-Westfalen statt, aus der die CDU als stärkste
Partei hervorging. Der Kulturausschuß nahm am 8. Juli 1947
seine Arbeit in einer ersten Sitzung auf.[4]

---

1   Protokoll der Sitzung des Kulturausschusses des Landtages
    vom 31. 1. 1947, Nachlaß Teusch, K 23, Nr. 6, S. 93.

2   K. Jürgensen, 1981, S. 114. Jürgensen behandelt in seiner
    Darstellung "Zum Problem der 'Political-Re-education'"
    die Zeit nach dem Inkrafttreten der Verordnung Nr. 57 und
    verdeutlicht anhand neuesten Materials die damit eingetre-
    tenen Veränderungen. Die weitergehende Arbeit Birleys und
    auch Walkers wird hier an Quellen aus dem britischen Public
    Record Office berichtet.
    Vgl. hierzu ebenso: M. Halbritter, 1979, das Kapitel "Bri-
    tische Schulpolitik nach dem Inkrafttreten der Kulturhoheit
    der Länder (1947-1949)", S. 39 f.

3   K. Jürgensen, 1981, S. 114.

4   Der Landtag hatte folgende Zusammensetzung: CDU 92 Sitze,
    SPD 64 Sitze, KPD 28 Sitze, Zentrum 20 Sitze, FDP 12 Sitze.
    Karl Arnold wurde Ministerpräsident einer Koalition aus
    CDU, SPD, KPD und Zentrum.

Die vielfach positiven Einflüsse der britischen Besatzung
ließen gelegentlich sogar Bedauern darüber aufkommen, daß
mit der Verordnung Nr. 57 schon relativ früh die Verantwortung auf deutsche Stellen übertragen worden war.[1] Auch
Antz wußte natürlich bei seinem Resümee im Dezember 1946 vor
dem neuen Kulturausschuß, daß noch ein schwerer Weg vor ihm
lag, wenn die Lehrerbildung die Form und Gestalt bekommen
sollte, die er ihr zugedacht hatte. Eine in diesem Sinne
schwerwiegende Entscheidung des Jahres 1947 betraf den
Stellenplan der Pädagogischen Akademien, der im Parlament
durchgesetzt werden mußte; von der besoldungstechnischen
Ausstattung der Pädagogischen Akademien hing es nämlich
entscheidend ab, in welcher Breite diese in Zukunft lehren
konnten, und welches Ansehen sie entwickeln würden.

5.3.2 Die Denkschrift zur H-Besoldung für die
       Akademieprofessoren

Von Anfang an ging es um die Frage, ob man die Professoren
der Pädagogischen Akademien in die sogenannte H-Besoldung
der Hochschulen einbeziehen könne, oder ob sie Studienrats-
gehälter beziehen sollten. Schon in einem Schreiben vom
7. Dezember 1945 hatte von den Driesch bei Antz für sich
und die Herren Fettweis, Siewerth, Ramackers, Selhorst und
Berekoven Stellen in der H-Besoldung vorgeschlagen,[2] worauf

---

1 Mitteilung von Frau Marianne Vogt geb. Antz, die entsprechende Bemerkungen ihres Vaters - besonders auf dem
   Hintergrund der außergewöhnlichen Freundschaft zu Walker -
   bezeugt. Auch Jürgensen beschreibt, daß "trotz der Er-
   schwernisse eines anfänglichen Fraternisierungsverbots
   und anderer Reglementierungen - menschliches, bisweilen
   sogar freundschaftliches Verstehen" zu den Erziehungsoffizieren entstanden war. (K. Jürgensen, 1981, S. 123).

2 Sein Vorschlag nannte H Ia von den Driesch
                        H Ib Dr. Fettweis, Dr. Siewerth
                        H II Dr. Ramackers, Dr. Selhorst und
                             Studienrat Berekoven

   Als Kriterien führte er Alter, bisherige Stellung und
   Lehrauftrag an (HSTAD, NW 26, Nr. 166, S. 33).

Antz ihm antwortete: "Wie die einzelnen Dozenten auf die
Gehaltsgruppen verteilt werden, wollen wir gelegentlich
gemeinsam überlegen."[1] Das Ergebnis dieser Überlegungen
ist nur schwer zu ermitteln.

Nach dem Haushaltsplan für die Zeit vom 1. Oktober 1945
bis 31. März 1946[2] der Pädagogischen Akademie Aachen wurden
alle Professoren in A 2 b, also nicht in der H-Besoldung
eingestuft. Sie unterschieden sich untereinander aber durch
beträchtliche Zulagen.[3] Es ist zu vermuten, daß die Einstellung der Briten hier maßgebend gewesen war. Nicht bean-
standet wurde in den Gesprächen der Titel Professor für
relativ viele Mitglieder des Kollegiums der ersten Akademien. Antz erreichte aber schon bald die Anerkennung der
H-Besoldung,[4] denn im Sommer 1946 wurden beispielsweise
Dr. Siewerth und Dr. Fettweis von der Aachener Akademie
mit der Besoldungsstufe H 1 b endgültig als Professor anerkannt.[5] Allerdings dürfte es Antz bei der hohen wissen-

---

1 HSTAD, NW 26, Nr. 166, S. 29.

2 Vgl. HSTAD, RWN 46, Nr. 37, S. 16-18; dieser Zeitraum
   stellt die zweite Hälfte des Rechnungsjahres 1945 dar.

3 Direktor   A 2 b + 2.400,-- RM Zulage pro Jahr
   2 Professoren   A 2 b + 1.200,-- RM Zulage "   "
   6 Professoren   A 2 b +   600,-- RM Zulage "   "
   2 Dozenten   A 2 b   ohne Zulage

   Namen wurden hier nicht angegeben.

4 In der weiter unter noch näher erläuterten Denkschrift
   schreibt Antz: "Im Sommer 1946 wurde der Haushaltsplan
   für diese sieben Akademien ausgearbeitet und in Verbindung mit dem Haushaltsplan für das gesamte Erziehungs-
   und Unterrichtswesen dem von der Militärregierung berufenen Kulturausschuß zur Begutachtung vorgelegt und in
   mehreren Sitzungen unter dem Vorsitz des Herrn Staats-
   sekretärs Dr. Lammers besprochen und schließlich gut ge-
   heißen." HSTAD, NW 26, Nr. 180, S. 3 Rückseite.

5 Siewerth am 1. 6. 1946. HSTAD, NW 26, Nr. 127, Blatt 18.
   Fettweis am 27. 7. 1946, ebd. Blatt 3. In dieser Zeit
   wurden die meisten Dozenten der ersten vier Stammakademien endgültig ernannt.

schaftlichen Qualifikation dieser und anderer Herren und
Damen nicht zu schwer geworden sein, die Militärregierung
von der Notwendigkeit einer entsprechenden Besoldung zu überzeugen. Im weiteren Verlauf des Jahres 1946 mußte Antz
ständig weitere Dozenten für die neu zu errichtenden
Akademien finden, wobei ihm der Hinweis auf die finanziell
gut ausgestatteten Positionen der ersten Professoren sicher
hilfreich war. Zahlreiche handschriftlich geführte Tabellen[1] mit Namen und zugeordneten Gehaltsstufen zeugen von
seiner Arbeit und seinen Überlegungen auf diesem Gebiet.
Dennoch konnte bei dem hohen Bedarf auf die Dauer eine re-
lative Verminderung der qualifizierten Kräfte nicht aus-
bleiben,[2] mit dem Ergebnis, daß zunächst die endgültige
Anstellung der an die neu errichteten Akademien berufenen
Dozenten verzögert und auf das Jahr 1947 verschoben wurde.
Die erste Jahreshälfte stand ganz im Zeichen der Landtagswahlen. Im neu gewählten Landtag und in seinen Ausschüssen
ging es dann bald um die konkreten Fragen der Tagespolitik,
vor allem um die Verwendung der Haushaltsmittel. So mußte
Antz in der dritten Sitzung des Kulturausschusses des neuen
Landtages am 10. Oktober 1947 die entscheidende Debatte für
"seine" Pädagogischen Akademien führen. Hier mußte sich zeigen, ob die H-Besoldung für die vielen Pädagogischen Akademien und ihre Professoren weiter aufrechtzuerhalten war.

Als Entscheidungshilfe für die Mitglieder des Ausschusses
hatte Antz offensichtlich eine neunseitige engbeschriebene

---

1 Zu finden im HSTAD, NW 26, Nr. 180.

2 So waren beispielsweise von 16 hauptamtlichen Kräften
  an der früh gegründeten Pädagogischen Akademie Bonn
  zwölf promoviert, während an der Pädagogischen Akademie
  Lünen von zwölf hauptamtlichen Kräften nur drei promoviert waren. HSTAD, NW 26, Nr. 127.

"Denkschrift über die Pädagogischen Akademien"[1] verfaßt.
In dieser umfassenden Arbeit stellte Antz nochmals die
Entstehungsgeschichte der Pädagogischen Akademien dar und
betonte dabei ihre Vorzüge bezüglich der Qualität[2] im
Vergleich zur Ausbildung der Lehrer in Seminarformen.
Weiterhin begründete er in der Denkschrift die vorwiegend
konfessionelle Grundlage der Akademien und die Folgen des
britischen Planes in der Form der Sondernotlehrgänge.
Unter Punkt fünf beschrieb Antz dann ausführlich den bisherigen Stellenplan des Jahres 1946. Er vermerkte dazu,
daß "auch auf diesem Gebiete ... die Pädagogische Akademie aus
der Zeit vor 1933 als vorbildlich angesehen"[3] wurde. Er
konnte auf einen von ihm 1946 in Anlehnung an dieses Vorbild entworfenen Stellenplan für die ersten vier "Stammakademien" im Rheinland verweisen, der folgendes Bild ergeben habe:

---

1 HSTAD, NW 26, Nr. 180, S. 2 ff. Diese ungezeichnete und
   undatierte Denkschrift ist mit an Sicherheit grenzender
   Wahrscheinlichkeit von Antz für den im Text genannten
   Zweck verfaßt. Der Zeitpunkt ist eingrenzbar auf Herbst
   1947 durch den Bezug auf die Verordnung Nr. 54, vom
   25. Juni 1947, die schon erwähnt wurde. Weiterhin wird
   der Ausdruck "Denkschrift" im Protokoll der Kulturausschußsitzung erwähnt und ebenso in einem Schreiben des
   Kultusministers an Dr. Hofmann, in dem es wörtlich heißt:
   "Ich erlaube mir, Ihnen in der Anlage eine von meinem
   Sachbearbeiter, Herrn Ministerialrat Professor Antz, entworfene Denkschrift (Heraushebung d.d. Verfasser) über
   die Pädagogischen Akademien des Landes Nordrhein-Westfalen zur gefl. Kenntnisnahme zu überreichen." HSTAD,
   RWN 210, Nr. 170, S. 2.

2 Vgl. ebd. S. 2 Rückseite. Er schreibt hier, es "sei der
   Beweis erbracht, daß auf diese Weise eine gründlichere
   und für die Schule wertvollere Ausbildung der Lehrer
   erreicht werden kann".

3 Der Stellenplan der damaligen Akademien sah vor, "daß
   ungefähr 75 % der Dozenten Hochschulgehälter erhielt;
   (der Leiter die Stufe C1, 10 - 12 Dozenten mit der Amtsbezeichnung Professor die Stufen C2 und C3), während
   3 - 4 meist jüngere Dozenten nach der Gehaltsstufe der
   Studienräte besoldet wurden und die Amtsbezeichnung
   Dozent erhielten" (ebd. S. 4. Die Seitenzahlen beziehen
   sich auf die Zählung des HSTAD, nicht auf die Seiten-
   zählung der Denkschrift. Anm. d. Verf.).

4 Stellen in H 1 b
3 Stellen in A 1 b
3 Stellen in A 2 b
6 Stellen in A 2 c 2,

wobei für die drei ersten Gruppen die Amtsbezeichnung
Professor versprochen[1] und dann auch vom Oberpräsidenten
genehmigt worden sei.

Weiterführend schrieb Antz in der Denkschrift an die Abgeordneten, daß es nunmehr darum gehe, die Dozenten der später eingerichteten Akademien gleichrangig anzustellen.
"Es ist schlechterdings unmöglich, sie in einer anderen
Form anzustellen, sie zum großen Teil niedriger einzustufen als ihre Kollegen in den vier Stammakademien."[2]
Als mögliche Folgen nannte Antz unter anderem, daß der
"freudige Eifer" und die "ernste Hingabe" erlahmen würden.
In der klug weitergeführten Argumentationskette zeigte er
noch den Vergleich zu anderen Ländern auf[3] und brachte
dann sein schlagkräftigstes Argument ein, den Kostenver-
gleich zwischen der früheren Seminarausbildung und der

---

1 "Denkschrift", S.4. Bei der schon erwähnten ersten festen
  Anstellung im Sommer/Herbst 1946 waren an den vier
  Akademien im Rheinland

  4 Direktoren   in H 1 b
  12 Professoren in H 1 b
  7 Professoren   in A 1 b
  11 Professoren in A 2 b
  11 Dozenten   in A 2 c 2

  ernannt worden.

2 Ebd. S. 4 Rückseite. Die "Stammakademien" sind Aachen,
  Bonn, Essen und Kettwig.

3 Er führt die Länder der britischen Zone an, die, mit
  Ausnahme von Hamburg, alle Pädagogischen Hochschulen
  errichtet hatten.

neuen zweijährigen Akademieausbildung.[1] Als Abschluß wählte
Antz den Hinweis auf die vor kurzem am 25. Juni 1947 vom
Alliierten Kontrollrat herausgegebene Direktive Nr. 54, in
der es hieß: "All teacher education should take place in a
university or in a pedagogical institution of university
rank".[2]

5.3.3 Exkurs zur Direktive Nr. 54 des Alliierten Kontroll-rates vom 25. Juni 1947

Vor der Darstellung der Debatte im Kulturausschuß bedarf
die eben genannte Direktive Nr. 54 [3] einer näheren Betrachtung, um den Rahmen zur anstehenden Entscheidung noch
deutlicher werden zu lassen.

---

1 Nach seinen Berechnungen waren, "wenn man nach dem
französischen Vorbild die alten Seminare erneuern
wollte ... statt der 12 Akademien ... mindestens 48
Seminare erforderlich". Allein bei den Personalausgaben
mit Studienräten errechnete Antz ein Mehr an Kosten in
Höhe von 2.628,00,-- RM. Zusätzlich müßten dann noch
die Gebäudekosten geschätzt werden "ganz abgesehen davon, daß so viele Gebäude für diesen Zweck zunächst gar
nicht verfügbar wären".
Schließlich wies er hier noch Befürchtungen zurück, daß
eine "das staatliche Finanzwesen erschütternde Gehaltsbewegung" der Lehrer entstehen könne. Alle Zitate "Denkschrift",
S. 4a Rückseite und S. 5).
Die von Antz vorgetragene Argumentation ist etwas schief.
Sie hatte ihre volle Berechtigung beim Beginn im Jahre
1945, als man über die Akademien schneller zu einsatz-
fähigen Lehrern kam. Hinzufügen muß man aber, daß die
Schüler in den Seminaren mit Wissensbereichen vertraut
gemacht wurden, die die Studenten der Pädagogischen
Akademien mit dem Abitur schon einbrachten; dieses Mehr
an Kenntnissen war natürlich nich kostenfrei vermittelt
worden.

2 Vgl. hierzu den nachfolgenden Exkurs.

3 Der gesamte Text in deutscher offizieller Fassung findet sich im HSTAD unter RWN 46, Nr. 30, S. 42. Weitere
Punkte dieser Direktive betreffen die Lehrmittelfrei-
heit, Ganztagsunterricht, Verlängerung der Schulpflicht,
Staatsbürgerkunde, Berufsberatung und Gesundheitsüber-
wachung der Schüler.

Zunächst muß beachtet werden, daß sie keine rein britische,
auf die britische Zone bezogene Anordnung war, sondern, daß
sie eine in Berlin vom Alliierten Kontrollrat erlassene
allgemeine Maßgabe für die Demokratisierung des Erziehungswesens in ganz Deutschland darstellte. Das heißt, daß ihr
je nach dem Stand der Lehrerbildung in den einzelnen Ländern und Besatzungszonen eine unterschiedliche Bedeutung
zukam. George Murray, der von 1944 bis 1956 in der Education Branch der britischen Militärregierung tätig war,
schreibt rückblickend, daß der Passus über die Lehrerbildung

> "was particularly relevant to the more conservative
> areas of Germany where there was a lingering adherence
> to the out-moded system of training elementary teachers
> at special colleges in six-year courses following
> immediately after the elementary school period".[1]

Die weitreichenden Konsequenzen dieser Direktive Nr. 54
werden deutlich in einer Anordnung des Leiters für Erziehung
und religiöse Angelegenheiten in Berlin, der am 1. Dezember
1947 an die Militärregierung in Bayern, Württemberg-Baden,
Hessen, Bremen und Berlin eine Erläuterung herausgibt, in
der es heißt:

> "Lehrerbildungsanstalten, ... die jetzt in ihrem
> Lande bestehen ohne das Abitur für die Zulassung
> zu verlangen und ohne in ihrer Organisation und
> in ihrem Verfahren auf der Ebene einer Universität
> zu stehen, werden durch die Direktive Nr. 54 ver-
> boten und dürfen nicht weitergeführt werden".[2]

An anderer Stelle wurde darauf hingewiesen, daß "ein bloßer
Wechsel des Namens nicht genügt".[3] Wenn auch die von Antz

---

1 G. Murray, 1978, S. 132.

2 Hubert Buchinger, Volksschule und Lehrerbildung im
  Spannungsfeld politischer Entscheidungen 1945-1970,
  München 1973, S. 504. Dort zitiert nach: Hans Merkt,
  Dokumente zur Schulreform in Bayern, München 1952,
  S. 163.

3 HSTAD, NW 19, Nr. 66, S. 17.

initiierten Pädagogischen Akademien in Nordrhein-Westfalen
formal den Anforderungen des Kontrollrates entsprachen und
sich sogar gegenüber anderen Ländern vorteilhaft abhoben,
so war doch den eingeweihten Personen bewußt, daß nicht
mehr alle Akademien den ursprünglichen Vorstellungen gerecht wurden. Schon in der ersten Kulturausschußsitzung
des neugewählten Landtages am 8. Juli 1947[1] hatte Mini-
sterialdirektor Dr. Koch eingeräumt, daß man für zwölf
Akademien "in kurzer Zeit das Kollegium sozusagen aus dem
Boden stampfen mußte", dabei seien "eine ganze Reihe von
Anstellungen"[2] vorgenommen worden, die nicht vollqualifi-
zierte Leute betroffen habe. Auch Antz schrieb von einer
"bedrängten Lage"[3] bei der Durchführung des durch die Engländer angeordneten Dreijahresplanes und sah durchaus, daß
die neu errichteten Akademien, die mit den Sondernotkursen
anfingen, wohl seiner besonderen Betreuung bedurften.

Der Direktor der Pädagogischen Akademie Aachen, Prof. Dr.
Siewerth, äußerte sich zu der damaligen Situation in einer
Denkschrift,[4] die er an den Landtagsabgeordneten Dr. Josef
Hofmann richtete, wie folgt:

---

1 Archiv des Landtages NRW A 010 310/13, 1. Wahlperiode,
  S. 25. (Man unterscheide diese Sitzung von der 1. Sitzung
  des Kulturausschusses während der Ernennungsperiode am
  4. 12. 1946.)

2 Ebd.

3 HSTAD, NW 143, Nr. 6, S. 47 Rückseite. Dort führte er
  weiter aus: "Ich war gezwungen, die getroffene Anordnung
  irgendwie zu erfüllen, (und so) kam ich auf den Ausweg,
  außer der fünften noch eine sechste und siebente Akademie
  zu errichten und diese drei neuen Anstalten mit Sondernotkursen für 28 - 40 jährige beginnen zu lassen und später als Normalakademien auszubauen" (ebd.).

4 Denkschrift zur Lage der Lehrerbildung, verfaßt im Aug.
  1949, HSTAD, RWN 210, Nr. 170, S. 138.

> "Es gibt wohl keine Bildungsstätte, deren
> Tradition so völlig zerstört wurde wie die
> der Pädagogischen Hochschule, so daß die
> Zahl der qualifizierten Dozenten von vorn
> herein außerordentlich beschränkt war. Trotz-
> dem hat ... eine besonders strenge politische
> Auswahl die Grenzen dieses an sich nicht zahl-
> reichen Personenkreises aufs bedenklichste
> verengt". [1]

Insgesamt gab die Kontrollratsdirektive zwar eine wichtige
Richtschnur ab, dennoch war zu befürchten, daß die neu
gewählten Landesparlamentarier sich hiervon nicht mehr zu
stark beeinflussen ließen, sondern ihre frisch gewonnene
Entscheidungsgewalt voll anwenden würden.

5.3.4 Die entscheidende Debatte im Kulturausschuß

Nach dem bisher Gesagten darf es nicht wundern, wenn der
Abgeordnete Rhode (SPD) in der Ausschußsitzung am 10.
Oktober 1947 die Diskussion des Titels "Pädagogische Hochschulen" mit der Bemerkung einleitete: "Ich befürchte, daß
die Pädagogischen Akademien schon wieder auf dem Standpunkt
der ehemaligen Seminare angelangt sind". [2] In langen Darstellungen zeigten nun der Kultusminister, Professor Dr.
Konen, und Professor Antz die bisherige Entwicklung und
Leistung der Pädagogischen Akademien auf. Nach einem Ruf
zur Geschäftsordnung führte Ministerialrat Dr. Vogels die
Frage auf den Punkt, indem er sagte: "Es handelt sich bei
der Etatberatung über die Pädagogischen Akademien darum,
ob die Pädagogischen Akademien das bleiben sollen, was sie
gewesen sind im alten Preußen, ... ob sie nämlich eine

---

1 Ebd.,Siewerth führte hier weiter aus: Dazu kam die Notwendigkeit, die Lehrkörper schnell zusammenzustellen,
   damit der qualvollen Lehrernot gesteuert werden könne,
   so daß es nicht wunder nehmen kann, wenn die Lehrkörper
   der pädagogischen Hochschulen nicht so gleichmäßig aufgebaut sind wie es wünschenswert erschien" (ebd.).

2 Stenographischer Bericht, Nachlaß Teusch, HASTK, K23,
   Nr. 1, S. 31.

Hochschule sind oder nicht."[1] Vogels stellte dann heraus,
daß die Preußischen Akademien Aufgaben des Lehrens und
Forschens wahrgenommen hätten, wie dies von den Professoren der zwölf Akademien ja noch nicht erwartet werden
könne. Finanzminister Dr. Weitz betonte die "entbehrungs-
reiche" und "dornenvolle" Tätigkeit des Privatdozenten,
die normalerweise zum Universitätsprofessor führe, demgegenüber jetzt Herren aus dem absolut sicheren Lehrerberuf in die Dozentenlaufbahn berufen würden.[2] Kultusminister Konen suchte daraufhin nach einer Zwischenlösung,
indem er ein Berufungsverfahren unter Beteiligung der
Universitäten für die zukünftigen Professoren und die
Herabsetzung der Sonderstellen von vier auf nur noch eine
vorschlug. An dieser Stelle gab Dr. Vogels zu bedenken,
daß dies auf die Dauer für die Pädagogischen Akademien
schlecht ausgehe, da die fähigsten Leute dann durch die
Universitäten abgeworben würden. Die Debatte ging zwischen
den verschiedenen Standpunkten hin und her, wobei sich der
SPD-Abgeordnete Rhode immer wieder für die Gleichstellung
der Pädagogischen Akademien mit den Universitäten einsetzte.
Selbst durch das Argument des Finanzministers, daß mit der
akademischen Lehrerbildung auch eine Gehaltsbewegung der
Lehrer in Gang gesetzt würde, ließ Rhode sich nicht von
seiner Auffassung abbringen.

> "Jetzt handelt es sich nicht um die Lehrer selbst,
> sondern um die Ausbilder der Lehrer. Die Frage
> wäre gegenstandslos, wenn wir die Ausbildung des
> Lehrer-Nachwuchses an die Universitäten gelegt
> hätten, wenn das alte Ziel der Lehrerschaft er-
> reicht wäre ... . Nun ist die Lösung mit den
> Pädagogischen Akademien da; dann muß aber min-
> destens auch die Akademie der Universität gleich-
> gestellt werden.[3]

1 Stenographischer Bericht ... ebd., S. 43

2 Er sprach von einer "Hungerzeit", die die Privatdozenten
   vor ihrer Berufung zum Professor durchmachten. Besonders
   befürchtete er, daß die Hierarchie der Besoldungsgruppen
   belastet würde bei diesem Emporschnellen vom Lehrer zum
   Professor (ebd., S. 46).

3 Ebd., S. 51.

Schließlich war es aber dann doch Antz, der in einer klug
geführten Rede, alle Argumente aufgreifend, die Bedenken
offensichtlich weitgehend zu beheben vermochte. Er betonte, daß an den Akademien "eine Anzahl von Männern"[1]
tätig sei, die den Dr. habil. erworben hätten, unter ihnen
manche, "die viele Jahre warten mußten", auch seien viele
dabei, "die gezwungen waren, in sehr bescheidener Weise
zu leben, weil ihnen der Weg trotz der akademischen weit-
greifenden Studien versperrt war". Er nannte die Anzahl an
Herren, die schon als Oberstudiendirektoren tätig gewesen
seien und erklärte schließlich, daß die Zahl der von der
Volksschule kommenden Dozenten verhältnismäßig gering geblieben sei, "noch nicht ein Prozent aufs Ganze gesehen",
die sich aber zuvor durch ein langes Lehrerleben bewährt
hatten.

> "Also diese akademischen Gehälter werden fast
> ausschließlich auch an solche Männer und Frauen
> gezahlt, die die entsprechenden akademischen
> Studien gemacht und auch die entsprechenden
> Prüfungen abgelegt haben".[2]

Die vom Finanzminister befürchtete "zerstörende und auf-
lösende Gehaltsbewegung"[3] wehrte er mit dem Argument ab,
daß er noch nicht gehört habe, daß die Lehrer der ehemaligen preußischen Akademien, die schon fast 20 Jahre

---

1 Stenographischer Bericht ... ebd., S. 49.

2 Alle Zitate aus ebd.,S. 49. Die Argumentation von Antz
  war im Sinne der Sache richtig, wenn auch nicht unan-
  greifbar. So dachte er sicher an einige Herren, die er
  mehrmals bei den einzelnen Aufführungen zählen konnte,
  wie beispielsweise von den Driesch, der ja den "Dr.
  habil." erworben hatte, viele Jahre warten mußte, in
  bescheidener Weise lebte und auch als Oberstudiendirektor tätig gewesen war.

3 Ebd.

ihren Dienst leisteten, "revoltiert"[1] hätten.

Das Ergebnis war beachtlich. Antz hatte wiederum eine
ähnlich bedeutsame Entscheidung erfochten wie im Jahre
1945, als er die Pädagogischen Akademien durchsetzte. Auf
die zwölf Pädagogischen Akademien entfielen im Stellenplan
für 1948 33 H 1 b Stellen,[2] außerdem 36 A 1 b Professoren
und 44 A 2 b Professoren, also insgesamt 113 Professorenstellen gegenüber 83 Dozentenstellen der Gruppe A 2 c 2.
Dies war zwar nicht ganz der Prozentsatz der ehemaligen
preußischen Akademien. Es sind hier aber die absoluten
Zahlen zu sehen. Im gleichen Jahr sah der gesamte Stellenplan der RWTH Aachen 44 H 1 b Professorenstellen vor.[3]
Der Vergleich zu dem vorherigen Stellenplan für Pädagogische Akademien von 1946 sieht ebenfalls günstig aus. Zwar
sank der Anteil der H 1 b Stellen pro Akademie von bisher
vier auf drei Stellen; demgegenüber erhöhte sich aber der
Anteil der A 2 b Stellen, so daß sich der Anteil der
"Professoren" von ursprünglich 62,5 % nur auf 57 % ermäßigte.

Zusätzlich zu diesen Zahlen muß der statusbezogene Erfolg
der Pädagogischen Akademien gesehen werden. Alle Einrichtungen waren gleichermaßen, wenn auch strukturell unterschiedlich, an der Lehrerbildung "of a university rank" beteiligt und stellten für Dozenten und Studenten, aber auch
für die betroffene Gemeinde, die die Akademie beherbergte,
eine Institution von hohem Rang und Ansehen dar. Dies wurde
später deutlich, als sich die Anzeichen für eine mögliche
Auflösung einzelner Akademien mehrten.

---

1 Wörtlich sagte er: "Also alle diese jungen Lehrer haben
   nun mit Unterbrechung des Krieges zwanzig Jahre lang,
   ungefähr von 1928 bis zur Gegenwart ihren Dienst getan
   und man hat bisher nichts von einer Gehaltsbewegung gehört." (ebd., S. 5O).

2 Siehe Dokument Nr. 4 im Anhang dieser Arbeit. Die hier
   aufgeführten Professoren der Stufe A 1 b entsprachen dem
   Studiendirektor bzw. dem Regierungsdirektor. Der Stufe
   A 2 b entsprach der Studienrat. In dem Stellenplan fällt
   die wesentlich bessere Ausstattung der Akademien im
   Rheinland auf.

3 Siehe Dokument Nr. 5 im Anhang dieser Arbeit.

5.4   Die geplante Reduzierung der Pädagogischen Akademien

5.4.1 Antz setzt sich durch, reicht aber seinen Abschied ein

Es wurde bereits angedeutet, daß der Dreijahresplan der Briten, der zur Einrichtung der vielen Sondernotkurse führte,
für die Zukunft möglicherweise eine Belastung darstellte.
Die Idee, die aus der Notlage des Jahres 1945 entstand und
im Januar 1946 erstmals ausformuliert wurde, hatte zunächst wenig Gegenliebe bei den maßgebenden deutschen Stellen gefunden.[1] In dem Bemühen, die Qualität der neuen
Lehrerbildung auch diesem, vor allem durch die Briten mit Nach-
druck versehenen Programm zu sichern, sah sich Antz ver-
anlaßt, über die ursprünglichen vier "Stammakademien"
hinausgehend, schließlich insgesamt zwölf Pädagogische
Akademien zu gründen. Außerdem wurden noch weitere sieben
reine Sondernotlehrgänge aufgebaut.[2]

Schon Ende 1947, noch vor der Eröffnung (!) des letzten
Lehrgangs in Unna, wurden erste Stimmen laut, die die
Gefahr einer künftigen "Junglehrernot" gegenüber der
Erziehungsabteilung der Militärregierung aufzeigten und
dieser dringend empfahlen, von der Ausbildung weiterer
Lehrer in Sondernotlehrgängen abzulassen.[3] Im Laufe des
Jahres 1948 wurde dann auch - zunächst in vorsichtigen
Sondierungsgesprächen - über das Ende der Sondernotlehr-
gänge hinausgehend, der Abbau von Pädagogischen Akademien
in Erwägung gezogen.

----

1 Vgl. Kap. 4.4 dieser Arbeit.

2 Ebd.

3 So in einer Korrespondenz zwischen dem Deutschen Städte-
   tag und Antz (HSTAD, NW 26, Nr. 132, S. 76 u. 77).
   "Junglehrernot" als allgemein übliche Bezeichnung für
   einen Überhang an fertigen jungen Lehrern, der nicht
   in Planstellen vermittelt werden konnte.

Damit begann eine Kette von Darstellungen und Gegendarstel-
lungen, die insofern hier von Interesse ist, als sich dabei
zeigt, wie weit und wie tief die Pädagogischen Akademien
trotz ihres erst relativ kurzen Wirkens inzwischen von den
beteiligten Stellen vereinnahmt worden waren. Die erste
mir bekannte schriftliche Äußerung ist vom Bischof von
Münster, der in einem Schreiben an Frau Kultusminister
Teusch vom 10. August 1948 - unter Berufung auf frühere
Beschlüsse der Fuldaer Bischofskonferenz - für die Zukunft
die Erteilung der Missio canonica nur noch Lehrern von
konfessionellen Lehrerbildungsstätten zugestehen will.
Er schrieb weiter:

> "Deshalb halte ich es für geboten, daß wenn ein
> Abbau erfolgen muß, hiervon in erster Linie die
> Simultananstalten betroffen werden. Ich bin der
> Überzeugung, daß auch in diesem Fall das grund-
> sätzlich Richtige sich auf die Dauer auch als das
> taktisch Bessere ausweisen wird".[1]

Mit diesem Schreiben kam die konfessionelle Seite dieser
Frage ins Spiel, die dann zu einem Hauptstreitpunkt wurde.
Der Kulturausschuß des Landtages bestellte am 27. Okt. 1948[2]
einen eigenen Unterausschuß zur Prüfung der Frage, wieviele
Pädagogische Akademien für das Land Nordrhein-Westfalen
notwendig seien. In der Sitzung am 9. Dez. 1948 unter dem
Vorsitz des Abgeordneten Dr. Hofmann (CDU) aus Aachen kam
es zur Debatte und zu einer ersten Entscheidung.[3] Zunächst

---

1 HSTAD, NW 143, Nr. 6, S. 2. "Unter "Missio canonica"
  versteht man nach kath. Kirchenrecht die durch die
  zuständige kirchl. Autorität erfolgte Beauftragung
  oder Bevollmächtigung, durch Ausübung des Predigtamtes
  oder durch Erteilung des Religionsunterrichtes die von
  Christus gelehrten Glaubenswahrheiten zu verkünden"
  (A.Scharnagel im Lexikon der Pädagogik, Bd.3, Freiburg
  1954).

2 Dies geht aus einem Schreiben Dr. Hofmanns an Prof.
  Berekoven hervor (HSTAD, RWN 210, Nr. 170, S. 21).
  Weiterhin heißt es dort, daß der Unterausschuß Ende
  November in Lünen anläßlich einer Tagung aller Aka-
  demien zusammentreten wolle. Ein Protokoll dieser
  Tagung ist aber unergiebig.

3 Siehe hierzu das Kurzprotokoll Nr. 191/48 über die
  Sitzung des Unterausschusses des Kulturausschusses
  am 9. 12. 1948 (HSTAD, RWN 210, Nr. 170, S. 28).

berichtete Antz über den augenblicklichen Stand; Ministerialrat Bergmann gab Bericht über die Zahl der besetzten Planstellen, die er mit 29.343 bezifferte. Nach einer ausführlichen Darstellung seiner Berechnungen kam Bergmann zu dem
Ergebnis, es

> "dürfte doch schon heute festzustellen sein,
> daß die Zahl der vorhandenen PA's zu hoch
> ist und daß eine gewisse Reduzierung im Inter-
> esse der Volksschule und des Lehrernachwuchses
> unvermeidlich sein wird."[1]

Die Ansichten der beteiligten Abgeordneten schwankten
zwischen der Beibehaltung der zwölf Akademien und einer
Reduktion bis auf acht.

Schließlich machte sich Dr. Hofmann den Vorschlag von
Frau Teusch zu eigen - "Reduzierung der Akademien auf
10" - und stellte den Antrag zur Abstimmung, der dann
vom Unterausschuß angenommen wurde.[2] der Beschluß war wohl

---

1 Die Ausführungen Bergmanns liegen im Wortlaut vor
  (HSTAD, RWN 210, Nr. 170, S. 30 f.) Er verwies ein-
  gangs auf die Schwierigkeiten, objektives Zahlen-
  material zu beschaffen, und verglich die Situation
  mit dem Jahre 1932 in Preußen, wo "alle Berechnungen
  als unzuverlässig und durch die tatsächliche Situation
  widerlegt" wurden. Anhand der Zahlen über die Entwicklung der Kinderzahlen, der Meßzahl pro Stelle und des
  voraussichtlichen Lehrerabgangs kam er unter Einschluß
  einer Senkung der Durchschnittsklassenziffer zu folgendem Ergebnis: "Gegenwärtig umfaßt jede P.A. durch-
  schnittlich 200 Studierende, in jedem jahr werden rd.
  100 Anwärter von der P.A. entlassen, bei 12 Akademien
  steht ein Nachwuchs von jährlich 1200 Absolventen zur
  Verfügung. Der wirkliche bedarf wird voraussichtlich
  nur bei rd. 960 Lehrern liegen, so daß bei uneinge-
  schränkter Fortsetzung der Arbeit unserer 12 PA's ein
  Überangebot von Lehramtsanwörtern und damit die Herauf-
  führung neuer Junglehrernot unvermeidlich sein würde."
  (S. 31, R.)

2 Vgl. das eben zitierte Kurzprotokoll Nr. 191/48.
  Der Beschluß lautete: "Um der Gefahr einer Junglehrernot vorzubeugen, wird mit dem Haushaltsjahr 1949/50 die
  Zahl der Pädagogischen Akademien in Nordrhein-Westfalen
  von 12 auf 10 herabgesetzt unter Aufrechterhaltung der
  bisher haushaltsmäßig festgelegten 150 Planstellen."

auch für Antz annehmbar - jedenfalls wird im Protokoll
keine Einlassung von ihm vermerkt - da ein Zusatz bezüglich der Planstellen bedeutete, daß eine Reduzierung von
Dozenten nicht beabsichtigt war. Den harten Kampf um die
Frage, w e l c h e zwei der zwölf Akademien zu schließen
seien, hatte er sicher vorhergesehen. Wenn Äußerungen von
Antz aus dieser wichtigen Sitzung nicht berichtet werden,
kann es sich jedoch auch um ein erstes Anzeichen für die
Verstimmung zwischen Antz und dem Kultusminister handeln,
die in der folgenden Zeit immer deutlicher wurde. Antz
lehnte jede Reduzierung ab, wie aus seinen Bemühungen
in den nächsten Monaten hervorgeht.

Offenbar hat sich Frau Teusch, von frischem Tatendrang
beseelt, zunehmend stärker in das Ressort von Professor
Antz eingemischt, als ihm lieb war. Zwei Schreiben von
frau Teusch vom 13. und 20. Dez. 1948 an den Finanzminister beziehen sich auf ihre Besprechung mit Ministerialrat Greinert am 8. Dez. 1948, also einen Tag <u>vor</u> der Sitzung
des Unterausschusses. In dieser Besprechung wurden bereits
weitgehende Maßnahmen "für den Fall der Auflösung vorbereitet, ... (die) möglichst bald in Angriff genommen werden"[1] sollten. Am 10. Januar legte Frau Teusch ein fünfseitiges Papier vor, welches die Gesichtspunkte enthielt,
die zur Auflösungsfrage einzelner Akademien wichtig erschienen.[2] Bei der Beurteilung der evangelischen Akademien Kettwig oder

---

1 Schreiben des Kultusminister an den Herrn Finanzminister vom 13. 12. 1948. HSTAD, NW 143, Nr. 6, S. 6.
   Die verschiedenen Maßnahmen, (besonders auch im zweiten Schreiben, ebd., S. 11 f.) werden mehrfach mit
   Vokabeln der Eilbedürftigkeit ausgestattet.

2 Die Akademien Essen, Kettwig, Oberhausen und Wuppertal wurden jeweils mit Vor- und Nachteilen vorgestellt.
   So sprach gegen Kettwig, daß es eine kleine Stadt sei,
   "die in kultureller Hinsicht wenig zu bieten hat",
   und daß das Dozentenkollegium "unter starken Spannungen"
   gelitten hatte. Der Wuppertaler Akademie wurde ein
   Direktor mit hohen Fähigkeiten bescheinigt. Aachen und
   Köln schieden bei den Überlegungen von vornherein aus
   (HSTAD, NW 143, Nr. 6, S. 24 ff.).

Wuppertal und der katholischen Akademien Essen oder Oberhausen wurden
jeweils besonders das kollegiale Verhältnis zwischen Leitung und
Kollegium sowie die wohnungs- und verkehrstechnischen
Vor- und Nachteile der einzelnen Orte erläutert.

Ob und wieweit Antz bei diesem Papier zu Rate gezogen wurde,
ist nicht zu klären, fest steht aber, daß er zur gleichen
Zeit begann, gegen den Abbau der Akademien zu arbeiten.
In einem Schreiben vom 8. Januar 1949 an den befreundeten
Rektor der Pädagogischen Akademie in Lünen, Prof. Dr. Emil
Figge, bittet er diesen "in einer sehr wichtigen Angelegenheit"[1] um Hilfe. Er berichtet von der Möglichkeit, daß im
Landtag die Kommunisten eine Mehrheit für ihren Antrag
bekommen könnten, alle Akademien bestehen zu lassen, was
"des alten Lehrers Herz"[2] erfreuen würde. Er deutet an,
wer Gegner dieses Antrags sein könnte,[3] erläutert nochmals die Vorzüge der kleinen Akademie in bezug auf
"menschliche Fühlungnahme zwischen Lehrenden und Lernenden"[4] und äußert die Bitte, möglichst viele einflußreiche Männer und Frauen für diese Auffassung zu gewinnen.[5] Er selbst wolle jedoch nicht genannt werden.

Im Februar 1949 hat Antz offenbar genügend Rückendeckung,
um sich in einem zehnseitigen Schreiben an Frau Teusch
offen für die Beibehaltung aller Akademien auszusprechen.
Neben den immer wieder genannten Argumenten bezüglich der

---

1 HSTAD, NW 143, Nr. 6, S. 49.

2 Ebd.

3 Er meint mit dem wichtigsten Gegner den SPD Abgeordneten Rhode, der ja sogar auf acht Akademien reduzieren
   wollte.

4 Ebd.

5 Namentlich nennt er Professor Stier und Herrn Theill
   von der CDU, in der SPD Dr. Eiardt und die beiden
   kommunistischen Abgeordneten Hoffmann (nicht mit dem
   CDU Abgeordneten Dr. Hofmann aus Aachen zu verwechseln,
   der offensichtlich mehr für die Reduzierung im Sinne
   von Frau Teusch ist) und Prinz.

Ortslage, die es ermögliche, den heimatverbundenen Lehrer
herauszubilden, und besonderen Vorzügen der einzelnen Aka-
demien in bezug auf Personalausstattung u.a. erhob er die
Frage, "ob die als so schmerzlich und brutal empfundene
Maßnahme ... unbedingt erforderlich"[1] sei. Weitergreifend
stellte er die Forderung nach einem sechssemestrigen
Studium auf, wobei dann die Anzahl der Akademien um die
Hälfte vermehrt werden müßte.

Die inzwischen über die Presse verbreitete Ankündigung
der Auflösung veranlaßte die verschiedensten Gruppen,
mit umfangreichen Darstellungen gegen die Maßnahme vorzu-
gehen. Studenten, Kollegien und auch örtliche Instanzen
wehrten sich unter Hinweis auf besondere Vorzüge der eigenen Lage bzw. Nachteile anderer Orte. In dieser Situation war ein Referent, der sich offen gegen die Ansicht
seines Ministers stellte, nicht mehr lange haltbar; der
Abschied   von Prof. Dr. Antz wurde vorbereitet. Ob sein
entschiedenes Eintreten für alle Akademien schließlich
seinen Abgang erzwang, ist nirgendwo niedergeschrieben,
aber seine Tochter[2] bezeugt das zunehmend schlechter
werdende Verhältnis zwischen Professor Antz und Kultusminister Teusch. Nach Bernhard Bergmann, der seit 1945 mit
Antz zusammengearbeitet hatte, war Antz tief verletzt:
"Seine Pensionierung als Neunundsechzigjähriger betrachtet
er als ein unwilliges und schnödes Vor-die-Tür-setzen."[3]

---

1 HSTAD, NW 143, Nr. 6, S. 49 Rückseite.

2 Frau Marianne Vogt, geb. Antz erklärte, daß ihr Vater
   sich im Familienkreis oft verärgert darüber geäußert
   habe, daß er von Frau Teusch nicht empfangen wurde,
   bzw. daß sie nicht für ihn zu sprechen gewesen sei.
   Wörtlich ist folgender Satz: "Schließlich bekam er sein
   Entlassungsgesuch vorgelegt."

3 B. Bergmann, "Zur Geschichte", HSTAD, RWN 46, Nr. 27,
   Bd. 1, S. 22. Bergmann gibt auch eine Bemerkung von
   Antz wieder, daß er vor einem Termin bei Frau Teusch
   gesagt habe: "Ich muß zum Befehlsempfang!"

   Am 26. 4. 1949 verweigerte Antz ein Antwortschreiben
   im Sinne von Frau Teusch mit den Worten: "Ich habe in
   meinem ganzen Leben niemals etwas geschrieben, was ich
   nicht für richtig hielt, auch nicht in der Zeit des

Im Mai 1949, dem letzten Monat seines amtlichen Wirkens,
stand er noch voll im Ringen um die Existenz aller Pädagogischen Akademien. Als der Unterausschuß für die
Pädagogischen Akademien am 10. Mai 1949 erneut zusam-
mentrat, brachte der Abgeordnete Eiardt (SPD) zunächst
fast eine Mehrheit für die Beibehaltung aller Akademien
zusammen. Die Meinungen der Abgeordneten liefen jedoch
quer durch die Parteien, und so blieb der Abgeordnete
Rhode (SPD) dabei, "daß mit 150 Planstellen keine hin-
reichende Ausbildung auf 12 PAs (Pädagogische Akademien)
gegeben werden könne".[1] Mit diesem Argument fand er die
Unterstützung von Frau Teusch (CDU) und dem Vorsitzenden
der Kommission Dr. Hofmann (CDU). Als es aber darum
ging, zwei oder schließlich auch nur einen Ort zu benennen,
führte die "lebhafte Debatte" zu keiner Einigung. Die
Sitzung endete mit dem Beschluß, "das Für und Wider" durch
das Ministerium zusammenstellen zu lassen.[2]

Unter dem gleichen Datum, an dem seine Pensionierung erfolgte, schrieb Antz nochmals einen eindringlichen Brief
an den Vorsitzenden des Kultur- und Unterausschusses und
stellte ihm im Detail, belegt durch umfangreiches Zahlen-
material, die Situation vor. Er plädierte im einzelnen
für die Beibehaltung der Akademien in Essen, Kettwig,
Oberhausen und Wuppertal und verwies unter Einbezug seiner reichen
Erfahrungen auf "die schlimmen Nachwirkungen ..., die 1932

Hitlersystems. Ich möchte es auch heute nicht tun". Er
bat dann den Kultusminister, einen anderen Mitarbeiter
damit zu beauftragen (HSTAD, NW 143, Nr. 6, S. 56 Rückseite).

1 Protokoll dieser Sitzung HSTAD, RWN 210, Nr. 170,
  S. 105.

2 Vgl. ebd. Antz berichtete an Siewerth (Nachlaß Antz,
  A 10, S. 1), "daß Frau Teusch über ein großes Maß
  von Energie und Kampfbereitschaft verfügt. Aber
  der Gegenschlag gegen die Stillegung von Kettwig, der
  ihr von der gesamten Linken her entgegenflog, ver-
  schlug ihr völlig den Atem."

durch die damalige Abbaupsychose hervorgerufen wurden".[1]

Der letzte Abschnitt dieses seines letzten offiziellen
Schreibens,verdient vollständig zitiert zu werden, um
die Sprache und das große Engagement dieses Mannes für
seine Sache zu verdeutlichen:

> "Sie werden es, verehrter Herr Doktor, gewiß
> nicht als eine Übertreibung ansehen, wenn ich
> behaupte, daß es sich bei dem, was ich ihnen
> vorgetragen habe um eine Angelegenheit von großer
> Bedeutung für die Allgemeinheit handelt, um eine
> Angelegenheit, bei der es (sich) um das seelische
> und geistige Wohl der Jugend unseres Volkes handelt,
> ja um die seelische und geistige Wiedergenesung
> des Volkes selbst. Dafür zu sorgen, daß diese res-
> publica keinen Schaden leide, darum bittet Sie, den
> Konsul, oder doch zum mindesten den Tribun der
> Ihnen zum Abschied alles gute wünschende und sie
> herzlich grüßende Quirite."[2]

---

1 Schreiben von Antz an Hofmann vom 27. 5. 1949 (HSTAD,
  RWN 210, Nr. 170, S. 123 f.). Die Weltwirtschafts-
  krise war Anlaß für einschneidende Maßnahmen, die
  auch schwere Rückschläge für die Lehrerbildung zei-
  tigten. In der "Zweiten Sparverordnung" vom 23. Dez. 1931
  wurde verfügt, daß von den fünfzehn Pädagogischen
  Akademien Preußens am 1. 4. 1932 acht geschlossen werden sollten. Hierdurch wurden auch damalige Reforman-
  sätze für Schule und Hochschule abgebrochen, bevor
  sie erprobt werden konnten. Erger spricht für das
  Jahr 1932 von einem sich rasch fortsetzenden "Desinte-
  grationsprozeß zwischen Staatsordnung und Lehrerschaft"
  (in: "Lehrer und Nationalsozialismus. Von den traditionellen Lehrerverbänden zum Nationalsozialistischen
  Lehrerbund (NSLB)" Aufsatz, abgedruckt in "Erziehung
  und Schulung im Dritten Reich", Teil 2, hrsg. von
  Manfred Heinemann, Stuttgart 1980, S. 212), in dessen
  Folge sich "Unsicherheit bei der Beurteilung der bisherigen pädagogischen Reformen" breitmachte und zu
  einer "Auslieferung der Schule und der Lehrer an die
  gesellschaftspolitische Interessenvielfalt wechseln-
  der Parteien oder Parteikoalitionen" führte (ebd.,S.213).

2 Ebd. Im Antwortschreiben betont Dr. Hofmann, daß ihm
  sehr daran liege, weiterhin den Rat von Antz zu erhalten und daß Antz ein Werk geleistet habe, das in
  die Geschichte unseres Landes eingehe. HSTAD, RWN 210,
  Nr. 424, S. 14.

Am 27. Mai 1949 wurde Antz in der Aula der Pädagogischen
Akademie Lünen in einer Feierstunde verabschiedet. Unter
den Gästen waren auch seine Freunde von der Militärregierung Oberst Walker, Mr. Edwards und Miss Wilson, viele
Angehörige der Kirche und des Kultusministeriums mit Frau
Minister Teusch an der Spitze.[1] Für die nächste Zukunft
trug sein Einsatz doch noch Früchte. Offenbar erreichten
er und die übrigen Mitstreiter[2] ein Einlenken, so daß
für die entscheidende Kulturausschußsitzung am 15. und
16. September 1949 eine erneute und revidierte Dar-
legung über die künftige Entwicklung ausgearbeitet wurde.
Mit dem Argument, daß Lehrer nach ihrer Ausbildung "sofort
allein und verantwortlich arbeiten ... müssen",[3] wurde ein
"gründliches Erfassen jedes einzelnen Studierenden seitens
der Dozenten" gefordert und aus diesem Grunde die Teil-
nehmerzahl der Studierenden pro Semester von 100 auf 90
gesenkt, womit zwölf Akademien maximal nur noch 1.080
Junglehrer zur Verfügung stellen konnten. Weiterhin wurden
noch die zukünftige Aufgabe der Lehrerfortbildung und das
anstehende Problem eines sechssemestrigen Studiums be-

---

1 Bergmann vermerkt, daß sich Antz bei allen herzlich
   bedankte, die Frau Kultusminister aber bei seinen
   Worten ausgenommen habe. HSTAD, RWN 46, Nr. 27, Bd. 2,
   S. 22.

2 Hierzu ist auch Prof. Siewerth zu zählen, der am
   12. 8. 1949 eine vielseitige Stellungnahme "Zur Lage
   der Lehrerbildung" (HSTAD, RWN 210, Nr. 170, S. 138 bis
   143) an Dr. Hofmann richtete. Der im Nachlaß Hofmann
   befindliche Text ist von dem Abgeordneten durchgearbeitet und interessanterweise an Stellen, wo Siewerth
   den Forschungsauftrag der Pädagogischen Akademien
   reklamiert, mit einem großen Fragezeichen versehen
   worden. "Die Ermöglichung einer echten Forschungs-
   tätigkeit" (ebd., S. 138) erschien Dr. Hofmann an
   einer Pädagogischen Akademie zumindest damals wohl
   noch sehr fragwürdig zu sein. Bedeutender Einfluß ist
   ebenfalls der Kurie mit Josef Kardinal Frings aus
   Köln an der Spitze beizumessen, der sich persönlich
   bei Frau Teusch dafür einsetzte, "die Angelegenheit
   nochmals einer eingehenden Prüfung zu unterziehen"
   (HSTAD, NW 143, Nr. 6, S. 68).

3 HSTAD, NW 143, Nr. 6, S. 74 Rückseite.

behandelt.[1] Jedenfalls beschloß der Kulturausschuß auf
dieser Linie am 15. September 1949 "es bei 12 Pädagogischen Akademien zu belassen und die Ausgaben für das
zweite Halbjahr 1949 im Rahmen der Etatmittel zu decken".[2]
Bei der Etatberatung des Kultusministeriums am 12. Okt. 1949
wurde das Thema vom Berichterstatter, dem Abgeordneten Kaes
(CDU), nur noch kurz gestreift, er legte dar, wie die
zusätzlich erforderlichen 17.000,-- DM aufgebracht werden sollten.[3] In der Diskussion nahm die FDP-Abgeordnete
Friese-Korn die Argumente auf und verwies darauf, daß
"alle die Absicht verfolgen, diesen Lehrernachwuchs so gut
wie möglich auszubilden".[4] Sie empfahl den Anwesenden,
darauf zu achten, daß mit den genehmigten Mitteln die
zwölf Akademien auch wirklich qualitativ verbesserten
Lehrernachwuchs heranbilden.

So hatte sich im Jahre 1949 durch das entschiedene Eintreten von Antz und durch die Uneinigkeit innerhalb der
Parteien die Auffassung von der kleinen,überschaubaren
Akademie halten können. Dennoch waren die in den Diskussionen entwickelten Ideen einer möglichen Weiterentwicklung - besonders bei den von Schließungsplänen unbe-
rührten Akademien - gerne gehört worden.[5] Der Nachfolger

1 Siehe hierzu unten Kap. 5.4.2.

2 Kurzprotokoll vom 22. 10. 1949 über die 26. Sitzung
  des Kulturausschusses am 15. 9. 1949 (HSTAD, NW 143,
  Nr. 6, S. 77).

3 Sitzungsprotokoll der 109. Sitzung am 12. 10. 1949
  (S. 3067 Landtagsarchiv). Weitere Mittel wurden durch
  Streichung von sieben Stellen und durch die Verringerung der Trennungsgelder um 20.000 DM gewonnen
  (ebd.). (Näheres über den Kostenfaktor der Pädagogischen Akademien siehe Kap. 6.4 dieser Arbeit).

4 Ebd., S. 3089.

5 Siewerth schrieb beispielsweise im August 1949: "Es
  geht jedoch nicht an, die pädagogischen Hochschulen
  in dem Zustande, in dem sie nun einmal stehen, sich
  selbst zu überlassen und eine Weiterentwicklung abzu-
  schneiden. ... Es ist auch nicht zuträglich, wenn
  nicht mit aller Deutlichkeit die Hochschulaufgabe
  der Akademien bewußt angestrebt wird." Aufsatz "Zur
  Lage der Lehrerbildung" HSTAD, RWN 210, Nr. 170,S.138.

von Professor Antz, Professor Dr. Esterhues,[1] hatte nur
eine Schonfrist zu erwarten. Im Herbst 1951 wurde die
Frage erneut aufgerollt und über mehrere Jahre debattiert.[2]

Zieht man eine Bilanz der Auseinandersetzungen um die
Existenz zweier Pädagogischer Akademien des Jahres 1949,
so muß diese positiv ausfallen; nicht, weil schließlich
die vorhandenen zwölf Akademien verblieben; die Gegen-
auffassung konnte für die Reduzierung immerhin starke
Argumente beibringen, positiv ist vor allem zu werten,
daß sich Parlament, Ministerialbürokratie, Dozenten,
Studenten und die Öffentlichkeit mit der Pädagogischen
Akademie auseinandersetzten und zu einer Stellungnahme
gezwungen wurden. Auf diese Weise wurden die Pädagogischen Akademien im Lande Nordrhein-Westfalen ins Licht
gehoben und stellten fortan eine bekanntere Größe in der
öffentlichen Meinung dar.

---

1   Josef Esterhues, geb. am 26. 11. 1885 in Münster/Westf.,
    gehörte ebenso wie Antz zu den Dozenten der ehemaligen
    Pädagogischen Akademie in Bonn (1929 bis 1937). Er
    gehörte seit 1945 von Anfang an zu den Männern um Antz,
    die die neue Lehrerbildung aufbauten. Im Herbst 1946
    eröffnete er als Direktor die Pädagogischen Akademie
    in Köln, deren Leitung er im Februar 1947 an Dr. Alfons
    Adams übergab. Im April 1948 bahnte sich der Rücktritt
    von Dr. Adams an, und Dr. Esterhues erklärte sich
    gegenüber Antz erneut bereit, die Leitung der Kölner
    Akademie zu übernehmen (HSTAD, NW 26, Nr. 178, S. 3).
    1949 wurde er als Nachfolger von Antz als Ministerial-
    rat in das Kultusministerium in NRW berufen, wo er bis
    zu seiner Pensionierung am 1. 10. 1951 tätig war.

2   Siehe Kap. 6.3 dieser Arbeit.

5.4.2 Exkurs: Überlegungen zur Lehrerfortbildung und zur Ausdehung der Studiendauer auf sechs Semester

Die soeben genannten zusätzlichen Argumente für den Fort-
bestand aller Akademien - die Lehrerfortbildung und die
mögliche Studienverlängerung auf sechs Semester - müssen
in bezug auf ihr Gewicht noch näher untersucht werden.
Wenn wirklich eine dieser Maßnahmen in naher Zukunft
Bedeutung bekommen sollte, war die Diskussion um die
Auflösung zweier Einrichtungen bei dem Konzept der kleinen,überschaubaren Pädagogischen Akademie in der Tat
schwer verständlich. Es ist daher notwendig, die damaligen Auffassungen hierzu noch genauer darzustellen.

Unter "Lehrerfortbildung" wurden seinerzeit in erster
Linie Arbeitsgemeinschaften für diejenigen Lehrer verstanden, die noch nicht zur endgültigen Anstellung be-
fähigt waren; allgemein als "Junglehrer-AG" bezeichnete
Veranstaltungen. Diese Arbeitsgemeinschaften erfaßten die
neu eingesetzten Junglehrer und führten meist monatlich
eine Veranstaltung durch, in der unter der Leitung eines
Schulrats oder Rektors Teilgebiete aus der praktischen
Schularbeit behandelt wurden. Am 18. März 1947 erbat der
Kultusminister in dieser Angelegenheit von den Regierungspräsidenten einen Überblick über den augenblicklichen
Stand im Lande Nordrhein-Westfalen.[1] Neben numerischen
Fragestellungen und der Auskunft über bisher vorwiegend
bearbeitete "Lehrgegenstände" fragte das Ministerium:
"Wie ist in ihrem Dienstbereich eine lebendige Fühlung‐
nahme und Zusammenarbeit zwischen Lehrerfortbildung und
Pädagogischer Akademie bereits hergestellt oder in Aussicht genommen?"[2] In der Antwort des Regierungspräsidenten von Aachen vom 21. April 1947 zählte dieser für die

---

1 Vgl. HSTAD, NW 20, Nr. 248, S. 3.
2 Ebd.

zwölf Arbeitsgemeinschaften über 40 meist methodisch
orientierte einzelne Lehrgegenstände auf, neben weiteren
global genannten Gebieten. Die Antwort auf die letzte
Frage lautete:

> "Durch ihren Erlaß veranlaßt, wird von verschie-
> denen Schulräten gemeldet, daß die Verbindung
> mit der Akademie in Aussicht genommen ist. Eine
> engere Zusammenarbeit bestand bisher hauptsäch-
> lich zwischen der Arbeitsgemeinschaft von Aachen
> Stadt mit der Pädagogischen Akademie."[1]

Es wird hier deutlich, daß sich die Junglehrerarbeitsgemeinschaften allgemein als eine aus der Schulpraxis
lebende Arbeitsgruppe ansahen, denen - mindestens teilweise - eine Verbindung zur Theorie der Akademie eher
hinderlich erschien. Die eintätigen Arbeitsgemeinschaften gingen meist von einer Lehrprobe aus "und behandelten
anschließend Fragen des Deutschunterrichts, Rechnens
usw., um zu zeigen, wie die Schulpraxis psychologisch
zu unterbauen und zu begründen ist".[2] Die Arbeitsformen
und den Umgang in den kleinen Gruppen schilderten die
Beteiligten allgemein als locker und freundlich; zusätzliche gemeinsame Feste und Feiern ließen eher eine Stimmung aufkommen, die von den Sorgen der Schule wegführte.
Belastender für die Junglehrer waren Schulratsbesuche,
die etwa zweimal im Jahr zu erwarten waren, und die damals noch üblichen Besuche des Rektors im Unterricht.[3]
Zur zweiten Prüfung mußte ein "Tätigkeitsbericht" vorgelegt werden, bei dessen Abfassung verständlicherweise
weniger die Irrwege und Lernprozesse dargestellt wurden,
was der Realität nahe gekommen wäre, sondern mehr erfolg-

---

1 HSTAD, NW 20, Nr. 248, S. 9. RP Aachen an KM, Schreiben
   vom 21. 4. 1947.

2 Ebd., S. 8.

3 Außerdem wurden wöchentlich ausführliche Unterrichts-
   vorbereitungen und eine Jahresarbeit verlangt.

reiche Arbeit dokumentiert wurde.[1] Dennoch sind die Anforderungen von Region zu Region unterschiedlich; das Ergebnis der Befragung des Kultusministers ist dann im Mai 1947
in einen Entwurf über die "Arbeitsgemeinschaften für Lehrerfortbildung"[2] eingeflossen, zu dem die Schulräte des Regie-
rungsbezirks Stellung nehmen sollten. Einleitend betonte
der Kultusminister in dem Entwurf, daß Lehrerbildung "wie
alle echte Bildungsarbeit ... keine Reglementierung" ver-
trage.[3] Ziel der Arbeitsgemeinschaften sei die Vorbereitung auf die zweite Prüfung und die Vertiefung der Berufs-
auffassung und -gesinnung. In dem insgesamt vierseitigen
Entwurf wird jedoch die Pädagogische Akademie mit keinem
Wort erwähnt; offenbar ist die ursprüngliche Anregung der
"lebendigen Fühlungnahme" wieder aufgegeben worden. Nach
nur spärlichen Gedanken zum Entwurf[4] wurden am 1. März 1948
die "Richtlinien der Arbeitsgemeinschaften für Lehrerfortbildung"[5] erlassen, die die Vorlage fast wörtlich übernehmen und ebenfalls eine Mitwirkung der Pädagogischen
Akademien auslassen. Am 14. Dezember legten die gründlich
arbeitenden englischen Kontrolloffiziere Walker einen
sechsseitigen "Bericht über Arbeitsgemeinscnaften" vor,
der im einzelnen Leitung, Teilnehmer, Methoden und Ziele
dieser Einrichtungen untersucht. Sie bemerken darin, daß
die Leiter "gewöhnlich zu alt" und manchmal "zu einseitig"
seien und stellen "bei fortschreitendem Unterricht eine

---

1 Siehe hierzu R. Keller im "Mitteilungsblatt des
   Aachener Bundes und der Pädagogischen Akademie Aachen",
   Jg. 1950, Heft 9/10, S. 32.

2 Vom 6. 5. 1947. HSTAD, NW 20, Nr. 248, S. 25 ff.

3 Ebd., S. 25.

4 Vgl. etwa HSTAD, NW 20, Nr. 248, S. 18.

5 HSTAD, NW 20, Nr. 248, S. 70 bis 73.

deutlich erkennbare Ermüdung" fest.[1] Die Offiziere schlossen den Bericht mit insgesamt 19 Verbesserungsvorschlägen ab, wobei sie an 15. Stelle nur allgemein mehr Streben nach Zusammenarbeit vorschlagen.

So war es schließlich die Pädagogische Akademie Aachen, die sich unter der aktiven Führung von Prof. Siewerth diesem Aufgabengebiet zuwandte und die am 4. und 5. März 1950 ein Bundestreffen des Aachener Bundes den Fragen der jungen Lehrerschaft und ihrer Fortbildung widmete. Dabei muß man bemerken, daß es Siewerth in erster Linie darum ging, die "konkrete Notlage des Junglehrers" zu lindern. In seinem einleitenden Hauptreferat stellte er sieben Grundfragen ausführlich vor und erörterte Lösungen dazu.[2] Für die Junglehrerarbeitsgemeinschaften sah er auch das Ideal einer "innigen personellen Zusammenarbeit mit den Akademien".[3] Dazu bermerkte Siewerth fortfahrend:

> "Leider sind diese weder personell noch finanziell für diese große Aufgabe ausgerüstet. Die Zahl der Dozenten ist zu klein; die finanzielle Unterstützung des gesamten so wichtigen Fortbildungsbereiches ist verantwortungslos gering."[4]

---

1 Bericht vom 14. Dezember 1948 (HSTAD, NW 20, Nr. 251, S. 87 ff.) In dem durchweg nüchtern kritisierenden Bericht fanden die Offiziere doch zu dem Gesamtergebnis, daß die Arbeitsgemeinschaften "einem sehr nützlichen Zweck" dienten und "unerfahrene Lehrer sehr entscheidend unterstützt" würden (ebd., S. 85).

2 Gustav Siewerth, Zur Lehrerfortbildung, Aus einem Vortrag der Tagung vom 4. bis 5. März 1950, in: Mitteilungsblatt des Aachener Bundes und der Pädagogischen Akademie Aachen, Jg. 1950, Heft 9/10, S. 23 - 30. Diese Grundfragen betrafen u.a. "das Verhältnis von Theorie und Praxis", "Ursprung, Wesen und Sinn des Bildens", "Praktisches Wirken", "Leistungsforderung" und schließlich "Fortbildung".

3 Ebd., S. 24.

4 Ebd.

Trotz dieser richtungweisenden Äußerungen bleibt der
Ertrag der Veranstaltung mehr bei fachlicher Aufmunterung,
gegenseitiger Aussprache und konstruktiver Kritik.[1] Zu
einer institutionalisierten Verbindung zwischen Pädagogischer Akademie und Lehrerfortbildung kommt es nicht.
Auch eine in Aussicht genommene Nachschulung von Teilnehmern der Notlehrgänge findet nicht statt.

Das zweite Argument - die Ausdehnung der Studiendauer
auf sechs Semester - stand dagegen schon eher für die
Zukunft an. Immerhin hatten Länder wie Hamburg, Hessen
und Berlin dieses Ziel schon erreicht. Im Herbst 1948 -
also etwa parallel zu dem Beginn der Gespräche über die
Auflösung von Pädagogischen Akademien - stellte Antz
Überlegungen an, wie das Studium zu verlängern sei.
Zunächst nahm er ein zusätzliches Praktikum am Ende
des 4. Semesters in Aussicht. Wohl aus Unwissenheit
über die aktuelle Situation ging hiergegen der Landes-
studentenausschuß der Pädagogischen Akademien von Nordrhein-Westfalen scharf vor. Man war zwar "grundsätzlich
der Ansicht, daß eine Erweiterung des Studiums, insbesondere hinsichtlich der praktischen Ausbildung zu begrüßen ist"[2], beanstandete aber den vorgesehenen Zeitpunkt, kritisierte Ungerechtigkeiten gegenüber Schulhelfern und die Verschärfung der sozialen Lage der

---

1 Hier zeigt sich der Wert des Mitteilungsblattes, das
   sich zum Sprecher der Anliegen der Studierenden macht
   und ebenso die Gemeinschaft der "Ehemaligen" aktiviert
   und weiterträgt. So wurden auch kritische Bemerkungen
   bei dem Treffen geäußert, etwa "die geistlose Einrichtung, alle vier Wochen von allen Teilnehmern ein Referat zu fordern" (ebd., S. 29). Ein Sprecher der Junglehrer bemängelte, daß "die menschlichen Qualitäten,
   deren Vorhandensein allein dem Prüfenden die Sicherheit geben kann, einen des Amtes Würdigen vor sich zu
   haben" durch den Tätigkeitsbericht und die Prüfung nicht
   deutlich würden (passim, ebd., S. 39).

2 Schreiben vom 10. 12. 1948 an das Kultusministerium
   z.Hd. von Prof. Antz. HSTAD, NW 26, Nr. 99, S. 184.

Studierenden.[1] Im Gegenzug verordnete Antz, daß die "viersemestrige Ausbildung unverkürzt und uneingeschränkt durchzuführen"[2] sei. Die wissenschaftliche Arbeit dürfe ab sofort aber erst nach Abschluß des 4. Semesters gestellt
werden, wodurch - wie Antz geschickt betont - "dem Wunsche
der Studentenschaft nach Verlängerung der Studienzeit doch
wenigstens durch eine volle Nutzung der viersemestrigen
Ausbildung Rechnung getragen"[3] werde. Anfang Februar folgten noch verschärfende Modifizierungen der Prüfungsbe-
stimmungen und eine Vorverlegung des jeweiligen Semester-
beginns.[4] Damit waren aber die augenblicklichen administrativen Möglichkeiten für Antz erschöpft, dessen Amtszeit drei Monate später endete. Da sich in der zweiten
Jahreshälfte 1949 die Entscheidung für die Beibehaltung
aller Akademien abzeichnete, wurde die Frage der sechssemestrigen Studiendauer zurückgedrängt und nur in Um-
fragen bei den übrigen Kultusministern der aktuelle Stand
abgerufen. Bei einer Besprechung der Akademieleiter
Ende 1949 erhalten Prof. Siewerth und Prof. Berekoven
den Auftrag, ein Gespräch mit Frau Minister Teusch die-
serhalb zu führen.[5] Auf ihre höfliche Bitte um einen
Termin erhielten sie die kühle, zwar nur im Entwurf vorliegende Antwort, die augenblickliche Zeit sei für die
"Erörterung der Frage des sechssemestrigen Studiums wenig
geeignet" und "von einer Orientierung der Öffentlichkeit

1 Vgl. ebd. In handschriftlichen Randbemerkungen macht
  Antz seine Verärgerung über die Haltung des Studentenausschusses deutlich.

2 Antwort des Kultusministers durch Antz an den Landes-
  studentenausschuß der Pädagogischen Akademien vom
  25. 1. 1949. HSTAD, NW 26, Nr. 99, S. 183.

3 Ebd.

4 Der Kultusminister vom 9. 2. 1949. HSTAD, NW 26, Nr. 68,
  S. 93. Es hieß hier: "Das Ende des Sommersemesters ist
  auf den 30. 7. festgesetzt worden. Ich ersuche Sie
  daher, mit den Vorlesungen und Übungen nicht vor diesem Termin aufzuhören."

5 Schreiben des Direktors der Pädagogischen Akademie
  Oberhausen - Rhld., Berekoven, vom 28. 12. 1949.
  HSTAD, NW 26, Nr. 65, S. 79. Die Antworten auf die Um-

müsse augenblicklich abgesehen werden"[1] Die Gründe für
diese Weigerung können nur aus dem Umfeld zusammengestellt werden. Vermutlich lag ihr der Gedanke zugrunde,
daß mit der Beibehaltung der zwölf Pädagogischen Akademien zunächst genug, wenn nicht schon zu viel für die
Lehrerbildung getan worden sei; weitergehenden Forderungen,
die damals zur Stützung der Argumentation aufgestellt
wurden, mußte daher zunächst rechtzeitig und klar wider-
sprochen werden.[2] Dennoch war diese Forderung damit nur
vorübergehend abgeblockt. Im Herbst 1950 fand im Jagd-
schloß Grunewald eine hauptsächlich von Berliner und
norddeutschen Schulreferenten besuchte Tagung zum Thema
"Lehrerbildung" statt, die die Frage besonders für Bremen,
Niedersachsen und Schleswig-Holstein erneut aufgriff.[3]
Die Einführung des sechssemestrigen Studiums erfolgte in

---

frage finden sich HSTAD, NW 26, Nr. 98, S. 118 ff.
Hieraus geht hervor, daß sich auch andere Landes-
kabinette, so das niedersächsische, mit der Erhöhung
von vier auf sechs Semester beschäftigten (Schreiben
des niedersächsischen Finanzministers, Dr. Georg
Strickrodt, an den nordrhein-westfälischen Finanzminister, Dr. Weitz, vom 10. 12. 1949 im HSTAD, NW 26,
Nr. 65, S. 62).

1 Der erstellte Entwurf führt das Datum vom 28. 1. 1950
   und trägt neben anderen die Abzeichnung von Esterhues
   und Teusch, so daß die Übersendung des Textes in dieser Fassung als gesichert erscheint. HSTAD, NW 26,
   Nr. 65, S. 78.

2 Der im niedersächsischen Kultusministerium tätige
   Referent für Lehrerbildung, Dr. Otto Haase, war nach
   dem Ausscheiden von Antz der profilierteste Anwalt
   der Lehrerbildung. Er bat in einem Schreiben vom
   30. 9. 1949 das Sekretariat der Ständigen Konferenz
   der westdeutschen Kultusminister, die Verlängerung
   des Studiums von 4 auf 6 Semester im Rahmen einer
   kommenden Konferenz behandeln zu lassen (HSTAD, NW 26,
   Nr. 98, S. 101).

3 Siehe dazu den Bericht über diese Tagung vom 21. bis
   23. 9. 1950. Die Verlängerung des Studiums auf sechs
   Semester wurde damit begründet, daß die zukünftigen
   Lehrer auch Aufgaben der politischen Erziehung übernehmen sollten. HSTAD, NW 26, Nr. 65, S. 48 ff.

Nordrhein-Westfalen aber erst im August 1957.[1]

5.5   Die Auseinandersetzung um die Verankerung der
       Lehrerbildung in der Landesverfassung

5.5.1 Vorbemerkungen

Jede Verfassung und jeder einzelne Verfassungsartikel
haben ihre jeweils eigene Geschichte. Das Zustandekommen
ist abhängig von den jeweiligen Interessenkonstellationen
der gesellschaftlichen Gruppen zum Zeitpunkt der Debatte.
Ein zunächst kaum umstrittener Artikel kann nach Jahren
einer völligen Überarbeitung bedürfen und erneut zur
Debatte stehen, andere zunächst sehr strittige Artikel
können völlig zur Selbstverständlichkeit geworden sein.
Dazu zwei Beispiele: 1. Eine der wenigen fast einstimmig
angenommenen Bestimmungen der Reichsverfassung vom 11. Aug.
1919 war der Artikel 143, Absatz 2, der vorschrieb:
"Die Lehrerbildung ist nach den Grundsätzen, die für die
höhere Bildung allgemein gelten, für das Reich einheitlich zu regeln". "Damit war jedoch weder geltendes Recht
geschaffen, denn nach Art. 12 WRV behielten die Länder
das Gesetzgebungsrecht, ... noch war Eindeutiges über die

---

1 Eine Übersicht zu den Abläufen in den Fünfzigerjahren
   hinsichtlich dieses Themas gibt Clemens Kowollik, 1977,
   S. 161 ff. Der CDU-Abgeordnete und Vorsitzende des
   Kulturausschusses Dr. Hofmann wird hier von Kowollik
   irrtümlich mit "Abg. Dr. Hoffmann" zitiert.

   Im Jahre 1955, dem Ende des in dieser Arbeit behandel-
   ten Zeitraums, dauerte in folgenden Ländern das Lehrerstudium sechs Semester:

   Baden-Württemberg, Berlin, Bremen, Hamburg, Hessen,
   Niedersachsen; vier Semester genügen in Bayern, Nord-
   rhein-Westfalen, Rheinland-Pfalz und Schleswig-Holstein.
   HSTAD, RWN 210, Nr. 615, S. 57.

Institution gesagt."[1] Die Folge war, daß schließlich
die verschiedensten Formen der Lehrerbildung im Sinne
des Gesetzes für möglich gehalten wurden, von der Universität bis zur Wiederaufnahme seminaristischer Formen.[2] 2. Die in der gleichen Verfassung zunächst sehr
umstrittene, "für alle gemeinsame Grundschule" nach
Art. 146, Absatz 1 war nach 30 Jahren so zur Schulwirklichkeit geworden, daß sie in keiner Verfassung mehr
garantiert wurde.[3] Für die mit der Lehrerbildung zusammenhängende Problematik nach 1945 gilt der zuerst
beschriebene Fall, so daß hierzu alle Länder erneut mehr
oder weniger klare und umfassende Aussagen für ihre neuen
Verfassungen diskutieren mußten. Am Ende des Jahres 1947
läßt sich eine erste Zwischenbilanz aufstellen. Zu diesem Zeitpunkt haben sich die Länder der amerikanischen
Zone: Bayern, Hessen, Württemberg, Baden und die freie
Hansestadt Bremen bereits eine Verfassung gegeben. Die
Verfassungen der Länder der französischen Zone[4] liegen
vor, während die Länder der britischen Zone noch keine
Verfassung verabschiedet haben.[5] Die vorliegenden Verfassungen stimmen darin überein, daß es Recht und Pflicht
der Eltern ist, für die Erziehung und Bildung ihrer Kinder zu sorgen; alle Verfassungen bemühen sich, für die
Schule ein Erziehungsziel zu formulieren. Empfindliche

---

1 Joachim Kuropka in Anlehnung an Uwe Sandfuchs in: Zur
  Rezeption der 'Neuen Lehrerbildung' in Preußen durch
  den Freistaat Oldenburg, aus: Geschichte und Politik
  und ihre Didaktik, Heft 3/4,8. Jahrgang 1980, S. 156.

2 Vgl. Kap. 1.2 dieser Arbeit. Neben den Ländern, die die
  Lehrerbildung an die Universität legten, und dem neuen
  Weg Preußens mit seinen Pädagogischen Akademien gab
  es Länder wie Mecklenburg, Bayern und Baden, welche die
  alte Ausbildung mehr oder weniger unverändert in seminaristischer Form beließen.

3 Fritz Kaestner: Bildung und Schule in den Verfassungen
  der Länder der Westzonen, aus Pädagogische Rundschau,
  Heft 8/9,1. Jahrgang, Nov./Dez. 1947, S. 353.

4 Württemberg-Hohenzollern, Rheinland-Pfalz und Südbaden.

5 Vgl. Fritz Kaestner, Päd. Rundschau, S. 349.

Punkte des Schulwesens waren die konfessionelle Aufgliederung und der Religionsunterricht, die jeweils breite
verfassungsrechtliche Bestimmungen erforderlich machten.
Hiermit hängen auch Aussagen zusammen, die den Lehrer
direkt betreffen. So kann in Bayern (Art. 135) "an den
Bekenntnisschulen nur derjenige als Lehrer verwandt werden, der geeignet und bereit ist, die Schüler nach den
Grundsätzen des betreffenden Bekenntnisses zu erziehen",[1]
während in Baden (Art. 28) festgeschrieben wurde, daß
ein Lehrer keine Nachteile haben darf, wenn er sich wei-
gert, Religionsunterricht zu erteilen. Für die Lehrerbildung wird in Rheinland-Pfalz (Art. 36,2) gefordert,
daß sie in nach Bekenntnissen getrennten Lehrerbildungsanstalten erfolgen muß, die "vom Geist des betreffenden
Bekenntnisses durchformt sein müssen."[2]

Die Verbindung zwischen Lehrerbildung und Konfessionalität war stets eine kritischer Punkt. Ein Land wie Hamburg, das die Lehrerbildung an die Universität verlegte,
ging dem Problem aus dem Wege, "indem man die Wissenschaft zur maßgeblichen Instanz machte".[3] Die entgegen-
gesetzte Position nahmen die Länder ein, die mehr oder
weniger bei seminarähnlichen Formen der Lehrerbildung
verblieben. Nach der Auffassung von Stallmann wurde auch
hier die konfessionelle Aufgliederung nicht zum Problem,
"weil mit den Gehalten des Unterrichts so, wie man diese
verstehen zu können meinte, auch deren konfessionelles
Verständnis als vorgegeben hingenommen wurde."[4]

---

1 Vgl. Fritz Kaestner, Päd. Rundschau, S. 352, 2. Spalte.

2 Ebd., S. 353, 1. Spalte. Dasselbe gilt für die mit den
   Lehrerbildungsanstalten verbundenen Internate und den
   dort tätigen Lehrern und Erziehern.

3 Martin Stallmann, Zwischen Konfessionalität und Liberalität, aus: Schriftenreihe der Pädagogischen Studienkommission der Studiengemeinschaft der Evangelischen
   Akademien, Heft 2, Frankfurt/M. 1965, S. 34.

4 Ebd., S. 35. An anderer Stelle meint Stallmann dazu:
   "... das pädagogische Denken mußte dementsprechend
   einer besonders auffälligen Verfestigung, in eine
   Rezept- und Leitfadenpädagogik verfallen" (ebd.).

Die Lehrerbildung in Nordrhein-Westfalen, um die es hier
geht, stand in der Tradition der preußischen Lehrerbildung, die seinerzeit einen völlig neuen Weg gegangen war.
Stallmann zeigt auf, daß sich Becker damals "kritisch
gegen den weltanschaulichen Subjektivismus wendet"[1] und
Liberalität neu interpretierte, indem er die Aufgabe des
Menschen umfassender verstand. Aus diesem Verständnis
ging er einen "für alle doktrinären Anhänger der Simul-
tanität überraschenden Schritt weiter", indem er katholische, evangelische und simultane Akademien nebeneinander entstehen ließ, deren Hauptaufgabe die "Aktivie-
rung des Innern" oder nach Spranger die "Weckung der
Werterlebensfähigkeit" sein sollte.[2] Sie waren ebenso
klar abgegrenzt von den philosophischen Fakultäten der
Universitäten wie von den veralteten Seminarformen.

In diese Tradition stellten sich bewußt die von Antz
1946 und später gegründeten Pädagogischen Akademien.
Andererseits ist aber zu bedenken, daß in Nordrhein-
Westfalen im Vergleich zu allen anderen Ländern der britischen Zone am stärksten die Kräfte, "die charakterfest
dem Nationalsozialismus gegenüber aus ihrer konservativen
und klerikalen Haltung heraus keine Konzessionnen gemacht
hatten",[3] in die maßgebenden Positionen gelangt waren.
Für die Vertreter von CDU und Zentrum, die im Kulturausschuß des Landtags die Mehrheit hatten, stand "von Anfang
an die Wiedererrichtung der Konfessionsschulen fest".[4]
Die am 29. April 1946 durchgeführte Abstimmung bei der
Elternschaft hatte ein klares Votum für die Konfessions-

---

1 M. Stallmann, 1965, S. 36.

2 Vgl. ebd., S. 37.

3 Von M. Halbritter, 1979, (S. 110) zitiert nach: Fritz
   Helling/Walther Kluthe (Hg.): Wege des Schulreformers
   Otto Koch, Schwelm 1962, S. 39.

4 M. Halbritter, 1979, S. 114.

schule gebracht und gab damit den Weg frei für eine Schulpolitik, die sich im wesentlichen an den Verhältnissen
vor 1933 orientierte.[1] So formierten sich vor allem in
der Schulfrage bei den Auseinandersetzungen um die künftige Verfassung die Argumente um die in mancher Hinsicht
gegensätzlichen Pole der liberalen wie auch sozialdemokratischen Position einerseits und der starken katholischen Position im Rheinland und in Westfalen andererseits.

Die komplexe Entwicklung der Schulpolitik und ihre Grundlegung in der Verfassung in der Zeit nach 1945 können
im Rahmen dieser Arbeit nicht behandelt werden. Bei allen
naheliegenden Bezügen dieser Thematik zur Lehrerbildung
kann man jedoch feststellen, daß die Beratungen zur Abfassung des die Lehrerbildung betreffenden Artikels relativ unabhängig davon geführt wurden. Ein Grund für diese
Tatsache war das erkennbare Bemühen, in der verfassungs-
debatte "Lehrerbildung" übergreifend für alle Lehrer aller
Schulformen zu fassen und nur in einem untergeordneten Absatz die Bestimmungen für die Volksschullehrer zu präzisieren. Dadurch konnte die konfessionelle Problematik
hier bei weitem nicht das Gewicht erlangen wie in der
Schulpolitik. Dennoch - soviel sei schon vorweg angemerkt -
standen die Vertreter der "Lehrerbildung an Hochschulen"
immer auch auf dem Boden einer überkonfessionellen Lehrerbildung, während die Vertreter der "akademischen" oder
"hochschulmäßigen" Lehrerbildung stärker bekenntnisgebun-
den argumentierten.

---

1 M. Halbritter, 1979, S. 115.

5.5.2 Die Entwicklung bis zur Debatte im Verfassungsausschuß

Nach Entwürfen einzelner Politiker, die "vor allem politisch-taktisch gemeint"[1] waren, legte die Landesregierung am 23. Januar 1947 einen Entwurf über ein "Landesgrundgesetz" vor, das "noch viele Merkmale eines Provisoriums"[2] trug. Die Beratung dieses Entwurfs im damaligen Verfassungsausschuß führte zu keinem Ergebnis, da die Legislaturperiode dieses Landtages bald zu Ende ging und am 20. April 1947 in Nordrhein-Westfalen die ersten Landtagswahlen stattfanden. Im darauffolgenden Kabinett Karl Arnolds, dem Vertreter der CDU, SPD, KPD und des Zentrums angehörten, arbeitete Innenminister Walter Menzel (SPD) mit seinem Leiter der Verfassungsabteilung, Alois Vogels,[3] diesen ersten Entwurf von Anfang 1947 zum sogenannten Erste(n) Referentenentwurf aus. Menzel war als Sozialdemokrat und Preuße ein "überzeugter Unitarist, der die Länder nicht zu üppig werden lassen wollte".[4] Als solcher stand er auch in wichtigen Fragen des Schulwesens in Opposition zur CDU seines Ministerpräsidenten, was natürlich eine koalitionspolitische Belastung darstellte.

---

1 Gemeint sind hier die Entwürfe Zuhorns und Lehrs. Vgl. "30 Jahre Verfassung Nordrhein-Westfalen", Dokumentation der Landeszentrale für politische Bildung, Düsseldorf o.J., S. 12. Im Folgenden zitiert mit: 30 Jahre Verfassung ... .

2 Ebd., S. 14.

3 Walter Menzel, 1901 in Berlin geboren, hatte Jura und Nationalökonomie studiert. Er war Schwiegersohn des ehemaligen sozialdemokratischen Reichsinnenministers Carl Severing aus der Zeit der Weimarer Republik. In jungen Jahren der SPD beigetreten, wurde er Landrat und 1933 von den Nationalsozialisten in den Ruhestand versetzt. In Berlin fand er dann Beachtung als tüchtiger Rechtsanwalt. Alois Vogels galt als praktizierender Katholik und spielte eine Rolle in der katholischen Laienbewegung (vgl. ebd., S. 16).

4 Ebd., S. 17.

Dieser "erste Referentenentwurf" enthält eine Aussage
über die Lehrerbildung im Artikel 23, Abs. 2: "Die Lehrerbildung hat grundsätzlich an Hochschulen zu erfolgen."[1]

Hier wird die klare Sprache Menzels erkennbar, die bei
der ersten Beratung im Landtag am 27. November 1947 zu
starken Angriffen Adenauers, des Vorsitzenden der CDU-
Fraktion des Landtags, führte. Er warf Menzel vor, "in
ein parteipolitisches Fahrwasser hineingekommen"[2] zu sein.
Ausgangspunkt der Kritik Adenauers war die Schulfrage
und hier besonders das Problem des Elternrechts.

Die Lehrerbildung fand nur beiläufig Erwähnung bei
Adenauer:

> "Wenn diese Eltern eine Konfessionsschule
> wollen, dann sollen sie die Konfessionsschu-
> le haben und sie sollen, was eine absolute
> Voraussetzung ist, auch die konfessionelle
> Lehrerbildung haben. Denn das ist ja schließ-
> lich das Entscheidende, daß ich in die Schule
> diejenigen Lehrpersonen hineinbringe, die
> ihrer ganzen inneren Einstellung nach und nach
> dem, was sie gelernt haben, dem Geist dieser
> Schule entsprechen."[3]

Dieser Argumentation Adenauers mit dem Elternrecht folgte
ein Zwischenruf des Abgeordneten Renner (KPD), der an die
"Schulaufsicht durch den Herrn Pastor"[4] erinnerte. Insgesamt aber führte das Thema Lehrerbildung nicht zu
Auseinandersetzungen im Landtag.

---

1 LD II (Landtagsdrucksachen der zweiten Periode) 166,
  S. 2, Archiv des Landtags NRW.

2 30 Jahre Verfassung ..., S. 18.

3 LD II. Wortprotokoll der Landtagsdebatte am 27.11.1947,
  S. 66 f.

4 Ebd.

Dieser Debatte im Rahmen der 1. Lesung, die die unterschiedlichen Positionen verdeutlichte, folgte eine längere Phase
der Beruhigung. Der Entwurf Menzels wurde noch im November
1947 dem Verfassungsausschuß überwiesen, der aber erst im
Sommer 1948 seine Beratungen begann. Diese Verzögerung
lag in der allgemeinen Stimmung begründet. Die Bevölkerung des Landes war an dem Verfassungsstreit nicht interessiert, sondern immer noch bedrückt von Not und Ent-
behrung. Das Land nahm mehr als eine Million Vertriebene
aus den Ostprovinzen auf, die Unterkunft und Arbeit finden mußten.

Menzel hatte als Experte in Verfassungsfragen der Mini-
sterpräsidentenkonferenz von Herrenchiemsee einen Entwurf für eine "Westdeutsche Satzung" vorgelegt, der
dann auch im Parlamentarischen Rat eingebracht wurde.
Erst nachdem am 8. Mai 1949 das Grundgesetz verkündet
worden war, wurden in Nordrhein-Westfalen die Arbeiten
an der Landesverfassung wieder aufgenommen, um die Aussagen aufeinander abzustimmen.[1] Der Verfassungsausschuß
in Nordrhein-Westfalen verlangte jetzt ultimativ zum
1. Oktober 1949 einen neuen Entwurf von der Landesregierung. Bis zu diesem Zeitpunkt waren aber im Kabinett
die unterschiedlichen Auffassungen von CDU und SPD immer
noch nicht beizulegen; ein Kompromiß war nicht mehr möglich.[2] Die "Lehrerbildung an Hochschulen" stand in den
Kabinettsberatungen für die Mehrheit nicht mehr zur Debatte,
ja sogar der Ausbildung an Pädagogischen Akademien stand
man "mit dem einen oder anderen Bedenken gegenüber."[3]

---

1 Vgl. 30 Jahre Verfassung ... , S. 25.
2 Ebd.
3 So Frau Teusch später im Verfassungsausschuß rückblickend über die Kabinettsberatungen (Wortprotokoll
  der 50. Sitzung des Verfassungsausschusses vom 30.
  März 1950, S. 504 (B). Archiv des Landtages NRW.

Wörtlich wiederholte Frau Teusch Beiträge von nicht näher
bezeichneten Kabinettsmitgliedern wie: "Wer geht in eine
Schule im Sauerland oder auf ein Eifeldorf?", "Wer putzt
noch einem armen Flüchtlingskind das Näschen?", "Wer ist
in seinen Besoldungsforderungen nachher nicht wie ein
Studienrat oder Hochschulprofessor eingestellt?",[1] die
klar erkennen lassen, daß diese Kabinettsmitglieder von
einer Lehrerbildung an Hochschulen für Volksschullehrer
abgerückt sind. Mit einer gewissen Skepsis kann man Frau
Teusch sogar folgen, wenn sie, als der zuständige Fach-
minister erklärte, daß es ihr "nicht leicht gefallen ist,
die Kollegen im Kabinett auf diese Formulierung des Artikels 15 zu bringen".[2] Der dem Landtag am 7. Dez. 1949
vorgelegte neuerliche Verfassungsentwurf enthielt als
einstimmiger Kabinettsbeschluß folgende Fassung des die
Lehrerbildung betreffenden Artikels 15:

> "Die Ausbildung der Lehrkräfte für die öffent-
> lichen Volksschulen findet entsprechend dem
> Charakter der Volksschulen in bekenntnismäßig
> gestalteten und in Gemeinschaftsakademien statt."[3]

Der Begriff der Hochschule ist völlig herausgenommen und
Lehrerbildung wieder nur auf die Volksschullehrerbildung
reduziert, womit auch die Bekenntnisproblematik eingebracht werden konnte. Interessant ist, daß diese Fassung
zu den einstimmigen Beschlüssen des Kabinetts zählt.
Der wegen seiner Form auch "siamesischer Zwilling" genannte Entwurf enthielt nämlich auf der linken Seite die
vom Kabinett mit Mehrheit beschlossenen Artikel, denen auf
der rechten Seite der von der Minderheit eingebrachte Vor-

---

1 Ebd. Die eigentlichen Protokolle der Kabinettsverhand-
   lungen waren dem Verfasser nicht zugänglich, so daß
   hierzu die späteren Äußerungen der Beteiligten herangezogen werden mußten.

2 Ebd.

3 LD II 1359, Archiv des landtages NRW.

schlag gegenüberstand.[1] Diese Fassung des Kabinetts pas-
sierte nach kurzer Beratung am 9. Februar 1950 den Kulturausschuß[2] und wurde dann am 30. März Gegenstand einer
intensiven Debatte im Verfassungsausschuß.[3]

5.5.3 Die Debatte im Verfassungsausschuß

Diese Verhandlungen im Verfassungsausschuß bedürfen
einer eigehenden Analyse, da sie die Einstellung zur
Lehrerbildung deutlich werden lassen; nicht nur in bezug
auf die augenblickliche Lage im Jahre 1950. Die Ver-
fassungsberatung hat darüber hinaus eine ausgesprochen
in die Zukunft weisende Komponente. Aber auch die Eigenge-
setzlichkeit einer solchen Situation war - wie noch zu
zeigen sein wird - von Bedeutung, wenn z.B. nach dem
Mittagessen die Kompromißbereitschaft größer geworden
war und die Maximalforderung nach "Lehrerbildung an
Hochschulen" durch die unscharfe Formulierung "hochschulmäßig" ersetzt wurde. Auch die einzelnen Personen charakte-
risierten sich durch ihre Reden, etwa wenn gerade der
Fachvertreter und Nachfolger von Antz, Prof. Esterhues,
diesen anfechtbaren Ausdruck sich zu eigen machte und
auszufüllen versuchte.

Nachdem die Regierungsvorlage des Art. 15 zur Aussprache aufgerufen worden war,beantragte zunächst Dr. Hofmann (CDU)
den Artikel 15 nach Artikel 16 und 17 zu behandeln, da

---

1 Vgl. ebd. So war die Problematik des Elternrechts
   (Art. 16) getrennt nach Mehrheits- und Minderheits-
   auffassung dargestellt.

2 Hier werden nur zwei Gegenstimmen und eine Enthaltung
   vermerkt. Vgl. Kurzprotokoll d. 42. Sitzung d. Kulturausschuß.

3 Die weitere Darstellung fußt weitgehend auf der Analyse des Wortprotokolls dieser 50. Sitzung des Verfassungsausschusses vom 30. März 1950 aus dem Archiv
   des Landtages NRW.

man erst dann wisse, welche Schulen man habe. Die zweite
Wortmeldung vom Abgeordneten Goeke (SPD) brachte sofort
eine Wendung, indem er eine alle Lehrkräfte umfassende
Formulierung vorschlug, die dann auch vor den Schulartikeln
plaziert bleiben könne. Sein Vorschlag lautete: "Die Ausbildung der Lehrkräfte erfolgt an Hochschulen"[1]. Dr. Hofmann bezweifelte daraufhin die Eindeutigkeit des Begriffs
"Hochschule" und grenzte ihn besonders gegenüber den
Universitäten ab. Der Abgeordnete Klingelhöller der KPD
wandte sich gegen die Bedenken Dr. Hofmanns und bestätigte
für seine Partei, daß man für den Antrag des Kollegen Goeke
sei. Nach einigen Kontroversen über die Eindeutigkeit des
Begriffs "Hochschule" übernahm auch der Abgeordnete Brockmann für das Zentrum die Auffassung Goekes und weitete diese
noch zu der Formulierung aus: "Die Ausbildung findet an
Universitäten und Hochschulen statt."[2] Selbst der Kultusminister, Frau Teusch, deutete daraufhin an, daß man
eine solche Formulierung in die Fassung des Artikels 15
einbauen könne. An dieser Stelle der Debatte schien der
Abgeordnete Dr. Hofmann beunruhigt zu sein und meldete
sich erneut zu Wort. Er war schon mehrfach vor dieser
Debatte einer Verbindung zwischen Volksschullehrerbildung und Universität entgegengetreten.[3]

Wörtlich sagte er:

---

1   Die weitere Darstellung fußt weitgehend auf ..., ebd.,
    S. 501 (A.).

2   Ebd., S. 502 (C). Goeke sah hierin allerdings eine
    Abschwächung des Begriffs 'Hochschule', da er in der
    Fassung Brockmanns zum nebengeordneten Begriff würde.

3   Siehe Kurzprotokoll über die Sitzung des Kulturaus-
    schusses vom 16. 2. 1949, S. 10 (HSTAD, RWN 210, Nr. 4,
    S. 84). Am 8. 3. 1949 wird an ihn als Vorsitzenden des
    Kulturausschusses ein Antrag auf Ergänzung des Proto-
    kolls gerichtet, weil darin ein Antrag im Kulturaus-
    schuß, "die Pädagogischen Akademien als Pädagogische
    Fakultäten den Universitäten des Landes einzugliedern",
    überhaupt nicht erwähnt wird (HSTAD, RWN 210, Nr. 4, S. 67).

"Ich sehe in dem Antrag Goeke die Gefahr, daß
aus 'Hochschulen' auch 'Universitäten' herausge-
lesen werden können und daß wir dann in die In-
terpretierung kommen könnten, daß auch die Volksschullehrer an Universitäten ausgebildet werden
müßten. Einer solchen Folgerung würde ich im
Interesse unseres Lehrerstandes widersprechen.
Denn der **Volksschullehrer**, der ein wirklicher
Meister der Schule sein muß, braucht eine Bildung
in einer Erziehergemeinschaft."[1]

Dennoch verblieb Brockmann bei der Kombination des Antrags Goeke mit dem Artikel 15, und selbst Frau Teusch
kam nach langen Ausführungen und Vergleichen mit den
anderen Ländern zu der Auffassung, daß nichts dagegen
einzuwenden sei, wenn der Antrag Goeke als Vordersatz
und der Artikel 15 als Nachsatz in die Verfassung aufgenommen würden. Auf dieser Basis wurde noch lange diskutiert, wohl mehr, weil jeder noch einmal seine Ansichten über Hochschulen und Universitäten darlegen wollte,
wobei aus Unsicherheit über die genaue Abgrenzung dieser
Begriffe und ihrer Anwendung auf die Lehrerbildung ein
noch schwächerer Ausdruck durch Ministerialdirigent Bergmann eingebracht wurde. Er schlug mit einer relativ kurzen Begründung die folgende Umformulierung der stritti-
gen Aussage vor:

"Die Ausbildung der Lehrkräfte ist hochschulmäßig zu
gestalten". Zu diesem Zeitpunkt wird sein Vorschlag
aber noch wenig beachtet und zunächst die Debatte über
die Unterscheidung von Hochschule und Universität weitergeführt. Erst der dann eher anstandshalber zu Wort kom-
mende zuständige Fachreferent, Ministerialrat Prof. Dr.
Esterhues, griff Bergmanns Ausdrucksweise auf und fand

---

1 Protokoll, S. 502 (D). Der Abgeordnete Kühn (SPD)
  fragt daraufhin spitzfindig: "Sehen Sie in der Forderung, der Bildungsgang des Volksschullehrers müsse
  durch in sich geschlossene Gemeinschaften gesichert
  sein, die einzige Begründung für eine Ablehnung Pädagogischer Fakultäten an den Universitäten?" (ebd.,
  S. 503 (A)).

in einer schätzungsweise 30 Minuten währenden "Ansprache"
den Weg von der "voll hochschulmäßigen" zur "hochschulmäßigen" Lehrerbildung.[1] War Antz seinerzeit geradezu
meisterhaft, wenn es darum ging, unterschiedliche Stand-
punkte und Argumente aufzugreifen und situationsgerecht
zu bündeln, so war dies Geschick seinem Nachfolger Esterhues versagt. Seine weitschweifigen, mit Abstand längsten,
von schulmeisterlicher Belehrung durchzogenen Ausführungen
verwässerten das Bemühen der Vorredner um eine klare be-
griffliche Fassung und bereiteten die Annahme des un-
scharfen Terminus "hochschulmäßig" vor. Der Abgeordnete
Krekeler (FDP),versuchte dann noch einmal den Faden aufzunehmen und betonte erneut die Notwendigkeit einer klaren Definition des Begriffs "Hochschule".[2] Schließlich
jedoch begaben sich die Abgeordneten in die Mittagspause,
wobei anscheinend innerhalb eines inoffiziellen Gesprächs
eine baldige Einigung als wünschenswert angesehen wurde.
Nach der Pause stellte der Abgeordnete Kühn (SPD) als
Diskussionsleiter die verschiedenen Formulierungen noch-

---

1 Prozokoll, S. 507 A, B, C, D und S. 508 A,B,C. "Hochschulmäßig" heißt nach der Auffassung von Esterhues,
  daß der "Studierende ... innerlich die Möglichkeit
  haben (soll), in der Erzieher- und Lehrtätigkeit, also
  im Leben als Erzieher und im Leben als Lehrer, seine
  geistige Heimat zu finden, zusammen mit anderen. Alles,
  was er dort treibt, soll er treiben im Hinblick auf seine Tätigkeit als Erzieher und Lehrer. (Ebd., S. 507 (D)).
  Der Ausdruck "voll hochschulmäßig" wurde nicht weiter
  erläutert.

2 Er stellt hierbei die "institutionelle Sicherung der
  Selbstverwaltung, deren vornehmster Teil die Mitwirkung bei der Ernennung des Lehrkörpers ist" heraus.
  Frau Teusch betont durch ihren Zwischenruf: "Die
  Mitwirkung!" (Heraushebung durch den Verfasser), daß
  der FDP-Abgeordnete einen für sie kritischen Punkt angesprochen hatte. Krekeler verwies auf "Theologische
  Fakultäten, ... denen man dieses Recht zugesteht, ohne
  daß man riskiert, daß in eine katholische Fakultät plötzlich
  ein evangel. Theologieprofessor hineingerät". Aber
  auch diese letzte Entgegnung der Opposition wurde von
  Esterhues abgewiesen mit dem Bemerken, er "glaube ...
  nicht, daß wir eine Akademie-Verfassung schaffen können, aus der wir diese Dinge weglassen" (ebd., S. 508
  (D) u. 509 (A,B)). Vgl. auch Kap. 6.5 dieser Arbeit.

mals vor, wobei sich die Gegenüberstellung auf "an Hochschulen" oder "hochschulmäßig" zuspitzen läßt. Dabei zeigte
sich, daß der Abgeordnete Brockmann (Zentrum) während der
Mittagspause umgestimmt wurde und sich mit dem Ausdruck
"hochschulmäßig" angefreundet hatte. Der Diskussionsleiter Kühn begründete die Abtrennung des Vordersatzes von
dem ursprünglichen Artikel 15 und stellte die Formulierung
Dr. Hofmanns:

> "Die berufliche Ausbildung der Lehrenden
> aller Schulen ist hochschulmäßig zu ge-
> stalten."

und die Formulierung des Kollegen Goeke

> "Die Ausbildung der Lehrkräfte finden an
> Hochschulen statt."

zur Abstimmung.[1] Diese ergab eine Mehrheit von acht zu
sechs Stimmen für den Antrag Dr. Hofmann. Die Formulierung Goeke wurde mit sechs zu acht Stimmen abgelehnt.[2]

Beim Versuch einer Wertung dieses Ergebnisses muß positiv hervorgehoben werden, daß wiederum ein Verfassungsartikel alle Lehrer umfaßte und damit eine generelle Ab-
spaltung der Volksschullehrer vermieden wurde. Eine
standespolitisch verständliche Parteinahme für die Formulierung Goeke verfällt einer Fehldeutung der dama-

---

1 Es heißt tatsächlich im Wortlaut des Protokolls (510
   (D)) "finden" und nicht "findet". Die Sprache der
   Verfassungsartikel wird noch öfter angegriffen. So
   wetterte der Abgeordnete Dr. Eiardt in einer späteren
   Debatte gegen die Begriffe "der Lehrenden" und "Lehrkräfte". Der Herr Justizminister spreche ja auch nicht
   von "Justizkräften" oder der Sozialminister von seinen
   "Arztkräften". Ein Philologe sehe die Verfassung später als ein "grammatikalisches Vademekum ... wie man
   es nicht machen soll, wenn man Sprache handhabt"
   (Landtagsprotokoll vom 2. Juni 1950, S. 4888). Eiardt
   forderte überall den Gebrauch des einheitlichen Begriffs "Lehrer".

2 Protokoll, S. 510 (D).

ligen Situation. Die bekenntnismäßige Ausrichtung der
Lehrerbildung war weithin fest verwurzelt; hier wollte
nur die Minderheit eine Öffnung.[1] Nichts anderes aber
stand unausgesprochen hinter dem Begriff "Hochschule".
Mit seiner Hilfe konnten Volksschullehrer wenigstens
zeitweise aus den Bindungen ihres Bekenntnisses entlassen werden. Dies aber mußte eine Partei, deren stärkste Klammer eben diese Bekenntnisbindungen waren- auch
wenn die CDU im Gegensatz zum alten Zentrum katholische
und evangelische Christen umfaßte - vermeiden, wenn sie
sich selbst treu bleiben wollte. Um so erstaunlicher ist
die Haltung von Frau Teusch, die sich in der Debatte
mehrfach für den Antrag Goeke als Vordersatz zum Artikel 15
mit einem Zusatz, "daß auch Eigenart und Bedürfnisse der
Schulen berücksichtigt werden müssen"[2] einsetzte. Aus
der Sicht von Dr. Hofmann war es erst vier Jahre her,
als neunmonatige Kurzlehrgänge genügt hatten, Volksschullehrer auszubilden. Für ihn, den umfassend gebildeten
Altphilologen, war die Entwicklung zur Pädagogischen Akademie ein ausreichender Schritt.[3] Forschung und Wissenschaft sollten einem kleineren Kreis vorbehalten werden.
Das Zünglein an der Waage stellte der Zentrumsabgeordnete
Brockmann dar. Aus der Geschichte der Zentrumspartei war
es verständlich, daß er sich der Auffassung der CDU an-

---

1   Selbst die GEW war hier lange Zeit uneinig. C. Kowollik
    kommt zu dem Fazit, daß sich innerhalb der GEW "kein
    eindeutiger Konsens" (a.a.O., S. 171) erzielen ließ.
    Man schwankte zwischen der Lehrerbildung an der Uni-
    versität oder Hochschule und einer eigenständigen
    Pädagogischen Hochschule mit Promotionsrecht.

2   Protokoll, S. 503 (D). Die Einnahme einer vermitteln-
    den Position war für Frau Teusch allerdings leichter
    möglich, da sie als Mitglied des Kabinetts anwesend
    war und im Verfassungsausschuß nicht an den Abstim-
    mungen teilnahm.

3   Hinzu kam seine Vorstellung von der Lehrerbildung, die
    er in den Pädagogischen Akademien verwirklicht sah,
    weil die "Erziehergemeinschaft" Besseres leistete
    als eine Konzentration auf Wissen, wie es an Univer-
    sitäten vorherrschend sein mußte (vgl. Protokoll,
    S. 501 (D) und 501 (A)).

schloß, hier stand er in der Tradition des Kulturkampfes
auf der Seite der konfessionellen Bindung. Dennoch hat er
offenbar seine Zustimmung dem 2. Absatz des Artikels 15
verweigert.[1] Die Regierungsvorlage wie auch der Antrag
Goeke für den Absatz zwei[2] wurden mit sieben zu sieben
Stimmen abgelehnt. In der zweiten Lesung des Landtags
brachten CDU und Zentrum dann eine gemeinsame Vorlage
mit folgendem Wortlaut ein:

> "Die Ausbildung hat dem Charakter, der Eigen-
> art und den Bedürfnissen der verschiedenen
> Schularten und Schulformen zu entsprechen. Die
> Ausbildung der Lehrkräfte für die Volksschu-
> len erfolgt in der Regel auf bekenntnismäßiger
> Grundlage.
>
> 25. April 1950   Schrage
>   Brockmann"[3]

Gegenüber den vorhergehenden Fassungen ist die Einfügung
der Wendung "in der Regel" zu erwähnen, die auf die Einlassung Brockmanns zurückgehen dürfte. Diese Fassung wird
ohne weitere Diskussion hinzugefügt und verabschiedet.[4]

Zwischen der zweiten und dritten Lesung des Verfassungs-
entwurfs wurden mehrere neue Vorschläge eingebracht.[5]
In der 136. Sitzung des Landtages am 2. Juni 1950 ging
die SPD Fraktion nochmals gegen die anstehenden Artikel

---

1 Eine sichere Aussage hierzu ist nicht möglich, da die
   Personen bei der Stimmabgabe im Protokoll nicht aufgeführt werden. Da aber nur eine Wechselstimme vorhanden
   ist, liegt nach Analyse der Debatte auf der Hand, daß
   es sich um Brockmann handelt.

2 Er lautete: Dabei ist dem Charakter, der Eigenart und
   dem Bedürfnis der verschiedenen Schularten Rechnung
   zu tragen. Protokoll, S. 510 (D).

3 LD Nr. II - 1595.

4 LD Nr. II - 1737.

5 Vgl. 30 Jahre Verfassung ..., S. 28.

und Formulierungen vor. Sie beantragt die Streichung des
2. Absatzes von Absatz 2, um "auf dem Gebiete der Kultur
eine Verfassung zustande zu bringen, die den Fortschritt
atmet und nicht den Geist der Reaktion und der Finsternis
der Vergangenheit."[1] Auch der Abgeordnete Dr. Eiardt von
der SPD griff nochmals das Thema Lehrerbildung auf und
forderte, daß man Pädagogischen Akademien denselben
Charakter gebe wie den Universitäten;[2] er beschwor die
Einheit der Lehrerschaft und rief nach "Akademien und
Universitäten, an denen dieser freie, weitblickende
Lehrer erzogen wird",[3] damit Deutschland wieder das
Volk der Dichter und Denker werde. Gegen die CDU-Zentrums-
Mehrheit blieb dies aber ohne Widerhall, die entscheidenden Debatten waren vorüber. In dritter Lesung wurde der
Entwurf am 5. und 6. Juni 1950 mit 110 Stimmen der CDU
und des Zentrums gegen 97 Stimmen von SPD, FDP und KPD
angenommen.[4] In dem nachfolgenden Volksentscheid am
18. Juni 1950 fand die Verfassung eine Mehrheit von 57 %
der Wähler.[5]

---

1 Protokoll, S. 4886. So formuliert vom Abgeordneten
  Kühn, der damit Hu-Hu-Rufe in der Mitte und rechts
  hervorrief.
2 Vgl. ebd.
3 Ebd., S. 4889.
4 30 Jahre Verfassung ..., S. 28.
5 Vgl. ebd.

6. Bemühungen um die Annäherung an eine "hochschulmäßige"
    Lehrerbildung unter Kultusminister Teusch 1950-1954

6.1 Überblick

Die in den vorhergegangenen Kapiteln dieser Arbeit dargestellten
Einzelheiten sind sicherlich zusammenfassend als eine "Höher-
stufung" der Lehrerbildung zu bezeichnen. Die konsequente
Abkehr von den seminaristischen Formen hatte in dem Verfassungsartikel § 15 ihren formaljuristischen Abschluß gefunden. Die
folgenden Jahre brachten weniger spektakuläre Ereignisse, galt
es doch jetzt, die durch den Begriff "hochschulmäßig" um-
schriebene Form der Lehrerbildung inhaltlich im einzelnen zu
füllen.
Es begann die Phase der Konsolidierung, in der die finanziellen Anforderungen aufgearbeitet und geregelt wurden. Der
nicht ausgetragene Konflikt um die Anzahl der Akademien lebte
neu auf und wurde schließlich nach langen Auseinandersetzungen
durch eine Kabinettsentscheidung beendet. Es folgte die Zeit,
in der für die Akademien Neubauten beschlossen wurden, die
dann am Ende der fünfziger Jahre Gestalt annahmen und auch
sichtbar nach außen das neue Selbstverständnis hochschulmäßiger Volksschullehrerbildung repräsentieren konnten.

Von Bedeutung ist auch das "Abschiedsgeschenk" des Kultusministers dieser Jahre, Frau Teusch, in Form einer
"Vorläufige(n) Satzung der Pädagogischen Akademien
des Landes Nordrhein-Westfalen"[1], in der 1954 eine Reihe
von "hochschulmäßigen Grundzügen der Akademie"[2] verbrieft
und ihr Hochschulcharakter ausgesprochen wurde.

---

1 HSTAD, RWN 210, Nr. 5, S. 179 ff. Siehe im Anhang dieser
   Arbeit Dokument Nr. 6.

2 So Siewerth in einer Stellungnahme zur Satzung der Pädagogischen Akademien in "Erbe und Entscheidung", Heft
   IV 1954 (32), S. 275.

6.2 Die finanzielle Situation der Lehrer und ihr Eintreten
     für eine angemessene Besoldung

Nicht unmittelbar mit der Lehrerbildung in ihrer inhaltlichen Dimension verbunden, aber als äußere Bedingung von
erheblicher Bedeutung ist die finanzielle Problematik. Bis
heute ist das Gehalt des Lehrers auch ein Steuerungsinstru-
ment, mit dem Lehrermangel oder Lehrerüberschuß beeinflußt
werden. In den ersten Jahren nach dem Zweiten Weltkrieg
waren die Gehälter sehr niedrig.[1] Wohl wurde auch in dieser Zeit der Status des Landesbeamten als erstrebenswertes
Ziel angesehen. Vorherrschend war nicht zuerst das finanzielle Interesse, sondern die Neigung zu diesem Beruf und vielfach auch die durch die Erschütterungen des Krieges gewachse-
ne Erkenntnis von der Bedeutung der Erziehung.[2] Die "Pädagogische Akademie als eine Schule der Gemeinschaft"[3], das Grund-
anliegen von Carl Heinrich Becker, ließ sich gerade in Zeiten
wirtschaftlicher Not in vielen gemeinsamen Aktionen von Dozenten und Studierenden verwirklichen. Als Beispiel hierfür
sei die Gründung des Studentenhilfswerks der Pädagogischen

---

1 Die Beträge lagen je nach Schulart, Alter und Geschlecht -
   die unverheirateten Lehrerinnen erhielten 10% weniger
   als die Lehrer - zwischen 150 und 400 Mark. Nach vorliegenden Belegen erhielt eine unverheiratete Schulhelferin
   1943 brutto 153,00 RM, 1945 brutto 182,83 RM, als an der
   Pädagogischen Akademie Ausgebildete 1948 brutto 168,00 DM.
   Ein junger Lehrer erhielt im Jahre 1951 bei vollem Unterricht von 30 Wochenstunden in der Ortsklasse A (Stadt
   unter 100.000 Einw.) 240,00 brutto, entsprechend 224,00 DM
   netto (Freundliche Mitteilung von Prof. Erger).

2 In einer pathetisch abgefaßten "Denkschrift über die besondere Notlage der Kurzkursus-Teilnehmer der Pädag.
   Akademien" schilderten die Verfasser am 28. 3. 1951 rückblickend ihre Beweggründe mit folgenden Worten:
   "Wir bereiteten uns mit Begeisterung auf einen Beruf vor,
   der uns materiell nichts versprach, auf einen Beruf, zu
   dem uns fast alle ein innerer Zwang führte, zu einer Zeit,
   da der Wille zur Erneuerung, aus einem furchtbaren Zusammenbruch entstanden, in uns allen so lebendig war"
   (HSTAD, RWN 210, Nr. 24, S. 30).

3 HSTAD, NW 26, Nr. 162, S. 83.

Akademie in Aachen angeführt. Die Währungsreform im Sommer
1948 bedeutete für viele Studierende, daß sie, über Nacht
mittellos geworden, die Aufgabe ihres Studiums in Erwägung
ziehen mußten. Sofort "erwuchs aus der Mitte der Studentenschaft ... Plan und Tat, dieser Not zu steuern".[1] Im Rahmen
des Landschulpraktikums 1948 sammelten die Studenten innerhalb von acht Wochen 8.000,-- DM Bargeld, Kartoffeln für den
ganzen Winter und große Mengen von Gemüse und Hülsenfrüchten.[2]
In der Folge konstituierte sich das Studentenhilfswerk als
eingetragener Verein mit dem satzungsgemäßen Auftrag, not-
leidende Studenten zu unterstützen.[3] Die hohen Leistungen
des Vereins wurden durch viele Aktionen der Studierenden ermöglicht. Werbung fördernder Mitglieder, Theaterabende, Puppen-
spielabende, Seifenkistenrennen und eine Sachwertlotterie
brachten immer wieder neue Beiträge für das Hilfswerk auf,
so daß schon 1953 der Bau eines Studentenwohnheims für 30
Studenten mit der feierlichen Grundsteinlegung in Angriff
genommen werden konnte.[4] Die "Mühen und Opfer der Studentenschaft" hatten sich in einem "greifbaren" Werk manifestiert;

---

1   Hildegart Pleus, Aus der Geschichte des Studentenhilfs-
    werks der Pädagogischen Akademie Aachen, Mitteilungsblatt,
    Heft 19/20, April 1952, S. 44 f.

2   Vgl. ebd..

3   In dem oben zitierten Artikel beschreibt Frau Pleus im
    April 1952 rückblickend, daß "rund 30.000,-- DM für
    bedürftige Studierende und zum Ausbau und Betrieb der
    Mensa" aufgebracht werden konnten. Außerdem konnte schon im
    Sommer 1950 ein Haus mit Grundstück günstig erworben
    werden, das sechs Studenten als Heim diente.
    Siehe auch: Mitteilungsblatt, Heft IV, 1954 (32),
    S. 264, wo ein Student dieser Zeit das Studentenhilfs-
    werk als "rettenden Engel" bezeichnete, der "den hör-
    saalbesuchenden Familienvätern zeitweise Beiträge bis
    zu einem kleinen Monatsgehalt in die Hand" gab.

4   In der am 7. 2. 1953   vom Bischof van der Velden einge-
    mauerten Urkunde des Grundsteins heißt es u.a.: "Aus Mühen
    und Opfern der Studentschaft begründet, wird das Haus er-
    richtet durch den Beitrag des Staates, der Kirche und
    des Studentenhilfswerkes. Es wird gebaut in dankbarem Ge-
    denken an das gütige, opferreiche Wirken des Begründers
    der Pädagogischen Akademie zu Aachen in notvoller Zeit,
    des Ministerialrates Prof. Dr. Johannes von den Driesch,
    und gesichert durch die Wünsche aller, daß Gottes Segen
    allezeit auf ihm weile."
    Mitteilungsblatt , Heft 26, April 1953, S. 44.

der Stolz der Beteiligten wirkte in einer solchen Weise
prägend, daß die kleinen und größeren Nöte vergessen wurden.

So erklärt sich auch, daß finanzielle Forderungen der
Studierenden zunächst nicht in Erscheinung treten. In den
ersten Jahren äußert sich nur Unmut der in den Normallehrgängen Studierenden bei einem Vergleich mit den Teilnehmern
der Sondernotlehrgänge.[1] Erst im Herbst 1950/Frühjahr 1951
werden stärker die Forderungen der nun jungen Lehrerschaft
erkennbar. Mit markigen Schlagzeilen[2] wird das Lehrerelend
verdeutlicht und auch die noch immer nicht erfolgte Gleichstellung der Akademieabsolventen mit den Teilnehmern an den
Sondernotlehrgängen reklamiert.[3] Besonders ältere Lehrer
mit Familien waren benachteiligt. Die Einzelheiten der
Forderungen nach einer Gehaltsneuordnung werden hier nicht
dargestellt, interessant ist aber, daß sich im Rahmen der
Diskussion dieser Forderungen bei den zuständigen Politikern die Erkenntnis durchsetzt, daß der beginnende Bewerber-
rückgang bei den Pädagogischen Akademien auf die schlechte
Besoldung zurückzuführen sei.[4] Tatsächlich zeigen die Zahlen
der Jahre 1950/51 eine bedeutsame Verlagerung. Die Bewerber-

---

1   In einem Schreiben, daß von Antz unterstützend an Frau
    Teusch weitergeleitet wurde, forderte die Studentenschaft
    der Pädagogischen Akademie Essen am 30. 8. 1946 unter an-
    derem ebenfalls die Gewährung einer monatlichen Unter-
    stützung und die Anrechnung der Jahre über 28 bei der Be-
    soldungseinstufung (HASTK, Nr. 1187, Karton 23/6).

2   Beispielsweise: "Lehrerelend schreit zum Himmel",
    "Schuldiener verdienen mehr als Schulmeister", die vom
    Mitteilungsblatt, Heft 15/16, Juni 1951, S. 47 aus Tages-
    zeitungen und Illustrierten übernommen wurden.

3   In Königswinter verfassen die ehemaligen Kurzkursteil-
    nehmer der Pädagogischen Akademien Aachen, Bonn, Essen-
    Kupferdreh und Kettwig am 28. 3. 1951 die schon eben
    erwähnte "Denkschrift", in der sie die Bildung einer
    Interessengemeinschaft erklären mit dem Ziel der besoldungs-
    mäßigen Gleichstellung mit den Teilnehmern der Sondernot-
    lehrgänge. Ihr Anspruch ist durchaus begründet, weil ihre
    damalige kurze Ausbildungszeit nicht eigenen Interessen
    entsprang, "sondern weil man dringend Lehrer brauchte"
    (HSTAD, RWN 210, Nr. 24, S. 24 ff).

4   Vgl. Hofmann in der 37. Sitzung des Landtages am 13. Dezem-
    ber 1951. Ein weiteres Argument ist der sich zunehmend aus-
    breitende Nebenerwerb der Lehrer.

zahl für das Volksschullehrerstudium fiel rasch ab; besonders stark war die Abnahme der männlichen Bewerber.[1] Im Mai 1951 wandte sich der Deutsche Beamtenbund an den Kultusminister mit diesbezüglichen Fragen,[2] die er im Zusammenhang mit der "unzulänglichen Besoldung" sah. Das Kultusministerium antwortete am 18. August 1951 mit der Feststellung, daß sich seit dem vergangenen Jahr die Zahl der Aufnahmegesuche "erheblich vermindert" habe.[3] Als Begründung wurde in dem Entwurf zunächst der Satz: "Diese Entwicklung wird auf die gestiegenen Anforderungen (viersemestriges Studium) und die unzureichende Besoldung zurückgeführt" niedergelegt. Esterhues, als zuständiger Sachbearbeiter, hat dann aber die Begründung durch die "gestiegenen Anforderungen (viersemestriges Studium)" von Hand gestrichen.[4] Aufgrund des im gleichen Schreiben festgestellten "großen Überangebots" von Studierwilligen für das Lehramt an Höheren Schulen wurde von Überlegungen berichtet, "wie der besorgniserregenden Entwicklung gesteuert werden kann".[5] Trotz dieser Erkenntnisse ließen Veränderungen noch länger auf sich warten. Erfolgversprechende Maßnahmen wurden nur

---

1 Beispielhaft hier Zahlen der Pädagogischen Akademie
   Kettwig:

	1950	1951	Veränderung
Zahl der Bewerber	228	138	- 40 %
Zahl der Studenten	98	42	- 57 %
Zahl der Studentinnen	130	96	- 26 %

   Der Direktor hebt dabei noch besonders hervor, daß sich viele erst ein Jahr nach dem Abitur meldeten, also solche sind, die "nach dem Scheitern anderer Berufsziele zur Pädagogischen Akademie" kommen (HSTAD, NW 143, Nr. 19, S. 67 und Rückseite).

2 Der Beamtenbund fragte, "wie weit die vielfach geäußerten Befürchtungen zutreffen, daß auf Grund der unzulänglichen Besoldung usw. ein ausreichend qualifizierter Nachwuchs ... allmählich versiegt" (Schreiben vom 18. 5. 1951, HSTAD, NW 143, Nr. 19, S. 76).

3 Ebd., S. 82.

4 Damit gab er zu, daß die unzureichende Besoldung den Hauptgrund für die Entwicklung darstellte.

5 Ebd., S. 83.

zögernd und in kleineren Einzelschritten angegangen,[1] obwohl
eindeutige Zahlen die kritischer werdende Situation belegten.
Die Differenz zwischen Anzahl der PA-Absolventen und den Anforderungen der Regierungspräsidenten wuchs von Ostern
1952 bis Ostern 1953 von 59 auf 385[2] trotz steigender Ab-
solventenzahl. Zwischenzeitlich hatte man sich eine Verbesserung der Situation durch eine erhöhte Attraktivität des
Lehrerstudiums erhofft. Hierzu sind u.a. einzelne Auslands-
reisen für Studenten zu nennen. Im Dezember 1949 konnte
Miss Wilson für neun Studierende der Pädagogischen Akademien
einen Besuch von Lehrerbildungsstätten in den USA anbieten.
Allerdings mußten dann mehrere Prüfungstermine verlegt werden;
auch war die Auswahl der Teilnehmer wegen der geringen
Anzahl angebotener Plätze nicht unproblematisch. Als im
folgenden Jahr wiederum eine solche Einladung aus den USA
erging, mußte eine strenge Auslese unter der Vielzahl der
Bewerber getroffen werden.[3] Daneben wurden aber auch einwöchige

---

1 So beispielsweise Anträge von "Berufsverbänden, von den
Lehrern und Lehrervertretungen, von den Kirchen und auch
von sämtlichen Parteien" (wie Reg. Dir. Gildemeister in
der 52. Sitzung des Kulturausschusses am 28. 11. 1951
sagte,) die die "Herabsetzung der Meßzahlen für die Einrichtung von Schulstellen an Volksschulen..." forderten.
(Vgl. LD Nr. 233 vom 8. 3. 1951, 2. Wahlperiode, Band I).

2

	Ostern 52	Oktober 52	Ostern 53
Zur Verfügung standen:	561	583	620
Die Regierungspräsiden- ten forderten an:	620	646	1005
Differenz:	59	63	385

Diese Zahlen sind einer teilweise handschriftlich geführten
Zusammenstellung der "Belegung der Pädagogischen Akademien
im Rechnungsjahr 1953 (Stand vom 15. 6.)" entnommen (HSTAD,
NW 143, Nr. 19, S. 127 ff). Eine kürzere, gedruckte Fassung
dieser Zahlen findet sich im HSTAD, RWN 210, Nr. 170, S. 158
und enthält eine Spezifizierung nach Akademieort, Semester,
Konfession und Geschlecht. Ein Auszug daraus zeigt folgendes Bild

	männl.	weibl.
kath.	627	1261
evang.	371	699

und belegt, daß - unabhängig vom Bekenntnis - fast doppelt
so viele Männer wie Frauen studieren. Dieses Verhältnis
von 2 : 1 wurde in den folgenden Jahren nie mehr unterschritten,
es näherte sich eher dem Wert von 2,5 : 1 in den Jahren nach
1955 und wuchs in den siebziger Jahren auf 4 : 1 an.

3 Ein entsprechendes Papier der "Teacher Training Section" des

Studienfahrten in benachbarte Länder durchgeführt, so etwa
wurden die Niederlande durch Studenten und Dozenten der Pädagogischen Akademie Paderborn[1] oder die Schweiz durch
Studenten und Dozenten der Pädagogischen Akademie Köln
besucht.[2] Dabei wurde in der Regel für jede Akademie eine
größere Studienfahrt durch den Kultusminister gefördert.[3]

Dennoch brachten diese Aktionen keine bemerkenswerte Erhöhung der Anmeldungen. So konzentrierten sich die Überlegungen mehr und mehr auf eine Verbesserung der Lehrerbesoldung. Eine besondere Problematik lag dabei in der Tatsache, daß die gesamte Beamtenbesoldung veränderungsbedürf-
tig war und daß man "im Vergleich zu dem bisher gehandhabten
System unbefriediegender Zulagen revolutionäre Vorschläge zur
Neuregelung der Besoldung und Versorgung"[4] zu entwickeln begann.
Schon am 13. Dezember 1951 hatte Dr. Hofmann im Zusammenhang mit Fragen zur "optimalen Größe einer Pädagogischen Akademie" gesagt:

Wir dürfen weiterhin - ich will das heute hier nur

"Land Commissioner's Office" vom 21. 11. 1950 enthielt die
Bedingungen. Die Bewerber sollten das Examen abgelegt haben,
gute englische Sprachkenntnisse besitzen und "es muss sich
aus dem bisherigen Lebenslauf des Bewerbers ergeben, dass
sein Wille voranzukommen und Verantwortung zu übernehmen über
dem Durchschnitt liegt" (HSTAD, NW 26, Nr. 77, S. 218).
35 Bewerber wurden 1951 einer Vorprüfung unterzogen (ebd.,
S. 208 ff.), von denen etwa die Hälfte die begehrte Reise
antrat.

1 Vgl. HSTAD, NW 26, Nr. 77, S. 153.

2 Vgl. HSTAD, NW 26, Nr. 78, Band I, S. 21. Es hieß hier: "Wir
   versprechen uns sehr viel davon, wenn die zukünftigen Volks-
   bildner während des Studiums wenigstens einmal Alltagsleben,
   -sorgen und -freuden benachbarter Völker kennen lernen, wenn
   sie vielleicht mit Kollegen und Kindern in der Schulstube
   und Freizeit zusammen sein dürfen."

3 Vgl. ebd., S. 15.   Auf deutscher Seite wurden ebenfalls
   Besuchergruppen ausländischer Lehrerbildungseinrichtungen
   empfangen, so die Besuchergruppe von der Universität Glas-
   gow, die im November 1952 mehrere deutsche Pädagogische Akademien besuchte (Mitteilungsblatt Heft 25, Januar 1953, S.53).
   Der Berichterstatter betont, "wie überraschend gleich die
   Erziehungsfragen in England und Deutschland" seien und freute
   sich über die freundschaftliche und lebendige Diskussion.

4 Deutscher Beamtenbund am 27. 10. 1952, HSTAD, RWN 210,
   Nr. 190, S. 51.

kurz ansprechen ... - unsere Augen nicht davor ver-
schließen, daß es bereits an Nachwuchs für die Lehrer
zu mangeln beginnt und daß also die Fragen der Lehrerbesoldung hinter diesen Dingen stehen. Wir haben von
der Initiative unserer Regierung gehört.
... sie ist im Bundesrat in den Fragen der Junglehrer
und der Beförderungsstellen bereits aktiv geworden.
Aber darüber hinaus werden wir auch das ganze Problem
der Lehrerbesoldung zu sehen haben; denn nur dann
können wir auch wieder hoffen, für unsere Pädagogischen
Akademien den richtigen Nachwuchs zu finden."[1]

Sechs Monate später nannte er erneut die Lehrergehälter eine

"Sorge des Kulturausschusses" und möchte Nordrhein-Westfalen

zum "Vorkämpfer für eine Lehrerbesoldungsreform"[2] machen.

So liefen die Überlegungen hinsichtlich einer verbesserten

Lehrerbesoldung auf Bundes- und Landesebene parallel voran.

Dennoch wurde die Rolle des Vorkämpfers nicht von Nordrhein-

Westfalen wahrgenommen, vielmehr geriet der von der Landes-

regierung in Nordrhein-Westfalen am 13. Februar 1953 ver-

abschiedete Gesetzentwurf[3] zusätzlich unter Druck durch das

3. Bundesgesetz zur Änderung und Ergänzung des Besoldungs-

rechts vom 27. März 1953.[4] Hierin wurden in § 6 die Län-

der ermächtigt, die Lehrerbesoldung zu verbessern. Die

1. Ziffer der Rahmenvorschriften dazu gestattete den Ländern,

die Basis der Volksschullehrerbesoldung in der Weise zu

---

1 Landtagsprotokoll der 37. Sitzung am 13. 12. 1951.
  2. Wahlperiode, Band 2, S. 1391 (D). (Die unterschiedliche
  Bezifferung der Bandbezeichnungen mit einerseits
  arabischen Ziffern für die Sitzungsprotokolle der Land-
  tagssitzungen und andererseits römischen Ziffern für die
  Landtagsdrucksachen entspricht den originalen Vorlagen.
  Anm. d. Verf.).

2 Landtagsprotokoll der 55. Sitzung am 16. Juni 1952
  2. Wahlperiode, Band 2, S. 2068 (D).
  Hier nannte er als Begründung, daß Ungerechtigkeiten aus
  der Zeit der Notverordnungen zu beseitigen seien und außerdem die Unterschiede zu anderen Bundesländern ausge-
  glichen werden müssen, "damit einer schon beginnenden
  Abwanderung einzelner Lehrerkategorien in andere Bundes-
  länder" vorgebeugt werden könne.

3 Der vollständige Titel lautet: "Entwurf eines Gesetzes
  zur Änderung und Ergänzung des Besoldungsgesetzes. (Vier-
  tes Besoldungsänderungsgesetz)" (Drucksache Nr. 1065 Landtag NRW
  2. Wahlperiode, Band IV).

4 Vgl. BGBl. I, S. 81.

erhöhen, daß das Grundgehalt in der Besoldungsgruppe A 4c 2
mit der 3. Dienstaltersstufe beginnt.[1] Diese Passage des
Bundesgesetzes wurde von den Lehrerverbänden umgehend aufgegriffen[2] und unterstützt. Die in den Rahmenvorschriften
des Bundesgesetzes wörtlich festgestellten "in den Ländern
eingetretenen Verschlechterungen der Besoldung der Volksschullehrer"[3] wie auch die "schlechteren Beförderungs-
möglichkeiten gegenüber anderen vergleichbaren oder gleich
zu bewertenden Beamtengruppen"[4] waren natürlich eine gute
Basis für ihre Argumentation. In den Monaten Mai und Juni
1953 fanden intensive Beratungen statt. Verschiedene Ver-
mittlungsvorschläge von Frau Teusch wurden im Hinblick auf
ihren finanziellen Aufwand durchgerechnet und verglichen.[5]
Diese verschiedenen "Teillösungen" der CDU-Fraktion in
Nordrhein-Westfalen trafen auf den Widerstand derjenigen,
die sofort die volle Ausschöpfung der Möglichkeiten im Sinne
des 3. Bundesgesetzes forderten. Hierzu zählten auch die Ver-

1 Vgl. BGBl.I, S. 81

2 Die GEW reagierte hier allerdings in Nordrhein-Westfalen
  unmittelbarer als die katholischen Lehrerverbände.

3 BGBl. I, S. 81 Ziffer 2.

4 BGBl. I, S. 81 Ziffer 3.
  Der Landesverband Nordrhein-Westfalen der GEW gab im März
  1953 eine gedruckte "Stellungnahme zu dem Entwurf eines
  Gesetzes zur Änderung und Ergänzung des Besoldungsgesetzes" heraus (HSTAD, RWN 210, Nr. 191, S. 93). Insgesamt wurden darin zehn einzeln begründete Änderungsvor-
  schläge zum vorgelegten Gesetzentwurf eingebracht. Die an
  erster Stelle genannte Forderung verlangte, daß Lehrer
  "bei ihrer ersten planmäßigen Anstellung die Bezüge der
  dritten Dienstaltersstufe" erhalten sollten (ebd.). Die
  weiteren - mehr schon Lehrer im Dienst und Beförderungs-
  verbesserungen betreffenden Forderungen - können hier
  nicht dargestellt werden. Der Verband der katholischen
  Lehrerschaft Deutschlands wies am 15. 6. 1953 in einem
  Schreiben an die CDU-Fraktion des Landtags in Nordrhein-
  Westfalen geplante Teillösungen zurück. Diese "Teil-
  lösung" sah vor, daß die neu eingestellten Lehrer zwar
  mit der dritten Stufe begannen, diese aber sechs Jahre
  beibehielten und dadurch in die normale Stufung zurückkehrten. (Vgl. das eben genannte Schreiben im HSTAD, RWN
  210, Nr. 191, S. 140 f.).

5 Vgl. HSTAD, RWN 210, Nr. 191, S. 133. In diesem Schriftstück werden vier Vorschläge durchgerechnet. Sie unterscheiden sich hauptsächlich in der Länge und Art der
  Durchstufung und ergeben Mehrbelastungen zwischen 19,77
  Mio. DM und 25,28 Mio. DM.

treter der Amtskirche.

Der Kölner Domkapitular W. Böhler schrieb persönlich an
Frau Teusch und stellte sich auf die Seite der die
"Ganz-Lösung" fordernden Lehrerschaft:

> "Wie ich weiter erfahre, werden SPD und FDP für die
> Ganzlösung sein. Es wäre verhängnisvoll, wenn jetzt
> ausgerechnet die CDU und mit ihr die Regierung in
> Nordrhein-Westfalen an der Teillösung festhalten
> würde."[1]

Böhler stellte eigene Berechnungen an, die eine Mehrbe-
lastung von nur 7,8 Mio. DM ergaben, und meinte, daß "also
ein schwerer Irrtum bei dem Dezernenten im Finanzministerium
vorliegen"[2] müsse.

Als Frau Teusch spürte, daß ihr eine einmütige Front aller Be-
teiligten und Interessierten gegenüberstand, gab sie dem
Drängen nach und trotzte dem Finanzminister zusätzliche
Mittel ab. Scherzhaft verglich der Abgeordnete Kühn von der
SPD die Frau Kultusminister mit einem "Admiral", der sein
"Ressortschiff" sehr geschickt durch Nebel zu steuern ver-
möge.[3]

Schließlich legte das Kabinett Arnold am 25. Juni 1953 einen
"Änderungsantrag der Landesregierung zum Entwurf eines
Gesetzes zur Änderung und Ergänzung des Besoldungsgesetzes"[4]
vor, in dem die Regierung ihre Vorschläge, die sie noch im
Februar im Rahmen des "Entwurfs eines Gesetzes zur Änderung
und Ergänzung des Besoldungsgesetzes" gemacht hatte, erheblich erweiterte. Diese Verbesserungen betrafen in erster
Linie Positionen, die für Lehramtsbewerber besondere Rele-
vanz hatten. Die "Teillösungen" wurden herausgenommen, eine
noch im Februar vorgeschlagene Übergangshilfe für Junglehrer

---

1 Schreiben vom 16. 6. 1953. HSTAD, RWN 210, Nr. 191, S. 136.

2 Ebd.. Offensichtlich hatte das Generalvikariat aber doch
   nicht alle Angaben und Folgekosten berücksichtigt, da der
   Mehraufwand "insbesondere durch die Auswirkungen des
   4. Besoldungsänderungsgesetzes ... rd. 67,5 Mio DMark gegenüber dem Vorjahr" ausmachte. (Landtagsprotokoll der 96.
   Sitzung vom 12. Januar 1954, 2. Wahlperiode, Band 4, S. 3539
   (B)).

3 Landtagsprotokoll der 81. Sitzung am 28. April 1953,
   2. Wahlperiode, Band 3, S. 3085 (C), (Landtagsarchiv NRW).

4 Vgl. Landtagsdrucksache Nr. 1238, 2. Wahlperiode, Band V,
   (Landtagsarchiv NRW).

in Höhe von 250,00 DM entfiel zugunsten eines generellen
Einstiegs aller Volksschullehrer mit der dritten Dienstaltersstufe.[1] Dies bedeutete die "Erhöhung des jährlichen Anfangs-
grundgehalts der Volksschullehrer von 2800,- DM auf 3300,-DM"[2].
Auch die verzögerte Stufung in den ersten Jahren der Tätigkeit wird gegen eine "Anhebung der übrigen Besoldungssätze
der Besoldungsgruppe A 4 c 2 (Durchstufung) mit dem Schwerpunkt der Besoldungsverbesserung in den unteren Stufen"[3]
aufgegeben und damit wiederum eine speziell Junglehrer betreffende Maßnahme angeordnet.

Tatsächlich hat diese vom Parlament beschlossene erhebliche
Gehaltserhöhung das Ansehen des Volksschullehrerstandes ver-
bessert und die Zahl der Studierenden an den Pädagogischen
Akademien in Nordrhein-Westfalen wieder nachhaltig vergrößert.[4]
Wenn die veränderten Zahlen auch nicht allein auf die Besoldungsverbesserung zurückgeführt werden können, so hat sie
doch wesentlichen Anteil an dieser Entwicklung. Die Kriegsteil-
nehmer stellten keine nennenswerte Gruppe der Lehrerstudenten
mehr dar; es waren vielmehr junge Abiturienten, die nüchtern
ihre Lebenschancen abwogen. Kein "innerer Zwang"[5] führte hier
zur Bereitschaft, sondern mehr ein von Elternhaus und Erziehung
geleitetes Interesse am Lehrerberuf, das auch dessen finanzielle Ausstattung berücksichtigte.[6]

---

1 Vgl., Landtagsdrucksache,Nr. 1238 (ebd.). In der Begründung wurde ausgeführt: "In den seitherigen Verhandlungen
  (gemeint ist die Zeit seit dem 13. Februar 1953, an dem der
  Entwurf vorgelegt wurde - Anm. d. Verfassers) hat sich die
  Auffassung verstärkt, daß die Besoldung aller Volksschullehrer
  mit der bisher dritten Dienstalterssstufe der Besoldungsgruppe
  A 4 c 2 (3.300,--DM) beginnen und die Volksschullehrer
  auch in den höheren Dienstaltersstufen eine angemessene Verbesserung erhalten sollen (sog. Durchstufung)."

2 Ebd., Begründung Satz 1.

3 Ebd., Begründung Satz 2.

4 Vgl. Dok. Nr. 7 im Anhang dieser Arbeit (HSTAD, NW 143, Nr. 10,
  S. 128).

5 Siehe am Anfang dieses Kapitels (6.2 Fußnote 2).

6 Allgemein hierzu vgl.: Heinrich Rosensträter, Zum Wandel des
  Rekrutierungsfeldes der Volksschullehrer, in: Der Lehrer und
  Erzieher, hrsg. v. Berthold Gerner, Bad Heilbrunn/Obb.
  1976, S. 128 ff.

6.3   Diskussion um die Schließung von Pädagogischen Aka-
       demien und um die Verlegung der Pädagogischen Akademie
       Emsdetten nach Münster

6.3.1 Antrag der FDP

Die Auseinandersetzung um die Verringerung der Zahl der
Pädagogischen Akademien im Jahre 1949 hatte mit einer mehr
halbherzig vollzogenen Überdeckung der Gegensätze und ohne
Veränderung des status quo geendet.[1] Die FDP hatte sich
damals nur mit Bedenken ihrem Koalitionspartner CDU gefügt
und sich durch Esterhues nachweisen lassen, "daß tatsächlich
12 Akademien notwendig seien, um den erforderlichen Nachwuchs
heranzubilden, und daß dadurch gleichzeitig eine Verringerung
der Hörer eines Semesters erzielt werden kann".[2]
Im zweiten Kabinett Arnold, das im Sommer 1950 nach den Landtagswahlen gebildet wurde, war die FDP nicht mehr vertreten.
1951 griff sie dann mit Unterstützung der SPD aus der Opposition heraus dieses Thema wieder auf und versuchte unter Berufung auf den Art. 15 der Landesverfassung ihre Anliegen
zu verdeutlichen. Hochschulmäßiges Arbeiten an den Pädagogischen Akademien konnte nach Ansicht der SPD/FDP nur bei
350 bis 400 Studenten je Akademie geleistet werden,[3] eine
Größe, die von der Mehrzahl der Akademien unterschritten
wurde. Am 9. Juli 1951 stellte daher die FDP-Fraktion einen
Abänderungsantrag zum Einzelplan des Kultusministers mit
folgendem Wortlaut:

> Die Zahl der im Kapitel 520 etatisierten Pädagogischen
> Akademien wird von 12 auf 9 reduziert. Der Gesamt-
> zuschuß zu diesem Kapitel in Höhe von 1.966.900 DM
> verringert sich hierdurch nicht. Die Frau Kultus-
> minister wird beauftragt, dem Landtag Vorschläge für
> die drei zu schließenden Pädagogischen Akademien bis
> 30. September dieses Jahres zu machen, damit ihre
> Auflösung bis zum Ende des Etatjahres durchgeführt
> werden kann.[4]

---

1 Siehe oben Kapitel 5.4 dieser Arbeit.

2 Landtagsprotokoll der 109. Sitzung am 12. 10. 1949, S. 3089,
   (Landtagsarchiv NRW).

3 Vgl. C. Kowollik, 1977, S. 166.

4 Drucksache Nr. 377, 2. Wahlperiode, Band II (Landtagsarchiv
   NRW).

Dieser Antrag der FDP-Fraktion wurde am 6. November 1951
im Kulturausschuß beraten. In der Zwischenzeit seit Juli
1951 muß sich aber auch bei CDU und Zentrum die Meinung
verstärkt haben, daß eine Verringerung der Pädagogischen
Akademien durchaus erwägenswert sei. Jedenfalls ist in der
Beratung im November keine einzige Wortmeldung des an sich
nicht zurückhaltenden Dr. Hofmann protokolliert. Schon der
als erster vortragende Fachreferent, Ministerialdirigent
Bergmann, stellte nach längeren Ausführungen die Frage,
"ob nicht der hochschulmässige Charakter und eine entsprechende Besetzung der Lehrkörper bei einer geringeren Zahl - 9
oder 10 - besser gewährleistet sein könnte, als bei den jetzt
vorhandenen 12".[1] So vermochte die FDP-Abgeordnete Frau
Friese-Korn, die als Mitglied der antragstellenden Fraktion
anschließend das Wort ergriff, nicht mehr viel hinzuzufügen.
Erst der dann folgende Beitrag von Holthoff (SPD) brachte
noch zusätzliche Anregungen, wie die Erweiterung des Studiums
auf sechs Semester, eine Zulassung von Absolventen als
Doktoranden an Universitäten und eine Verstärkung der For-
schungsarbeit. Ihm als Redner folgende CDU- und Zentrumsabgeordnete griffen an dieser Stelle schnell warnend ein,
man "dürfe aber bei den Bestrebungen zur Hebung des Niveaus
nicht die Realitäten ausser Acht lassen"[2] ein anderer warnte
"vor überspitzter Betrachtungsweise"[3] und bat zur Besprechung
des Antrags zurückzukehren, nämlich zu der Frage, wieviele
Akademien geschlossen werden könnten. Frau Teusch schlug
daraufhin folgende Fassung vor: "Die Zahl der im Haushalt
etatisierten Pädagogischen Akademien soll höchstens 10
betragen."[4]

---

1 Kurzprotokoll über die 45. Sitzung des Kulturausschusses
   am 6. 11. 1951, S. 21. (Landtagsarchiv NRW).

2 Ebd., S. 23, Abg. Brockmann Zentrum.

3 Ebd., S. 23, Abg. Dr. Wolf, CDU.

4 Ebd.. Sie begündete diese Form, weil man dann immer noch
   überlegen könne, ob man auch unter der Höchstzahl bleiben
   wolle. Ebenso gab sie noch eine "gewisse Auslaufzeit", zu bedenken, weil eine sofortige Schließung unter Umständen
   höhere Kosten verursachen würde.

Mit diesem "Entgegenkommen" schien die SPD nicht gerechnet
zu haben. Jedenfalls sind die etwas irritiert wirkenden
Äußerungen Holthoffs nicht anders zu erklären. Er fordert
nunmehr "eine Herabsetzung um 5"[1], d.h. fast eine Halbierung
der Gesamtzahl. Ebenso brachte er noch einmal die Angliederung
an die Philosophischen Fakultäten ins Spiel und äußerte
schließlich, daß die Debatte nicht genug in die Einzelheiten
vorgedrungen sei. Der Ausschuß ging aber nicht mehr darauf
ein und verfaßte am folgenden Tag einen Antrag in der von
Frau Teusch vorgeschlagenen Form, der dem Landtag zur
Beschlußfassung weitergeleitet wurde mit dem gleichzeitigen
Ersuchen, "dem Landtag alsbald entsprechende Vorschläge zu
unterbreiten".[2]

6.3.2 Die Kabinettsvorlage vom November 1952

Somit war erneut die Frage zu entscheiden, welche Akademien
nunmehr geschlossen werden sollten; nur mit dem Unterschied,
daß diesmal auf breiter Front im Parlament über die Tatsache
der Schließung an sich Einigkeit herrschte und auch vom entsprechenden Fachdezernenten kein Widerstand zu erwarten war.[3]
Im Gegenteil, immer mehr setzte sich die Erkenntnis durch,
daß nur eine qualitative Verbesserung die Pädagogischen
Akademien lebensfähig halten könne, auch wenn dabei die
Schließung einzelner Akademien nicht zu vermeiden

---

1 Kurzprotokoll über die 45. Sitzung (ebd.).

2 Kurzprotokoll über die 46. Sitzung des Kulturausschusses
   am 7. 11. 1951, S. 1 (Landtagsarchiv NRW). Der Antrag
   lautete: "Um den Charakter der Pädagogischen Akademien als
   pädagogische Hochschule stärker zu verwirklichen, wird
   die Zahl der im Haushalt etatisierten Pädagogischen Akademien auf höchstens 10 festgelegt." (Drucksache Nr. 522,
   2. Wahlperiode, Band II, vom 7. 11. 1951, Landtagsarchiv
   NRW). Die Drucksache 522 wurde in der vorgelegten Fassung
   am 13. 12. 1951 vom Landtag beschlossen.

3 Esterhues schied nach nur zwei Jahren am 1. 10. 1951 aus
   seinem Amt als Ministerialrat aus. Sein Nachfolger wurde
   Ministerialrat Dr. Klein.

war.[1] Während in den Jahren 1948/49 hauptsächlich von den
Zahlen des Lehrernachwuchses ausgehend argumentiert wurde,
hatte die Diskussion nunmehr im April 1952 die andere Stoß-
richtung, nämlich daß der "hochschulmäßige" Charakter der
Akademien verstärkt werden müsse. Im Kulturausschuß versuchte Frau Friese-Korn immer wieder, die Angelegenheit
weiter zu treiben. Auf entsprechende Äußerungen wurde ihr
jedoch von Brockmann, dem bekannten Zentrumsabgeordneten, vor-
gehalten, daß das Kultusministerium "eine gewisse Zurückhaltung" verfolge, in der Erinnerung an das "furchtbare
Beispiel von 1932, als sechs Akademien auf einmal geschlossen
wurden".[2]

Alle Abgeordneten erkannten die Schwierigkeit der Entscheidung an und bemühten sich redlich, "die das ganze
Land bewegende Exekutivmaßnahme"[3] umfassend zu beleuchten
und gerecht zu beurteilen. Der SPD-Abgeordnete Holthoff
machte jedoch Bedenken gegen eine Verzögerung geltend. Vor
allem die Etat-Beratungen würden dadurch erschwert. Er re-
klamierte den in einzelnen Fällen dringend notwendigen
Neubau von Pädagogischen Akademien.[4] Während man für den
Wiederaufbau von 29 Gymnasien sechs Millionen ausgeworfen
habe, würden für die Errichtung einer Pädagogischen Akademie

---

1 Als Indiz für diese Lage mag gelten, daß, wie es in einem
   Schreiben des Kultusministeriums vom 11. 6. 1951 heißt,
   immer mehr "Volksschullehrer von der Möglichkeit, die
   Realschulprüfung abzulegen,... Gebrauch machen" (HSTAD,
   NW 143, Nr. 19, S. 71), so daß man sich gezwungen sah, dafür einen Numerus clausus auszusprechen. Offensichtlich
   stellten sich viele Lehrer höheren Anforderungen, in der
   Mehrzahl wohl um statusmäßig und finanziell "auf-
   steigen" zu können.

2 Protokoll der 83. Sitzung des Kulturausschusses vom
   24. 4. 1952, (HSTAD, NW 143, Nr. 6, S. 110).

3 Ebd., S. 108.

4 So waren nur zwei Akademien in "staatseigenen" Gebäuden
   untergebracht. Brockmann (Z) nannte das eine "tragische
   Angelegenheit" und meinte damit, daß sich der Bundestag
   des Gebäudes der Pädagogischen Akademie in Bonn bemächtigt
   habe. Ministerialrat Giesen erklärt dazu, daß Bonn "noch
   nicht einmal Abschlagszahlungen leiste" (ebd., S. 109).

nur 200.000,- DM angesetzt. Bei den Unterrichtsmitteln erhielten die Gymnasien nach seiner Aussage 1 Million, während
die Akademien mit "lumpigen" 41.500,- DM abgespeist würden.[1]
Weitere Argumentationen betrafen die konfessionelle Frage
und die des "Nachwuchses vom Lande". Hierzu zog Brockmann
eine nicht näher benannte Statistik heran, wonach 80 % der
Lehrerstudenten aus den Großstädten und 20 % vom Lande kämen
und schloß daraus, daß "eine Stadt wie Münster eher als
Emsdetten ein geeigneter Ort für eine Akademie wäre".[2] Diese
Äußerung Brockmanns, deren Auswirkung noch weiter unten
behandelt wird, und ein Protest von Frau Friese-Korn gegen
eine eventuelle Schließung Lüdenscheids sind die einzigen
namentlichen Hinweise auf Orte, die in die Überlegungen ein-
bezogen wurden, woraus erkennbar wird, daß die Parlamentarier
eine Festlegung auf bestimmte Akademieorte vermieden. Frau
Teusch stellte dann auch abschließend heraus, daß die Maßnahme in jeder Weise in der Öffentlichkeit "Wellen schlagen
werde", und begrüßte, daß nicht das Kultusministerium alleine
die Verantwortung übernehmen müsse, sondern daß die Landesregierung als Ganzes die Verantwortung trage.[3] In dem folgenden Halbjahr wurden die Überlegungen fortgesetzt und fanden ihren schriftlichen Ausdruck in einer Kabinettsvorlage,
in der Oberhausen als Akademie für katholische Studierende
in "Nordrhein" und Lüdenscheid als Akademie für evangelische
Studierende in "Westfalen" geschlossen werden sollten, die
Pädagogische Akademie Emsdetten sollte zum gleichen Zeitpunkt, also am 1. April 1953, nach Münster verlegt werden.[4]

---

1 Protokoll der 83. Sitzung des Kulturausschusses, ebd.,S.109.

2 Ebd., S. 110. Die von Brockmann angeführten Zahlen lassen
  sich auch durch eine Untersuchung Rosensträters stützen,
  der "von der Mitte der fünfziger Jahre ab ein außer-
  ordentliches Anschwellen des Anteils aus größeren Gemeinden, vor allem aus der Stadt" bei der Herkunft des Volks-
  schullehrernachwuchses feststellt (Heinrich Rosensträter,
  Zum Wandel des Rekrutierungsfeldes der Volksschullehrer,
  in: Der Lehrer und Erzieher, hrsg. v. Berthold Gerner,
  Bad Heilbrunn/Obb., 1976, S. 131).

3 Protokoll der 83. Sitzung des Kulturausschusses, ebd., S.111.

4 Kabinettsvorlage der Gruppe II E 1 des Kultusministeriums
  entsprechend dem Landtagsbeschluß vom 13. 12. 1951.

In der Begründung zu dieser Kabinettsvorlage wurde zum
Punkt "Deckung des Lehrerbedarfs" angeführt, daß der errechnete Bedarf von 1.300 Lehrern unter der Berücksichtigung der beiden Konfessionen "jederzeit auch von zehn
Akademien gedeckt werden"[1] könne. Auch die optimale Größe
einer Pädagogischen Akademie zwischen 300 und 350 Studierenden werde nicht überschritten. Zur Plazierung der Akademieorte folgten längere Darstellungen, wobei als entscheidend
angesehen wurde, "daß der Akademieort ein Kulturzentrum
darstellt, (das) in nachhaltiger Weise die Studierenden
anregt und befruchtet."[2] Unter diesem noch näher zu er-
örternden Gesichtspunkt wurden die Städte Aachen, Bielefeld,
Bonn, Dortmund, Köln, Münster, Paderborn und Wuppertal
als besonders geeignete Akademieorte bezeichnet, mit Einschränkung auch noch Essen und Kettwig; Oberhausen, Emsdetten
und Lüdenscheid jedoch als nicht geeignet angesehen.[3]
Überraschenderweise wurde die Ablehnung Lüdenscheids[4] und

(HSTAD, NW 143, Nr. 9, S. 1 ff, im   Folgenden zitiert
mit: "Kabinettsvorlage, Nov. 1952". Diese Kabinettsvorlage trägt kein Tagesdatum, aber drei Abzeichnungsver-
merke vom 12. 11.,   17. XI, und 20. 11. und die Jahresangabe
1952 womit die Datierung "Nov. 1952" gesichert ist.)
Verschiedene Versuche der außerparlamentarischen Einflußnahme während dieses Halbjahres wurden offenbar mit Nach-
druck abgewiesen. Selbst eine inoffiziell gegründete
"Ständige Konferenz der Pädagog. Akad. des Landes Nordrhein-Westfalen", deren Abgesandte sich für "Auskünfte
und Beratungen dem Kulturausschuß zur Verfügung ... stellen"
wollten (HSTAD, RWN 210, Nr. 170, S. 145   Schreiben von
Prof. Dr. Hammelsbeck vom 3. Juli 1951) wird von Dr. Hofmann kurz abgewiesen (HSTAD, RWN 210, Nr. 170, S. 146)
und anschließend von Frau Teusch mit der Androhung einer
"Prüfung der Sach- und Rechtslage nach der verwaltungs-
und beamtenrechtlichen Seite" verwarnt (HSTAD, RWN 210,
Nr. 170, S. 147).

1 Kabinettvorlage, Nov. 1952, S. 3

2 Ebd., S. 4

3 Vgl., ebd.

4 Lüdenscheid habe kürzlich die Kündigung des für die Pädagogische Akademie zur Verfügung gestellten Schulgebäu-
des angedroht und dabei "deutlich durchblicken lassen",
daß auf die Pädagogische Akademie kein entscheidender
Wert gelegt werde (ebd., S. 6). Diese Äußerungen erscheinen
aber nur schwer verständlich, denn Lüdenscheid machte
nach Bekanntwerden der Vorstellungen des Kultusmini-

Oberhausens[1] in nur sechs Zeilen näher ausgeführt, wohingegen
die Problematik um Emsdetten geschickter eingeflochten wird.Zur
Erklärung dieser Problematik bedarf es hier einer längeren
Zwischenüberlegung.

6.3.3 Kirchliche Einflußnahme zugunsten einer Pädagogischen Akademie in Münster

Schon in einem Schreiben vom 23. Februar 1952 hatte der
Generalvikar des Bistums Münster, Dr. Pohlschneider,
Frau Teusch daran erinnert, daß die kirchlichen Stellen
dringend wünschten, daß die Pädagogische Akademie von
Emsdetten nach Münster verlegt werde.[2] Er forderte dabei
weiterhin, daß Frau Teusch eine entsprechende Aufforderung
an die Stadt Münster richten möge, damit die Angelegenheit "in Fluß" komme, wobei er nicht verschwieg, daß sie
damit "unserem Hochwürdigsten Herrn Bischof und auch uns
allen einen großen Dienst erweisen"[3] würde. Eine derartig
deutliche persönliche Einflußnahme der katholischen Kirche
auf einen Minister muß aus der damaligen Situation heraus
gesehen werden. Die Gründung der Pädagogischen Akademien
im Jahre 1946 stellte nicht nur eine Veränderung der Organisationsform der Lehrerbildung dar, sondern Antz suchte
damit den Anschluß an die Form der Lehrerbildung, die er

---

steriums große Anstrengungen, um die Pädagogische Akademie am Ort zu behalten. Die "Lüdenscheider Nachrichten"
überschrieben eine Veröffentlichung mit dem Satz: "Wir
wollen die Hintergründe für den 'Genickschuß' wissen."
(HSTAD, NW 143 Nr. 6, Datum unbekannt) und am 6. 1. 1953
einen anderen Artikel "Lüdenscheid verzichtet nicht auf
die P.A.".

1 Beim dichten Zusammenliegen von vier katholischen Akademien im nordrheinischen Raum (Aachen, Essen, Köln und
Oberhausen) müsse Oberhausen "in jeder Hinsicht zurücktreten" (ebd., S. 6).

2 Vgl. HSTAD, NW 143, Nr. 8, S. 19.

3 Ebd.

als die richtige in der Zeit der Weimarer Republik kennen
und schätzen gelernt hatte. Diese, von Spranger als "Bildnerhochschule" konzipierte Idee, lebte aus einem Geist, der -
stark verwurzelt in der Jugendbewegung - immer auch ein Bekenntnis zur Konfessionalität beinhaltete. Antz, Frau Teusch
und viele andere hatten in diesem Geist dem Nationalsozialismus widerstanden. Diese Gründer aus der Zeit nach dem totalen Zusammenbruch der Werte sahen in ihrer religiösen Überzeugung nicht nur eine Stütze für ihr persönliches Leben, sondern ein erwiesenermaßen für jeden notwendiges Rüstzeug,
das ganz besonders den Lehrern und Schülern vermittelt werden
müsse. Damit standen sie nicht allein - die Auseinandersetzung um die einzelnen Paragraphen des Schulgesetzes hatte
in allen Bevölkerungsschichten und politischen Gruppierungen
bewegte Anteilnahme ausgelöst.[1]

Im Herbst und Winter 1951/52 befaßte sich der Kulturausschuß
in 40 (!) Sitzungen mit dem Schulgesetz zur Vorbereitung
der zweiten Lesung. Im Rahmen dieser Debatten - die hier
nicht aufgegriffen werden sollen - bildete sich ein immer
enger werdender Kontakt zwischen den leitenden politischen
Stellen, namentlich Frau Teusch, dem Leiter des Kulturausschusses, Dr. Hofmann, und dem Generalvikar von Münster, Dr.
Pohlschneider, dem engagiertesten kirchlichen Wortführer
bei Schul- und Bildungsfragen.

In zahlreichen vertraulichen Korrespondenzen wird das
Bemühen um das gemeinsame Anliegen deutlich, wobei der

---

1 Der "Entwurf eines ersten Gesetzes zur Ordnung des Schulwesens im Lande Nordrhein-Westfalen" wurde am 10. Februar
  1951 als Drucksache Nr. 190 dem Landtag vorgelegt. Die
  beigefügte Begründung enthält zu § 30 folgende Aussage:
  "Es ist selbstverständlich und darum nicht ausdrücklich
  im Entwurf erwähnt, daß Religionsunterricht nur von Personen erteilt werden kann, die wissenschaftlich und pä-
  dagogisch für diese Aufgabe entsprechend vorgebildet sind."
  Allgemein zu diesem Problem:
  Werner Weber, "Die Konfessionalität der Lehrerbildung in
  rechtlicher Betrachtung", Heft 306/307 der Reihe "Recht
  und Staat in Geschichte und Gegenwart", Tübingen 1965.
  Ferner: Martin Stallmann, "Zwischen Konfessionalität und
  Liberalität", Schriftenreihe der Pädagogischen Studienkommision der Studiengemeinschaft der Evangelischen Akademien, Frankfurt am Main 1965.

Übereifer fast den Rücktritt von Dr. Hofmann provozierte.[1]
Dr. Pohlschneider beeilte sich daraufhin, ihm "erneut zu bestätigen, daß ich mich immer wieder von Ihrer schweren Arbeit im Kulturausschuß und von Ihrem beharrlichen und auf-
opferungsvollen Bemühen um die kulturellen Belange unseres
Volkes überzeugen konnte".[2] In diese Zeit engster Fühlungnahme und Zusammenarbeit ist das zu Beginn erwähnte Schreiben Dr. Pohlschneiders an Frau Teusch vom 23. Februar 1951
einzuordnen. Es ist Ausdruck des von Überzeugung getragenen
Ringens um die Neugestaltung des schulisch-kulturellen Bereichs des Landes. Dies umschließt auf allen Ebenen den Versuch, das Höchstmögliche politisch durchzusetzen.[3] Aus
dieser Sicht war die Pädagogische Akademie in der katholischen
Bischofsstadt Münster von anderer Qualität als eine Pädagogische Akademie in der mittelständischen Industriestadt Emsdetten in ländlicher Umgebung.

Die Amtsverwaltung Emsdetten zeigte zwar in ausführlichen
Schreiben[4] ihre Bedenken gegen die bekannt gewordene Verlegung
auf und verwies darin auf ihre 24.000 Einwohner wie auch
auf die hohen Kosten - so u.a. einen Schulneubau -, die sie

---

1 Vgl. HSTAD, RWN 210, Nr. 426, S. 161 ein Schreiben vom
   15. 1. 52 von Dr. Hofmann an Generalvikar Pohlschneider,
   worin er heftig auf "Vorwürfe aus den eigenen Reihen"
   (gemeint ist ein Artikel in den Westfälischen Nachrichten,
   Anm. d. Verfassers) reagierte.

2 Antwortschreiben zu obengenanntem Brief vom 16. 1. 52 (!)
   HSTAD, RWN 210 Nr. 426, S. 160.

3 Hierbei wird offensichtlich von der kirchlichen Seite
   das Maß des Wünschenswerten in bezug auf das Schulgesetz überzogen. Am 21. März 1952 schreibt Dr. Hofmann
   an Generalvikar Dr. Pohlschneider: "Die schlimmste Gefahr, die noch kommen könnte, ist die, daß wir uns selbst
   im letzten Augenblick noch auseinander redeten" (HSTAD, RWN
   210, Nr. 426, S. 148). Auch eine "Liste von Vorschlägen",
   die der Generalvikar von Köln, Prälat Böhler, noch im März
   beibrachte , wurde dann von den Ausschußmitgliedern von
   CDU und Zentrum nicht mehr für die zweite Lesung berücksichtigt (HSTAD, RWN 210, Nr. 426, S. 149).

4 Vgl. Schreiben vom 14. 7. 1952 an den Kultusminister von
   Nordrhein-Westfalen. HSTAD, NW 143, Nr. 8, S. 37 ff.

nicht gescheut habe, um den Wünschen der Pädagogischen Akademie zu entsprechen. Besonderen Wert legte sie dabei auf
die Verbindungen zu dem "gesunden" Bauernstand im Umfeld
der Stadt und die Interessen der Landbevölkerung an der
Pädagogischen Akademie.[1] Auch ein Mitglied des Bundestages,
Rudolf Heiland, betonte in dieser Sache die Vorteile einer
ländlichen Gemeinde gegenüber Großstädten.[2] Dennoch ver-
mochten diese Eingaben und auch persönliche Vorsprachen nichts
gegen den "dringenden Wunsch" der Kirche auszurichten.

Aus diesem Blickwinkel werden breite Passagen der Kabinettsvorlage verständlich, die Emsdetten geradezu als Negativ-
bild eines Kulturzentrums darstellten; wenn etwa gesagt wurde,
daß dieser Ort "so wenig kulturelle Anregung bietet ... daß
er auf die Mitarbeit der Dozenten und Studenten angewiesen ist
und nur die kulturschöpferische Gestaltungskraft der Akademie
absorbiert".[3] Weitere Hinweise in der Kabinettsvorlage werden
einleuchtend, in denen vom dem "entscheidenden Wert" gesprochen wurde, "die Akademiestudenten in engen, vertrauens-
vollen Kontakt mit den Studenten der theologischen Fakultäten
bzw. kirchlichen Hochschulen, theologischen Akademien u. dgl.
zu bringen".[4]

---

1 Sie bot auch noch ein Grundstück in direkter Nähe zum
   Bahnhof an, das ruhig gelegen sei und geradezu ideal geeignet erscheine (ebd.).

2 HSTAD, NW 143, Nr. 8, S. 136. Er vermutete, nach seinen
   Informationen , daß "der Wunsch von ein oder zwei Professoren für die Verlegung von ausschlaggebender Bedeutung"
   sei. Dies ist durchaus richtig, da der Nachfolger von
   Prof. Dr. Haase, Prof. Dr. Rest, sich für Münster einsetzte. Er zeichnete in einem Brief viele Mängel und Versäumnisse der Stadt Emsdetten auf und verwies auf Presse-
   artikel, in denen erklärt wurde, daß "die Päd. Akademie
   der Stadt Emsdetten jährlich 600.000,-- DM eingebracht
   hätte" (HSTAD, NW 143, Nr. 8, S. 127 R.).

3 Kabinettsvorlage, Nov. 1952, S. 4. Hervorhebung im Original.

4 Ebd.

6.3.4 Entscheidung durch die Exekutive

Die Anregung, die Zahl der Pädagogischen Akademien zu
reduzieren, war im Juli 1951 von der FDP ausgegangen und
im November 1951 vom Kulturausschuß dem Landtag zur Beschlußfassung weitergeleitet worden, der dann am 13. Dezember
1951 der empfohlenen Verringerung "der im Haushalt etatisierten Pädagogischen Akademien auf höchstens 10" zustimmte.
Nach der Debatte im Kulturausschuß im April 1952 fanden die
Überlegungen,welche Akademien zu schließen seien, ihren Ausdruck in der Kabinettsvorlage vom November 1952. Es war
verständlich, daß dabei auch Erwägungen Eingang fanden, wie
eine weitere Ausdehnung des langandauernden Verfahrens vermieden werden konnte.
In der schon beschriebenen Kabinettsvorlage wurde nun als
Rechtgrundlage die Situation des Jahres 1926 herangezogen,
in dem damals die Pädagogischen Akademien durch Kabinettsbeschluß errichtet worden waren. Nach der dort formulierten
Auffassung bestand, abgesehen vom Artikel 15 der Landesverfassung, keine weitere Rechtsgrundlage, so daß man davon
ausgehen konnte, "daß eine Schließung von PA.en Sache der
Exekutive ist."[1] Ganz unverblümt wird dann auch ausgesprochen,
daß eine Behandlung der Frage im Plenum des Landtages "wahrscheinlich beträchtliche Schwierigkeiten, sicher aber eine
erhebliche weitere Verzögerung"[2] bringen würde. Diese Auffassung übernahm offensichtlich das Kabinett und beschloß
am 9. Dezember 1952 die Ausführung des Landtagsbeschlusses
vom 13. Dezember 1951 über die Verringerung der Pädagogischen

---

1 Kabinettsvorlage, Nov. 1952, S. 7.

2 Diese Ansicht ist inhaltlich wohl richtig, zeigt aber
   andererseits ein geringes Demokratieverständnis. Erst mit
   Verspätung und auch nur am Rande wird von der Presse
   hierzu Stellung genommen. Während der Frage nach dem
   richtigen Verhältnis zwischen Konfessionsstruktur der
   Bevölkerung und der Pädagogischen Akademien breiter Raum
   gegeben wurde, blieb nur nebenbei vermerkt, "wie uner-
   träglich es ist, daß es z.Z. anscheinend einfach der Regierung überlassen ist, in derart wichtigen ... Angelegenheiten auf dem Verwaltungswege zu entscheiden".
   Aus "Echo der Zeit", Jahrg. 53, Nr. 8 vom 22. 2. 53 unter
   dem Titel: "Das Problem blieb ungelöst".

Akademien in der oben dargestellten Weise.[1] So fanden die
"dringenden Wünsche kirchlicher Stellen" mittels des von
ganz anderen Vorstellungen getragenen Oppositionsantrags
über eine ihnen geneigte Fachministerin ihre Erfüllung.[2]
Weiterhin wurden finanzielle Versprechungen gemacht, die die
Zukunft in rosigem Licht erscheinen ließen und auch der
Opposition zusagen mußten. In einem Pressekommuniqué
wurde angezeigt, daß "künftig jährlich die vollen Mittel
für die Errichtung von 2 neuen Akademiegebäuden bereit-
gestellt (werden), so daß bis zum Jahre 1957 alle Akademien
unseres Landes in würdigen, staatseigenen Gebäuden untergebracht sind."[3] Hier zeichnete sich schon die beginnende
günstige wirtschaftliche Entwicklung ab, steigende Steuer-
mittel eröffneten der Landesregierung viele Möglichkeiten.

Die geschilderte aufwendige parlamentarische Auseinander-

---

1 Kabinettssache Nr. 311/8/ HSTAD, NW 143, Nr. 6, S. 114
   auch 120.
   Das Antwortschreiben des Kultusministers auf die Anfrage
   des MdB Rudolf Heiland blieb "infolge eines bürotechnischen
   Versehens" (HSTAD, NW 143, Nr. 8, S. 148) zunächst längere
   Zeit liegen. Sein Inhalt lautete im Auszug: "Gerade die
   Tatsache, daß die Akademie im Münsterland den größten
   Teil ihrer Lehrer für das Land ausbildet, hat mich ver-
   anlaßt, für die Placierung der Akademie in einem Kulturzentrum nachhaltig einzutreten. Die mangelnde Anziehungskraft iso-
   lierter ländlicher Schulstellen (wird nur dadurch behoben),
   daß eine bessere geistige Schulung an einer pädagogischen
   Akademie und eine Befruchtung durch einen kulturgesättig-
   ten Akademieort ihn dazu befähigt, sich in der Stille
   weiterzubilden und ein geistiger Mittelpunkt für den ganzen
   Ort zu werden, ähnlich wie bei einem echten Dorfpfarrer"
   (HSTAD, NW 143, Nr. 8, S. 137).

2 Es kann vermutet werden, daß die "Dringlichkeit" der
   kirchlichen Wünsche auch zum Teil auf einen Druck aus Rom
   zurückzuführen ist. Der Papst äußerte sich dann später im
   Frühjahr 1953 dezidiert und lehnte eine Lehrerbildung für
   katholische Lehrer an simultanen Akademien grundsätzlich
   ab. (Vgl. den Abdruck seines Schreibens im "Echo der Zeit",
   Jg. 1953 Nummer 14, S. 3, Ostern 1953, HSTAD, RWN 10, Nr. 170,
   S. 159). Aus dieser Sicht war die Schließung der katholischen Akademie in Oberhausen schmerzlich und nur über
   die Gründung der Akademie in Münster auszugleichen.

3 "Presse-Communiqué", HSTAD, NW 143, Nr. 6, S. 98 ohne Datum.

setzung um einen Fortschritt im Sinne einer "hochschulmäßigen"
Lehrerbildung zeitigte in den einzelnen Akademien nur relativ
leichte Bewegungen. In Aachen traten infolge der Umstellungen
Ostern 1953 sechs neue Dozenten ihre Stellen an,[1] von denen nur
drei neue zusätzliche Aufgabenbereiche übernehmen konnten.
Zur Reaktion auf diese Veränderung schrieb Frau Odenbreit
in dem Mitteilungsblatt "Erbe und Entscheidung" :

> "Die Menge der Vorlesungen und Übungen aber nahm
> plötzlich so zu, daß in stärkerem Maße als bisher
> 'wahlfreie' Vorlesungen eingeführt wurden. Damit kam
> reges Leben in das Studium, aber auch eine immer
> größer werdende Notwendigkeit, die jungen, noch un-
> sicheren Studierenden zu beraten und zu gutem Maß-
> halten anzuleiten."[2]

Offensichtlich konnte für die Pädagogische Akademie in
Aachen doch ein Gewinn erzielt werden. Die "Qual der Wahl",
ein wichtiges Element in dem notwendigen Reifungsprozeß
eines jeden Studenten wurde nun auch an die "Studierenden"
der Pädagogischen Akademien herangetragen; aus der bisherigen
fast schulmäßigen Bindung mit vorsichtiger Hilfe in die studentische Freiheit geführt, wurde für sie die gewünschte
"hochschulmäßige" Lehrerbildung in Ansätzen verwirklicht.

---

1 Prof. Berekoven, der aber schon 1954 wieder nach Detmold
  berufen wurde, wo er die Leitung des "Staatlichen Insti-
  tuts für Schul- und Volksmusik" übernahm.
  Frau Prof. Dr. Aufmkolk aus Paderborn lehrte Sozialpädagogik . Herr Prof. Dr. Gläßer kam von Oberhausen und übernahm die Nachfolge von Prof. Oellers für Erd- und Heimatkunde. Herr Dr. Platz kam aus Bonn und teilte sich mit
  Frau Odenbreit den Fachbereich der Methodik und Didaktik
  des Deutschunterrichts. Herr Dr. Schäder trat die Nachfolge
  von Prof. Dr. Fettweis für Mathematik an.
  Herr Dr. Westhoff vertrat neben Prof. Dr. Siewerth die Philosophie und Allgemeine Pädagogik.
2 Luise Odenbreit, II. Geschichte der Pädagogischen Akademie
  Aachen, in: Erbe und Entscheidung, Heft IV, 1954 (32), S. 253.

6.4 Konzepte und Ausprägungen eines "hochschulmäßigen" Selbstverständnisses in der Lehrerbildung

6.4.1 Die Hochschultage in Jugenheim 1951 und in Wuppertal 1953

Die Wirkung des 1950 in der Verfassung des Landes Nordrhein-Westfalen niedergelegten Artikels § 15, der die "hochschulmäßige" berufliche Ausbildung der Lehrer vorschrieb, zeigte sich in den frühen fünfziger Jahren auf verschiedene Weise. Neben den Ausformungen dieses Verfassungsauftrages, die sich mehr in Gesetzen und Satzungen niederschlugen, muß auch eine Veränderung der inhaltlich-geistigen Richtung dargestellt werden.

Das Bemühen um ein hochschulmäßiges Selbstverständnis war nicht auf Nordrhein-Westfalen begrenzt. Die Manifestation dieser Strebungen ging vom "Arbeitskreis Pädagogischer Hochschulen" aus, der am 18./19. Mai 1951 in Jugenheim an der Bergstraße den 1. Hochschultag ausrichtete.[1] Vor 250 Dozenten der Lehrerbildung wurde das Leitthema "Schulpraktische Ausbildung in hochschulmäßiger Form" abgehandelt. Eigentlicher Schwerpunkt der Veranstaltung war der einleitende Vortrag von Prof. Dr. Hammelsbeck[2] zum Thema "Aufgabe und Geltung des Lehrers

---

1 Arbeitskreis Pädagogischer Hochschulen, Schulpraktische Ausbildung in hochschulmäßiger Form, Vorträge und Protokolle des ersten Hochschultages am 18./19. Mai 1951 in Jugenheim an der Bergstraße, hrsg. v. d. Geschäftsstelle d. Arbeitskreises Pädagogischer Hochschulen, Weinheim, o. J. (zitiert als: Arbeitskreis 1951). Die Broschüre enthält eine vollständige Teilnehmerliste (S. 75 ff.); die Satzung des Arbeitskreises findet sich in: Arbeitskreis 1953, S. 117 ff. Die Gründungsversammlung des Arbeitskreises fand im Januar 1951 statt (Arbeitskreis 1951, S. 7).

2 Oskar Hammelsbeck, geb. 22. 5. 1899 in Elberfeld, evang. Pastor, Dr. phil.; Dir. der Pädagogischen Akademie Wuppertal; stellv. Vorsitzender d. Arbeitskreises d. Päd. Hochschulen und Vors. der Kammer für Erz. und Unterweisung beim Rat der Evang. Kirche in Deutschland. Hammelsbeck bearbeitete in vielen Veröffentlichungen Pädagogik, Psychologie und Sozialwissenschaft aus der Sicht des evang. Theologen und war der profilierteste Repräsentant der evang. Lehrerbildung in Nordrhein-Westfalen.
Die Teilnehmer des Hochschultages kamen aus folgenden Ge-

heute".[1]

Aus einem Rückblick überleitend betonte er, daß "geistesge-
schichtlich ... der Übergang von der Seminarbildung zur akademischen Bildung weit mehr (sei), als ein Erfolg für das
erkämpfte Standesbewußtsein der Lehrerschaft".[2] Er forderte
von den künftigen Lehrern die Bereitschaft, "in der kultur-
kritischen Zwischensituation einen verantwortungsbewußten
Einsatz zu wagen".[3] Das Rüstzeug hierzu vermittle "nicht
Lehrerbildung an der Universität noch eine Fachschule für
Lehrer ...; die in gleicher Weise auf die Schule wie auf die
Universität bezogene pädagogische Hochschule eigenen Stils
muß gewagt werden".[4]

Wie ersichtlich, hatte er zu dieser Zeit das Grundkonzept
der "Bildnerhochschule" noch nicht in Frage gestellt. Das
angesprochene Wagnis betraf die eigentliche Thematik der Veranstaltung, die Ausweitung der Wahlmöglichkeiten für Studierende
an Pädagogischen Akademien. Hammelsbeck sagte:

> "In 30 oder gar 40 Pflichtstunden könnte nur eine
> Pseudowissenschaft mit eingetrichterten Begriffen be-
> trieben werden. Der Student muß Freizeit und Freiheit
> haben, die angebotene Lehre selbständig zu verarbeiten
> und seine Urteilsbildung frei zu diskutieren. ... Wir
> können nicht einen gegängelten, eingefuchsten Lehrer
> wollen, sondern den weltoffenen Vertrauensmann des
> Volkes, der in seiner Studienzeit frei und voll Atem
> geholt hat für seinen Einsatz in der Kultur- und
> Sozialkrise."5

Zwei Jahre später veranstaltete der gleiche Arbeitskreis den
zweiten Hochschultag in Wuppertal an der dortigen Akademie,
die unter Prof. Hammelsbeck federführend wurde in dem Bemühen

---

  bieten: Bayern 10, Berlin 3, Bremen 6, Hamburg 15, Hessen 35,
  Niedersachsen 17, Nordrhein-Westfalen 59, Rheinland-Pfalz 17,
  Saargebiet 1, Schleswig-Holstein 10, Südbaden 2, Württem-
  berg-Baden 15, Württemberg-Hohenzollern 9.

1 Arbeitskreis 1951, S. 9 - 22.

2 Arbeitskreis 1951, S. 11.

3 Ebd.

4 Ebd.

5 Ebd., S. 19.

um ein eigenes Konzept hochschulmäßigen Selbstverständnisses
in der Lehrerbildung. Bei den inhaltsbezogenen Vorüberlegungen
zu diesem neuerlichen Hochschultag stand das Problem des
Wahlfaches im Mittelpunkt der Überlegungen,

> "weil es unter uns vielfach und unter vielerlei Ten-
> denzen diskutiert wird und in seinen bisherigen Lö-
> sungen regionale und hochschulindividuelle Unterschiede
> besonders augefällig sind".[1]

Diese Unterschiede an den einzelnen Akademien reichten vom
Fehlen eines Wahlfaches überhaupt bis zum Streben nach einer
"Miniaturkopie der Universität".[2]

Die Referate und Diskussionsbeiträge dieser Veranstaltung
zeugen von einem hohen Niveau und deuten den beginnenden
Zwiespalt an. Auf der einen Seite wurde die Auffassung vertreten, daß dem Wesen der Wissenschaft um so mehr entsprochen
werde, je mehr die Sache und deren Struktur erfaßt würde; auf
der anderen Seite wurde - am deutlichsten durch Siewerth -
"die strenge Rückgebundenheit an die Frage nach dem Menschen
vertreten".[3] Als Theoriekonzepte konnten beide Auffassungen
nebeneinandergestellt bleiben; für die anwesenden Fachvertreter waren die Folgerungen nur schwer miteinander vereinbar.
Gruppensprecher der musischen Fächer - Kernstück der Erziehung
zur Gemeinschaft - aber auch der Realienfachbereiche sahen die
Gefahr der personellen und materiellen Überforderung und
suchten den Ausweg in "äußerster Beschränkung".[4]

---

1 Arbeitskreis Pädagogischer Hochschulen, Das Wahlfach in
der Lehrerbildung, Bericht über den 2. Hochschultag vom
7. - 10. Oktober 1953 in Wuppertal, hrsg. v. d. Geschäftsstelle d. Arbeitskreises Pädagogischer Hochschulen,
Weinheim 1955, S. 107 (zitiert als: Arbeitskreis 1955)

2 Arbeitskreis 1955, S. 107.

3 Ebd., S. 109.

4 Ebd., S. 91. Für das Wahlfachstudium der Geschichte wurde
von der Arbeitsgruppe formuliert: "Gegenüber dem Einwand,
daß die Pädagogische Hochschule (der Begriff 'Hochschule'
wurde durchgängig programmatisch verwendet, Anm. d. Verf.)
personell und materiell solchem Streben nicht gewachsen und
daher zwangsläufigem Dilettantismus verfallen sei, glauben
wir ..., daß die erziehende Kraft echter Wissenschaftlichkeit im ehrlichen Scheitern wie im Gelingen wirksam sei"
(ebd.).

Pädagogik sollte dem Umfang und dem System nach wissenschaftlich, "also unter den gleichen Anforderungen wie an den Universitäten gelehrt" werden, das Wahlfach aber könne dies
"nicht gewährleisten und solle auch nicht den Anschein er-
wecken, ... mit dem Fachstudium an der Universität in Wettbewerb zu treten".[1]

Die Weiterführung der Entwicklung fällt nicht mehr in den
Zeitrahmen dieser Arbeit. Es muß jedoch festgehalten werden,
daß die beiden Hochschultage einen Wandel der Blickrichtung
und damit ein neues Selbstverständnis einleiteten. Das Ideal
der engen, geschlossenen Bildnergemeinschaft war mindestens
seit dem zweiten Hochschultag nicht mehr unbestritten; Eigen-
wert und eigener Anspruch der Fachwissenschaft hatte sich
spürbar artikuliert. Hiermit wurde der Weg zu den weiter-
greifenden "Tutzinger Empfehlungen für die Lehrerbildung"
des Jahres 1955 vorbereitet, in denen der Begriff "geistiger
Mündigkeit" für den Volksschullehrer an erster Stelle stand.[2]

Diese Entwicklung wurde vornehmlich von den evangelischen
Akademien und den hier tätigen Erziehern getragen, womit sich
auch eine Verminderung des Übergewichtes katholisch orientierter Führungskräfte abzeichnete. Hammelsbeck schrieb 1957
rückblickend in einem Joseph Antz gewidmeten Erinnerungsbuch[3]

> "Noch ein Letztes, aber das am schwersten Wiegende! Wir
> haben den unerläßlichen Schritt getan, der idealistischen
> Pädagogik eines ganzen Jahrhunderts zu entsagen, ohne
> ihr Ethos zu verleugnen. ...Wir gesellen uns zu einer

---

1 Ebd., S. 111. Philosophie, Psychologie und Soziologie wurden
   noch 1953 nur als "Stützen" der Pädagogik angesehen. Am
   14. 2. 1955 forderte Hammelsbeck bereits, daß diese Fächer
   nicht zu angewandten Wissenschaften degradiert werden dürften. "Wir Dozenten sollen diese Wissenschaften so wissenschaftlich wie möglich, so hochschulecht wie möglich treiben"
   (Oskar Hammelsbeck, Ungelöste Probleme der Lehrerbildung, in:
   Wahrheit und Wert in Bildung und Erziehung, Theodor Rutt,
   Hg. Ratingen 1955, S. 41).

2 Studiengemeinschaft der Evangelischen Akademien, Tutzinger
   Empfehlungen für die Lehrerbildung, Göppingen 1955.

3 Oskar Hammelsbeck, (Hg.), Überlieferungen und Neubeginn,
   Probleme der Lehrerbildung nach zehn Jahren des Aufbaus,
   Ehrengabe für Joseph Antz, Ratingen 1957.

Jugend, der Ideale fragwürdig geworden, der für nichts
eine Geltungsdauer verbürgt ist. An dieser Skepsis entscheidet sich die Kulturverantwortung überhaupt."[1]

6.4.2 Planung von Neubauten für die Pädagogischen Akademien

Eine sichtbare Ausprägung des "hochschulmäßigen" Selbstverständnisses dieser Jahre bildete die Planung und Inangriffnahme von Neubauten für die Pädagogischen Akademien.
Im Jahre 1952 gewann bei den maßgebenden Politikern die Einsicht Raum, daß für die Lehrerbildung stärkere Investitionen
nötig seien, wenn die erwähnten Ziele erreicht werden sollten.
Die Opposition hielt der Regierung Äußerungen vor, in denen
zum Ausdruck gekommen war, daß man bei den Universitätsbauten
"manchmal zu großzügig verfahren"[2] sei. Demgegenüber sei
überall die provisorische Unterbringung der Pädagogischen
Akademien, besonders der Bonner Akademie,beklagenswert.
Dr. Hofmann bedauerte die Verzögerung des Bauprogramms durch
die bis dahin noch ungeklärte Frage der Schließung von Pädagogischen Akademien, betonte aber, daß der Kulturausschuß in
einem "System des Block- und Blindbuchens... 200.000 DM als
erste Rate für den Neubau einer Pädag. Akad. in Köln eingesetzt" habe.[3] Ein wesentlich weitergehender SPD-Antrag[4] wurde
mit dem Bemerken abgewiesen, daß der Neubau von Pädagogischen
Akademien für das Land Nordrhein-Westfalen noch "Neuland" bedeute. Die CDU betonte, daß Plangestaltung, Raumbedarf und

1 Oskar Hammelsbeck, 1957, S. 16.
2 Landtagsprotokoll der 56. Sitzung am 17. Juni 1952
   2. Wahlperiode, Band 2, S. 2076 (C).
3 Landtagsprotokoll der 55. Sitzung am 16. Juni 1952
   2. Wahlperiode, Band 2, S. 2067 (D) f.
   Dieser Ansatz blieb aber weit hinter den Forderungen der
   SPD zurück, die in einem Abänderungsantrag am 30. Mai
   1952 für den Neubau der Pädagogischen Akademien Köln,
   Münster und Wuppertal je eine 1. Baurate in Höhe von
   700.000,-- DM beantragte.
   Vgl. LD Nr. 780, Landtag NRW, 2. Wahlperiode, Band III.
4 Vgl. ebd.

Grundstücksfragen besonders sorgfältig überlegt und mit den
Städten abgestimmt werden müßten, und es deshalb noch nicht
zweckmäßig sei, Beträge für Bauausgaben vorzusehen.[1] Daß es
sich hierbei nicht um leere Ausflüchte handelte, zeigt ein
Schreiben des Finanzministers vom 3. September 1952, in dem
er Frau Teusch bat, den voraussichtlichen Gesamtbedarf und
eine Dringlichkeitsliste der einzelnen Bauvorhaben aufzu-
stellen. Dabei wies er darauf hin, daß die Veranschlagung
von Mitteln für die Errichtung von sechs Pädagogischen Akademien im außerordentlichen Haushalt der kommenden Jahre er-
wogen werde.[2] Auf dem Rand des gleichen Schreibens wurde,
wahrscheinlich von Frau Teusch selbst - ein Schriftver-
gleich deutet darauf hin - der Zeitplan für die Neubauten
der Pädagogischen Akademien wie folgt aufgelistet:

"	-- Dortmund	-	Kettwig	2
1953	Köln	-	Wuppertal	2
1954	Münster	-	Bonn	2
1955	Bielefeld	-	Aachen	2
1956	Essen			1"[3]

In der Reinschrift belief sich der Voranschlag auf eine Ge-
samtsumme von 26.010.000 DM.[4] Am 23. März 1953 wurden die
"über- und außerplanmäßigen Haushaltsausgaben" des Kultusministeriums im Landtag beraten.[5] Damals stellte Hofmann
vorsichtig die Weichen für eine weitgehende Verbesserung.

---

1 Landtagsarchiv NRW, Protokoll der 78. Sitzung des Landtages
   am 23.3.1953, 2. Wahlperiode, Band 3, S. 2902 ff.

2 Ebd., S. 2902 (A).

3 Es berührt eigentümlich, angesichts des aufgeblähten Verwaltungsapparates wie auch der angespannten finanziellen Lage
   der öffentlichen Hand in unserer Zeit, auf einem Papier-
   rand neun umfangreiche Baumaßnahmen angezeigt zu finden.

4 Entwurf am 30. 9. 1952, abgesandt am 10. 10. 1952, HSTAD,
   NW 26, Nr. 54, S. 3 und 4.
   Die Summe ergibt sich aus 7 Akademien à 3.500.000 DM,
   dem Erwerb eines Gebäudes für die Akademie in Paderborn
   von der Kreisverwaltung für 510.000 DM und dem Erweiterungs-
   bau der Pädagogischen Akademie in Paderborn für 1.000.000 DM.

5 Vgl. Landtagsprotokoll der 78. Sitzung am 23. 3. 1953,
   2. Wahlperiode, Band 3, S. 2902 ff.

Bei einer Steigerung des Gesamthaushalts von etwa 7 % zeigte
der Etat des Kultusministeriums eine Steigerung von 11 % gegenüber dem Vorjahr.[1] Angesichts rückläufiger Meldungen an den
Pädagogischen Akademien zog Hofmann Folgerungen bezüglich der
Meßzahlen der Klassenstärken, der Lehrergehälter und nannte
als neuen Schwerpunkt den Bau von Pädagogischen Akademien.[2]
Ebenso ließ er die Frage anklingen,

> "ob vier Semester ausreichen oder ob die pädagogisch-
> didaktische Ausbildung, die sich jetzt im Schul-
> praktikum zwischen der ersten und zweiten Prüfung
> vollzieht, nicht wirkungsvoller in einem fünften
> und sechsten Semester an Übungsschulen in Verbindung
> mit der Akademie zusammengefaßt werden könnte."[3]

Eigentlicher Streitpunkt zwischen Regierung und Opposition
war die Plazierung der Mittel für die Akademien im außerordentlichen Etat, die von Hofmann mit dem Hinweis verteidigt
wurde, "daß derartige langfristige Anlagen nicht aus den
jährlichen Steuern, sondern ... aus Anleihen zu finanzieren
sind".[4] Holthoff forderte hingegen für die SPD, die Mittel
im ordentlichen Haushalt anzusetzen und dadurch als sicheren
Titel verfügbar zu machen. In gleicher Weise äußerte sich
der SPD-Abgeordnete Kühn. Insgesamt aber war die Debatte
häufig von Heiterkeit durchzogen, da genügend Geld zur Verfügung stand und die Anforderungen des außerordentlichen Etats
in hohem Maße aus Überschüssen des ordentlichen Etats gedeckt
werden konnten. Gerade deshalb war es im folgenden Jahr möglich dem Wunsch der Opposition entsprechend, die Mittel für
den Neubau der Akademien Bonn und Münster in Höhe von 7 Mio. DM
im ordentlichen Haushalt anzusetzen.[5]

---

1 Vgl. Landtagsprotokoll der 78. Sitzung ... , ebd., S.2902 (A).

2 Vgl. ebd., (C) und (D).Als neue Meßzahl wurde die Zahl 46
   angestrebt. Bezüglich der Lehrergehälter siehe Kap. 6.2
   dieser Arbeit.

3 Ebd., S. 2904 (D). Diese Problematik wird aber erst später
   (siehe Landtagsprotokoll der 35. Sitzung am 2. 3. 1956,
   3. Wahlperiode, Band 2, S. 1087) diskutiert, obwohl die
   Forderung, wie schon angedeutet, seit langem von den
   verschiedensten Gruppen vorgetragen wurde.

4 Ebd., S. 2902 (D).

5 Vgl. Landtagsprotokoll der 96. Sitzung am 12. 1. 1954,
   2. Wahlperiode, Band 4, S. 3539 (B).

Wenn die tatsächliche Inangriffnahme der Bauvorhaben sich
noch verzögerte, so hatte dies andere Gründe: das Bauprogramm
der Pädagogischen Hochschulen war "Neuland", das einer intensiven Vorplanung bedurfte. Diese Überlegungen umfaßten
aber nicht nur die Funktionalität der Räume; der Baukörper
selbst in Beziehung zu seiner Umgebung sollte das Selbstverständnis der Pädagogischen Akademien zu dieser Zeit und
in Zukunft würdig repräsentieren. Durch Ideenwettbewerbe
erhielt das Land interessante Entwürfe, die vor ihrer Verwirklichung Bodenuntersuchungen erforderlich machten.[1] Der
Raum für die Neubauten und das zugehörige Gelände wurden
großzügig bemessen und Wert auf eine schöne landschaftliche
Lage gelegt. So entstand die neue Akademie in Wuppertal auf
der "Hardt" einem bewaldeten Höhenrücken am Tal der Wupper.
Die Aachener Akademie fand ihren Platz auf der "Hörn" mit
Blick über die Gebäude der Technischen Hochschule zum Aachener
Stadtgebiet. Beim Ideenwettbewerb entschied man sich trotz
der Hügellage für einen viergeschossigen Haupttrakt, "weil
doch die Wucht äußerer Proportionen eine Hochschule ange-
messen zu repräsentieren vermag".[2] Die Grundsteinlegung
am 3. Dezember 1955 wurde im Rahmen eines Treffens aller
Ehemaligen festlich begangen. Es bedarf keiner Frage, daß
die entstehenden neuen Gebäude auch eine Rückwirkung auf das
Selbstverständnis der Lehrenden und Studierenden bewirkten.
Auch der nun bald "näherliegende" Kontakt zwischen den Studenten der Pädagogischen Akademie und den Studenten der
Technischen Hochschule trug bei zur Angleichung im Sinne
"hochschulmäßiger" Lehrerbildung.

Das erkennbare Bestreben dieser Jahre, die hochschulmäßige
Ausprägung der neuen Lehrerbildung an den Akademien auch
äußerlich sichtbar werden zu lassen, läßt sich am Beispiel
der Eröffnungsfeier in Münster verdeutlichen.

---

1 Studentische Rundschau, Neubau der Akademie Aachen, 2. Jahrg.
   1955, Heft 10, S. 1 (HSTAD, RWN 126, Nr. 389, S. 48).
2 Ebd.

In Emsdetten, der Vorläuferakademie von Münster, hatte Prof.
Dr. Kurt Haase[1] als Direktor die Leitung übernommen. Haase
hatte eine ausgeprägte soziale Grundhaltung, er war ohne
Zweifel auch ein gründlicher und anerkannter Wissenschaftler,
der von allen Studenten geachtet, von vielen sogar verehrt
wurde.[2] Anders Prof. Dr. Walter Rest,[3] den man zu den "links-
orientierten" Katholiken aus der Jugendbewegung rechnen muß,
die sich gegen den Nationalsozialismus behaupteten. Mit Ehr-
geiz hatte sich Rest schon bei der Gründung der Pädagogischen
Akademie Emsdetten Geltung verschafft und machte sich auch
weiterhin durch kritische Stellungnahmen bemerkbar.[4]
Als Nachfolger Haases 1952 mit der Leitung der Pädagogischen
Akademie betraut, wurde Rest zum uneingeschränkten Förderer
der Verlegung nach Münster.[5]

---

1 Dr. phil. et rer. pol. Kurt Haase, geb. 14. 6. 1898 in Straß-
burg im Elsaß. Studienrat mit Lehrbefähigung für Geschichte,
Erdkunde und Philosophie. Langjähriger Dozent am Dt. Institut
für wiss. Päd, in Münster und später wissenschaftlicher
Leiter. Am 4. 7. 1946 wurde in Emsdetten der erste Sonder-
lehrgang eröffnet; am 22. 4. 1947 der Normallehrgang einbe-
rufen, die feierliche Eröffnung fand erst im Juni 1947 statt.
Haase war Gründungsdirektor und Prof. für Soziologie,
Sozialpsychologie und Sozialpädagogik an der Akademie in
Emsdetten.

2 Freundliche Mitteilung von Prof. Dr. Erger.

3 Dr. phil. Walter Rest, geb. 9. Oktober 1909 in Münster/
Westfalen. Lehrer, Dozent in Sonderlehrgängen für Philo-
sophie und Pädagogik. Außerdem Leiter der "Deutsche(n)
Volkschaft" einer "offenen Gemeinschaft von Christen der
verschiedenen Bekenntnisse, Berufe und Parteien zur Ge-
staltung des politischen und kulturellen Lebens aus dem
Geiste der Jugendbewegung " (HSTAD, NW 26 Nr. 155, Band I.
S. 282).

4 Vgl. Brief von Dr. Walter Rest an Prof. Antz vom 13. 12. 46,
worin er die Arbeit des Sonderkursus darlegt und unter
anderem die "Unzulänglichkeit des Verwaltungsapparates
an der Regierung" kritisiert (HSTAD, NW 26, Nr. 144, S. 6).
Ebenso ein Schreiben an Prof. Antz vom 24. 1. 1949, in dem
er sich über den Direktor, Prof. Dr. Haase beschwert, weil
das Kollegium in Emsdetten nicht von einer Rektorenkonfe-
renz erfuhr. "Wovon sie handelt und welche Anliegen das
Kollegium vorzutragen hätte durch seinen Rektor, davon ist
es ganz abgeschnitten, das überlegen sich Rektor und Prorektor" (HSTAD, NW 26, Nr. 155, Band I., S. 282).

5 Vgl. Schreiben von Rest an Kultusminister Teusch vom 27.
11. 1952. Rest zählte hier verschiedene Nachteile und
Versäumnisse der Stadt Emsdetten auf. Als Entschädigung

Die Eröffnung in Münster sollte nach seinen Wünschen zu
einer glanzvollen Feierstunde werden. Frühzeitig sicherte er
sich hierfür das Auditorium maximum der Universität und die
Teilnahme Sr. Magnifizenz.[1] Kurz darauf sandte er einen
längeren Brief an Frau Teusch, worin er bat, der Pädagogischen
Akademie den Namen "Edith Stein mit auf den Weg zu geben".[2]
Er sah sich weiter mit Frau Teusch einig,

> "daß Sie mir die Leitung der Akademie auch unter dem
> Gesichtspunkt anvertrauten, ihr nach innen und außen
> hin geistiges Gepräge zu geben. ... Frühere Jahrhun-
> derte haben einen ausgesprochenen Sinn für verpflich-
> tende Dokumentation gehabt."[3]

Dieser weitgehende und mit dem Kollegium nicht abgesprochene
Vorschlag fand dann entschiedene Ablehnung bei Frau Teusch,
die riet, eine offizielle Feier bis "zum Beginn der Arbeit
im neuen Gebäude der Pädagogischen Akademie Münster zu ver-
schieben".[4] Rest setzte sich jedoch in Bezug auf die Feier
durch und gestaltete sie als sinnfälligen Ausdruck für
die Freude der Pädagogischen Akademie, "endlich an den ihr
zukommenden Ort" gelangt zu sein und sich als "jüngere

---

für einen Wegzug der Akademie schlug Rest Frau Teusch vor,
dem dort "bestehenden Progymnasium die Möglichkeit zu
geben, ein Vollgymnasium zu werden" (HSTAD, NW 143, Nr. 8,
S. 127).

1 Schreiben von Rest an Frau Teusch am 17. 2. 1953, HSTAD,
NW 143, Nr. 8, S. 128.

2 Schreiben von Rest an Frau Teusch am 5. 3. 1953. (HSTAD,
NW 143, Nr. 8, S. 139) Zur Begründung führt er an: "Diese
große F r a u hat in Münster am Pädagogischen Institut Vorlesungen gehalten und trat von hier aus in den Karmel ein.
Als Jüdin, Husserl-Schülerin, Konvertitin, Philosophin und
Pädagogin, als Karmeliterin und Blutzeuge (sie starb am
9. 8. 1942 vermutl. im KZ Auschwitz, Anm. d. Verf.) um-
greift sie ein Schicksal, das in universaler Weise Symbol
unseres Jahrhunderts und darüber hinaus ist."

3 Ebd. Rest war sich klar, daß er Kollegium und Studenten
übergangen hatte, meinte dazu jedoch "dort nicht ungedingt
eine gleiche Entschiedenheit zu finden" (ebd.).

4 Schreiben vom 10. 3. 1953, das - nach einer Randbemerkung -
"durch die persönliche Besprechung von Frau Minister mit
Prof. Dr. Rest hinfällig sein dürfte" (ebd., S. 140).

Schwester" der ehrwürdigen Alma Mater zu sehen.[1] Der Rektor
der Westfälischen Wilhelms-Universität führte aus, daß sich
Universität und Akademie "in glücklicher Weise geistig ergänzen, zumal die geisteswissenschaftlichen Fakultäten und
die Akademie Orte eines gleichgerichteten Dienstes an der
deutschen Jugend und gleicher geistiger Bestrebungen seien."
Der Generalvikar Dr. Pohlschneider betonte den Anspruch einer
katholischen Lehrerbildung aus "tiefster christlicher Verantwortung".[2] Diesem Anspruch stellte sich auch Prof. Dr. Rest,
der "die Auffassung Gottes als Person" als Grundlage einer
"Pädagogik aus dem Geist" in einer akademischen Festrede
ausbreitete.[3]

Zusammenfassend kann gesagt werden, daß das Bemühen um ein
ausgeprägtes "hochschulmäßiges" Selbstverständnis einen
zwiespältigen Eindruck hinterläßt. Aus dem Blickwinkel der
damaligen Zeit erscheinen die geistigen Prozesse, die
während der beiden Hochschultage zur Artikulation kamen,
durchdacht und durchdrungen von sachlichem Ernst. Daneben
aber sind in einigen Äußerungen dieser Zeit Sein und Schein
noch irritierend miteinander verflochten; die Neigung, de-
zidierte Eigeninteressen durch hohe Ideale zu ummanteln,
läßt Verständnis aufkommen für die sich ausweitende Skepsis
der jungen Generation.

---

1 "Münsterischer Stadtanzeiger" vom 24. 4. 53, Nr. 95.
   Es heißt hier: "Der Rektor der Westfälischen Wilhelms-
   Universität, Prof. Dr. Rengstorf, hieß die Pädagogische
   Akademie in der Universitätsstadt und auf dem Boden der
   Universität herzlich und brüderlich willkommen. ... Darüber
   hinaus sei die Universität glücklich, die Pädagogische
   Akademie als ihre "jüngere Schwester" in der alten
   Kultur- und Universitätsstadt Münster begrüßen zu können.
   (Der Artikel trägt den Titel: "Erziehung aus dem Anspruch
   des Geistes" HSTAD, NW 143, Nr. 8, Beilage).

2 Ebd.

3 Vgl. ebd. Er grenzte sich dabei ab gegenüber dem "nicht
   ansprechbare(n) Gott Spinozas und des deutschen Idealis-
   mus", der sich "inzwischen als irrige Vorstellung erwiesen"
   habe.

6.5 Das "Abschiedsgeschenk" von Frau Teusch: die "vor-
     läufige Satzung"

Dem chronologischen Ablauf folgend, wird nun die "vorläufige
Satzung" des Jahres 1954[1] dargestellt, die wohl deutlichste
Annäherung an die erstrebte Form der hochschulmäßigen Lehrerbildung. Die Forderung nach einer Satzung oder Verfassung
für Pädagogische Akademien, die diesen Einrichtungen Hochschulcharakter verleihen sollte, bestand schon lange. Nach
dem Erlaß der "Direktive Nr. 57" vom 1. Dezember 1946 lagen
die Kompetenzen des Erziehungswesens in der britischen Zone
in den Händen der Länder. So begannen 1947 verstärkt bei
Dozenten und Studenten die Bemühungen um die Gestaltung einer
Satzung für die Akademien.[2] Schon bei einer Direktorenkon-
ferenz vom 27. bis 29. Oktober 1947 stand der Tagesordnungs-
punkt: "Hochschulcharakter der Pädagogischen Akademie" an
zweiter Stelle. Bereits damals ging es unter anderem um
die "Selbstverwaltung der Akademie: Aufgaben und Befugnisse

---

1 Siehe Dok. Nr. 6 im Anhang dieser Arbeit.
   HSTAD, RWN 210, Nr. 170, S. 179 - 182.

2 Eine "Verfassung" wird als "die rechtlich geregelte und/
   oder tatsächlich bestehende Grundordnung eines Gemein-
   wesens" definiert, eine "Satzung" als "das schriftl. fest-
   gehaltene 'gesetzte' Recht".
   (Vgl. Sachwörterbuch der Politik, Stuttgart 1977, S. 750
   und 882 f). Allgemein ist die Verfassung als der weitergehende umfassendere nur unter erschwerten Bedingungen ab-
   änderbare Rahmen anzusehen.
   Im Bericht des Studentenausschusses (Mitteilungsblatt, 1948,
   Heft 3, S. 2) schreibt K. Rauschenberg über die Arbeit im
   2. Halbjahr 1947 "Um die erweiterten Aufgaben der studentischen Selbstverwaltung und die verantwortliche Mitge-
   staltung der Akademie zu regeln, erwies sich eine Erweiterung und Neugestaltung der Studentenverfassung als notwendig."
   Die früheste von mir aufgefundene schriftliche Äußerung
   zu Satzungsfragen der Akademien ist ein Schreiben der
   britischen Militärregierung vom 2. 10. 1946 an die Landesregierung in Düsseldorf über eine Anfrage der "Lehrerbildungsanstalt Bielefeld" (HSTAD, NW 53, Nr. 462, S. 475).
   Hier äußerte die Militärregierung, daß es "nicht ratsam
   erscheint", das "Rektorat 3 Jahre lang dauern zu lassen",
   da die Auswahl an erprobten Leitern noch sehr gering sei.
   Dies schließe aber nicht "die Teilnahme des Lehrpersonals
   bei der Ernennung von Direktoren" aus.

des Dozentenkollegiums - Stellung des Rektors" und um die
"Satzung der Akademie".[1] Drängendere Probleme mögen diese
Fragen zurückgestellt haben; die Aufgabe blieb vorerst ungelöst. Als sich auf einer Tagung in Lünen vom 24. bis 27.
November 1948 die CDU-Mitglieder des Kulturausschusses mit
einigen Beratern auf eine Stellungsnahme zur Schließung
der Pädagogischen Akademien vorbereiteten, wurde das Problem
der Verfassung der Pädagogischen Akademien erneut aufgeworfen und erörtert.[2] Engagierte Dozenten erhoben in den
folgenden Jahren mündlich und schriftlich den Vorwurf, daß
durch die auf unbestimmte Zeit bestallten Direktoren und
Prorektoren die Spitze und das Dozentenkollegium "kontakt-
los nebeneinander stehen",[3] und forderten mindestens einen
Wechsel im Prorektorat. Der angeschriebene Prof. Antz antwortete beruhigend mit dem Hinweis, es stehe fest, daß eine
"Rektoratsverfassung mit der Möglichkeit der Wiederwahl ...
und vierjähriger Amtsdauer" zu erwarten sei; die Amtszeit
des Prorektors würde "womöglich nur ein Jahr dauern".[4]
Dennoch hatten die Verhandlungen um die Landesverfassung
Vorrang, da zunächst an dieser Stelle die Form der Lehrerbildung festgeschrieben werden mußte.
Für diese dann dort formulierte "hochschulmäßige" Lehrerbildung war eine dem Verfassungsauftrag entsprechende Satzung
der Pädagogischen Akademien nun zwingendes Gebot.
Schon in der Debatte im Verfassungsausschuß am 30. März 1950

---

1 HSTAD, NW 26, Nr. 78, Band 2, S. 252. Konferenzort war das
   Tagungsheim des Kultusministeriums in Ratingen.

2 Vgl. Stenoprotokoll von Dr. Hofmann (HSTAD, RWN 210, Nr.
   170, S. 22). Die Übersetzung der Kurzschrift besorgte
   Herr Josef Brandenburg, Köln.

3 So Rest in einem Schreiben an Antz vom 24. 1. 1949
   (HSTAD, NW 26, Nr. 155, Band 1, S. 282).

4 Antz an Rest am 18. 1. 1949 (ebd., S. 281).
   Bei der "Rektoratsverfassung liegt die Verwaltung der
   akademischen Angelegenheiten in der Hand akademischer
   Organe (Rektor, Senat, evtl. Konzil, Lehrkörperversammlung).
   Sie bestehen aus dem einfachen oder erweiterten Lehrkörper
   oder von ihm gewählten Organen (Rektor, Senat, evtl. Konzil),
   sind von staatlichen oder hochschuleigenen Wirtschaftsver-
   waltungsorganen unabhängig und haben im akademischen Bereich gegenüber den Hochschullehrern kein Weisungsrecht."
   K.A. Bettermann/M. Goessl, Berlin 1963, S. 81.

nahmen die Überlegungen zur Selbstverwaltung der Hochschule
und deren Ausdruck in einer Verfassung[1] breiten Raum ein.[2]
Es ging um die Frage, inwieweit man die Form einer Hochschule,
die sich in der Selbstverwaltung und der Freiheit von
Forschung und Lehre ausdrückt, für die Pädagogischen Akademien übernehmen konnte. Eine völlige Angleichung hätte die
Pädagogische "Hochschule" ergeben und wichtige Einflußmög-
lichkeiten des Landes auf die personelle Besetzung und die
inhaltliche Gestaltung beschnitten. Die Meinung darüber, ob
die Freiheit der Wissenschaft und Forschung oder die Selbstverwaltung das letztlich entscheidende Kriterium einer Hochschule sei, war bei den Ausschußmitgliedern unterschiedlich.
Der FDP-Angeordnete Dr. Krekeler sagte dazu:

> "Wissenschaft können Sie auch außerhalb treiben ...
> das ist nicht das Charakteristische, sondern das
> Charakteristische an den Hochschulen ist die in-
> stitutionelle Sicherung der Selbstverwaltung, deren
> vornehmster Teil die Mitwirkung bei der Ernennung
> des Lehrkörpers ist."[3]

Frau Teusch betonte an anderer Stelle in der gleichen Sitzung,
daß man bei den Pädagogischen Akademien noch im Versuchs-
stadium sei. Die Abteilung ihres Hauses habe "sämtliche
führende Persönlichkeiten der Akademien gebeten, sich gut-
achterlich zur Verfassung der Pädagogischen Akademie zu
äußern. Wir", so fährt sie fort, "können also im Augenblick
noch nicht sagen, wie die Verfassung letzten Endes gestaltet
wird; daß aber ein Stück Selbstverwaltung dabei sein wird,
das scheint uns unumgänglich notwendig zu sein".[4] Diese

---

1 Eine klare Trennung der Begriffe Satzung und Verfassung
   wird in den Ausführungen selten getroffen (siehe Protokoll der 50. Sitzung).

2 Allgemein dazu siehe: K.A. Bettermann/M. Goessl, Berlin
   1963, "Schulgliederung...", Kap. VI Verfassung der Pädagogischen Hochschule, S. 73 ff.

3 Wortprotokoll der 50. Sitzung des Verfassungsausschusses vom
   30. 3. 1950, S. 508 (D).

4 Ebd., S. 506 (D). Schon am 21. Februar 1950 teilte Frau
   Teusch dem Finanzminister Dr. Weitz mit, daß eine Verfassung für die Pädagogischen Akademien in Vorbereitung
   sei. Auch hier schränkte sie ein, "das Rektoratssystem in der
   strengen Form, wie es die Universitäten haben, wird darin
   kaum festgelegt werden, doch muß eine Beteiligung der
   Dozentenkollegien ins Auge gefaßt werden" (HSTAD, NW 26,
   Nr. 65, S. 60).

Formulierung deutete an, daß für sie die Selbstverwaltung der
Pädagogischen Akademien, die sich in der Mitwirkung bei der
Ernennung des Lehrkörpers zeigen würde, noch wenig wünschenswert erschien. "Unumgänglich" ist ja nur etwas – so wie es
hier gebraucht wurde – das durch mehr zwanghafte äußere Bedingungen nicht mehr vermeidbar ist. Eine beschleunigte Arbeit an einer Verfassung für die Pädagogischen Akademien war
somit nicht zu erwarten und wurde auch nicht aufgenommen.
In den Beratungen zur Landesverfassung hatten die Universitäten ihren Autonomieanspruch ungeschmälert in Art. 16 durchgesetzt, während für die Lehrerbildung der einschränkende
Terminus "hochschulmäßig" gefunden und beschlossen wurde.
Eine Folge dieser Einschränkung war jedoch, daß die Pädagogischen Akademien sich nun nicht selbst ihre Satzung geben
konnten wie die Universitäten, sondern auf den Erlaß einer
Satzung oder sogar nur einer vorläufigen Satzung durch den
Kultusminister warten mußten.

Fast zwei Jahre später berichtete der sozialdemokratische
Landtagsabgeordnete Holthoff von "bemerkenswerter Empörung
in den Lehrkörpern der Pädagogischen Akademien"[1], weil deren
innere Gestaltung immer noch ungefestigt und vorläufig sei.
Erst am 30. Juli 1953 konnte Prof. Dr. Siewerth als Leiter
des "Arbeitskreises der Pädagogischen Akademien Nordrhein-
Westfalen" dem Vorsitzenden des Kulturausschusses und dem
Ministerium einen "Verfassungsentwurf" zuleiten,[2] wobei er

---

1 Protokoll der 56. Sitzung des Landtages am 17. 6. 1952,
  2. Wahlperiode, Band 2, S. 2104 (D).

2 Vgl. HSTAD, RWN 210, Nr. 424, S. 6. Das Papier wurde mit
  folgenden Sätzen eingeleitet: "Entwurf einer Verwaltungs-
  verordnung zur vorläufigen Regelung der Verhältnisse der
  Pädagogischen Akademien (Pädagogischen Hochschulen) des
  Landes NRW. Bis zum Erlaß eines Lehrerbildungsgesetzes auf
  Grund des Art. 15 der Verf. des Landes NRW wird für die Pä-
  dagogischen Akademien verordnet:
  1. Die Pädagogischen Akademien des Landes NRW führen künf-
     tig die Bezeichnung Pädagogische Hochschule. Eine zu-
     sätzliche Bezeichnung kann ihnen zugestanden werden.
  2. Ihre Verhältnisse regeln sich nach der anschließend
     veröffentlichten vorläufigen Satzung." (Ebd., S. 7).
  Da aus dem Text des Begleitschreibens (siehe unten) und dem
  Gesamtzusammenhang nicht geschlossen werden kann, daß der
  Arbeitskreis die Arbeit verzögerte oder hinausschob, muß
  für den offiziellen ministeriellen Auftrag das Jahr 1953
  angenommen werden.

nochmals auf "baldigen Erlaß der Verfassung" angesichts vieler Unsicherheiten drängte.Das hoffnungsfrohe Begleitschreiben, in dem betont wurde, daß der "Hochschulcharakter" klar herausgearbeitet worden sei, wie auch der Entwurf selbst, zeigen den mühsamen Versuch, auf diese Weise die Pädagogischen Akademien in "Pädagogische Hochschulen" umzuwandeln. Seine Unsicherheit wird darin deutlich, daß Prof. Siewerth im Begleitschreiben in jedem Satz den Begriff "Verfassung" verwendete, im eigentlichen Text aber die Überschrift "Vorläufige Satzung" gebrauchte. Ob dieser Terminus vom Kultusminister vorgegeben wurde, ist nicht zu ermitteln, muß aber angenommen werden, weil Siewerth den weitergehenden Begriff der Verfassung so betont im Begleitschreiben herausstellte.[1] Auch inhaltlich hob dieser Entwurf einer "vorläufigen Satzung" mehrfach die Bezeichnung und die Funktion der Pädagogischen Hochschule hervor. In der kritischen Frage der Dozentenberufung griffen die Verfasser das universitäre Verfahren auf und sagten:"Die Besetzung der Lehrstühle erfolgt auf Grund von Berufungsvorschlägen seitens des Kollegiums nach gutachtlicher Äußerung von Fachvertretern".[2] Bezüglich des Rektorats wurde in § 6,2 bestimmt:

> "Der Rektor wird vom Kollegium aus dessen Mitte für
> eine Amtszeit von 3 Jahren gewählt. Zur Wahl ist
> eine Mehrheit von 2 Dritteln erforderlich. Der Ge-
> wählte bedarf der Bestätigung durch den Minister.
> Wiederwahl ist einmal möglich."[3]

Der angeschriebene Dr. Hofmann schien offenbar von diesem Entwurf wenig angetan. Wie schon mehrfach erwähnt, war für ihn die gedankliche Verbindung zwischen Pädagogischer Akademie und Hochschule belastend. In einem Brief an Ministerialrat Dr. Klein im Kultusministerium schrieb er am 24. September 1953:

> "Vor einiger Zeit wurde mir auch der Entwurf einer
> Verfassung der Pädagogischen Akademien gegeben,
> der Frau Minister unterbreitet wurde. Ich frage
> mich nur, ob ein solcher Entwurf nicht der Ent-

---

1 Das Begleitschreiben im HSTAD, RWN 210, Nr. 424, S. 6.

2 Ebd., S. 8, § 5; 2 b.

3 Ebd., § 6; 2.

wicklung vorauseilt? Meiner Meinung nach sollte
man zunächst die Fragen der Vor- und Ausbildung
der Dozenten regeln und die Frage des 5. und 6.
Semesters lösen."[1]

Andererseits wäre es falsch, Dr. Hofmann hier mangelnde
Einsicht zu unterstellen. Es war in der Tat wenig "hoch-
schulgemäß", Studenten nach vier Semestern zum Abschluß-
examen zuzulassen; die Forderung nach einem sechssemestrigen Studium wurde seit langem genannt.[2] Insofern
waren die Überlegungen von Dr. Hofmann begründet und ver-
nünftig. Aus den Quellen ist nicht zu ermitteln, welche
Überlegungen schließlich doch der "Satzung" vor der Entscheidung für die 6-Semester-Studiendauer zum Erfolg ver-
halfen. Der politische Druck der Opposition galt vornehmlich einer "den Aufgaben der Lehrerbildung entsprechenden
Unterbringung und Gestaltung der Lehrerbildungsanstalten".[3]
Offenbar bildeten die beachtlich anwachsenden Haushaltsmittel
und deren Verteilung einen näherliegenden Schwerpunkt der
Auseinandersetzung, jedenfalls blieb die diffizile Satzungs-
problematik von der Opposition wenig beachtet.

Weiterhin kann vermutet werden, daß die Diskussion um die Bedeutung des Wahlfaches im Rahmen der Lehrerbildung, die sich
zu Beginn des Jahres 1953 verdichtete,[4] mitbestimmend war.

---

1 HSTAD, RWN 210, Nr. 424, S. 3 Als weitere Frage nennt
   er das Problem der Assistenten. Hier sieht er die Gefahr,
   daß Lehrer, die als Assistenten an eine Pädagogische Akademie abgeordnet werden, unter Umständen mehr verdienen
   als Assistenten an den Universitäten.

2 Schon am 21. 2. 1950 hatte Frau Teusch dem damaligen Finanzminister Dr. Weitz angekündigt, daß "vier Semester für die
   Durchführung einer ausreichenden Vorbildung auf den Lehrerberuf unter den gegenwärtigen Verhältnissen nicht aus-
   reichen" und somit an eine "Erweiterung ... auf sechs Semester" gedacht werden müsse (HSTAD, NW 26, Nr. 65, S. 60).

3 Protokoll der 81. Sitzung des Landtages am 28. 4. 1953,
   2. Wahlperiode, Band 3, S. 3085 (C). Ähnlich auch schon in
   der Sitzung am 17. 6. 1952, wo Holthoff nur am Rande das
   Fehlen einer Prüfungs- und Studienordnung für die Pädagogischen Akademien beklagte.

4 Vgl. den Bericht des Arbeitskreises Pädagogischer Hochschulen "Das Wahlfach in der Lehrerbildung" Weinheim
   1955, S. 107.

Dieses Problem machte der 2. Hochschultag des Arbeitskreises
Pädagogische Hochschulen zu seinem Thema,[1] und es war un-
verkennbar, daß mit zunehmender Bedeutung des Wahlfaches die
Entwicklung zur Pädagogischen Hochschule und zum 6-Semester-
Studiengang weiter vorangebracht werden konnte. Dennoch waren
die Überlegungen hierzu noch in einem frühen Stadium.

Oskar Hammelsbeck nannte dann auch bei der Begrüßungsan-
sprache, wobei er vor allem die anwesende Frau Teusch ansprach,
als ersten von drei Wünschen: "Die Länderregierungen ...
möchten mit uns bemüht bleiben, der Lehrerbildung überall
und alsbald zu einer rechtsgültigen Hochschulverfassung zu
verhelfen"[2]. Frau Teusch als offizielle Vertreterin aller
Kultusminister antwortete mit einem Satz, der durch das
häufig gebrauchte "Zauberwort" HOCHSCHULE bei den Anwesenden
alles andere erwarten lassen mußte als die drei Monate später
gewährte "vorläufige Satzung der Pädagogischen Akademien".
Sie sagte:

> "Und wenn soeben nicht nur dem Äußeren nach, sondern auch
> der inneren Wertung nach die hochschulmäßige Verfassung
> der Pädagogischen Hochschulen angesprochen worden ist,
> dann darf ich Ihnen, Herr Vorsitzender, Herr Prof.
> Hammelsbeck, versichern, daß wir in unserem Hause in den
> allernächsten Wochen über die Hochschulverfassung auch
> der zehn Akademien des Landes Nordrhein-Westfalen unseren
> bejahenden Entscheid zu fällen gedenken."[3]

Geradezu deprimierend muß aber die dann von Frau Teusch er-
lassene "Vorläufige Satzung der Pädagogischen Akademien des
Landes Nordrhein-Westfalen"[4] am 29. Januar 1954 gewirkt haben.
Während Frau Teusch eine "Hochschulverfassung" angekündigt

---

1 Vgl. Kap. 6.4.1 dieser Arbeit.

2 Arbeitskreis 1953, S. 9. An zweiter Stelle nannte er die
   Wahlfachproblematik und schließlich "die Schule möge
   durch uns gefördert werden zu einer erneuerten Volkskraft".

3 Ebd., S. 10. Den Wunsch nach einem verstärkten Wert des Wahlfaches konnte sie ähnlich sibyllinisch beantworten: "Das
   Eigenständige der Lehrerbildung hochschulmäßig gestalten ...
   in der hochschulmäßigen Weise gesehen und ausgeführt, braucht
   aber nicht zu der Vielfalt von Einzeldisziplinen und
   einzelnen Spezialaufgaben zu werden, wie wir das heute auf
   der Universität oft sehen." (ebd., S. 11).

4 Siehe Dokument Nr. 6 im Anhang dieser Arbeit.
   Der Kultusminister des Landes Nordrhein-Westfalen
   - IP 53 - 01 Nr. 812/54 (HSTAD, RWN 210, Nr. 424, S. 179 ff.).

hatte und auch § 1 im Entwurf des Arbeitskreises von Prof.
Siewerth besagte, daß die "Pädagogischen Hochschulen des
Landes NRW ... Hochschulen für Lehrerbildung und Erziehungswissenschaft"[1] seien, lautete § 1 der vorläufigen Satzung
des Kultusministers: "Die Pädagogischen Akademien sind der
Lehrerbildung dienende Anstalten des Landes Nordrhein-Westfalen".[2] Aus der schon von der Besatzungsmacht geforderten
und vom Kultusministerium immer wieder als Ziel genannten
"Hochschule" war eine "Anstalt" geworden! Lediglich im § 2
der Satzung wird die Aufgabe der Pädagogischen Akademie als
einer "Hochschulgemeinschaft" erwähnt, ein Begriff, an den
sich dann zunächst die Enttäuschten hielten, um von hier
aus ihr erschüttertes Selbstverständnis zu festigen.[3]
Die institutionelle Sicherung der Selbstverwaltung fand nur
in Ansätzen Verwirklichung. Hierzu zählt die Einführung
des Wahlrektorats.[4] In weiteren Paragraphen hieß es dann
aber, daß der Rektor "gegen Beschlüsse des Kollegiums die

---

1 HSTD, RWN 210, Nr. 424, S. 7.

2 HSTAD, RWN 210, Nr. 170, S. 179. Holthoff geißelte spöttisch
   den hier gefundenen Begriff der "Anstalt" und sagte im
   Landtag: "Ich habe mir die Mühe gemacht, in verschiedenen
   modernen Lexika nach einer Begriffsbestimmung für Anstalten
   zu suchen. Ich habe da gefunden: Erziehungs- und Unterrichts-
   anstalten, Besserungsanstalten und dann auch noch - Bedürf-
   nisanstalten, aber ich habe nichts gefunden von Hochschulen
   oder von Pädagogischen Akademien, und möchte daher darum
   bitten, daß dieser Begriff doch aus dieser Satzung entfernt wird." Landtagsarchiv NRW, Landtagsprotokoll der
   105. Sitzung am 25. 3. 1954, 2. Wahlperiode, Band 4,
   S. 3937 (C).

3 So Siewerth in einem Beitrag "Zur Satzung der Pädagogischen
   Akademien": "Die neue Satzung verbrieft den Hochschulcharakter. Das Wort 'Akademie' ist selbst die ursprünglichste Hoch-
   schulbezeichnung und wird heute besonders für Forschungsin-
   stitute gebraucht. Außerdem spricht die Satzung in § 2 ausdrücklich von 'Hochschulgemeinschaft'" (Erbe und Entscheidung, Heft IV, 1954 (32), S. 275).

4 Dies bedeutete die Abkehr vom Akademiedirektor, der vom Staat
   berufen wurde. "Der Rektor (Heraushebung d.d. Verf.) wird
   von Hochschulorganen gewählt, aber vom Staat ernannt, berufen oder bestätigt". Die darin liegende Abschwächung der
   akademischen Selbstverwaltung bedeutet auch eine Abschwächung der Rektoratsverfassung (K.A. Bettermann/M. Goessl,
   Berlin 1963, S. 82). Über die unterschiedlichen Verfassungen
   der Pädagogischen Einrichtungen in den Ländern der Bundesrepublik vgl. ebd.

Entscheidung des Kultusministeriums anrufen"[1] kann, wie auch
eine überstimmte Minderheit das Recht bekam "ihre abweichende
Meinung ... dem Kultusminister auf dem Dienstweg zur Kenntnis zu bringen."[2] Diese Paragraphen kritisierte Holthoff im
Landtag als "undemokratisch" und befürchtete eine Recht-
sprechung des Kultusministers "aus der Vollkommenheit eigener
Wahrheit"[3] heraus.

Dennoch stellt die "Vorläufige Satzung" ein wichtiges Glied
in der Entwicklungskette, die zur Pädagogischen Hochschule
führt, dar. Die Annäherung an die hochschulmäßige Form der
Lehrerbildung wurde trotz der Enttäuschung weiter gesucht.
Siewerth zählte insgesamt acht Punkte auf, durch die die
hochschulmäßigen Grundzüge der Akademie auch in der "vorläufigen Satzung" gefestigt wurden.[4] Es ist beachtlich, wie
es dem wortgewandten, weit über Aachen hinaus anerkannten
Wissenschaftler gelang, diese - wohl auch als persönliche
Kränkung empfundene - Enttäuschung zu verarbeiten. Er sah
klar, daß "die letzte Rechtsmacht in wesentlichen Fragen
beim Ministerium"[5] lag, stellte jedoch dem juristischen Sprach-
gebrauch der Satzung den "eigentlichen Sinn" gegenüber, der
"nämlich grundsätzlich auf Selbstbestimmung der Hochschul-
gemeinschaften ausgerichtet" sei und sich daher nur erfülle,
"wenn diese im Höchstmaß des Möglichen realisiert wird".[6]
Siewerth verband sich hier mit der Einstellung von Hofmann,

---

1 Siehe Dokument Nr. 6, § 7,1.

2 Siehe ebd., § 7,3.

3 Landtagsprotokoll der 105. Sitzung am 25. 3. 1954,
   2. Wahlperiode, Band 4, S. 3937 (C). Offenbar wurde auch
   die Oppositionen von Form und Inhalt der erlassenen "vorläufigen Satzung" unvorbereitet getroffen.

4 Vgl. Erbe und Entscheidung, Heft IV 1954 (32), S. 275 f.

5 Ebd. Er zählte dann auf: "Rektor und Prorektor werden nach
   der Wahl vom Minister 'berufen', Rektor und Minoritäten
   können seine 'Entscheidung' anrufen; die Geschäftsordnung
   wird von ihm 'genehmigt'; Professoren und Dozenten werden
   nach Anhören von ihm 'berufen'."

6 Ebd.

wenn er indirekt zugab, daß die Kollegien der damaligen Akademie
noch nicht generell in die Alleinverantwortung entlassen werden
konnten: "Eine regulative Berufungsinstanz ist segensreich
und kann innere Ordnung und Freiheit sichern helfen". Er
verlangte jedoch, daß diese "positiv der vollen Ermöglichung,
nicht der Beschränkung der Selbstbestimmung zugeordnet ist".[1]

Das eigentlich retardierende Moment dieser Satzung lag in
dem Begriff der "Hochschulgemeinschaft". Nur in diesem
Zusammenhang und an dieser Stelle tauchte der- man muß schon
sagen "ersehnte"- Begriff der Hochschule auf, wurde aber
gleichzeitig an den Gedanken der Gemeinschaft gebunden. Diese
Verquickung aber entsprach nicht mehr den Gegebenheiten.
Schon unmittelbar nach dem Kriege war das Bemühen um die
Gemeinschaft "mehr von den Professoren und anderen Erwachsenen
ausgegangen als von der studentischen Jugend selbst".[2] In
der Mitte der fünfziger Jahre entzog sich die "skeptische
Generation" mehr und mehr diesen Ansprüchen, ohne das Studium
zu vernachlässigen.
Schelsky schreibt dazu:

> "Die entscheidende Einsicht, die alle diese verständ-
> lichen Bemühungen um eine pädagogisch fruchtbare Neu-
> bildung studentischer Gemeinschafts- und Gesellungs-
> formen zu vergeblichen Restaurationsversuchen stempelt,
> scheint mir darin zu liegen, daß ein Gemeinschaftsbe-
> dürfnis ... in dieser Studentengeneration gar nicht
> mehr in belangvollem Ausmaße vorhanden ist."[3]

Damit war der Weg in Richtung auf die wissenschaftliche Hochschule vorgezeichnet. Mit immer stärker werdender Deutlichkeit und in schnellerer Abfolge werden diese Gedanken vertreten. Beispielhaft sind dazu die "Programmatischen Grundsätze", die eine Vertreter-Versammlung der GEW am 11. und 12.
Juni 1954 in Bielefeld beschloß. Neben breiten Aussagen zum
Wesen und zur Organisation der Schule forderte die GEW zum
Punkt "Lehrerbildung":

---

1 Vgl. Erbe und Entscheidung ... ebd.
2 H. Schelsky, Düsseldorf-Köln 1957, S. 418.
3 Ebd.

"Die Ausbildung aller Lehrer erfolgt an einer Universität
oder einer anderen Hochschule mit anerkanntem Promotions-
recht. Das Studium der Erziehungswissenschaften ist für
alle Lehrergruppen gemeinsam."[1]

In sechs Unterpunkten wurden eine die Freiheit von Forschung
und Lehre garantierende Hochschulverfassung, die Berufung der
Hochschullehrer nach dem an den Universitäten üblichen Verfahren, 6 Semester Studiendauer, Freizügigkeit für die Studenten und eine organische Verbindung zwischen "eigenstän-
digen Pädagogischen Hochschulen und den Universitäten" gefordert.[2]

Die Ablösung von Frau Teusch am 27. Juli 1954 signalisierte
in gewisser Weise eine Wende. Mit der Person von Dr. Werner
Schütz, einem Frau Teusch in fast jeder Hinsicht überlegenen
und auch von den Universitäten anerkannten Kultusminister,
wurde für die Lehrerbildung eine Phase neuer Hoffnung eingeleitet.[3] Oskar Hammelsbeck faßte die Gedanken bei der
offiziellen Ansprache zusammen, indem er sagte:

"Ich weise sogleich auf das Hauptproblem. Unsere größte
Verantwortung ist dadurch bezeichnet, daß wir Hochschule
sein müssen. Wir müssen und wollen Hochschule sein. Der
Lehrer im Umbruch des 20. Jahrhunderts kann nicht mehr
lehren und erziehen ohne ein tiefspuriges, wissenschaftlich geläutertes Verständnis der geistigen, sozialen
und politischen Geschehnisse in der Kinderumwelt ...
Das ungelöste Problem liegt im Selbstverständnis unserer
wissenschaftlichen Aufgabe."[4]

Hatte die erste Hälfte der fünfziger Jahre in den mehr äußeren
Bedingungen auf vielen Gebieten eine Annäherung an die hochschulmäßige Lehrerbildung geleistet, so begann jetzt stärker die
bewußte programmatische Annahme und innere Ausgestaltung dieses
Gedankens.

---

1 Gewerkschaft Erziehung und Wissenschaft (GEW), Hauptvor-
  stand, Programmatische Grundsätze, beschlossen von der Vertreter-Versammlung am 11./12. Juni 1954 in Bielefeld
  (HSTAD, RWN 126, Nr. 389, S. 101 ff.).

2 Ebd., S. 104.

3 Freundliche Mitteilung von Prof. Dr. J. Erger.

4 Oskar Hammelsbeck, Ungelöste Probleme der Lehrerbildung,
  Ansprache auf der Konferenz der Rektoren und Prorektoren
  der Pädagogischen Akademien in Nordrhein-Westfalen im Bei-
  sein des Herrn Kultusministers W. Schütz im Kultusministerium zu Düsseldorf am 14. 2. 1955, in: Wahrheit und Wert
  in Bildung und Erziehung, Theodor Rutt, Hg., Düsseldorf 1955.

7. Schlußbetrachtung

Am Schluß dieser Darstellung soll versucht werden, aus einem
Rückblick heraus die Anzeichen für den weiteren Verlauf aufzu-
zeigen. Der Neubeginn nach 1945 wurde in dem hier bearbeite-
ten Bereich der Lehrerbildung in Nordrhein-Westfalen von
zwei Kräften gesteuert, die sich sehr bald in ihrer Zielsetzung anglichen und ergänzten: 1. die in der Person von
Prof. Antz deutlich hervortretende christlich-pädagogische
Kraft, die aus innerer Überzeugung und Erfahrung für die
Lehrerbildung die Form der Pädagogischen Akademien wieder-
begründete und 2. die vorwiegend durch die Briten repräsen-
tierte realpolitisch-liberale Kraft, die, ebenfalls überzeugt, diese Form stützte und tatkräftig auch über kritische
Bedingungen hinweg weitertrug. Nach Übernahme des kulturellen
Bereichs durch die deutschen Behörden als Folge der Verordnung Nr. 57 vom 1. Dezember 1946 erhielten diese beiden Kräfte
eine stärkere Eigendynamik, die sie mehr auseinander bewegte.
Die Ablösung von Prof. Antz - an dessen Stelle kein annähernd
gleichwertiger Ersatz berufen wurde - verstärkte in der Person von Frau Kultusminister Teusch die christlich-pädagogische
Strömung in der Weise, daß die Vertreter einer liberalen
und wissenschaftsorientierten Lehrerbildung - als deren be-
deutendster Sprecher in Nordrhein-Westfalen der spätere Kultusminister Holthoff angesehen werden kann - aktiviert werden
mußten. Diese Konstellation erzeugte in den frühen fünfziger
Jahren ein Spannungsfeld, in dem sich immerhin nach und nach
für die Lehrer und die Lehrerbildung - nicht zuletzt auch
auf Grund der hohen Popularität der umstrittenen Fragestellungen
- günstigere Bedingungen auf vielen Gebieten durchsetzen ließen.
Die Besoldungserhöhungen, Neubauplanung und die dann beacht-
lichen Neubauten, die vorläufige Satzung, aber auch die
engagierte Auseinandersetzung um den Standort der Pädagogischen
Akademien bildeten insgesamt eine Phase der Konsolidierung
für die Lehrerbildung, in der sie der geforderten "hochschulmäßigen" Form näher kam. Eine veränderte Grundeinstellung,
u.a. durch die wirtschaftliche Erstarkung des Landes bedingt,
führte zu einer Haltung, die von einer konfessionell ausge-

richteten Lehrerbildung zunehmend abrückte. Die am Oster-
montag 1953 von den Kanzeln verlesene "Verlautbarung der
deutschen Bischöfe zu Fragen der katholischen Lehrerbildung", in der sich die deutschen Bischöfe "in Übereinstimmung
mit dem Willen des Heiligen Vaters"[1] nochmals außerordentlich betont für katholische und gegen simultane Ausbildungsstätten aussprachen, stellte einen Höhepunkt der für die
Katholische Kirche zwar selbstverständlichen, doch angesichts
des auch nach 1945 rasch fortschreitenden Abbaus konfessioneller
Gegensätze in einer säkularisierten Welt nicht mehr durch-
setzbaren Forderung dar. Diese hier nicht mehr im einzelnen ausgeführten Zielvorstellungen mußten in ihrer Folge
auch die Vertreter der evangelisch-konfessionellen Richtung
zu einer Gegenbewegung formieren. Ein Erfolg dieser Richtung
war die Ablösung von Frau Teusch durch den hochgebildeten und
neuen Entwicklungen gegenüber aufgeschlossenen evangelischen
Kultusminister für Nordrhein-Westfalen, den Juristen Werner
Schütz.

Einen bedeutsamen Ausblick auf die Weiterentwicklung der
Lehrerbildung auf Bundesebene leistete die vom 7. bis 9. März
1955 nach Tutzing von der "Studiengemeinschaft der Evangelischen Akademien" eingeladene Studienkommision. Hier wurden

---

1 Vgl.: Kirchlicher Anzeiger für die Diözese Aachen vom
   1. April 1953, Stück 7, 23. Jahrgang, in HSTAD, RWN 210,
   Nr. 170, S. 155. Er heißt hier: "Wir fordern daher nach-
   drücklichst für die Ausbildung der Lehrer und Lehrerinnen,
   die katholische Kinder unterrichten sollen, katholische
   Pädagogische Hochschulen, Akademien oder Institute. Mit
   den sogenannten simultanen Pädagogischen Ausbildungsstätten
   können wir uns grundsätzlich nicht zufrieden geben, an
   denen etwa die Religionswissenschaft oder auch sonst das
   eine oder andere Weltanschauungsfach nach Konfessionen getrennt gelehrt wird." Diese harte Einstellung war nicht zuletzt das Ergebnis eines Schreibens von Papst Pius XII an
   die deutschen Bischöfe, in dem er anordnete: "Wir bitten
   und mahnen euch daher, bis zum letzten (sic) auf der
   Heranbildung katholischer Lehrer und Lehrerinnen an katholischen Bildungsstätten ... zu bestehen". Zitiert nach
   einem Abdruck im "Echo der Zeit" Jahrgang 1953, Nummer
   14, S. 3 von Ostern 1953.

von einem hervorragenden, aber unabhängigen Personenkreis[1]
die sogenannten "Tutzinger Empfehlungen" erarbeitet, die als
Leitsatz für den Volksschullehrer die "geistige Mündigkeit"
proklamierten. Neben einem eindeutigen Bekenntnis zu den je
eigenen Aufgaben der elementaren, volkstümlichen und auch
musischen Lehrerbildungsbereiche wurde eine wissenschaftliche
akademische Bildung gefordert, die den Lehrer "fähig und
frei zu geistiger Entscheidung" machen sollte.[2] Die von der
Kommission ausführlich begründeten Vorschläge fanden in der
folgenden Zeit bundesweit Gehör und stellten neben dem
"Gutachten des Deutschen Ausschusses für das Erziehungs- und
Bildungswesen"[3] die Weichen für die Lehrerbildung der späten
fünfziger Jahre, als deren wichtigste Ergebnisse allgemein die Ausweitung der Wissenschaftsorientierung und für
Nordrhein-Westfalen damit verbunden die Erfüllung der sechssemestrigen Studiendauer zu nennen sind.

Wenn sich in dieser Zeit die Lehrerbildung vom Modell der
"Bildnerhochschule" abwendete und zur wissenschaftlichen Hoch-
schule hin bewegte, so wurde diese Entwicklung nicht ohne
Kritik gesehen. Es mußte befürchtet werden, "daß die wissen-

---

1 An der vom 7. bis 9. März in Tutzing tagenden Studien-
  kommision waren beteiligt: Prof. Bohnenkamp
  Osnabrück; Professor von Baravalle, Frankfurt a.M.;
  Professor Dolch, München; Professor Ellwein, Bad Boll;
  Professor Flitner, Hamburg; Professor Geißler, Hamburg;
  Professor Kittel, Osnabrück; Professor Lades, Erlangen;
  Professor Messerschmid, Calw; Professor Metzke, Tübingen;
  Oberstudiendirektor Riemann, Nürnberg; Studienrat Roth,
  Eßlingen a.N.; Professor Stallmann, Lüneburg; Akademie-
  dozent Vilsmeier, Mannheim; Professor Weniger, Göttingen.

2 Vgl. Studiengemeinschaft der Evangelischen Akademien,Tutzinger
  Empfehlungen für die Lehrerbildung, Göppingen 1955, Kap. I,
  erster u. letzter Satz. Die betreffenden Sätze lauten:
  "Der Volksschullehrer kann heute seine Aufgabe nur in
  geistiger Mündigkeit erfüllen", und "Lehrer akademisch
  bilden heißt also nicht, sie falsch verwissenschaftlichen,
  sondern sie fähig und frei zu geistiger Entscheidung machen."
  (ebd.).

3 Der Ausschuß wurde am 22. 9. 1953 durch den Bundespräsiden-
  ten, den Bundesminister des Innern und den Präsidenten
  der Ständigen Konferenz der Kultusminister konstituiert.
  Das Gutachten am 5. 9. 1955 herausgegeben.

schaftliche Ausbildung des Lehrers nur durch Integration
in die herkömmlichen Stätten wissenschaftlicher Ausbildung
erreicht werden könne".[1]

Hierzu sei - am Schluß dieser Arbeit - noch einmal Antz aus
einem bisher unveröffentlichten Manuskript zitiert, das er
für ein nicht näher bekanntes Akademie-Jubiläum in der
Mitte der fünfziger Jahre verfaßte:

> "Inzwischen ist von hoher Warte die tiefe Weisheit ver-
> kündet worden, daß die Universität die Stätte der
> Lehrerbildung schlechthin sei. ...
> Ich habe an den Verfasser dieser Sätze die Frage ge-
> richtet, ob ihm völlig unbekannt geblieben sei, daß
> hochangesehene Professoren an deutschen Universitäten,
> ein Karl Voßler, ein Friedrich Delakat, Theodor Litt
> u.a. bitterste Klage führten, daß unter Studenten und
> Dozenten so viele in entscheidender Stunde versagt und
> abschmackter Schwarmgeisterei den Raum der Universität
> geöffnet hätten"[2]

Die hier vorliegende Untersuchung der Entwicklung in den ersten
neun Jahren nach 1945 hat gezeigt, daß sich die Lehrerbildung
im bevölkerungsreichsten Land der Bundesrepublik so weit konso-
lidieren und qualifizieren konnte, daß weitere Schritte in
Richtung auf die wissenschaftliche Hochschule gewagt werden
durften; der gegenwärtige Disput Helmuth Kittels mit Hellmut
Becker zeigt, daß die Diskussion zwischen Verfechtern und
Kritikern einer universitären Lehrerbildung immer noch offen
ist. Kittel nennt die Integration der Pädagogischen Hochschulen
in die Universitäten einen "sozialen Fehlgriff von großer
Tragweite" und befürchtet dadurch für die Volksschullehrer-
schaft den Verlust "eines der wichtigsten Elemente ihres
Selbstbewußtseins".[3]

Die vorliegende Arbeit gilt dem Versuch, diesem Verlust zu
begegnen.

---

1 Karl Bungardt, Die Odyssee der Lehrerschaft, Hannover
  1965, S. 138.

2 Nachlaß Antz A 3, S. 2a f. Die näheren Angaben zum Manuskript sind von seiner Tochter Katharina Antz. Antz wendete
  sich hier gegen Äußerungen von Prof. Dr. Erwin Redslob,
  dem Rektor der Westberliner Universität, der die Lehrerstudenten als "einseitig auf pädagogische Technik gedrillte
  Zöglinge, einer spezialisierten Hochschule, welche die
  Vorstufe, indem sie Fertigkeiten als Zeichen der Vollendung
  nimmt, als Gipfel ausgibt" bezeichnet hatte.

3 H. Kittel, 1982, S. 176. Anlaß dieser Darstellung Kittels war
  der Aufsatz von H. Becker, Die verspätete Lehrerbildung, 1980,
  Heft 5, S. 478 ff.

VERZEICHNIS DER ABKÜRZUNGEN

Abg	Abgeordnete(r)
BAK	Bundesarchiv Koblenz
BGBl	Bundesgesetzblatt
CDU	Christlich Demokratische Union
DM	Deutsche Mark
E.C.I.	Education Control Instruction
E.I.G.A	Education Instruction to German Authorities
FDP	Freie Demokratische Partei
GER	German Education Reconstruction
GEW	Gewerkschaft Erziehung und Wissenschaft
HASTK	Historisches Archiv der Stadt Köln
HfL	Hochschule für Lehrerbildung
HSTAD	(Nordrhein-Westfälisches) Hauptstaats- archiv Düsseldorf
HQ	Headquarter
KLVdDR	Katholischer Lehrerverband des Deutschen Reiches
KM	Kultusministerium
KPD	Kommunistische Partei Deutschlands
LBA	Lehrerbildungsanstalt
LD	Landtagsdrucksache
MdB	Mitglied des Bundestages
MdL	Mitglied des Landtages
Napola	Nationalpolitische Erziehungsanstalt
NRW	Nordrhein-Westfalen
NSLB	Nationalsozialistischer Lehrerbund
NW	Bestandsbezeichnung des HSTAD
OP	Oberpräsidium
OSTR	Oberstudienrat
PA	Pädagogische Akademie
RM	Reichsmark
RWN	Bestandsbezeichnung des HSTAD für Nachlässe
SHAEF	Supreme Headquarters Allied Expeditionary Forces
SPD	Sozialdemokratische Partei Deutschlands
WRV	Weimarer Reichsverfassung
Z	Deutsche Zentrumspartei

QUELLEN UND LITERATURVERZEICHNIS

A. UNGEDRUCKTE QUELLEN

I. Akten aus staatlichen Archiven

1. Nordrhein-Westfälisches Hauptstaatsarchiv Düsseldorf

1.1 Bezeichnung der einzelnen Bestände zu NW

NW 19 Nr. 65 Leitsätze für Erziehungsfragen   1946-1949

NW 20 Nr. 248 Richtlinien für die Arbeitsgemein-
                schaft der Junglehrer und Schul-
                helfer   1947-1951

NW 20 Nr. 251 Vorschläge der GEW zur Umgestal-
                tung der Arbeitsgemeinschaft für
                Junglehrer   1946-1950

NW 26 Nr. 45 Anträge auf ... Zulassung zum
                Studium an einer Pädagogischen
                Akademie   1950-1953

NW 26 Nr. 54 Verwaltungsangelegenheiten der PA,
                u.a. Unterbringung, Versorgung;
                Benutzbarkeit der rheinischen
                Lehrerbildungsanstalten   1945-1953

NW 26 Nr. 65 Reform des Bildungswesens, Schul-
                gesetzgebung, Hilfsschullehreraus-
                bildung, Akademieschulfrage, Volks-
                schullehrerausbildung in technischen
                Fächern   1948-1953

NW 26 Nr. 68 Prüfungsangelegenheiten   1946-1951

NW 26 Nr. 69 Prüfungsangelegenheiten   1947-1953

NW 26 Nr. 71 Sonderprüfungen, Prüfungen in
                Kriegsgefangenschaft, Anerkennung
                der in Kriegsgefangenschaft er-
                haltenen Volksschullehrerausbildung   1947-1952

NW 26 Nr. 77 Fortbildung der Lehrkräfte an den
                Pädagogischen Akademien   1950-1952

NW 26 Nr. 78 Tagungen, Vorträge und Studien-
                fahrten   1947-1953

NW 26 Nr. 80 Erziehung und Ausbildung der Volks-
                schullehrer   1947-1953

NW 26 Nr. 83 Aufnahme, weitere Ausbildung bzw.
                Anstellung der ehemaligen LBA-Ab-
                solventen   1947-1952

NW 26 Nr. 84 Beschäftigung von Schulhelfern,
                Hospitieren an Volksschulen, Auf-
                nahme der Schulhelfer in PA   1947-1950

NW 26 Nr. 98   Schriftwechsel bezüglich Lehrer-
                 ausbildung und -fortbildung mit
                 der ständigen Konferenz der west-
                 deutschen Kultusminister   1949-1953

NW 26 Nr. 99   Lehrerausbildung (Neuordnung der
                 Lehrerbildung, Planungen der
                 Länder, Vorschläge von Einzel-
                 personen)   1946-1951

NW 26 Nr. 105   Vorlesungsverzeichnisse der PA
                 Aachen WS 1948/1949; SS 1949   1948-1949

NW 26 Nr. 106   Entwurf einer Prüfungsordnung für
                 den Kurzlehrgang an der PA Aachen
                 1946, Vorlesungsplan und Studien-
                 ordnung 1946   1946-1947

NW 26 Nr. 115   Stellenbesetzungspläne der PA   1958

NW 26 Nr. 127   Personalblätter der Dozenten der PA   1947

NW 26 Nr. 132   Errichtung der Sondernotlehrgänge
                 zur Ausbildung von Volksschul-
                 lehrern, Berufung der Dozenten,
                 Bewerberlisten der Studenten   1946-1948

NW 26 Nr. 137   Eröffnung der PA Essen   29.01.1946

NW 26 Nr. 138   Planungen bezüglich des Lehr-
                 körpers der PA Essen   1945-1946

NW 26 Nr. 140   Schriftliche Vorlesungskonzepte
                 von Dozenten an den Pädagogischen
                 Akademien   1946

NW 26 Nr. 141   Korrespondenz Prof. Klövekorn/Prof.
                 Antz wegen Eröffnung der PA Bonn   1945-1946

NW 26 Nr. 144   Verhandlungen zur Eröffnung der
                 PA Emsdetten   1946-1947

NW 26 Nr. 145   Statistische Angaben über die
                 Studierenden der PA   1946-1947

NW 26 Nr. 147   Monats- und Vierteljahresberichte
                 der PA   1945-1948

NW 26 Nr. 153   Eröffnung der PA Essen, Festreden   1945-1946

NW 26 Nr. 154   Eröffnung der PA Bonn   1945-1947

NW 26 Nr. 155   Privatkorrespondenz des Ref. Prof.
                 Antz mit Persönlichkeiten des schu-
                 lischen Bereiches   1947-1949

1.2 Nachlässe

RWN 12 <u>Nachlaß Josef Schnippenkötter</u>

"   "   Nr. 27 Reform des Schul- und Bildungswesens 1947

RWN 46 <u>Nachlaß Bernhard Bergmann</u>

"   "   Nr.   2 Interviews mit leitenden Beamten des Kul-
                  tusministeriums NW, die Bergmann durch-
                  geführt hat

"   "   Nr.   3 Unterlagen für die geplante Darstellung der
                  Geschichte des Kultusministeriums NW durch
                  B. Bergmann

"   "   Nr. 27 Zur Geschichte des Kultusministeriums des
                  Landes Nordrhein-Westfalen

"   "   Nr. 30 Dokumente zum Kapitel: Militärregierung

"   "   Nr. 35 Dokumente zum Kapitel: Wiederherstellung
                                         der Bekenntnisschulen

"   "   Nr. 36 Dokumente zum Kapitel: Dr. Lammers

"   "   Nr. 37 Dokumente zum Kapitel: Lehrerbildung

"   "   Nr. 40 Dokumente zum Kapitel: Schulhelfer

"   "   Nr. 45 Dokumente zum Kapitel: Ende und Neuanfang 1945

"   "   Nr. 46 Dokumente 1945 Fortsetzung

"   "   Nr. 100 Dokumentation Dr. Engelhardts zum Aufbau des
                  Kultusministeriums

RWN 52 <u>Nachlaß Alois Becker</u>

"   "   Nr.   1 Korrespondenz

"   "   Nr. 12 Bericht über die Neubegründung der Kultur-
                  verwaltung im Oberpräsidium

RWN 210 <u>Nachlaß Josef Hofmann</u>

"   "   Nr.   4 Sitzungsprotokolle des Kulturausschusses
                  des Landtages 1948

"   "   Nr.   5 Pädagogische Hochschulen 1959-1967

"   "   Nr. 24 Lehrerbesoldung 1951

"   "   Nr. 167 Pädagogische Akademien 1952-1969

RWN 210   Nr. 170   Pädagogische Akademien, Abbau
der PH Essen   1947-1954

"   "   Nr. 190   Besoldungsgesetz und Besoldungs-
fragen, insbesondere von Lehrern   1952

"   "   Nr. 191   Besoldungsgesetz und Besoldungs-
fragen, insbesondere von Lehrern   1953

"   "   Nr. 424   Landtagssachen M - L

Schulangelegenheiten, u.a. Verhältnisse der Pädagogischen Akademien, Schulspeisung, neue
Schulstellen   1950-1953

"   "   Nr. 426   Landtagssachen K - Z

Schulgesetz (nach Orten), Stellung-
nahmen u. Reaktionen aus dem land
Köln (Prälat Böhler), Lüdenscheid,
Münster, Paderborn,Recklinghausen 1951-1953

"   "   Nr. 615   Lehrerausbildung   1955-1956

RWN 126   Nachlaß Christine Teusch

"   "   Nr. 389   Ausbildung PA   1955-1965

2. Übersicht über die von Antz verfaßten oder ihm zu-
   geschriebenen Materialien zu den Anfängen der Lehrerbildung aus dem HSTAD

1) Mündliches Referat vor dem Oberpräsidenten am 9. 6. 1945

2) "Kurze Denkschrift", auch "besondere Denkschrift", die
   nach Übersetzung ins Englische von der Militärregierung
   in Düsseldorf "ohne jede Einschränkung" gebilligt wurde,
   (nicht aufgefunden; erwähnt in HSTAD NW 26, Nr. 180,
   S. 2 Rückseite und Nachlaß Antz, A 3, S. 5).

3) Ein durch Antz handschriftlich ergänztes maschinen-
   schriftliches Manuskript von 5 Seiten mit dem Titel
   "Neue Lehrerbildung in der Nord-Rheinprovinz". Aus
   dem Text geht eindeutig hervor, daß er vor November
   1945 geschrieben wurde, und da der Ende August festgelegte Standort Aachen hier noch nicht sicher ist, müßte
   die Abfassung bis dahin erfolgt sein. Es handelt sich
   um ein vollständiges Ausbildungsprogramm. Nach der
   Auffassung von Erger (vgl. J. Erger, 1983) ist es
   "durchaus möglich, daß wir hier den Entwurf der Denkschrift vor uns haben, die für das Genehmigungsver-
   fahren der britischen Militärregierung vorgelegt worden ist" (ebd. Fußnote 7). HSTAD, NW 26, Nr. 162,
   S. 24 ff.

4) "Tätigkeitsbericht" vom 28. 12. 1945 gemäß einem
   Erlaß vom 6. 12. 1945 mit einem ersten Rückblick
   auf das 2. Halbjahr 1945 (HSTAD, RWN 46, Nr. 3,
   S. 38 ff.).

5) "Denkschrift über die Pädagogischen Akademien", unge-
   zeichnet und undatiert, aber im Sommer bzw. Herbst
   1947 vermutlich von Antz für die Kulturausschußsitzung
   am 10. 10. 1947 verfaßt (HSTAD, NW 26, Nr. 180, S. 2 bis 5).

6) "Tätigkeitsbericht des Kultusministeriums" vom 3. 7. 1947,
   erstattet von den Abteilungsleitern. Hierin ein Bericht
   von Antz über die Pädagogischen Akademien (HSTAD, NW 19,
   Nr. 65, S. 118 ff.).

3. Akten aus dem Public Record Office London

   Bestand 5045 - Foreign Office 371

55 688/ 1/1   Mensures to be taken to fill Teachers Posts
              with Democratic Elements (14. 1. 1946).

55 688/ 3/1   Wilton Park Training Centre, Translation of the
              address given in German by Mayor-General
              Strong (17. 1. 1946).

64 386/ 3/1   Memorandum on Education in the British Zone
              in Germany and in the British Sector of
              Berlin, by Robert Birley (20. 12. 1946).

70 704/E/1/1 Draft of a speach by Lord Henderson on the
              occasion of opening of the 18th Course at
              Wilton Park (12. 11. 1948).

70 713/ 1   Minutes of the eighteenth Meeting of the
              Regional Commissioners (13. 8. 1948).

70 713/15/1   Record of Diskussion at ... Frankfurt, with
              Ministers President Stock, Arnold and Alt-
              meier (12. 8. 1948).

70 714/ 1/1   Address to the Education Section of the
              British Association, The Reconstruction of
              Eduction in Germany, by Robert Birley
              (13. 9. 1948).

4. Akten aus dem Landtagsarchiv Nordrhein-Westfalen
   Düsseldorf

Sitzungsprotokolle

Landtagsdrucksachen

5. Akten aus dem Historischen Archiv der Stadt Köln

Nachlaß Christine Teusch, Bestand 1187

II.   Unterlagen aus Privatbesitz

1.   Schriftstücke aus dem Nachlaß von Ministerialrat
       Prof. Joseph Antz, Bonn:

A 1)   Unterredung mit Capt. Luebbers (5 S. maschinenge-
       schrieben), Wortprotokoll, vom 10. oder 12. Mai 1945.

A 2)   "Der Auftrag" (5 S. maschinengeschrieben), Erinnerungen
       zum Neubeginn 1945.

A 3)   "Neuordnung" (8 S. handgeschrieben, 2 S. maschinen-
       geschrieben), Erinnerte Überlegungen zu den Entschei-
       dungen des Jahres 1945, wahrscheinlich verfaßt 1953.

A 4)   "Mitarbeit in der neuen Lehrerbildung 1927/33-1945-49"
       (4 S. handgeschrieben) gerichtet an "Herrn von den
       Driesch", undatiert.

A 5)   Liste aller Professoren u. Dozenten an den Pädagogi-
       schen Akademien (1 S. handschriftlich) undatiert.

A 6)   Brief an Prof. Dr. Flitner vom 5. 5. 1949.
A 7)   Brief von Dr. Engelhardt an Antz vom 21. 3. 1950.
A 8)   Brief von Prof. Dr. Weniger an Antz vom 4. 4. 1950.
A 9)   Brief von U. Tonner an Antz (Ende 1950).
A 10) Brief von Antz an Prof. Dr. Siewerth vom 26. 6. 1950.
A 11) Brief von Prof. Dr. Siewerth an Antz vom 13. 7. 1950.
A 12) Brief von Antz an Walker vom 24. 2. 1955.

2.   Schriftstücke von Prof. Dr. Erger
3.   Schriftstücke von Prof. Dr. Hearnden
4.   Schriftstücke von Prof. Dr. Keck
5.   Schriftstücke von Prof. Dr. Knoke
6.   Schriftstücke von Prof. Dr. Murray
7.   Schriftstücke von Rektorin Walburga Jansen

III.   Auskünfte

Dr. Heinrich Antz

Prof. Dr. Johannes Erger

Prof. Rudolf Hagelstange

Prof. Dr. Arthur Hearnden

Rektorin Walburga Jansen

Prof. Dr. Kurt Jürgensen

Dr. Martin Klövekorn

Gabriele Koolen, geb. Floßdorf

Regierungsdirektor Josef Loogen

Prof. Dr. George Murray

Prof. Hildegart Pleus +

Prof. Dr. Harald Scholtz

Archivar Pater Dr. Emmanuel von Severus

Marianne Vogt, geb. Antz

Hans Leo von den Driesch

Oberstudienrätin Agnes Weisgerber

u. v. a.

B. GEDRUCKTE QUELLEN UND LITERATUR

Anderson, Jane: 'GER': A Voluntary Anglo-German Contri-
    bution. In: The British in Germany, hrsg. v. A.
    Hearnden, London 1978.

Antz, Joseph: Führung der Jugend zum Schrifttum. Ratingen
    1955[3], (1. Auflage 1927 in der Handbücherei der
    Erziehungswissenschaft).

Antz, Joseph/Bergmann, Bernhard (Hrsg.): Heiliges Erbe,
    Hausbuch der christlichen Familie, Köln 1940.

Antz, Joseph: Die seminaristische Lehrerbildung des 19.
    und 20. Jahrhunderts in historischer und kriti-
    scher Beleuchtung. In: Pädagogische Rundschau,
    1. Jahrg., 1947, Heft 4/5, S. 135 ff.

Antz, Joseph: Von alter und neuer Lehrerbildung.
    In: Pädagogische Rundschau, 1. Jahrg., 1947,
    Heft 4/5, S. 147 ff.

Antz, Joseph: Vom Wesen der Pädagogischen Akademie und
    ihren besonderen Aufgaben in dieser Zeit, Ansprache
    zur Eröffnung der Pädagogischen Akademie Bonn am
    16. 5. 1946. In: Pädagogische Rundschau, 1. Jahrg.,
    1947, Heft 4/5, S. 152 ff.

Antz, Joseph: Neue Lehrerbildung im Lande Nordrhein-
    Westfalen. In: Pädagogische Rundschau, 1. Jahrg.,
    1947, Heft 4/5, S. 194 ff.

Antz, Joseph: Zur Frage der Volksschullehrerbildung im
    Lande Nordrhein-Westfalen. In: Internationale
    Zeitschrift für Erziehungswissenschaft, 2. Jahrg.,
    Heft 5, Salzburg o.J.

Akten zur Vorgeschichte der Bundesrepublik Deutschland
1945-1949, Bd. 1, September 1945 - Dezember 1946,
bearb. von Walter Vogel u. Christoph Weisz, hrsg.
v. Bundesarchiv und Institut für Zeitgeschichte,
München/Wien, Oldenbourg 1976.

Arbeitskreis Pädagogischer Hochschulen: Schulpraktische
Ausbildung in hochschulmäßiger Form, Vorträge und
Protokolle des 1. Hochschultages am 18./19. Mai
1951 in Jugenheim an der Bergstraße, Weinheim o.J.

Arbeitskreis Pädagogischer Hochschulen: Das Wahlfach in
der Lehrerbildung, Bericht über den 2. Hochschultag vom 7. - 10. Oktober 1953 in Wuppertal, Weinheim 1955.

Assel, Hans-Günther: Die Perversion der politischen Pädagogik im Nationalsozialismus, München 1969.

Bartholomé, Heinrich: Zur Geschichte der Pädagogischen
Hochschule Dortmund. In: Die Pädagogische Hochschule,
Struktur und Aufgaben, hrsg. v. Pädagogische Hoch-
schule Dortmund, Ratingen 1964.

Beck, Reinhart: Sachwörterbuch der Politik, Stuttgart 1977.

Becker, Carl Heinrich: Die Pädagogische Akademie im Aufbau unseres nationalen Bildungswesens, Leipzig 1926.

Becker, Carl Heinrich: Weltpolitische Bildungsarbeit an
Preußischen Hochschulen, Berlin 1926.

Becker, Hellmut: Die verspätete Lehrerbildung. In: Neue
Sammlung, 1980, Heft 5, S. 478 ff.

Beckmann, Hans-Karl: Lehrerseminar - Akademie - Hochschule.
Das Verhältnis von Theorie und Praxis in drei Epochen
der Volksschullehrerausbildung, Weinheim 1968.

Beckmann, Hans-Karl: Modelle der Lehrerbildung in der
Bundesrepublik Deutschland. In: Zeitschrift für
Pädagogik, 1980, Heft 4, S. 535 ff.

Bergmann, Bernhard: Zur Geschichte des nordrhein-westfälischen Kultusministeriums, nicht veröffentlich-
ter Bericht aufgrund eigener Erfahrungen, Erinnerungen und täglicher Aufzeichnungen, HSTAD, RWN 46,
Nr. 27, Bd. 1 u. 2.

Bettermann, Karl August/Goessl, Manfred: Schulgliederung,
Lehrerbildung und Lehrerbesoldung in der bundes-
staatlichen Ordnung. Heft 1 der: Studien und Gut-
achten aus dem Institut für Staatslehre, Staats- und
Verwaltungsrecht der Freien Universität Berlin.
Berlin 1963.

Birley, Robert: British Policy in Retrospect. In: The
British in Germany, Educational Reconstruction
after 1945, hrsg. v. A. Hearnden, London 1978, S. 46ff.

Blättner, Dorothea: Britische Einwirkung auf das deutsche
Erziehungs- und Bildungswesen, Kiel 1960.

Bölling, Rainer: Lehrerbildung und Standespolitik. In:
Sozialisation und Bildungswesen in der Weimarer
Republik, hrsg. v. Manfred Heinemann, Stuttgart
1976.

Bölling, Rainer: Volksschullehrer u. Politik, Der deutsche Lehrerverein 1918 - 1933, Göttingen 1978.

Borinski, Fritz: Die Geschichte von G.E.R. In: Die Sammlung 3. Jahrg., 1948, Heft 1, S. 49 ff.

Breyvogel, Wilfried: Die soziale Lage und das politische
Bewußtsein der Volksschullehrer 1927 - 1933. Eine
Studie zur Gewerkschaftsfrage in der Volksschul-
lehrerschaft. Monographien Pädagogik, Bd. 20,
Königstein 1979.

Buchinger, Hubert: Volksschule und Lehrerbildung im Spannungsfeld politischer Entscheidungen 1945 - 1970,
München 1973.

Bungardt, Karl: Die Odyssee der Lehrerschaft, Hannover 1965.

Bungardt, Karl: Der Weg der Lehrerbildung vom Seminar zur
Universität. Widerstand und Bereitschaft der Universitäten in Dokumenten. In: Material und Nachrichtendienst, Nr. 110, 15. Jahrg., Apr. 1964.

Bungardt, Karl: Die Reformpläne zur Neugestaltung des deutschen Schul- und Bildungswesens und ihre Auswirkung
auf die Lehrerbildung. In: Auswahl, Grundlegende
Aufsätze aus der Zeitschrift 'Die deutsche Schule',
Reihe A, Hannover 1964, S. 7 ff.

Bungenstab, Karl-Ernst: Umerziehung zur Demokratie? Re-
education-Politik im Bildungswesen der US-Zone 1945-1949,
Düsseldorf 1970.

Cloer, Ernst: Sozialgeschichte Schulpolitik und Lehrerfortbildung der katholischen Lehrerverbände im Kaiser-
reich und in der Weimarer Republik. Ratingen/
Kastellaun 1975.

Davies Siems, Edith: Der britische Beitrag zum Wiederauf-
bau des deutschen Schulwesens von 1945 bis 1950. In:
Umerziehung und Wiederaufbau, hrsg. v. M. Heinemann,
Stuttgart 1981.

Dirks, Walter: Joseph Antz zum 80. Geburtstag in: Frankfurter Hefte, 15. Jahrg., 1960, Heft 3, S. 176.

Erger, Johannes: Lehrer und Schulpolitik in der Finanz-
und Staatskrise der Weimarer Republik 1929 - 1933.
In: Industrielle Welt - Soziale Bewegung und politische Verfassung. Beiträge zur Geschichte der modernen Welt, hrsg. v. U. Engelhardt, V. Sellin, H. Stuke,
Stuttgart 1976, S. 233 ff.

Erger, Johannes: Lehrer und Nationalsozialismus. Von den
traditionellen Lehrerverbänden zum Nationalsozialistischen Lehrerbund (NSLB). In: Erziehung und Schulung im Dritten Reich, Teil 2, hrsg. v. M. Heinemann,
Stuttgart 1980.

Erger, Johannes: Der Neubeginn der Lehrerbildung nach 1945
in der Nord-Rheinprovinz und in Nordrhein-Westfalen.
In: Bildung und Erziehung, 1983, (Aufsatz im Druck).

Dorn, Walter: Inspektionsreisen in der US-Zone. Notizen,
Denkschriften und Erinnerungen aus dem Nachlaß. Über-
setzt und herausgegeben von Lutz Niethammer, Stuttgart 1973.

Eilers, Rolf: Die nationalsozialistische Schulpolitik.
Eine Studie zur Funktion der Erziehung im totali-
tären Staat, Köln und Opladen 1963.

Feiten, Willi: Der Nationalsozialistische Lehrerbund. Entwicklung und Organisation. Ein Beitrag zum Aufbau
und zur Organisationsstruktur des nationalsozialistischen Herrschaftssystems. Studien und Dokumentationen zur deutschen Bildungsgeschichte, Bd. 19,
hrsg. v. Chr. Führ u. W. Mitter, Weinheim 1981.

Fischer, Wolfram: Der Volksschullehrer. Zur Sozialgeschichte
eines Berufsstandes. In: Soziale Welt, Zeitschrift
für Wissenschaft und Praxis des sozialen Lebens.
12. Jahrg., 1961, Heft 1.

Foelz-Schroeter, Marie Elise: Föderalistische Politik und
nationale Repräsentation 1945 - 1947. Westdeutsche
Länderregierungen, zonale Bürokratien und politische
Parteien im Widerstreit. Stuttgart 1974.

Först, Walter: Geschichte Nordrhein-Westfalens 1945 - 1949,
    Bd. 1, Köln 1970.

Friedmann, W....: The Allied Military Government of Ger-
    many. London 1947.

Führ, Christian: Zur Schulpolitik der Weimarer Republik,
    Weinheim 1972.

Gebhard, Julius: Die Lehrerbildung im Pädagogischen
    Institut der Universität Hamburg. In: Denkschrift
    über die Wiederherstellung der akademischen Lehrer-
    bildung in Hamburg 1943.

Geißler, Georg: Strukturfragen der Schule und der Lehrer-
    bildung. Weinheim/Berlin/Basel 1969.

Halbritter, Maria: Schulreformpolitik in der britischen
    Zone von 1945 bis 1949. Studien und Dokumentationen
    zur deutschen Bildungsgeschichte. Bd. 13, hrsg. v.
    Chr. Führ u. W. Mitter, Weinheim 1979.

Hammelsbeck, Oskar: Aufgabe und Geltung des Lehrers heute.
    In: Schulpraktische Ausbildung in hochschulmäßiger
    Form , Vorträge und Protokolle des 1. Hochschultages
    am 18./19. Mai 1951 in Jugenheim an der Bergstraße,
    hrsg. v. d. Geschäftsstelle des Arbeitskreises
    Pädagogischer Hochschulen Jugenheim an der Berg-
    straße, Weinheim o.J.

Hammelsbeck, Oskar: Ungelöste Probleme der Lehrerbildung.
    In: Wahrheit und Wert in Bildung und Erziehung,
    hrsg. v. Theodor Rutt, Ratingen 1955.

Hammelsbeck, Oskar (Hrsg.): Überlieferung und Neubeginn.
    Probleme der Lehrerbildung und Bildung nach zehn
    Jahren des Aufbaus, Ratingen 1957.

Hanschmidt, Alwin und Kuropka, Joachim (Hrsg.): Von der
    Normalschule zur Universität. 150 Jahre Lehreraus-
    bildung in Vechta 1830 - 1980, Bad Heilbrunn/Obb.1980.

Hearnden, Arthur (Hrsg.): The British in Germany. Educa-
    tional Reconstruction after 1945, London 1978.

Heinemann, Friedrich: Von Arnold zu Steinhoff und Meyers.
    Politische Bewegungen und Koalitionsbildungen in
    Nordrhein-Westfalen 1950 - 1962, Münster 1973.

Heinemann, Manfred (Hrsg.): Sozialisation und Bildungs-
    wesen in der Weimarer Republik. Veröffentlichung
    der Hist. Komm. der Deutschen Ges. für Erziehungs-
    wissenschaft, Bd. 1, Stuttgart 1976.

Heinemann, Manfred (Hrsg.): Erziehung und Schulung im
    Dritten Reich. Teil 1: Kindergarten, Schule, Jugend,
    Berufserziehung. Teil 2: Hochschule, Erwachsenen-
    bildung. Veröffentlichungen der Hist. Komm. der
    Deutschen Ges. für Erziehungswissenschaft, Bd. 4,1
    und 4,2, Stuttgart 1980.

Heinemann, Manfred (Hrsg.): Umerziehung und Wiederaufbau.
    Die Bildungspolitik der Besatzungsmächte in Deutsch-
    land und Österreich. Veröffentlichungen der Hist.
    Komm. der Deutschen Ges. für Erziehungswissenschaft,
    Bd. 5, Stuttgart 1981.

Helling, Fritz/Kluthe, Walther (Hrsg.): Wege des Schulrefor-
    mers Otto Koch, Schwelm 1962.

Henk, Dieter: Schulpädagogen in der zweiten Hälfte des
    19. Jahrhunderts. Studien und Dokumentationen zur
    deutschen Bildungsgeschichte, Bd. 18, Frankfurt a.M.
    1981.

Heuser, Adolf/Rosensträter, Heinrich: 25 Jahre akademi-
    sche Lehrerbildung in Aachen, Aachen 1971.

Hillebrand, Max Josef: Die Wissenschaftlichkeit der Päda-
    gogischen Hochschule und die Frage der Konfessionali-
    tät. In: Die Lehrerbildung im Spannungsfeld unserer
    Zeit; Die Volksschullehrerbildung im Umbruch, hrsg.
    v. H. Röhrs, Ratingen 1965.

Hilger, Georg: Lehrerbildung in Nordrhein-Westfalen seit
    1945, dargestellt an Protokollen des Landtages,
    unveröffentlichte Staatsarbeit an der PH Aachen,
    1964.

Horn, Hermann: Volksschule und Lehrerbildung. In: Neue
    Deutsche Schule, 16. Jahrg., 1964, Heft 4.

Hüttenberger, Peter/Leesch, Wolfgang: Nordrhein-Westfalen
    seit 1945. In: Geschichte des Landes Nordrhein-
    Westfalen, Würzburg 1973.

Joppich, G. ...: "Lehrerbildung", In: Pädagogisches
    Lexikon, hrsg. von Walter Horney, Bd. 1, Sp. 214,
    Gütersloh 1970.

Jürgensen, Kurt: Elemente britischer Deutschlandpolitik:
    Political re-education, Responsible Government,
    Federation of Germany. In: Die Deutschlandpolitik
    Großbritanniens und die Britische Zone 1945-1949,
    hrsg. v. C. Scharf u. H.-J. Schröder, Wiesbaden
    1979.

Jürgensen, Kurt: Zum Problem der "Political Re-eduation"
    In: Umerziehung und Wiederaufbau, hrsg. v. Manfred
    Heinemann, Veröffentlichungen der Hist. Komm. der
    Deutschen Ges. für Erziehungswissenschaft, Bd. 5,
    Stuttgart 1981.

Kaestner, Fritz: Bildung und Schule in den Verfassungen
der Westzonen. In:Pädagogische Rundschau, 1. Jahrg.,
1947, Heft 8/9, S. 349 ff.

Keck, Rudolf: Historische Konzepte der Lehrerausbildung
und Desiderate ihrer Erforschung, Vortragsmanuskript
vom 8. Kongreß der Deutschen Gesellschaft für Erziehungswissenschaft in Regensburg am 22.3.1982.

Kittel, Helmuth: Die Idee der Pädagogischen Hochschule.
In: Schriftenreihe der Pädag. Studienkommission der
Studiengemeinschaft der Evangelischen Akademien,
1955, Heft 1, S. 1 ff.

Kittel, Helmuth: Die Entwicklung der Pädagogischen Hochschulen, 1926 - 1932. Berlin/Hannover/Darmstadt
1957.

Kittel, Helmuth: Gedanken über Lehrerbildung heute, Braunschweig 1960.

Kittel, Helmuth: Die Pädagogischen Hochschulen. Dokumente
ihrer Entwicklung (1) 1920 - 1932, Weinheim 1965.

Kittel, Helmuth: Herkunft und Zukunft der Pädagogischen
Hochschulen. Ein Disput mit Hellmut Becker. In: Neue
Sammlung, Heft 2, 1982, S. 165 ff.

Koß, Siegfried: Vorstellungen der Alliierten von Nach-
kriegs-Deutschland. Planungen zwischen 1943 und 1945.
In: Aus Politik und Zeitgeschichte , Beilage zur
Wochenzeitung "Das Parlament", Bd. 42/43, 1972.

Koszyk, Kurt: "Umerziehung" der Deutschen aus britischer
Sicht. Konzepte und Wirklichkeit der "Re-education"
in der Kriegs- und Besatzungsära. In: Aus Politik
und Zeitgeschichte, Beilage zur Wochenzeitung "Das
Parlament", Bd. 29/1978.

Kowollik, Clemens: Von der Arbeitsgemeinschaft zum Vorbe-
reitungsdienst - eine Untersuchung über die Vorstellungen zur Schulpolitik und zur 2. Phase der Lehrerbildung in Nordrhein-Westfalen. Dargestellt für die
Parteien (CDU, SPD, FDP) und die Lehrerverbände
(GEW, VKLD/VBE) zwischen 1946 und 1968. Dissert.
RWTH Aachen 1977.

Kühn, Heinz: Aufbau und Bewährung. Die Jahre 1945 - 1978,
Hamburg 1981.

Kuropka, Joachim: Die akademische Lehrerausbildung und
ihre Umgestaltung in der NS-Zeit. In: Von der Normalschule zur Universität, hrsg. v. A. Hanschmidt
u. J. Kuropka, Bad Heilbrunn/Obb. 1980.

Küppers, Heinrich: Der katholische Lehrerverband in der
Übergangszeit von der Weimarer Republik zur Hitler-
didaktur.Veröffentlichungen der Komm. für Zeitgeschichte, Mainz 1975.

Laer, Hermann von: Bildungsexpansion als Reaktion. Die
Entwicklung des Seminars und die Ausbildung zum
Volksschullehrer 1860 - 1918. In: Von der Normal-
schule zur Universität, hrsg. v. A. Hanschmidt u.
J. Kuropka, Bad Heilbrunn/Obb. 1980.

Latour, Conrad F./Vogelsang, Thilo: Okkupation und Wiederaufbau. Die Tätigkeit der Militärregierung in
der amerikanischen Besatzungszone Deutschlands
1944 - 1947, Stuttgart 1973.

Lucker, Elisabeth: 30 Jahre Nachkriegslehrerbildung im
Lande Nordrhein-Westfalen (1946/47 bis 1976/77)
Ein "vergessener" Jubiläumsgeburtstag? In: Katho-
lische Bildung, 78. Jahrg. 1977, Heft 12, S. 643 ff.

Lundgreen, Peter: Sozialgeschichte der deutschen Schule im Überblick. Teil 2: 1918 - 1980, Göttingen 1981.

Michael, Berthold/Schepp, Heinz-Hermann: Politik und Schule von der Französischen Revolution bis zur Gegenwart, Bd. 1 u. 2. Eine Quellensammlung zum Verhältnis von Gesellschaft, Schule und Staat im 19. und 20. Jahrhundert, Frankfurt/M. 1974.

Minister für Wissenschaft und Forschung des Landes Nordrhein-Westfalen: 30 Jahre Verfassung Nordrhein-Westfalen.

Müller, K. Detlev: Sozialstruktur und Schulsystem, Aspekte zum Strukturwandel des Schulwesens im 19. Jahrhundert, Göttingen 1981.

Murray, George:The Training of Teachers. In: The British in Germany, hrsg. von A. Hearnden, London 1978.

Niethammer, Lutz: Die amerikanische Besatzungsmacht zwischen Verwaltungstradition und polit. Parteien, Düsseldorf 1965.

Noël, Bernhard: Studententagungen in Emsdetten und Braunschweig. In: Mitteilungsblatt der Pädagogischen Akademie Aachen, 1947, Heft 2, S. 14 ff.

Odenbreit, Luise: II. Geschichte der Pädagogischen Akademie Aachen. In: Mitteilungsblatt, Erbe und Entscheidung, 1954, Heft IV (32), S. 235 ff.

Ottweiler, Ottwilm: Die Volksschule im Nationalsozialismus. Beltz Forschungsberichte, Weinheim 1979.

Pakschies, Günter: Umerziehung in der Britischen Zone, 1945 - 1949, Untersuchungen zur britischen Re-education-Politik. Studien und Dokumentationen zur

Deutschen Bildungsgeschichte, Bd. 9, hrsg. v. Chr.
Führ u. W. Mitter, Weinheim 1979.

Pakschies, Günter: Re-education und die Vorbereitung der
britischen Bildungspolitik in Deutschland während
des Zweiten Weltkrieges. In: Umerziehung und Wiederaufbau, hrsg. v. M. Heinemann, Stuttgart 1981.

Paul, Gernot: Die Auffassung von "Wissenschaft" in der
Volksschullehrerbildung zwischen 1918 und 1945.
In: Sozialisation und Bildungswesen in der Weimarer
Republik, hrsg. v. M. Heinemann, Stuttgart 1976.

Paulsen, Friedrich: Das deutsche Bildungswesen in seiner
geschichtlichen Entwicklung, Darmstadt 1966.

Peters, Ilse: Zum Abschied von Professor Antz aus dem
Kultusministerium. In: Pädagogische Rundschau,
3. Jahrgang, 1949, S. 328 ff.

Pirker, Theo: Die verordnete Demokratie, Berlin 1977.

Pleus, Hildegart: Aus der Geschichte des Studentenhilfs-
werks der Pädagogischen Akademie Aachen. In:
Mitteilungsblatt, Erbe und Entscheidung, 1952,
Heft 19/20, S. 44 f.

Pöggeler, Franz: Wohin steuert Lehrerbildung? In: Katholische Bildung, 1982, Heft 7/8, S. 385 ff.

Pullen, Heinrich: Die Lehrgänge zur Ausbildung von Volksschullehrern in einem Kriegsgefangenenlager in England. In: Pädagogische Rundschau, 1. Jahrg., 1947,
Heft 4/5, S. 188 ff.

Rauschenberg, Kurt: Bericht des Studentenausschusses. In:
Mitteilungsblatt der Pädagogischen Akademie Aachen,
1948, Heft 3, S. 2 ff.

Reble, Albert: Geschichte der Pädagogik, 7. Aufl., Stuttgart 1964.

Röder, Werner: Deutschlandpläne der Sozialdemokratischen Emigration in Großbritannien 1942 - 1945. Vierteljahreshefte für Zeitgeschichte, Bd. 17, 1969.

Rößler, Wilhelm: Die Entstehung des modernen Erziehungswesens in Deutschland, Stuttgart 1961.

Rosensträter,Heinrich: Zum Wandel des Rekrutierungsfeldes der Volksschullehrer. In: Der Lehrer und Erzieher, hrsg. v. B. Gerner, Bad Heilbrunn/Obb. 1976.

Rudzio, Wolfgang: Die Neuordnung des Kommunalwesens in der Britischen Zone. Zur Demokratisierung der politischen Struktur: eine britische Reform und ihr Ausgang, Stuttgart 1968.

Rudzio, Wolfgang: Export Englischer Demokratie? Zur Konzeption der britischen Besatzungspolitik in Deutschland. Vierteljahreshefte für Zeitgeschichte, Bd. 17, 1969, S. 219 ff.

Rutt, Theodor (Hrsg.): Wahrheit und Wert in Bildung und Erziehung. Josef Esterhues zum siebzigsten Geburtstag dargebracht von seinen Freunden und Schülern, Düsseldorf 1955.

Sacher, Werner: Die zweite Phase in der Lehrerbildung. Ihre Entwicklung seit 1800 aufgezeigt am Beispiel Bayerns, Bad Heilbrunn/Obb. 1974.

Sandfuchs, Uwe: Universitäte Lehrerausbildung in der Weimarer Republik und im Dritten Reich. Eine historisch-systematische Untersuchung am Beispiel der Lehrerausbildung an der Technischen Hochschule Braunschweig 1918 - 1940, Bad Heilbrunn/Obb. 1978.

Sandfuchs, Uwe: Die Reseminarisierung der Lehrerausbildung
im Dritten Reich - aufgezeigt am Beispiel des Landes
Braunschweig. Vortragsmanuskript eines Referats auf
der Tagung der Hist. Komm. der Deutschen Ges. für
Erziehungswesen in Loccum vom 9. bis 11. September 1981.

Scharf, Claus/Schröder, Hans-Jürgen (Hrsg.): Die Deutschlandpolitik Großbritanniens und die Britische Zone
1945 - 1949, Wiesbaden 1979.

Scheibe, Wolfgang: Die Pädagogik im 20. Jahrhundert. Eine
Enzyklopädische Darstellung ihrer Grundfragen, geistigen Gehalte und Einrichtungen, Stuttgart 1960.

Scheibe, Wolfgang: Die reformpädagogische Bewegung 1900 -
1932, Weinheim/Basel 1972.

Schelsky, Helmut: Die skeptische Generation, eine Soziologie
der deutschen Jugend, Düsseldorf/Köln 1957.

Schelsky, Helmut: Was wurde aus dem Streben nach mehr Demokratie und Selbstbestimmung? In: Generalanzeiger
Bonn, 31. Dezember 1979, S. 18.

Schmidt-Bodenstedt, Adolf: Die Volks- und Hauptschullehrer-
bildung. In: Deutsche Schulerziehung, Jahrbuch des
Deutschen Zentralinstituts für Erziehung und Unterricht 1941/42, Berlin 1943.

Scholtz, Harald/Stranz, Elmar: Nationalsozialistische Ein-
flußnahmen auf die Lehrerbildung. In: Erziehung und
Schulung im Dritten Reich, Teil 2, hrsg. v. M. Heinemann, Stuttgart 1980, S. 110 ff.

Scholtz, Harald: Politische und gesellschaftliche Funk-
    tionen der Lehrerbildungsanstalten 1941 - 1945.
    In: Informationen zur bildungs- und erziehungshisto-
    rischen Forschung, 1982, Heft 19.

Schuh, Eduard: Der Volksschullehrer. Störfaktoren im Be-
    rufsleben und ihre Rückwirkung auf die Einstellung
    im Beruf, Berlin/Hannover/Darmstadt 1962.

Schwarz, Hans-Peter: Vom Reich zur Bundesrepublik. Deutsch-
    land im Widerstreit der außenpolitischen Konzeptio-
    nen in den Jahren der Besatzungsherrschaft 1945-1949,
    2. erw. Auflage, Stuttgart 1980.

Schwarz, Hans-Peter: Die Ära Adenauer. Gründerjahre der
    Republik 1949 - 1957, Stuttgart 1981.

Siewerth, Gustav: Grundlegung und Gestalt der Pädagogi-
    schen Akademie. Vortrag, auf der Konferenz der
    Direktoren der Pädagogischen Akademien von NRW in
    Lünen am 19. 3. 1947. In Sonderheft der Pädagogi-
    schen Rundschau, 1. Jahr., 1947, Heft 4/5, S. 158 ff.

Spranger, Eduard: Gedanken über Lehrerbildung, Leipzig 1920.

Spranger, Eduard: Zur Geschichte der deutschen Volksschule,
    Heidelberg 1949.

Stallmann, Martin: Zwischen Konfessionalität und Liberali-
    tät. Der Glaube und die Freiheit in der Lehrerbil-
    dung. In: Schriftenreihe der Pädagogischen Studien-
    kommission der Studiengemeinschaft der Evangelischen
    Akademien, Frankfurt/M. 1965, Heft 2.

Studiengemeinschaft der Evangelischen Akademien: Tutzinger
    Empfehlungen für die Lehrerbildung, Göppingen 1955.

Sullivan, Matthew Barry: Auf der Schwelle zum Frieden.
Deutsche Kriegsgefangene in Großbritannien 1944 -
1948, Wien/Hamburg 1981.

Thiele, Gunnar: Die Organisation des Volksschul- und
Seminarwesens in Preußen 1809 bis 1819, Leipzig
1912.

Thies, Jochen: What is going on in Germany? Britische
Militärverwaltung in Deutschland 1945/46. In:
Die Deutschlandpolitik Großbritanniens und die
Britische Zone 1945 - 1949, hrsg. v. C. Scharf u.
H.-J. Schröder, Wiesbaden 1979.

Titze, Hartmut: Die Politisierung der Erziehung, Frankfurt 1979.

Vent, Reinhard: Die Entwicklung von der staatsbürgerlichen
zur politischen Bildung und Erziehung im Preußen der
Weimarer Republik 1925 bis 1932/33, Dortmund 1978.

von den Driesch, Johannes: "Lieber Herr Esterhues!" In:
Wahrheit und Wert in Bildung und Erziehung, hrsg. v.
Th. Rutt, Düsseldorf 1955.

Walker, Henry James: Grußwort des englischen Freundes. In:
Überlieferung und Neubeginn. Probleme der Lehrerbildung und Bildung nach zehn Jahren des Aufbaus, hrsg.
v. O. Hammelsbeck, Ratingen 1957.

Wandersleb, Hermann: Der Aufbau der Landesregierung von
Nordrhein-Westfalen. In: Recht, Staat und Wirtschaft,
Stuttgart 1949.

Watt, Donald C.: Hauptprobleme der Britischen Deutschlandpolitik 1945 - 1949. In: Die Deutschlandpolitik
Großbritanniens und die Britische Zone 1945 - 1949,
hrsg. v. C. Scharf u. H.-J. Schröder, Wiesbaden 1979.

Weber, Erich: Der Erziehungs- und Bildungsbegriff im
20. Jahrhundert, Bad Heilbrunn/Obb. 1969.

Weber, Werner: Die Konfessionalität der Lehrerbildung in
rechtlicher Betrachtung. In: Recht und Staat, 1965,
Heft 306/307.

Weiß, Wolfgang W.: Lehrerbildung zwischen Anspruch und
Wirklichkeit, München/Berlin/Wien 1976.

Wende, Erich/Carl Heinrich Becker: Mensch und Politiker.
Ein biographischer Beitrag zur Kulturgeschichte der
Weimarer Republik, Stuttgart 1959.

Weniger, Erich: Die Eigenständigkeit der Erziehung in
Theorie und Praxis, Weinheim 1952.

Weniger, Erich: Die Epoche der Umerziehung 1945 - 1949.
In: "Westermanns pädagogische Beiträge" Teil I und II,
Jahrg. 1959; Teil III und IV, Jahrg. 1960.

Wilhelm, Theodor: Theorie der Schule. Hauptschule und
Gymnasium im Zeitalter der Wissenschaften, Stuttgart 1967.

Wölfing, Willi: Zur Geschichte der amtlichen Lehrerfortbildung in Baden-Württemberg nach 1945. Lehrerfortbildung zwischen 1945 und 1977, Teil 1; Geschichte
der staatlichen Fortbildungsinstitutionen, Teil 2;
Studien zur Erziehungswissenschaft, Bd. 7, hrsg. v.
V. Lenhart u. H. Röhrs, Frankfurt 1979.

Zimmermann, Wilhelm: Die Anfänge und der Ausbau des Lehrer-
bildungs- und Volksschulwesens am Rhein um die Wende
des 18. Jahrhunderts (1770 - 1826). Ein Beitrag zur
Geschichte des Rheinischen Schulwesens. In: Die Anfänge der Lehrerbildung und die Reform des niederen
Schulwesens in den Rheinischen Territorialstaaten,
1770 - 1794, Köln 1953.

Zimmermann, Wilhelm: Der Aufbau des Lehrerbildungs- und
    Volksschulwesens unter der Preußischen Verwaltung
    1814 - 1840 (1846). Ein Beitrag zur Geschichte des
    Rheinischen Schulwesens. In: Die Anfänge und der
    Aufbau des Lehrerbildungs- und Volksschulwesens am
    Rhein, Köln 1963.

Zöllner, Christian, W.: Neue Wege an der Kant-Hochschule
    in Braunschweig. Ein Auftrag zum Neubeginn in der
    Lehrerausbildung nach 1945. In: Braunschweigisches
    Jahrbuch, Bd. 53, 1972, S. 278 ff.

DOKUMENTENANHANG

Dokument Nr. 1

Düsseldorf, den *13.* ~~Novbr.~~ 45
Dez

LBA.   Entwurf.

1 4 4

Mehrere Anfragen von seiten der Herren Regierungspräsidenten geben Anlass zu einer grundsätzlichen Anordnung über die
Behandlung der Absolventen und Schüler der ehemaligen Lehrerbildungsanstalten (LBA) .

1.) Wie schon in einem Merkblatt für Absolventen (/innen) und
   Schüler (innen) der ehemaligen Lehrer- und Lehrerinnenbil-
   dungsanstalten (LBA) mitgeteilt wurde, können die Entlassungszeugnisse der LBA nicht anerkannt werden.

2.) Solche Absolventen (innen) die bereits Dienst in der Volksschule geleistet und sich dabei gut oder sehr gut bewährt
   haben, sollen nach den Vorschlägen ~~ihrer Schulleiter~~ zu kurz-
   die Ihrerseits vorzulegen wären!
   fristiger Umschulung einer Pädagogischen Akademie überwiesen,
   in das Leben der Akademie eingeordnet und beobachtet werden.
   Nach dem Ergebnis der Beobachtung erfolgt zu einem vom Lehrkörper der Akademie festzusetzenden Zeitpunkt die Anerkennung
   des Zeugnisses. *Absolvent(inn)en, die sich weniger gut bewährt*
   haben sollen, wenn sie überhaupt geeignet sind. Zu einer Um=
3.) Die Schüler (innen) der beiden letzten Ausbildungsjahrgänge
   werden entsprechend der Art ihrer Vorbildung vom Sommer 1946
   ab in die Normalkurse der Akademien aufgenommen. Die Dauer
   des Studiums wird nach sorgfältiger Prüfung der Persönlichkeit und der Leistungen jedes einzelnen Bewerbers vom Lehr -
   körper der betreffenden Akademie festgesetzt.

4.) Den Schülern der drei unteren Jahrgänge wird anheimgegeben,
   sich auf den höheren Schulen die zur Aufnahme in eine Akademie
   erforderliche Allgemeinbildung anzueignen.

CONFIDENTIAL

MILITARY GOVERNMENT – GERMANY

BRITSH ZONE OF CONTROL

EDUCATION INSTRUCTION TO GERMAN AUTHORITIES No. 5.

Admission of Students to Hochschulen

NOTE: Throughout this Instruction, the term Hochschule includes teacher training institutions except those providing shortened emergency courses for students of mature years, concerning which special instructions will be issued in due course.

1. INTRODUCTION.

    Et has become clear that the conditions under which students are being admitted to Hochschulen or rejected from them are not satisfactory. The following instructions are therefore, being issued, and will be unreservedly followed by the Hochschule authorities. These instructions will be applicable as from the beginning of the Summer Semester 1946, and will cover all applications for admission for that Semester.

PRINCIPLES GOVERNING ADMISSION OR RE-ADMISSION.

2. (a) Persons who have been already accepted will be required to apply for re-admission for the Summer Semester 1946. Their cases will be reviewed under the terms of these new instructions. Candidates previously rejected will be advised to re-apply if they satisfy the conditions laid down herein.

   (b) All applications for admission or re-admission will be made in writing to the Hochschule authorities.

   (c) All applicants will be required to complete the standard Fragebogen.

   (d) Hochschule authorities will evaluate the Fragebogen in accordance with the terms paragraphs 3, 4, 5, 6 and 7 following.

3.   Applicants for admission to a Hochschule will be regarded as falling into one five categories: –

   A. Those who at NO time were members of the Hitler Youth (including the BDM) or members of or candidates for admission to the Nazi Party or any affiliated organisation.

   B. Those who while at NO time members of the Nazi Party or any affiliated organisation were candidates for membership thereto or were members of but not leaders in the Hitler Youth or BDM.

   C. Those who were non-active members of the Nazi Party or any affiliated organisation.

   D. Those who were active members of the Nazi Party or any affiliated organisation or leaders in the Hitler Youth or BDM.

   E. Those who otherwise fall into the Mandatery Removal Categories of the Directive of the Allied Control Autherity in Denazification.

APPLICATION OF PRINCIPLES.

4.   In NO circumstances will any person falling into category 3D or 3E above be admitted to any Hochschule.

5.   The cases of persons falling into category 3A above will be considered
before ANY person is admitted as a student. All such persons will be ....*
that they have reached the normally required academie standard.

6.   If any places after the admission or the students described in para-
graph 5 above, the cases of persons falling into category 3B will be
considered by a Special Committee as defined in para 10 below. Only those
persons approved by the Special Committee will be accepted as students.

7.   If any places still remain, the cases of persons falling into category
3C above, will be considered by the Special and approved persons may be
admitted <u>provided that the total number of such admissions does NOT
exceed 10 % of the total of students accepted</u>. Preference should be given
to students whose courses of study are nearest completion. For this purpose
the total number of students will be regarded as exclusive of any Displaced
Persons admitted in accordance with any other Instruction.

8.   <u>RELEASE OF STUDENTS FROM LABOUR CONTROL</u>.

No student may be admitted unless he or she is in possession of a valid
certificate of release from gainful work issued by the appropriate Labour
Office under para 13 of Control Council Order No. 3.

9.   <u>DEFINITION</u>.

Throughout this Instruction the team "leader in the Hitler Youth" means
any person who at any time held the rank of Scharführer or above
(in the BDM <u>Mädelscharführerin</u> or above).

10.   <u>SPECIAL COMMITTEES</u>.

The Special Committees referred to in paras 6 and 7 above will be
composed of democratic elements and approved by the Denazification Panel,
when established, of the <u>RB/Land</u> or <u>Kreis</u> concerned. A Special Committee
will consist of a charman, who will be a leading member of the staff of
the <u>Hochschule</u>, and not less than four other members, as follows: -

(a) two or more members of the leading staff of the <u>Hochschule</u>; and

(b) an equal number of members (who shall not be on the staff of the
     <u>Hochschule</u>) to be appointed by the local Denazification Panel.

No person shall serve on a Special Committee without the approval of
Military Government.

11.   <u>PRESERVATION OF DOCUMENTS</u>.

(a) Hochschule authorities will preserve all papers relating to each
     rejected applicant for admission, together with a written report of
     the reasons for rejection.

(b) The <u>Fragebogen</u> and other relevant papers of applicants accepted as
     students will be forwarded to the Education Control Officer of the
     area.

12.   <u>STUDENTS RESIDENT OUTSIDE THE BRITISH ZONE</u>.

Admission of German students domiciled outside the British Zone will be
subject to retrospective action, if any subsequent objection is raised by

---

* Hier fehlt eine Zeile durch eine Beschädigung im Original!

3.

the occupying authorities of the Zone in question. In respect of such
students, quadruplicate Fragebogen will be forwarded to the Education
Control Officer of the area immediately after their admission or re-
admission.

13. CONDITIONS GOVERNING THE ADMISSION OF STUDENTS FOR THE WINTER TERM 1946.

     All the above conditions will apply in respect of applicants for
admission th Hochschulen in the Winter Term 1946. In addition, each
appliacant will be required to produce a statement from the local
Denazification Committee in the district in which he or she is normally
resident in the British Zone or equivalent body in other Zones showing in
which category 3A to 3E inclusive above he or sh falls.

14. FOREIGH STUDENTS.

     Foreigh students will be required to complete an Appendix (in addition
to the standard Fragebogen) as shon. under Appendix A to this Instruction.
This form will be attached to the Fragebogen after completion. Fragebogen
with Appendices will be submitted in quadruplicate to the Education Control
Officer of the aren in the case of each such student.

20. Feb 46

FKP/IJ

PÄDAG   S o m m e r s e m e s t e r   1 9 4 9   10

Stundenplan für das 2. Semester.

Montag Stunde	Fach/Dozent Raum	Dienstag Stunde	Fach/Dozent Raum	Mittwoch Stunde	Fach/Dozent Raum
9.55 – 10.40	Psychologie Kuhn Raum 13	8.00 – 10.30	Sport (Tinner für Damen, Cho-	8.00 – 9.00	Akad. Gottes- dienst St. Adalbert
10.50 – 11.35	Deutsch Hohn gr. Saal		rusberg; Stommel für Herren, Wald- Stadion	9.30 – 10.15	Sprecherzieh. Wolks gr. Saal
11.45 – 12.30	Grundlegg. d.Pädagogik Siewerth gr. Saal	10.50 – 11.35	Religion Delhorst gr. Saal	10.25 – 11.10	Mathem./Meth. Fettweis A 2 Raum 2 Deutsch/Meth.
12.30 – 13.15	Biologie Pleus Raum 13	11.45 – 12.30	Erdkunde Wüst gr. Saal		Odenbr. B 2 Raum 23
				11.20 – 12.05	Deutsch/Meth. Odenbr. A 2 Raum 23 Math./Meth.
		Der Sport findet bei Regen- wetter für Damen im Fröbel- seminar, für Herren in der Turnhalle der Akademie statt.			Fettweis B 2 Raum 3
				12.15 – 13.00	Gesch.d.Päd. Schoelen Raum 13

Donners- tag	Fach/Dozent Raum	Freitag	Fach/ Dozent Raum	Sams- tag	Raum/Dozent Raum
9.55 – 10.40	Goethe v.d.Driesch gr. Saal	8.05 – 8.50	Mathem./Meth. Fettweis A 2 Raum 2	8.05 – 8.50	Psychologie Kuhn Raum 13
10.50 – 11.35	Grundschule Fischell Raum 13		Wandtafelzchn. Kurthen B 2 Raum 23	9.00 – 9.45	Religion/Meth. Selhorst Raum 13
11.45 – 12.30	Kinerzchn. Kurthen gr. Saal	9.00 –	Mathem./Meth. Fettweis B 2	9.55 –	Musik Hagelstange
			Wandtafelzchn. Kurthen A 2 Raum 23	10.40 10.50 –	gr. Saal Religion Selhorst
		9.55 – 10.40	Geschichte Ramackers Raum 13	11.35	gr. Saal
		10.50 – 11.50	Allg.Unterr.L. Thiel Raum 13		
		11.45 – 12.30	Anthropologie Siewerth gr. Saal		

PÄDAG   S o m m e r s e m e s t e r   1 9 4 9
             Stundenplan für das 4. Semester.

Montag Stunde	Fach/Dozent Raum	Dienstag Stunde	Fach/Dozent Raum	Mittwoch Stunde	Fach/Dozent Raum
9.55 - 10.45	Musik Hagelstange gr. Saal	8.05 - 8.50	Deutsch Odenbreit Raum 13	8.00 - 9.00	Akad.Gottes- dienst St.Adalbert
10.50 - 11.35	Deutsch Hohn gr. Saal	9.00 - 9.45	Religion/Meth. Selhorst Raum 13	9.30 - 10.15	Allg.Unter- richtslehre Thiel R. 13
11.45 - 12.30	Grundlegung der Pädagogik Siewerth gr. Saal	9.55 - 10.40	Psychologie Kuhn Raum 13	10.25 - 11.10	Geschichte der Pädagog. Schoelen
		10.50 - 11.35	Religion Selhorst gr. Saal	11.20 - 12.05	Schulkunde Oellers Raum 13
		11.45 . - 12.30	Erdkunde Wüst gr. Saal		

Donners- tag Stunde	Fach/Dozent Raum	Freitag Stunde	Fach/Dozent Raum	Sams- tag Stunde	Fach/Dozent Raum
9.55 10.40	Goethe v.d.Driesch gr. Saal	8.00 - 10.30	Sport (Tinner für Damen, Cho- rusberg; Löhrer für Herren, Wald- stadion)	8.00 - 8.50	Math./Meth. Fettw.A 2 Raum 2 Biologie/Meth. Pleus B 2 Raum 23
10.50 - 11.35	Sozialpäd. Beckers gr. Saal				
11.45 - 12.30	Grundschule Fischell Lesesaal R.13	10.50 - 11.35	Geschichte/ Methodik Ramackers gr. Saal	9.00 - 9.45	Biolog./Meth. Pleus Raum 23 Math./Meth. Raum 2
		11.45 - 12.30	Anthropologie Siewerth gr. Saal	9.55 - 10.40	Geschichte Ramackers Raum 13
				10.50 - 11.35	Religion Selhorst gr. Saal

Der Sport findet bei Regen-
wetter für Damen im Fröbel-
seminar,
für Herren in der Turnhalle
der Akademie statt.

Plan der wahlfreien Stunden und Uebungen in alphabethischer Reihenfolge.

Dienstagnachmittags: biologische, erdkundliche u. geologische Exkursion.
Zeit nach Vereinbarung.

Mittwochsnachmittags: studentische Arbeitskreise.

Donnerstags   : 8.00 - 10.45 Uhr Schulbesichtigungen, Lehrproben u. anderes.

Freitags   : 18.30 Uhr   Colloquium.

Uebung	Dozent	Tag	Tageszeit	Raum	Bemerkungen
Biologie	Pleus	montags	14.30 - 16.00	22	für 2.u.4.Sem.
Chemie *)	Kehren	"	16.30 - 18.00	21	" 2.u.4. "
Deutsch	Hohn	freitags	14.30 - 16.00	25	" 2.u.4. "
Deutsch	Odenbreit	dienstags	16.30 - 18.00	23	" 2.u.4. "
Englisch	Sparla	freitags	14.15 - 15.30	25	" 2.u.4. "
Englisch/Meth.	Sparla	freitags	13.30 - 14.30	22	" 2.u.4. "
Erdkunde	Wüst	dienstags	14.30 - 16.00	23	" 2.u.4. "
Ganzheitsmethode	Thiel	freitags	14.30 - 16.00	21	" 1.u.4. "
Gartenbau	Schmitz	dienstags	14.30 - 16.00	22	" 2.u.4. "
Geologie	Maaßen	dienstags	14.30 - 16.00	21	" 2.u.4. "
Geschichte	Ramackers	freitags	14.30 - 16.00	23	" 2.u.4. "
Geschichte der Pädagogik	Schoelen	freitags	14.30 - 16.00	2	" 2. Semester
Geschichte der Pädagogik	Schoelen	donnerstags	16.30 - 16.00	22	" 4. Semester
Grundschule	Fischell	donnerstags	14.30 - 16.00	13	" 4. Semester
Grundschule	Fischell	donnerstags	16.30 - 18.00	13	" 2. Semester
Kammerchor	Hagelstange	montags	16.30 - 18.00	Saal	" 2.u.4. Sem.
Mathematik	Fettweis	montags	14.30 - 16.00	2	" 2.u.4. "
Musik (Beethoven)	Hagelstange	montags	18.00 - 18.45	Saal	" 2.u.4. "
Päd.did. Uebung	Thiel	donnerstags	14.30 - 16.00	2	" 2.u.4. "
Physik *)	Kehren	montags	16.30 - 18.00	21	" 2.u.4. "
Psychologie	Kuhn	donnerstags	14.30 - 16.00	23	" 2. Semester
Psychologie	Kuhn	donnerstags	16.30 - 18.00	23	" 4. Semester
Religion	Selhorst	freitags	16.30 - 18.00	13	" 2.u.4. Sem.
Schwimmen	Tinner	donnerstags	12.45 - 13.45	Schwimm-	" 2.u.4. "
Schwimmen	Löhrer	donnerstags	7.00 - 8.00	halle	" 2.u.4. "
Sozialpädagogik	Beckers	montags	14.30 - 16.00	21	" 2.u.4. "
Sport	Tinner	montags	15.00 - 17.00	Sportpl. Chorusberg	
Sport	Löhrer	dienstags	15.00 - 17.00	Waldstadion	2.u.4. "
Spracherziehung	Wolks	montags	13.15 - 14.00	25	4. Semester
Spracherziehung	Wolks	freitags	12.30 - 13.15	23	2. "
Zeichnen u. Malen	Kurthen	donnerstags	16.30 - 18.00	4	2.u.4. Sem.

*) Chemie im wöchentlichen Wechsel mit Physik

Stellenplan 1948 zu Kapitel 520

Pädagogische Akademien

Lfd. Nr.	Bezeichnung der Stelle	Besoldungs- bzw. Vergütungsgruppe	Zahl der erforderlichen Planstellen 1948	Zahl der genehmigten Planstellen 1947	Zahl der Planstellen 1948 gegenüber 1947 + | −	Benötigter Besoldungs-Jahresbedarf gemäß Stellenplan	Im Haushaltsplan tatsächlich veranschlagte Besoldungsmittel a) RM b) DM	Bemerkungen
1	2	3	4	5	6	7	8	9
	Titel 1			A. Planmäßige Beamte				Zu lfd. Nr. 5:
1	Professoren	H 1 b	33	33	— | —	364 320		Z. Z. besetzt mit 12
2	Professoren	A 1 b	36	36	— | —	349 885		Angestellten TO. AV.
3	Professoren	A 2 c ¹⁾	44	44	— | —	427 680		Die Überführung ins
4	Dozenten	A 2 c 2	83	83	— | —	667 320		Beamtenverhältnis soll
5	Verw. Inspektor . .	A 4 c 2	12	12	— | —	60 955		nur im Einvernehmen mit dem Finanzministerium erfolgen.
	Summe Titel 1 . . .		208	208	— | —	1 870 160	a) 345 000 b) *) 1 072 000	
								*) Die an den Sondernotkursen tätigen
	Titel 4a			C. Angestellte				Lehrpersonen sind besoldungsmäßig in diesem Unterhaushaltsplan
	Büroangestellte . .	VII	4	—	4 | —	12 000		mit eingeschlossen.
6	Büroangestellte*) . .	VIII	9	13	— | 4	32 000		
7	Hausmeister . . .	IX	12	12	— | —	44 800		*) davon 1 Stelle besetzt
	Summe Titel 4a . .		25	25	4 | 4	88 800	a) 34 950 b) *) 106 000	mit 1 Beamten Bes. Gruppe A 10 ¹ (k. w.).
	Titel 4b			D. Lohnempfänger				
8	Arbeiter	TO.B.	26	41	— | 15	66 800		
	Summe Titel 4b . .		26	41	— | 15	66 800	a) 2 850 b) 33 000	
	Gesamtsumme . .		259	274	4 | 19	2 025 760	a) 382 800 b) 1 211 000	

¹) Die Akademieleiter erhalten eine nichtruhegehaltsfähige Zulage von jährlich 1200,— DM.

Zwischen dem Kultusministerium und Finanzministerium ist eine Vereinbarung dahingehend getroffen, daß im R.-J. 1948 Stellenbegründungen von Professoren und Dozenten lediglich im Rahmen bis zu einer Gesamtstellenzahl von 150 Lehrkräften vorgenommen werden.

Päd. Akademie	Besoldungs- bzw. Vergütungsgruppe									
	H 1 b	A 1 b	A 2 b	A 2 c 2	Stellenzulage	A 4 c 2	TO. A VII	TO. A VIII	TO. A IX	TO. B
Aachen	3	3	4	6	1	1	—	1	1	2
Bielefeld	2	5	2	7	1	1	—	1	1	2
Emsdetten	1	3	4	8	1	1	—	1	1	2
Essen	4	3	2	8	1	1	—	1	1	2
Kettwig	5	2	3	6	1	1	1	1	1	2
Lüdenscheid	2	3	5	6	1	1	—	1	1	2
Lünen	2	3	3	8	1	1	1	—	1	3
Paderborn	2	3	4	7	1	1	1	—	1	2
Bonn	4	3	5	6	1	1	1	1	1	3
Köln	3	2	3	9	1	1	—	1	1	2
Oberhausen	3	3	4	6	1	1	—	1	1	2
Wuppertal	2	3	5	6	1	1	—	1	1	2
	33	36	44	83	12	12	4	9	12	26

Stellenplan 1948 zu Kapitel 512, Titel 101

Rhein.-Westf. Techn. Hochschule Aachen

Bezeichnung der Stelle	Besoldungs- bzw. Vergütungs- gruppe	Zahl der erforder- lichen Plan- stellen 1948	Zahl der geneh- migten Plan- stellen 1947	Zahl der Plan- stellen 1948 gegenüber 1947 +	−	Benötigter Besoldungs- Jahresbedarf gemäß Stellenplan	Im Haushalts- plan tatsäch- lich ver- anschlagte Besoldungs- mittel a) RM b) DM	Bemerkungen
2	3	4	5	6		7	8	9
Titel 1								
Beamte		**A. Planmäßige Beamte**						
Ob.-Reg.-Rat . . .	A 2 b	1	1	—	—	9 750		
Biblioth.-Rat . .	A 2 c 2	1	1	—	—	8 650		
Dir. des Inst. f. Lbg.	A 2 c 2	1	1	—	—	8 000		
Amtmann	A 3 b	1	1	—	—	7 500		
Oberrentmeister . .	A 4 b 1	1	1	—	—	6 150		
Hochschulinsp. . . .	A 4 c 2	2	2	—	—	10 800		
Verw.-Obersekr. . .	A 4 d	1	1	—	—	5 000		
Verw.-Obersekr. . .	A 5 b	1	1	—	—	4 750		
Masch.-Betr.-Leit. .	A 5 b	2	1	1	—	8 200		
Verw.-Sekretär . . .	A 7 a	1	1	—	—	4 150		
Werkmeister . . .	A 7 b	—	1	—	1	—		
Labor-Werkmeister.	A 8 a	2	1	1	—	7 000		
Verw.-Assistent . .	A 8 a	1	1	—	—	3 500		
Laboranten	A 10 a	3	3	—	—	9 500		Zu 14: 2 Stellen mit 120 DM rhgf. Zulage.
Labor-Werkmeister .	A 10 a	—	1	—	1	—		
Kastellan	A 10 b	1	1	—	—	2 900		
Techn. Amtsgeh. . .	A 10 b	—	1	—	1	—		Zu 14 bis 18: künftig umzuwandeln in An- gestelltenstellen.
Techn. Gehilfe . . .	A 10 b	—	2	—	2	—		
Summe Beamte . .		19	22	2	5	95 850	b) 57 000	
Professoren								
ord. Professoren . .	H 1 b	47	44	3	—	565 000 }	366 100	Zu 19: 3 neue pl. Ordinariate.
ao. Professoren. . .	H 2	10	7	3	—	98 000 }		Dienstaufwandsent- schädigung für Rektor
em. Professoren . .		—	17	—	17	217 000	162 600	u. 4 Dekane 4800 DM.
Summe Professoren		76	68	6	17	880 000	529 000	Zu 20: 3 neue pl. Extraordinariate.
Summe Titel 1. . .		76	90	8	22	975 850	a) 180 100 b) 586 000	Zu 21: Werden vom RJ 1948 an stellen- planmäßig nicht mehr veranschlagt.
Titel 3		**B. Außerplanmäßige Beamte und Anwärter**						
Dozenten	DOHBG.	11	11	—	—	84 000	72 000	
Oberingenieure und Assistenten	DOHBG.	93	87	6	—	520 000	344 000	Zu 23: davon 5 kw.-Stellen.
Summe Titel 3. . .		104	98	6	—	604 000	a) 126 700 b) 416 600	

Der Kultusminister
des Landes Nordrhein-Westfalen
- IP 53- 01 Nr. 812/54 -

Vorläufige Satzung der Pädagogischen Akademien
des Landes Nordrhein-Westfalen.
- - -

Zur vorläufigen Regelung der Verhältnisse der Pädagogischen
Akademien erlasse ich bis zu einer endgültigen Ordnung die
nachstehende vorläufige Satzung:

§ 1

Die Pädagogischen Akademien sind der Lehrerbildung dienende Anstalten des Landes Nordrhein - Westfalen (Artikel 15
der Landesverfassung). Sie unterstehen der Aufsicht des
Kultusministers.

§ 2

Die Pädagogischen Akademien haben die Aufgabe, in einer
Hochschulgemeinschaft Lehrer durch Lehre und Forschung,
Theorie und Praxis im Bereich der Erziehung und des Unter-
richtes heranzubilden.

§ 3

Organe der Pädagogischen Akademien sind:
1. der Rektor
2. das Kollegium

§ 4

(1) Der Rektor wird auf Vorschlag des Kollegiums aus dem
Kreis der hauptamtlich angestellten Lehrenden für eine
Amtszeit von drei Jahren vom Kultusminister berufen. Eine
Wiederberufung ist zulässig.

(2) Der Vorschlag des Kollegiums erfolgt in geheimer Wahl
mit einfacher Mehrheit.

§ 5

(1) Der Rektor ist Vorsitzender des Kollegiums. Er leitet
die Geschäfte und vertritt die Akademie nach aussen.

(2) Der Rektor ist unmittelbarer Dienstvorgesetzter der in
der Verwaltung tätigen Beamten, Angestellten und Arbeiter.

§ 6

(1) Bei Verhinderung des Rektors führt als sein Vertreter
der Prorektor die Geschäfte. Prorektor ist sein Amtsvorgän-
ger. Der erste Prorektor wird auf Vorschlag des Kollegiums
aus dem Kreis der hauptamtlich angestellten Lehrenden für
die Dauer von drei Jahren vom Kultusminister berufen.

(2) Der Vorschlag des Kollegiums erfolgt in geheimer Wahl
mit einfacher Mehrheit.

§ 7

(1) Das Kollegium besteht aus den hauptamtlich angestellten
Lehrenden und zwei gewählten Vertretern aus dem Kreis der
nebenamtlich mit Lehraufträgen Tätigen. Das Kollegium sorgt
für die Erfüllung der der Akademie obliegenden Aufgaben. Es

ist berechtigt, in allen ihm durch die Satzung oder vom Kultusminister übertragenen Angelegenheiten Beschlüsse zu fassen. Der Rektor kann gegen Beschlüsse des Kollegiums die Entscheidung des Kultusministers anrufen.

(2) Das Kollegium gibt sich eine Geschäftsordnung, die der Zustimmung des Kultusministers bedarf. Die Geschäftsordnung regelt auch die Zuziehung der nebenamtlich mit Lehrauftrag tätigen Lehrbeauftragten und der Studentenschaft zu den Beratungen des Kollegiums.

(3) Das Kollegium beschliesst, soweit nichts anderes bestimmt ist, mit einfacher Mehrheit. Eine Minderheit hat das Recht, eine von der Auffassung der Mehrheit abweichende Meinung in wichtigen die Akademie berührenden Fragen dem Kultusminister auf dem Dienstweg zur Kenntnis zu bringen.

§ 8

Die hauptamtlich angestellten Lehrenden sind nach Massgabe des Stellenplans Professoren oder Dozenten. Sie werden nach Anhörung des Kollegiums vom Kultusminister berufen.

§ 9

Lehraufträge an nebenamtlich Tätige werden vom Kultusminister nach Anhörung des Kollegiums zur Befriedigung des durch die hauptamtlich Lehrenden nicht gedeckten regelmässigen Lehrbedarfs erteilt.

§ 10

Jeder Lehrende ist für die Erreichung des in der Prüfungsordnung vorgeschriebenen Lehrziels und für die Wahrnehmeung des

ihm übertragenen Lehrauftrags verantwortlich. Er vertritt
sein Lehrgebiet in freier geistiger Entscheidung und ist im
Rahmen seiner Lehrverpflichtung selbständig, soweit es die
notwendige Einheit der Arbeit der Pädagogischen Akademie zu-
lässt. Er ist verpflichtet, sich an der praktischen Ausbildung der Studenten und an der Verwaltung der Akademie zu be-
teiligen.

§ 11

Rechte und Pflichte der Studenten regeln sich nach der vom
Kultusminister genehmigten vorläufigen Satzung der Studen-
tenschaft der Pädagogischen Akademien des Landes Nordrhein-
Westfalen.

§ 12

Diese vorläufige Satzung wird im Amtsblatt des Kultusministeriums veröffentlicht. Sie tritt am 1. Februar 1954 in
Kraft.

Düsseldorf, den 29. Januar 1954

gez. C. Teusch

(HSTAD, RW 210 Nr. 170, S. 179 ff.)

Zahl der Studierenden an den Pädagogischen Akademien in NW

	männl.	weibl.	Gesamt	pro Jahr	Anmerkung
1945			196		
1946			1185		
1947			3180	1590	
1948			3282	1641	
1949			1912	956	numerus clausus!
1950			2098	1049	
1951			2388	1194	
1952			2625	1312	
1953	998	1963	2961	1480	
1954	979	1928	2907	1453	
1955	1146	2318	3464	1732	
1956	1278	2923	4201	2100	
1957	1248	2940	4188	2094	Einführung 6 Semester
1958	1236	2849	4085	2042	
1959	1791	4480	6271	2090	

Nach NW 143 Nr. 10, S. 128.

Füssl, Karl-Heinz / Kubina, Christian

BERLINER SCHULE ZWISCHEN RESTAURATION UND INNOVATION

Zielkonflikte um das Berliner Schulwesen 1951-1968

Frankfurt/M., Bern, 1983. 494 S.
Studien zur Bildungsreform. Bd. 9
ISBN 3-8204-7011-5   br. sFr. 69.–

Die Studie beschreibt die Entwicklung der Berliner Schule nach dem Zweiten Weltkrieg als Ausdruck eines Spannungsverhältnisses zwischen restaurativen und innovativen Tendenzen. Dies erfolgt im Rahmen einer regionalspezifischen Analyse unter Berücksichtigung nationaler und internationaler Einflussfaktoren. Es wird der Frage nachgegangen, inwiefern die Gesamtschulentwicklung Ende der sechziger Jahre in der Tradition der reformpädagogisch beeinflussten Einheitsschule stand.

Aus dem Inhalt: U.a. Restaurationsbestrebungen zwischen 1951 und 1955 – Innovation am Beispiel der Schulzeitverlängerung – Die Intensivierung innovativer Bestrebungen in der Berliner Schule zwischen 1956 und 1968 – Innovation am Beispiel der Gesamtschulplanung in Berlin (1963-1968).

Hars, Rudolf

DIE BILDUNGSREFORMPOLITIK DER CHRISTLICH-DEMOKRATISCHEN UNION IN DEN JAHREN 1945-1954

Ein Beitrag zum Problem des Konservatismus in der deutschen Bildungspolitik

Frankfurt/M., Bern, 1981. XII, 398 S.
Studien zur Bildungsreform. Bd. 1
ISBN 3-8204-6908-7   br. sFr. 80.–

In einer Längsschnittuntersuchung wird die das allgemeinbildende Schulwesen betreffende Bildungsreformpolitik der CDU in den Jahren 1945 bis 1954 analysiert. Dies geschieht unter betonter Zusammenschau von Programmatik (bzw. begründender Theorie) und Reformpraxis in den verschiedenen Bundesländern. Die Re-education-Aktivitäten der westlichen Alliierten sowie die Bestrebungen auch anderer auf den Reformverlauf einflussnehmender Parteien, Verbände und Interessengruppen werden miteinbezogen. In Form zweier Exkurse wird der Versuch gemacht, die Bildungspolitik der CDU innerhalb eines bis in die Gegenwart reichenden Kontinuums konservativer Bildungspolitik seit der Französischen Revolution einzuordnen.

Aus dem Inhalt: Konservatismus als historisch-variable Kategorie – Einheitsschule und politische Krise (hist. Exkurs) – Die neue Partei: Christlich-Demokratische Union – Schulreformansätze nach 1945 – Reformbeispiele aus den Ländern – Der Kampf um die Schulartikel des Grundgesetzes – Die Phase der offenen Restauration – Exkurs: Um Förderstufe und Gesamtschule.

Verlag Peter Lang Bern · Frankfurt a.M. · New York

Auslieferung: Verlag Peter Lang AG, Jupiterstr. 15, CH-3000 Bern 15
Telefon (0041/31) 32 11 22, Telex verl ch 32 420

Geiersbach, Friedrich-Wilhelm

AMTLICHE SCHULSTATISTIK UND SCHULENTWICK-LUNGSFORSCHUNG

Frankfurt/M., Bern, Cirencester/U.K., 1979. 219 S.
Europäische Hochschulschriften: Reihe 11, Pädagogik. Bd. 78
ISBN 3-8204-6647-9   br. sFr. 39.–

Schulstatistik ist zum einen Datensammlung über das Bildungswesen, zum anderen Teil der administrativen Organisation des Bildungswesens. Unter diesem Aspekt interessiert die ihr zugewiesene Funktion im Rahmen politisch-administrativer Steuerung, unter jenem das Potential, das sie derzeit und zukünftig an Information über das Schulsystem bereitstellen kann. Diese Gedanken werden an der Schulstatistik das Landes Nordrhein-Westfalen konkretisiert, indem der Entstehungszusammenhang der statistischen Daten betrachtet und eine prognose- und planungsorientierte Auswertungskonzeption auf Rohdaten amtlicher Erhebungen angewendet wird.

Schulz, Dieter

PÄDAGOGISCH RELEVANTE DIMENSIONEN KONKURRIERENDER SCHULENTWICKLUNGSPLANUNG

Bestandsaufnahme und qualitative Analyse der Schulentwicklungsplanung in den Ländern der Bundesrepublik Deutschland

Frankfurt/M., Bern, 1981. 663 S.
Studien zur Pädagogik der Schule. Bd. 5
ISBN 3-8204-6942-7   br. sFr. 89.–

Schulentwicklungsplanung (SEPlg) impliziert zielgerichtet Veränderungen, die über eine erklärte Planungsabsicht hinausführen. In Abgrenzung zu bildungsökonomischen und bildungspolitischen Aspekten werden die spezifischen pädagogischen Einwirkungen und Konsequenzen innerhalb der SEPlg als einem Ausdruck schulbezogener Bildungsplanung offengelegt und überprüft. Hauptziel der Untersuchung ist es darzulegen, dass SEPlg als ein theoretisches Problem der Systematischen Pädagogik einzuordnen ist. Die Darlegungen erfassen die Formen der SEPlg von den Anfängen (ca. 1960) bis zu ihrem bildungspolitisch und allgemeinökonomisch fixierten vorläufigen Höhepunkt (Mitte 1979).

Verlag Peter Lang Bern · Frankfurt a.M. · New York

Auslieferung: Verlag Peter Lang AG, Jupiterstr. 15, CH-3000 Bern 15
Telefon (0041/31) 32 11 22, Telex verl ch 32 420

Grosch, Erich

Die Integration behinderter Kinder und Jugendlicher im allgemeinen Schulwesen

Am Beispiel der norwegischen Schulentwicklung 1970-1980

Frankfurt/M., Bern, 1982. ca. 432 S. Europäische Hochschulschriften:
Reihe 11, Pädagogik. Bd. 131
ISBN 3-8204-7098-0   br./ca. sFr. 78.–

Die schulische Integration behinderter Kinder kann als das herausragende Thema der Sonderpädagogik der 80er Jahre in der BRD betrachtet werden. Die vorliegende Arbeit untersucht die Vorbereitung und Realisierung des am 1.1.1976 in Kraft getretenen Integrationsgesetzes in Norwegen. Die Untersuchung stützt sich auf die Auswertung von Examensarbeiten, wissenschaftlichen Projekten, Aufsätzen in Fachzeitschriften und eigene Erfahrungen des Verfassers. Schwerpunkte der Arbeit sind Darstellungen der geschichtlich-strukturellen und administrativen Grundlagen der Reform, Analyse der wichtigsten schulpraktischen Versuche und Überlegungen zur Übertragbarkeit der Integration auf die Verhältnisse in der BRD.
Aus dem Inhalt: Die Praxis der Integration bei lernbehinderten, verhaltensauffälligen, geistig behinderten, hörbehinderten, sehbehinderten, körperbehinderten und sprachbehinderten Kindern. Einstellungen der Schüler, Eltern, Lehrer und der Öffentlichkeit.

Ratzke, Erwin

Die Stellung des Lehrerverbandes Niedersachsen (Gewerkschaft Erziehung und Wissenschaft) in der niedersächsischen Schulpolitik 1946–1954

Frankfurt/M., Bern, 1982. II, 459 S.
Europäische Hochschulschriften: Reihe 11, Pädagogik. Bd. 120
ISBN 3-8204-6973-7   br. sFr. 45.–

Die vorliegende Untersuchung will einen Beitrag zur Sozialgeschichte der Lehrerschaft und ihrer Berufsorganisationen leisten. Ihr Erkenntnisinteresse richtet sich auf die Gewerkschaft Erziehung und Wissenschaft. Analysiert wird die Schulpolitik der niedersächsischen GEW in ihrer Gründungsperiode in der Nachkriegszeit. Nach einer Analyse der Entstehung und Entwicklung der GEW wird untersucht, in welcher Form sie sich für die Reform des Schulwesens und der Schulverwaltung einsetzte und welche Stellung sie in den damaligen Auseinandersetzungen über Konfessions- bzw. Gemeinschaftsschulen bezog. Ausserdem wird analysiert, wie sich die Zusammenarbeit zwischen GEW und DGB entwickelte.
Aus dem Inhalt: Entstehung und Entwicklung des Lehrerverbandes Niedersachsen – Beziehungen zum DGB – Einstellung zur Reform des Schulwesens und der Schulverwaltung – Stellung in den Auseinandersetzungen über Konfessions- und Gemeinschaftsschulen in Niedersachsen.

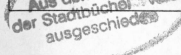